Office 职场达人系列丛书

中文版 Excel 2010 财务管理必备手册

方便读者随时查阅

丰富、实用、专业的
范例+制作步骤
+视频教学

谢 东 编著

您如果对制作公司财务报表一筹莫展
或者对Excel 2010使用不够熟练
更不懂使用Excel 2010制作财务报表的方法
那么请跟随"菜鸟"小雯的脚步
向"老鸟"老陈请教一番吧！

Excel进行数据计算和财务管理的各级用户
下一个职场办公达人一定是你！

海洋出版社
2012年·北京

内 容 简 介

本书是以某公司财务部新员工小雯与同事老陈的互动交流为主线，以丰富、实用、专业的范例+制作步骤+视频教学，详细、完整、准确地讲解 Excel 2010 在财务管理中的使用方法和技巧的手册。

本书内容：全书共分为 7 篇 18 章，分别为基础回顾篇、常用财务表单篇、账务处理篇、进销存管理篇、资产管理篇、会计报表篇和预测投资篇。包括费用统计明细表、差旅费报销单、职工工资表、记账凭证记录表、会计账簿、原材料采购表、进销存管理表、成本核算分析表、固定资产记录表、应收账款管理表、资产负债表、利润表、现金流量表、收益预测表和投资评估表等大量专业表格的制作方法。

本书特点：1. 激发学习兴趣：内容专业、循序渐进、图文并茂、边讲边练，激发学习兴趣。2. 涉及广泛：涉及 Excel 2010 财务管理应用的各个方面，内容全面，可以极大提升知识面。3. 培养动手能力和提高操作技能：提供范例制作思路，步骤详细，讲解生动，培养动手能力和提高操作技能。4. 多媒体光盘教学：附带一张专业级的多媒体教学光盘，包括书中所有案例的教学视频、素材文件以及 Excel 2010 快捷键大全，方便学习。

适用范围：使用 Excel 进行数据计算和财务管理的各级用户，也适合 Excel 爱好者和各行各业涉及使用 Excel 进行财务管理的人员作为参考书，同时也可作为大中专院校相关专业课教材和社会电脑培训班的培训教程。

图书在版编目(CIP)数据

中文版 Excel 2010 财务管理必备手册/谢东编著. —北京：海洋出版社，2012.9
ISBN 978-7-5027- 8336-5

Ⅰ.①中… Ⅱ.①谢… Ⅲ.①表处理软件－应用－财务管理－手册 Ⅳ.①F275-39

中国版本图书馆 CIP 数据核字（2012）第 200810 号

总 策 划：刘 斌	发 行 部：(010) 62174379（传真）(010) 62132549
责任编辑：刘 斌	（010) 68038093（邮购）(010) 62100077
责任校对：肖新民	网　　址：www.oceanpress.com.cn
责任印制：赵麟苏	承　　印：北京画中画印刷有限公司
排　　版：海洋计算机图书输出中心　晓阳	版　　次：2012 年 9 月第 1 版
出版发行：海洋出版社	2012 年 9 月第 1 次印刷
地　　址：北京市海淀区大慧寺路 8 号（716 房间）	开　　本：787mm×1092mm　1/16
100081	印　　张：20.75
经　　销：新华书店	字　　数：495 千字
技术支持：(010) 62100055 hyjccb@sina.com	印　　数：1～4000 册
	定　　价：55.00 元（含 1CD）

本书如有印、装质量问题可与发行部调换

前言 Preface

Excel 具有强大的数据计算、管理和分析功能，能解决日常工作中各个方面的数据问题，特别是在财务管理工作领域，Excel 更具有突出的优势。但如何有效地利用 Excel 的各种特点，将其有目的地应用到财务管理中，提高数据编辑的准确性和高效性，是所有读者颇为头疼的问题。为此，我们编写了《Excel 2010 财务管理必备手册》一书，以最新版本的 Excel 和大量财务管理实例，解决广大读者的燃眉之急，希望通过本书的学习，可以使读者快速成为使用 Excel 进行财务管理的高手！

本书内容

本书分为 7 篇 18 章，具体内容介绍如下。

- 第 1 篇（第 1～3 章）：主要介绍了在 Excel 中使用公式、函数，排列数据、筛选数据、分类汇总数据，合并计算数据，以及使用图表、数据透视表和数据透视图等工具来分析数据等内容。
- 第 2 篇（第 4～6 章）：主要介绍了 Excel 在常用财务表单方面的应用，包括费用统计明细表、差旅费报销单、职工工资表等表格的制作内容。
- 第 3 篇（第 7～8 章）：主要介绍了 Excel 在账务处理方面的应用，包括记账凭证记录表、会计账簿等表格的制作内容。
- 第 4 篇（第 9～11 章）：主要介绍了 Excel 在进销存管理方面的应用，包括原材料采购表、进销存管理表、成本核算分析等表格的制作内容。
- 第 5 篇（第 12～13 章）：主要介绍了 Excel 在资产管理方面的应用，包括固定资产记录表、应收账款管理表等表格的制作内容。
- 第 6 篇（第 14～16 章）：主要介绍了 Excel 在会计报表方面的应用，包括资产负债表、利润表、现金流量表等表格的制作内容。
- 第 7 篇（第 17～18 章）：主要介绍了 Excel 在预测投资方面的应用，包括收益预测表、投资评估表等表格的制作内容。

本书特点

- 图文并茂：本书图片量极大，基本做到了一步操作一幅图片的效果，并做了详细的图片标注，可以达到在只看图片不看文字的情况下，也能顺利完成操作的目的。
- 涉及广泛：本书涉及使用 Excel 进行财务管理的各个领域，内容全面，可以大大提高知识面和操作水平。
- 重操作、重实用：本书从操作上对知识进行详细演示。全书从始至终都是通过操作讲解

知识点，具有很强的实用性，可以通过表格的制作解决实际操作中遇到的问题。
- **立体性强**：本书设置了"专家点拨"、"操作提示"和"方法技巧"等多个栏目，对操作中涉及的各种问题和知识进行有目的的介绍、讲解和拓展，让读者获得更多有价值的实用信息。

阅读本书

本书除"基础回顾篇"以外，各章结构体系均包括"案例目标"、"职场秘笈"、"制作思路"、"操作步骤"、"知识拓展"、"实战演练"等几大重要版块。

- **案例目标**：展示本案例将要制作出的对象，配以最终效果图，并对该案例需要实现的目标做了简要介绍，让读者在制作之前做到心中有数，避免在案例制作过程中盲目操作。
- **职场秘笈**：针对本案例在职场上的使用情况，较为专业地对案例进行剖析、介绍，一方面可以提高读者在制作此案例时需要具备的专业知识，另一方面也能起到辅助案例制作的效果。
- **制作思路**：将整个案例的制作过程归纳为几个重要环节，并配以图片或示意图，使读者在进行制作或学习之前，有较为清晰的制作思路。
- **操作步骤**：详细展现了案例的整个制作过程，每一步操作对应一幅图片，并在图片上标注操作顺序，使读者可以在轻松简单的环境中快速熟悉并掌握整个案例的制作方法。
- **知识拓展**：将案例中涉及的操作知识进行深入剖析或拓展讲解，让读者对该知识点有更深地领会和更好地应用。
- **实战演练**：安排若干与本章同类型的练习题，并配以最终效果和重要步骤，让读者在完成案例之后，可以及时对掌握的知识和操作进行实战练习。

本书定位于使用Excel进行数据计算和财务管理的各级用户，如果是初学者，可首先学习基础回顾篇的内容，以便在掌握Excel关于数据计算和财务管理的基础知识后，更好地学习后面的专业案例制作；如果是能熟练使用Excel的读者，则可以跳过基础回顾篇，直接学习大量案例的制作方法。

除此以外，本书也适合Excel爱好者和各行各业涉及使用Excel进行财务管理的人员作为参考书学习，同时也可作为各大院校、电脑培训班的培训教程。

本书由谢东编著，参加编写、校对、排版的人员还有李静、陈锐、曾秋月、刘毅、邓曦、陈林庆、胡凯、林俊、苟霖、郭健、程茜、张黎鸣、汪照军、邓兆煊、李辉、张海珂、冯超、黄碧霞、王诗闽、余慧娟、熊怡、李凤等。

在此感谢购买本书的读者，虽然编者在编写本书的过程中倾注了大量心血，但恐百密之中仍有疏漏，恳请广大读者及专家不吝赐教。你们的支持是我们最大的动力，我们将不断勤奋努力，为您奉献更优秀的电脑图书。

最后，衷心希望您在本书的帮助下，成为一个优秀的使用Excel进行财务管理的专家！

编　者

2012年9月

光盘使用说明

将本书附赠光盘放入光驱中,光盘将自动运行并打开主界面。若没有自动运行,可打开"我的电脑"窗口,双击光驱盘符图标,然后双击其中的"Autorun.exe"文件手动运行光盘,主界面如下图所示。

- "光盘简介"按钮:单击此按钮将显示本书及光盘的内容简介。
- "素材文件"按钮:单击此按钮将打开提供的"素材文件"文件夹窗口。
- "效果文件"按钮:单击此按钮将打开提供的"效果文件"文件夹窗口。
- "退出光盘"按钮:单击此按钮将显示光盘制作信息,单击信息区域即可退出光盘。
- "视频演示"按钮:将进入视频目录界面,如图所示。选择界面左侧的章节名称将展开该章节下包含的视频信息,选择具体的视频内容即可在界面右侧同步播放电影的视频演示内容。单击视频演示内容可进入全屏播放状态,再次单击则可从全屏状态恢复到下图的界面。

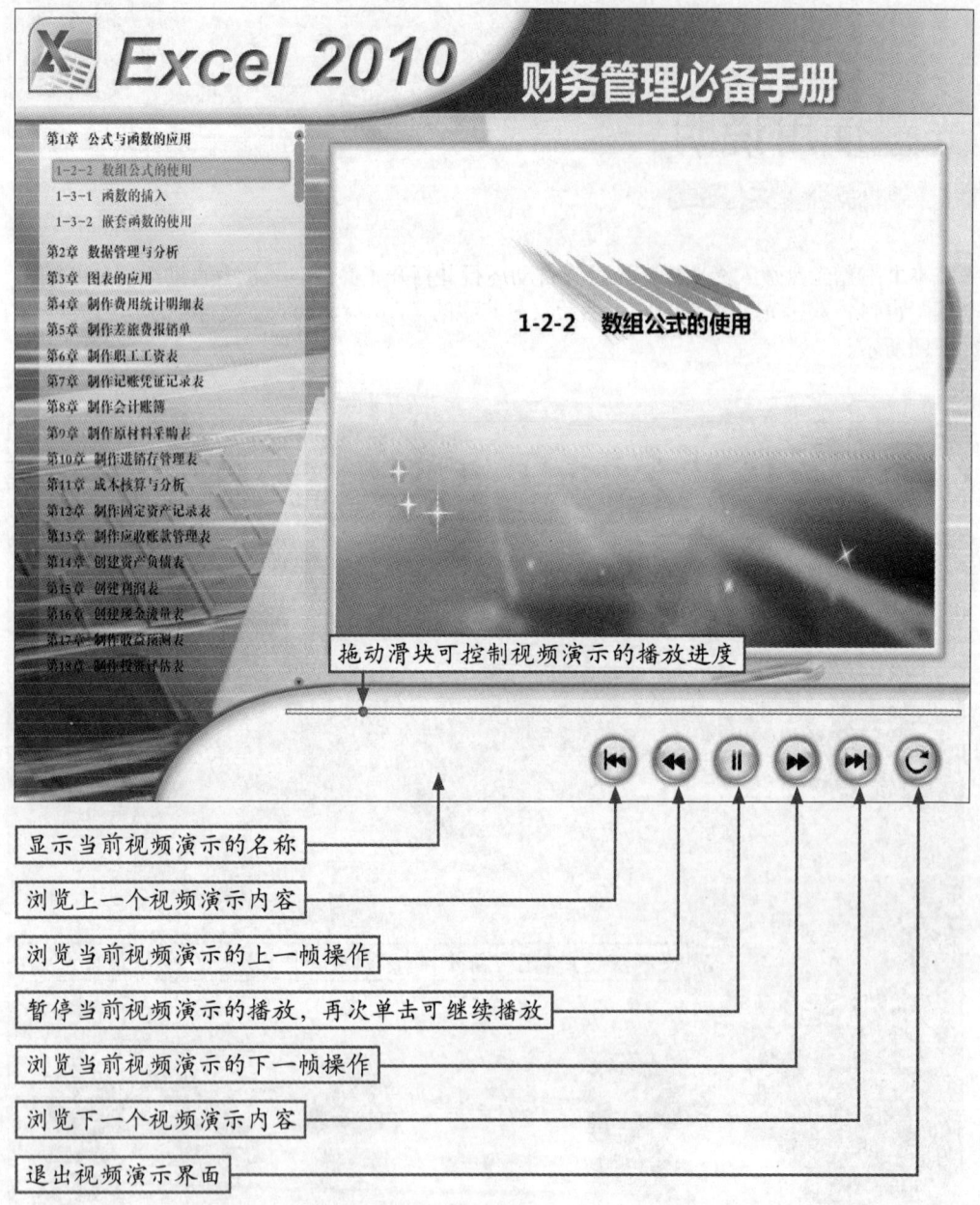

除上述资源外，光盘还提供了软件常用的快捷键大全，以方便读者操作软件时使用。另外，若想将提供的视频演示文件（.swf 格式）复制到电脑上观看，需安装"flashSetup.exe"程序，该程序可在 Adobe 官网下载。

目录 CONTENTS

第1篇 基础回顾篇

第1章 公式与函数的应用 …… 001
1.1 公式与函数的应用 …… 002
1.2 使用公式计算数据 …… 005
1.3 使用函数计算数据 …… 008
1.4 知识拓展 …… 012

第2章 数据管理与分析 …… 013
2.1 排列数据 …… 014
2.2 筛选数据 …… 018
2.3 分类汇总数据 …… 021
2.4 合并计算数据 …… 022
2.5 使用数据透视表 …… 025
2.6 拓展知识 …… 027

第3章 图表的应用 …… 028
3.1 认识Excel中的图表 …… 029
3.2 创建图表分析数据 …… 032
3.3 让图表更直观地显示数据 …… 039
3.4 数据透视图的应用 …… 043
3.5 知识拓展 …… 045

第2篇 常用财务表单篇

第4章 制作费用统计明细表 …… 050
4.1 案例目标 …… 051
4.2 职场秘笈 …… 051
4.3 制作思路 …… 052
4.4 操作步骤 …… 053
4.5 知识拓展 …… 062
4.6 实战演练 …… 064

第5章 制作差旅费报销单 …… 066
5.1 案例目标 …… 067
5.2 职场秘笈 …… 067
5.3 制作思路 …… 068
5.4 操作步骤 …… 070
5.5 知识拓展 …… 080
5.6 实战演练 …… 081

第6章 制作职工工资表 …… 083
6.1 案例目标 …… 084
6.2 职场秘笈 …… 084
6.3 制作思路 …… 085
6.4 操作步骤 …… 086
6.5 知识拓展 …… 103
6.6 实战演练 …… 104

第3篇 账务处理篇

第7章 制作记账凭证记录表 …… 106
7.1 案例目标 …… 107
7.2 职场秘笈 …… 107
7.3 制作思路 …… 108
7.4 操作步骤 …… 110
7.5 知识拓展 …… 126
7.6 实战演练 …… 128

第8章 制作会计账簿 …… 131
8.1 案例目标 …… 132
8.2 职场秘笈 …… 132
8.3 制作思路 …… 134
8.4 操作步骤 …… 135
8.5 知识拓展 …… 147
8.6 实战演练 …… 148

第 4 篇　进销存管理篇

第 9 章　制作原材料采购表ﾠﾠﾠ150
- 9.1　案例目标　151
- 9.2　职场秘笈　151
- 9.3　制作思路　152
- 9.4　操作步骤　153
- 9.5　知识拓展　162
- 9.6　实战演练　164

第 10 章　制作进销存管理表　166
- 10.1　案例目标　167
- 10.2　职场秘笈　167
- 10.3　制作思路　168
- 10.4　操作步骤　169
- 10.5　知识拓展　178
- 10.6　实战演练　179

第 11 章　成本核算与分析ﾠﾠﾠ181
- 11.1　案例目标　182
- 11.2　职场秘笈　182
- 11.3　制作思路　183
- 11.4　操作步骤　184
- 11.5　知识拓展　193
- 11.6　实战演练　194

第 5 篇　资产管理篇

第 12 章　制作固定资产记录表ﾠﾠﾠ196
- 12.1　案例目标　197
- 12.2　职场秘笈　197
- 12.3　制作思路　199
- 12.4　操作步骤　199
- 12.5　知识拓展　207
- 12.6　实战演练　208

第 13 章　制作应收账款管理表ﾠﾠﾠ210
- 13.1　案例目标　211
- 13.2　职场秘笈　211
- 13.3　制作思路　212
- 13.4　操作步骤　212
- 13.5　知识拓展　219
- 13.6　实战演练　220

第 6 篇　会计报表篇

第 14 章　创建资产负债表　222
- 14.1　案例目标　223
- 14.2　职场秘笈　223
- 14.3　制作思路　225
- 14.4　操作步骤　225
- 14.5　知识拓展　234
- 14.6　实战演练　235

第 15 章　创建利润表　237
- 15.1　案例目标　238
- 15.2　职场秘笈　238
- 15.3　制作思路　239
- 15.4　操作步骤　240
- 15.5　知识拓展　250
- 15.6　实战演练　250

第 16 章　创建现金流量表ﾠﾠﾠ252
- 16.1　案例目标　253
- 16.2　职场秘笈　253
- 16.3　制作思路　254
- 16.4　操作步骤　255
- 16.5　知识拓展　275
- 16.6　实战演练　277

第 7 篇　预测投资篇

第 17 章　制作收益预测表ﾠﾠﾠ279
- 17.1　案例目标　280
- 17.2　职场秘笈　280
- 17.3　制作思路　281
- 17.4　操作步骤　283
- 17.5　知识拓展　296
- 17.6　实战演练　297

第 18 章　制作投资评估表ﾠﾠﾠ299
- 18.1　案例目标　300
- 18.2　职场秘笈　300
- 18.3　制作思路　301
- 18.4　操作步骤　302
- 18.5　知识拓展　319
- 18.6　实战演练　320

第1篇 基础回顾篇

第1章 公式与函数的应用

公司近期对财务部进行了整改，小雯受上级安排被调到了财务部工作，现在她的主要任务是熟悉并掌握利用Excel软件来进行财务数据方面的各种管理工作。虽然小雯对财务工作以及Excel软件都有一定程度的理解，但她却从没有使用Excel管理财务数据的经验。老陈是公司指派专门培养小雯的同事，为了帮助她尽快上手，决定首先让小雯熟悉有关Excel中公式与函数的使用方法，希望她在温习知识的同时，能更加自如地掌握公式与函数的用法。

知识点

- 公式与函数的区别
- 认识公式中的运算符
- 单元格的不同引用方式
- 公式的输入与确定
- 数组公式的使用
- 公式的审核
- 函数的插入
- 嵌套函数的使用

1.1 公式与函数的应用

小雯知道公式和函数,也能利用它们解决一些问题。但老陈为了让小雯能更系统地理解公式与函数,决定重新向她介绍一些知识,比如公式与函数的区别、运算符的不同类型和计算顺序以及单元格的各种引用方式等内容。

1.1.1 公式与函数的区别

公式与函数是进行数据计算或分析的手段,它们之间有相同之处,也有不同的地方,正确区分这两个对象,有助于根据不同条件合理地选择并运用公式或函数来解决实际问题。

- 公式:Excel 中的公式最多由 5 个部分组成,即等号"="、常量、运算符、单元格引用和函数,如图 1-1 所示为上述 5 个部分组成的一个公式。其中等号"="必须处于公式的开始处,这是区别普通数据与公式的标识;常量是指不会变化的数据;运算符即进行运算的符号;单元格引用即参与公式运算的单元格中的数据;函数相当于公式中的一个参数,参与计算的数据为函数返回的结果。
- 函数:函数可以理解为 Excel 预定义好了的某种算法的公式,它通过使用指定格式的参数和结构来完成各种数据的计算。函数同样必须以等号"="开始,后面紧跟函数名称以及对应的用小括号包括的参数。如图 1-2 所示为求平均值函数的应用,它表示将 A1:D1 单元格进行求和后除以参数求和的单元格个数,从而得到平均值结果。

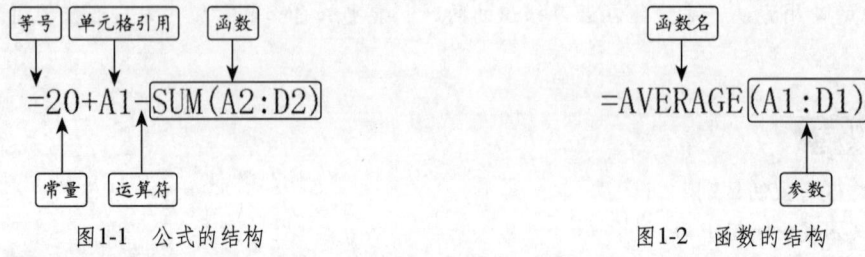

图 1-1 公式的结构　　　　　　图 1-2 函数的结构

1.1.2 认识公式中的运算符

运算符是构成公式的对象之一,它可以指定要对公式中的参数进行的计算类型,可以决定公式计算的先后顺序等,因此有必要提高对运算符的理解和掌握程度。

1. 不同类型的运算符

Excel 中的运算符可分为算术运算符、比较运算符、文本连接运算符和引用运算符 4 种。

- 算术运算符:算术运算符可以进行各种基本的数学运算,如"+"加法、"−"减法、"*"乘法、"/"除法和"^"乘方等。

> **专家点拨　公式组成内容的书写规则**
> 公式中涉及函数名和单元格地址引用必须以英文大写字母的状态输入,其余数字、括号、运算符和引号等非中文对象,则必须在英文状态下输入。

公式与函数的应用

- 比较运算符：比较运算符可以比较两个数据的大小情况，并返回逻辑值 TRUE 或 FALSE，如表 1-1 所示为各种比较运算符的含义。

表 1-1 各种比较运算符

比较运算符	含 义	比较运算符	含 义
=	等于	<>	不等于（可理解为不相同）
>	大于	>=	大于等于（可理解为"不小于"、"不低于"等）
<	小于	<=	小于等于（可理解为"不大于"、"不超过"等）

文本连接运算符：文本连接运算符可简称为连接符，即 "&" 符号，它可以将多个文本字符串连接成一段字符。如公式：="王"&"超"返回的结果为"王超"。

引用运算符：引用运算符的作用主要是将单个单元格引用对象转换为单元格区域或多个单元格引用对象，常见的引用运算符如表 1-2 所示。

表 1-2 引用运算符

符号	名称	含 义	作 用
:	冒号	区域运算符	可以生成包含这两个引用及其之间所有单元格的引用
,	逗号	联合运算符	可以将多个引用合并为一个引用，如 AVERAGE(A1:C1,A2:C2) 表示对 A1:C1 单元格区域和 A2:C2 单元格区域求平均值
空格		交集运算符	可以生成对两个引用中共有单元格的引用，如 SUM(B1:B3 A2:C2) 将仅返回这两个单元格区域中交集的单元格数据

2. 运算符的计算顺序

当公式中出现多个运算符时，Excel 会默认从左到右依次进行计算，但如果运算符不是相同的优先级时，则将按照图 1-3 所示的顺序进行计算。

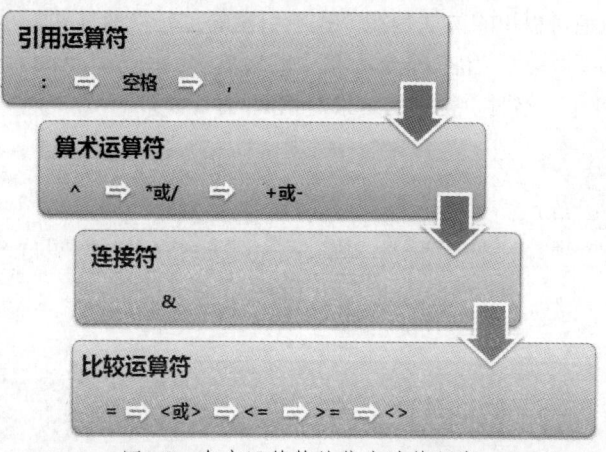

图 1-3 各中运算符的优先计算顺序

方法技巧　更改计算顺序

通过上图可以发现，乘法和除法的优先级高于同类型运算符的加法和减法，如果要先进行加法或减法运算，可以利用小括号更改计算顺序。如公式“=5+10/3”表示计算 10 除以 3 的商再加上 5 的和；而公式“=(5+10)/3”则表示用 5 与 10 之和除以 3。

1.1.3 单元格的不同引用方式

单元格引用是指将单元格地址引用到公式或函数中，地址由该单元格的行号和列标同时决定，而根据不同的引用方式，可将单元格引用分为相对引用、决定引用和混合引用 3 种。

1. 相对引用

相对引用是指公式中引用的单元格地址会随公式所在单元格的位置变化而相对改变。默认情况下，公式中的单元格引用都是相对引用，而复制公式或填充公式等操作也会产生相对引用的效果。如图 1-4 所示，F3 单元格中计算的是 B3:E3 单元格区域中数据之和，将 F3 单元格中的函数复制或填充到 F4 单元格时，则函数中的参数将自动由 B3:E3 单元格区域改变为 B4:E4 单元格区域。

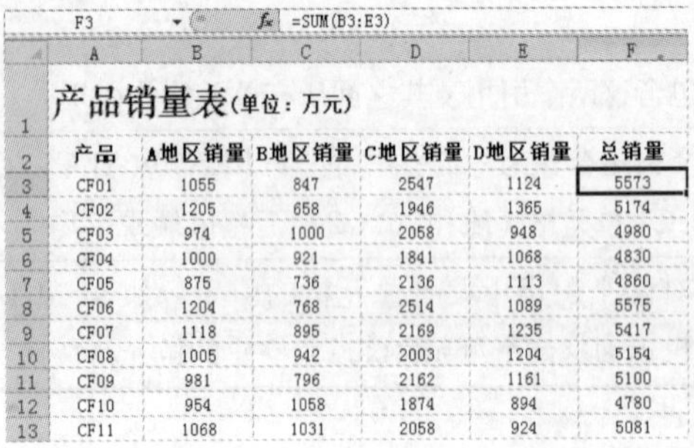
F3　=SUM(B3:E3)

产品销量表(单位：万元)

产品	A地区销量	B地区销量	C地区销量	D地区销量	总销量
CF01	1055	847	2547	1124	5573
CF02	1205	658	1946	1365	5174
CF03	974	1000	2058	948	4980
CF04	1000	921	1841	1068	4830
CF05	875	736	2136	1113	4860
CF06	1204	768	2514	1089	5575
CF07	1118	895	2169	1235	5417
CF08	1005	942	2003	1204	5154
CF09	981	796	2162	1161	5100
CF10	954	1058	1874	894	4780
CF11	1068	1031	2058	924	5081

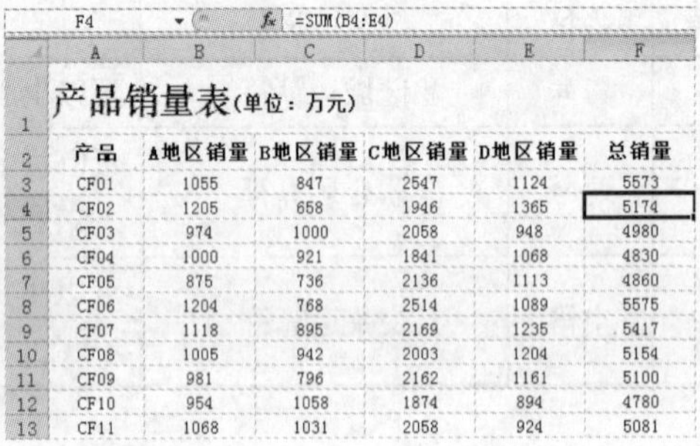
F4　=SUM(B4:E4)

产品销量表(单位：万元)

产品	A地区销量	B地区销量	C地区销量	D地区销量	总销量
CF01	1055	847	2547	1124	5573
CF02	1205	658	1946	1365	5174
CF03	974	1000	2058	948	4980
CF04	1000	921	1841	1068	4830
CF05	875	736	2136	1113	4860
CF06	1204	768	2514	1089	5575
CF07	1118	895	2169	1235	5417
CF08	1005	942	2003	1204	5154
CF09	981	796	2162	1161	5100
CF10	954	1058	1874	894	4780
CF11	1068	1031	2058	924	5081

图1-4　单元格的相对引用

2. 绝对引用

绝对引用是指无论公式所在单元格的地址如何变化，公式中应用的单元格地址始终固定不变的一种引用方式。绝对引用的方法是在公式中引用的单元格地址的行号和列标左侧同时添加上“$”符号。如图 1-5 所示，当将 F3 单元格中的参数的引用方式更改为绝对引用后，将 F3 单元格中函数复制到 F4 单元格时，得到的结果是相同的。

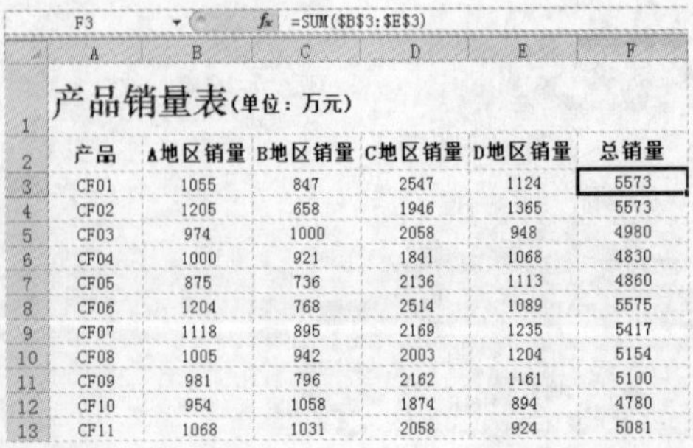
F3　=SUM($B$3:$E$3)

产品销量表(单位：万元)

产品	A地区销量	B地区销量	C地区销量	D地区销量	总销量
CF01	1055	847	2547	1124	5573
CF02	1205	658	1946	1365	5573
CF03	974	1000	2058	948	4980
CF04	1000	921	1841	1068	4830
CF05	875	736	2136	1113	4860
CF06	1204	768	2514	1089	5575
CF07	1118	895	2169	1235	5417
CF08	1005	942	2003	1204	5154
CF09	981	796	2162	1161	5100
CF10	954	1058	1874	894	4780
CF11	1068	1031	2058	924	5081

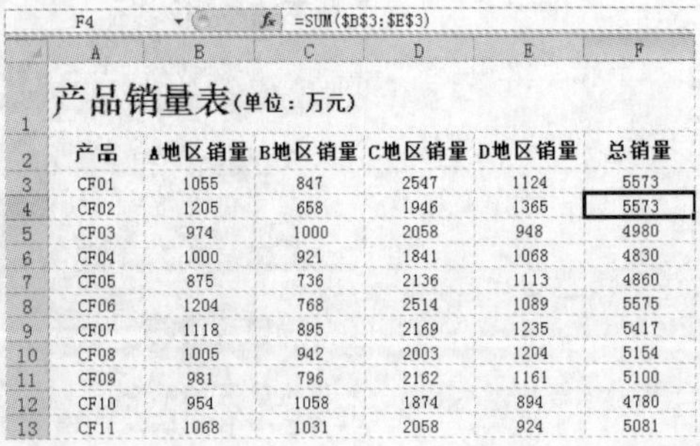
F4　=SUM($B$3:$E$3)

产品销量表(单位：万元)

产品	A地区销量	B地区销量	C地区销量	D地区销量	总销量
CF01	1055	847	2547	1124	5573
CF02	1205	658	1946	1365	5573
CF03	974	1000	2058	948	4980
CF04	1000	921	1841	1068	4830
CF05	875	736	2136	1113	4860
CF06	1204	768	2514	1089	5575
CF07	1118	895	2169	1235	5417
CF08	1005	942	2003	1204	5154
CF09	981	796	2162	1161	5100
CF10	954	1058	1874	894	4780
CF11	1068	1031	2058	924	5081

图1-5　单元格的绝对引用

3. 混合引用

混合引用是指仅对某个引用的单元格地址的行号或列标进行绝对引用的方式，即"$A1"或"A$1"这种形式，其中"$A1"表示列绝对引用，行相对引用；"A$1"表示列相对引用，行绝对引用。

> **方法技巧　快速更改单元格引用方式**
> 通过手动在公式或函数的单元格引用地址上添加"$"符号来改变引用方式显得较为麻烦，此时可选择公式或函数中需改变引用方式的单元格（包括行号和列标），然后逐次按【F4】键即可进行更改，引用方式改变的规律为：A1 → $A$1 → A$1 → $A1 → A1。

1.2 使用公式计算数据

老陈想考考小雯到底对公式掌握到了什么程度，比如会不会公式的输入与确定、数组公式的使用以及公式的审核等，谁知小雯除了公式的输入与确定操作外，其他知识并不是太清楚，于是老陈决定再给她补补功课。

1.2.1 公式的输入与确定

公式的输入与确定操作都较为简单，下面将一些较为常见的操作列举如下，包括公式的输入、确定、修改和删除等。

- 输入公式：按照输入普通数据的方法，首先选择单元格，然后直接输入或在编辑栏中输入"="和公式的具体内容即可。
- 引用单元格地址：当公式中涉及单元格引用时，除了直接输入对应的单元格地址外，直接利用鼠标选择相应的单元格或单元格区域，也可以快速引用其地址。
- 确认公式的输入：完成公式输入后，单击编辑栏左侧的"输入"按钮即可确认输入；按【Enter】键在确认输入后可选择当前单元格下方相邻的单元格；按【Ctrl+Enter】组合键在确认输入后可选择当前单元格。
- 修改公式：选择公式所在的单元格，按修改普通数据的方法修改公式内容即可。
- 删除公式：选择公式所在的单元格，按【Delete】键或【BackSpace】键即可。
- 显示公式：默认情况下单元格中显示的是结果，编辑栏中显示的是公式，若想让单元格中显示公式内容，可在"文件"选项卡中单击选项按钮，在打开的"Excel选项"对话框左侧选择"高级"选项，然后在右侧的"此工作表的显示选项"栏中选中"在单元格中显示公式而非其计算结果"复选框即可，如图1-6所示。

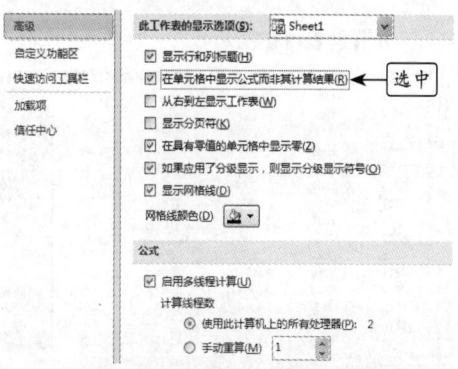

图1-6　设置单元格中显示公式

> **操作提示　输入与修改公式的注意事项**
> 完成公式的输入或修改后，一定要按照确认公式输入的操作来确认输入或修改，不能按照输入或修改普通数据后，通过选择其他单元格来确认，否则会不小心引用其他单元格地址。

▶ 1.2.2　数组公式的使用

数组公式不同于单独的公式，它可以实现批量计算相同算法的数据。下面以计算各产品总销量为例，介绍数组公式的使用方法，其具体操作如下。

素材文件：素材\第1章\产品销量表.xlsx
效果文件：效果\第1章\产品销量表.xlsx
动画演示：演示\第1章\数组公式的使用.swf

01 打开"产品销量表.xlsx"工作簿，选择F3:F17单元格区域，如图1-7所示。
02 在编辑栏中设置公式的内容为"=B3:B17+C3:C17+D3:D17+E3:E17"，如图1-8所示。

图1-7　选择单元格区域　　　　　图1-8　输入公式

03 按【Ctrl+Shift+Enter】组合键完成计算，效果如图1-9所示。

图1-9　完成计算

> **操作提示　数组公式的确认**
> 与普通的公式相比，数组公式会出现"{ }"大括号，且无论选择包含数组公式中的哪个单元格，编辑栏中显示的公式始终是相同的内容。需要注意的是，确认数组公式输入时，必须按【Ctrl+Shift+Enter】组合键来完成。

1.2.3 公式的审核

使用公式虽然可以计算和处理各种表格数据，但一些功能强大的公式有可能结构极其复杂，使用时出错的几率也相对较高，此时如果适当地对公式进行审核，比如追踪引用和从属单元格，或根据公式返回的错误结果来检查错误，就能尽量修正公式，从而利用其功能来解决实际问题。

1. 追踪引用和从属单元格

利用追踪引用和从属单元格功能，可以快速、准确地定位当前公式引用或从属于哪些单元格，并用蓝色箭头标注出来，从而便于分析公式的整体结构。

- 追踪引用单元格：选择公式所在的单元格，然后在"公式"选项卡"公式审核"组中单击 追踪引用单元格 按钮即可追踪引用单元格。如图1-10所示即为F3单元格中公式所引用的参与计算的单元格情况。
- 追踪从属单元格：选择参与公式计算的单元格，然后在"公式"选项卡"公式审核"组中单击 追踪从属单元格 按钮即可追踪其从属的单元格。如图1-11所示即为B3单元格从属于其他单元格的情况。

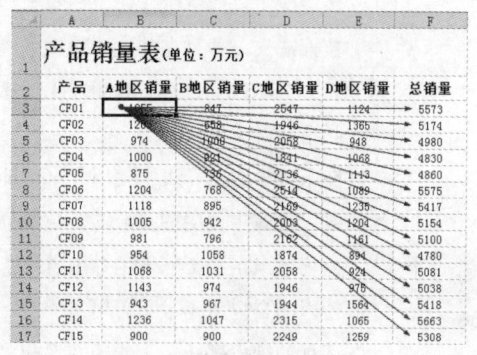

图1-10 追踪引用的单元格　　　　图1-11 追踪从属的单元格

操作提示　取消追踪的箭头

在"公式"选项卡"公式审核"组中单击 移去箭头 按钮可以同时取消引用单元格和从属单元格的追踪箭头。单击该按钮右侧的下拉按钮，还可进一步在弹出的下拉列表中选择需要取消的箭头类型。

2. 检查公式错误

公式出错后会返回错误值，不同的错误值代表着不同的出错原因，以便根据错误值判断公式可能出错的地方。下面将几种常见的错误值及其代表的含义列举到表1-3中，以供操作时参考使用。

表1-3　公式返回的各种错误值

错误值	错误原因
#VALUE!	①公式使用标准算术运算符计算单元格中的数据，但这些单元格中包含文本； ②使用了数学函数的公式包含的参数是文本而不是数字； ③工作簿使用了数据链接，而该链接不可用。

续表

错误值	错误原因
#NAME?	①在公式中使用了 EUROCONVERT() 函数,但没有加载"欧元转换工具"加载宏; ②公式引用了一个不存在的名称; ③公式引用的名称拼写不正确; ④公式中使用的函数名称拼写不正确; ⑤在公式中输入的文本可能没有放在双引号中; ⑥区域引用中漏掉了冒号; ⑦对另一张工作表的引用未放在单引号中; ⑧工作簿调用的用户定义函数 UDF() 在当前电脑上不可用。
#REF!	①删除了其他公式所引用的单元格,或将单元格粘贴到其他公式所引用的其他单元格; ②存在指向当前未运行的程序的对象链接和嵌入链接; ③链接到了不可用的动态数据交换主题; ④工作簿中可能有个宏在工作表中输入了返回值为 "#REF!" 错误的函数。
#N/A	①数据缺失,并且在其位置输入了 "#N/A" 或 "NA()"; ②为 LOOKUP()、VLOOKUP()、HLOOKUP() 或 MATCH() 函数的 "lookup_value" 参数赋予了不正确的值; ③在未排序的工作表中使用 VLOOKUP()、HLOOKUP() 或 MATCH() 函数查找数据; ④数组公式中使用的参数的行数或列数与包含数组公式的区域的行数或列数不一致; ⑤内置或自定义工作表函数中省略了一个或多个必需参数; ⑥使用的自定义函数不可用; ⑦运行的宏程序所输入的函数返回 "#N/A"。
#DIV/0!	①输入了除以 "0" 的计算公式; ②使用了对空白单元格或包含 "0" 作为除法操作的公式或函数中的除数的单元格的引用; ③运行了使用返回值为 "#DIV/0!" 错误的函数或公式的宏。
#NULL!	①可能使用了错误的区域运算符; ②在公式中指定的区域并不相交。
#NUM!	①可能在需要数字参数的函数中提供了错误的数据类型; ②公式可能使用了进行迭代的函数,但函数无法得到结果; ③公式产生的结果数字可能太大或太小以至于无法表示。
#####	①列宽不足以显示内容; ②日期和时间为负数。

1.3 使用函数计算数据

函数是小雯最头痛的对象之一,她很容易混淆各种函数的语法格式,经常出现乱用错用函数的现象。老陈让小雯放心,告诉她函数其实并不可怕,相反还是非常有用的功能。下面就看

公式与函数的应用

看老陈怎样教小雯使用函数来计算数据吧。

▶ 1.3.1 函数的插入

函数可以按照类似输入公式的方法输入并确定，但这要求使用者对函数的名称、参数结构等达到了一定的熟悉程度才不会出错。当对某个函数较为生疏时，可利用插入函数的方法使用函数计算数据。下面以在成交统计表中利用IF()函数返回总评为例，介绍插入函数的方法，其具体操作如下。

素材文件：素材\第1章\成交统计表.xlsx
效果文件：效果\第1章\成交统计表.xlsx
动画演示：演示\第1章\函数的插入.swf

01 打开"成交统计表.xlsx"工作簿，选择G3单元格，单击编辑栏左侧的"插入函数"按钮 f_x，如图1-12所示。

02 打开"插入函数"对话框，在"或选择类别"下拉列表框中选择"逻辑"选项，在"选择函数"列表框中选择"IF"选项，单击 确定 按钮，如图1-13所示。

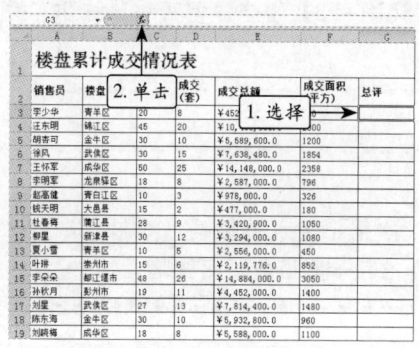

图1-12　插入函数

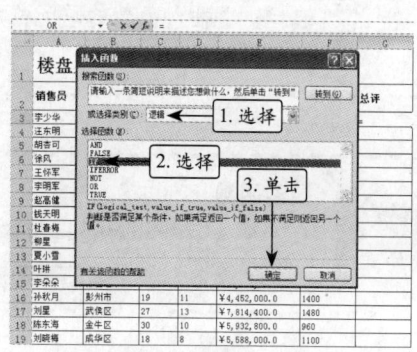

图1-13　选择函数

03 打开"函数参数"对话框，将文本插入点定位到"Logical_test"文本框中，选择F3单元格引用其地址，然后继续输入">2000"，如图1-14所示。

04 依次在"Value_if_true"和"Value_if_false"文本框中输入"合格"和"不合格"，然后单击 确定 按钮，如图1-15所示。

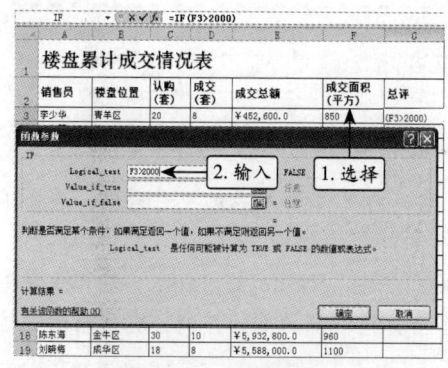

图1-14　设置判断条件

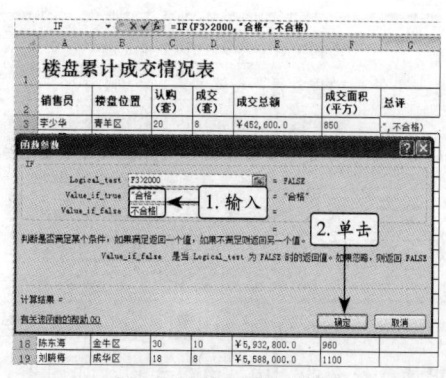

图1-15　设置返回结果

05 此时 G3 单元格中将返回总评结果，如图 1-16 所示。

06 将 G3 单元格中的函数向下填充至 G19 单元格，完成其他销售员的总评结果，效果如图 1-17 所示。

图1-16　返回总评结果　　　　　　　　图1-17　返回其他销售员的总评结果

方法技巧　快速打开"插入函数"对话框

选择需要插入函数的单元格后，直接按【Shift+F3】组合键便可快速打开"插入函数"对话框。

操作提示　搜索函数

在"插入函数"对话框的"搜索函数"文本框中输入关键词（如求和、查询等功能关键词）后单击 转到(G) 按钮，Excel 会推荐一些函数供用户选择。

1.3.2　嵌套函数的使用

嵌套函数同样可以通过直接输入的方式来使用，但这对使用者的要求显然更高。为了方便一些用户，Excel 提供了嵌套函数的插入功能。下面继续以在成交统计表中嵌套 IF() 函数为例，介绍嵌套函数的插入方法，其具体操作如下。

素材文件：素材\第1章\成交统计表.xlsx
效果文件：效果\第1章\成交统计表1.xlsx
动画演示：演示\第1章\嵌套函数的使用.swf

01 打开"成交统计表.xlsx"工作簿，选择 G3 单元格，打开"插入函数"对话框，选择逻辑类别下的"IF"函数，单击 确定 按钮，如图 1-18 所示。

02 打开"函数参数"对话框，将条件设为"F3>2000"，在"Value_if_false"文本框中输入"优异"，然后定位到"Value_if_false"文本框，单击名称框右侧的下拉按钮，在弹出的下拉列表中选择嵌套的"IF"函数选项，如图 1-19 所示。

公式与函数的应用

> **专家点拨　函数嵌套的规则和层级**
> 当甲函数以参数的形式出现在乙函数中时，则称甲函数为第 2 级函数，也就是乙函数的嵌套函数。一个公式可以包含最多 7 级的嵌套函数。

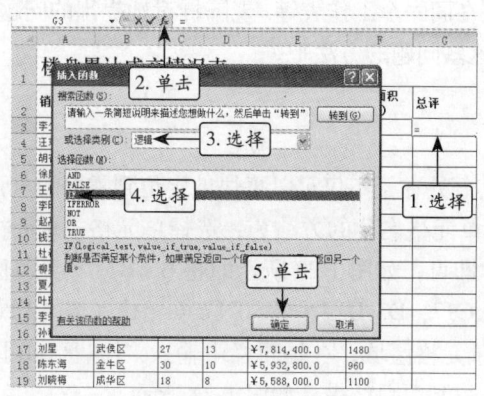

图 1-18　选择函数

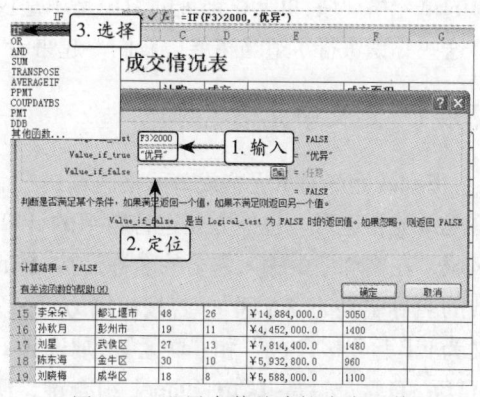

图 1-19　设置参数并选择嵌套函数

03 将嵌套函数的条件设置为 "F3>=1000"，为 TRUE 和为 FALSE 的值分别设置为 "良好" 和 "合格"，然后单击 确定 按钮，如图 1-20 所示。

04 完成计算并返回结果，将 G3 单元格中的函数向下填充至 G19 单元格即可，效果如图 1-21 所示。

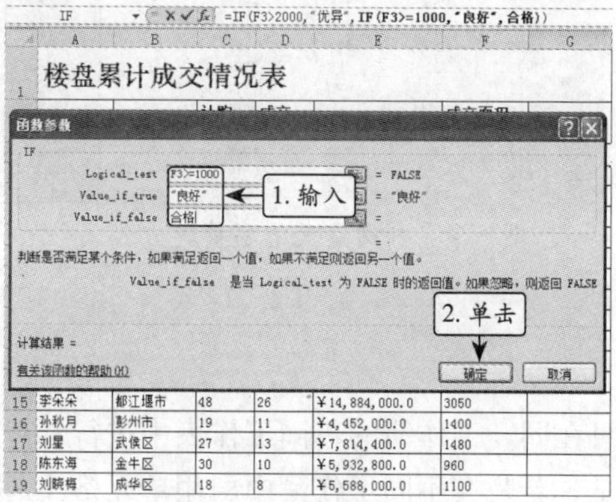

图 1-20　设置嵌套函数参数

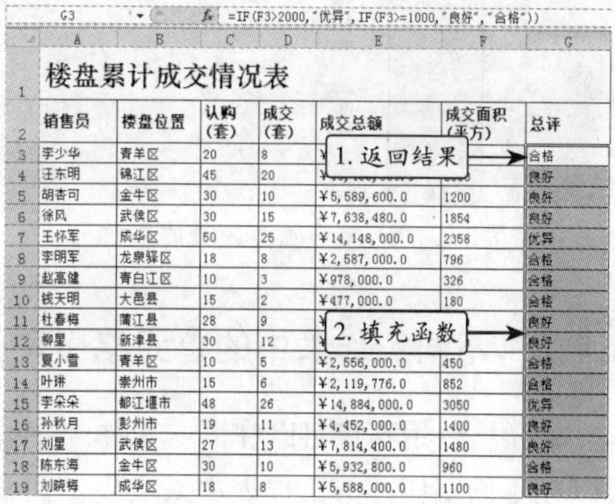

图 1-21　返回对各销售员的总评结果

> **操作提示　输入函数时的参考信息**
> 为了方便函数的直接输入操作，Excel 提供了及时提示信息供用户参考，当输入函数名称时，会根据输入的内容自动显示含有该字母的所有函数以供选择；当输入函数参数内容时，则会提供该函数的语法结构以检查函数参数是否使用正确，如图 1-22 所示。 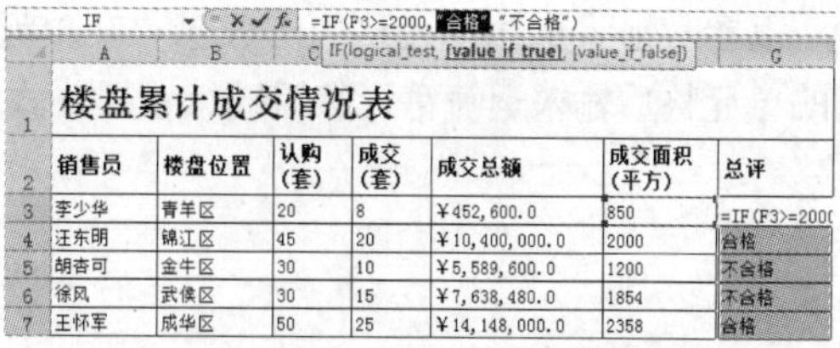
>
> 图 1-22　显示的函数语法结构参考信息

011

1.4 知识拓展

在老陈的帮助下，小雯对Excel的公式与函数有了更深地认识和理解，同时在学习过程中也发现了一些问题，比如使用数组公式的时候，有没有什么方法可以快速选择参与数组公式计算的单元格区域，单元格地址的引用是不是仅仅局限在同一个工作表等。老陈针对她提出的问题，将这些知识进行了适当拓展，我们一起来看看解决这些问题的方法吧。

拓展1　定义单元格名称

Excel 允许对单元格或单元格区域进行命名，其好处在于不仅可以更快地定位到需要的单元格或单元格区域，也能方便进行数组的计算。定义单元格名称的方法为：选择单元格或单元格区域，在名称框中输入需要的名称后按【Enter】键即可，如图 1-23 所示即将 B3:B17 单元格区域的名称定义为“A 区”。若按相同方法分别将 C3:C17、D3:D17 和 E3:E17 单元格区域名称定义为“B 区”、“C 区”和“D 区”，则选择 F3:F17 单元格区域，在编辑栏中输入“=A 区 +B 区 +C 区 +D 区”后按【Ctrl+Enter】组合键，便可快速得到汇总结果，如图 1-24 所示。

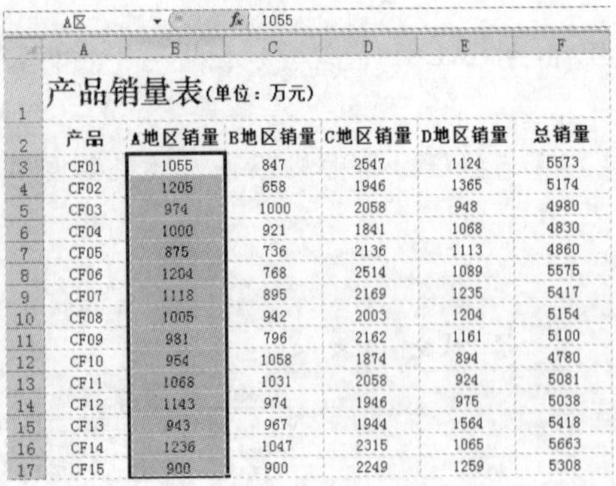

A区　1055

产品销量表(单位：万元)

产品	A地区销量	B地区销量	C地区销量	D地区销量	总销量
CF01	1055	847	2547	1124	5573
CF02	1205	658	1946	1365	5174
CF03	974	1000	2058	948	4980
CF04	1000	921	1841	1068	4830
CF05	875	736	2136	1113	4860
CF06	1204	768	2514	1089	5575
CF07	1118	895	2169	1235	5417
CF08	1005	942	2003	1204	5154
CF09	981	796	2162	1161	5100
CF10	954	1058	1874	894	4780
CF11	1068	1031	2058	924	5081
CF12	1143	974	1946	975	5038
CF13	943	967	1944	1564	5418
CF14	1236	1047	2315	1065	5663
CF15	900	900	2249	1259	5308

图1-23　定义单元格区域的名称

F3　=A区+B区+C区+D区

产品销量表(单位：万元)

产品	A地区销量	B地区销量	C地区销量	D地区销量	总销量
CF01	1055	847	2547	1124	5573
CF02	1205	658	1946	1365	5174
CF03	974	1000	2058	948	4980
CF04	1000	921	1841	1068	4830
CF05	875	736	2136	1113	4860
CF06	1204	768	2514	1089	5575
CF07	1118	895	2169	1235	5417
CF08	1005	942	2003	1204	5154
CF09	981	796	2162	1161	5100
CF10	954	1058	1874	894	4780
CF11	1068	1031	2058	924	5081
CF12	1143	974	1946	975	5038
CF13	943	967	1944	1564	5418
CF14	1236	1047	2315	1065	5663
CF15	900	900	2249	1259	5308

图1-24　利用定义的名称建立公式

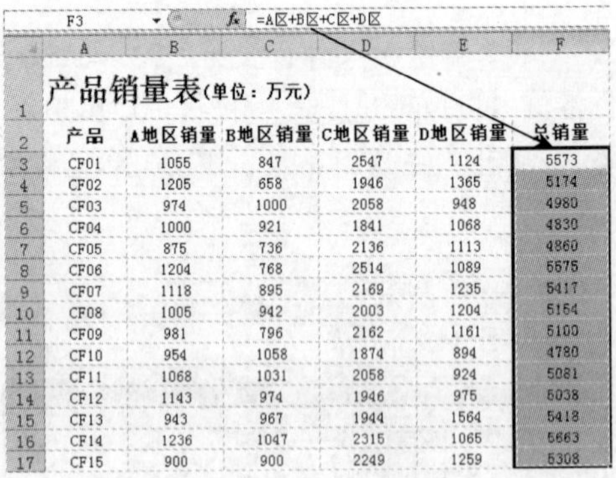

拓展2　不同工作表中的单元格引用

单元格引用不仅可以在同一工作表中操作，也可在同一工作簿的不同工作表中进行，甚至可以在不同工作簿的工作表中来实现。需要注意的是，若是在不同工作簿中引用单元格，则需要将这些工作簿打开后才能引用。下面是实现不同工作表中单元格引用的方法。

直接引用单元格中的数据：在单元格中输入“=”，切换到相应工作表，选择需要引用的单元格后按【Enter】键或【Ctrl+Enter】组合键即可。

以参数形式引用单元格中的数据：在单元格中输入“=”，切换到相应工作表，选择需要引用的单元格后输入运算符，然后继续设置公式的其他内容即可。

第1篇
基础回顾篇

第2章 数据管理与分析

今天刚到公司小雯就看到老陈手里拿着一长串的数据文件,一打听才知道是表格的数据记录,原来老陈刚刚接到任务,要求将表格中的一些数据进行整理,老陈通过使用排列顺序、筛选数据等各种手段,顺利地得到了想用的结果。小雯知道后迫不及待地想看看老陈到底是用什么方法来完成任务的,我们也跟着一起去看看吧。

知识点

- 多关键字排列数据
- 自定义排列数据
- 按行排列数据
- 自定义筛选数据
- 按颜色筛选数据
- 按多重条件筛选数据
- 创建数据分类汇总
- 按位置合并计算数据
- 按类合并计算数据
- 创建数据透视表

2.1 排列数据

老陈告诉小雯,当需要对某些数据进行排名统计或分类汇总时,都可能涉及排列数据的操作,这是 Excel 管理数据的一个基本功能。小雯对数据排列的方法是知道的,不过听老陈说,接下来除了要回顾一些她知道的知识,还将介绍一些她有可能不知道的内容或操作。

2.1.1 认识数据清单

Excel 的各种数据管理功能应用在数据清单上将更加方便快捷,因此有必要对数据清单进行介绍。

Excel 编制的普通表格都可视为二维表格,数据清单实际上也是一种二维表格,但并不是所有的二维表格都是数据清单,只有当其同时具备以下条件时,二维表格才是数据清单。

含有数据的单元格区域必须是连续的,允许其中有空白的值出现,但不允许出现空行或空列。

数据清单以列为分段记录,每一列为一个字段,存放同类型的数据;以行为一条数据记录,除表格标题外的第 1 行为表头字段,其余各行为一个完整的数据记录,包含每个字段的具体内容。字段与记录之间不能有空行,表头字段下面必须紧跟数据记录,如图 2-1 所示中的二维表格便是数据清单。

图2-1 数据清单

> **专家点拨 数据清单的具体对象**
> 如上图所示,A2:D19 单元格区域就是标准的数据清单,其中 A2、B2、C2 和 D2 单元格即数据清单的字段,其字段名称便是单元格中的内容,第 3 行至第 19 行,每一行就称为一条数据记录,每条记录都包含所有的字段数据。

2.1.2 多关键字排列数据

选择某个字段下包含数据的单元格后,直接在"数据"选项卡"排序和筛选"组中单击"升序"按钮 或"降序"按钮 即可快速实现以该字段为排列依据,对整个数据记录进行排序的目的。但当某个数据相同时,则无法按其他依据排列数据了,此时可通过多关键字排列数据的方法来解决问题。

下面在产品库存表中以"本月销量"字段为依据,对数据记录进行降序排列,当销量相同时,以"上月剩余"字段为依据升序排列数据,若仍然出现相同数据,则以"产品编号"字段为依据升序排列数据,其具体操作如下。

素材文件:素材\第 2 章\产品库存表.xlsx
效果文件:效果\第 2 章\产品库存表.xlsx
动画演示:演示\第 2 章\多关键字排列数据.swf

01 打开"产品库存表.xlsx"工作簿,选择E2单元格,在"数据"选项卡"排序和筛选"组中单击"排序"按钮,如图2-2所示。

02 打开"排序"对话框,在"主要关键字"下拉列表框中选择"本月销量"选项,在"次序"下拉列表框中选择"降序"选项,单击"添加条件(A)"按钮,如图2-3所示。

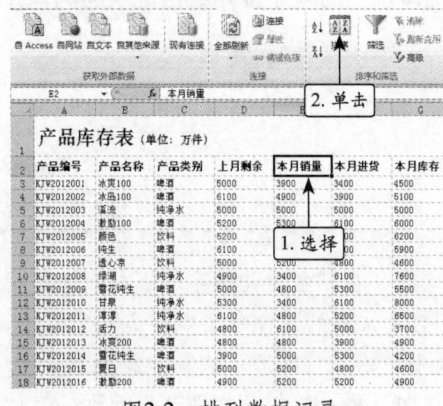

图2-2 排列数据记录

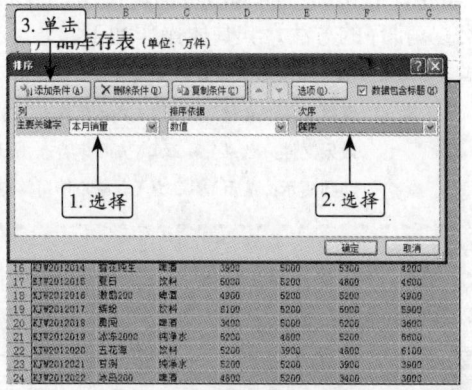

图2-3 设置排序关键字

03 在"次要关键字"下拉列表框中选择"上月剩余"选项,默认排序依据和次序,单击"添加条件(A)"按钮,如图2-4所示。

04 继续在出现的"次要关键字"下拉列表框中选择"产品编号"选项,默认排序依据和次序,单击"确定"按钮,如图2-5所示。

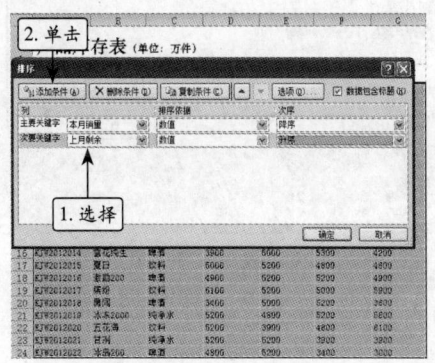

图2-4 设置次要关键字

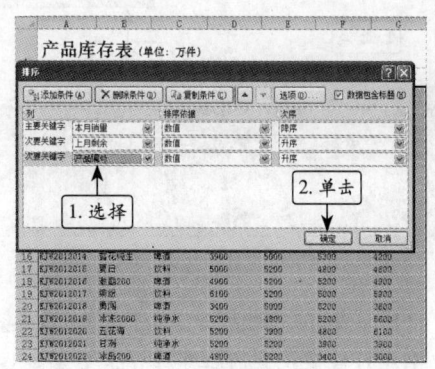

图2-5 设置次要关键字

05 完成对数据记录的排序操作,效果如图2-5所示。当本月销量相同时,按上月剩余升序排列,当上月剩余仍然相同时,按产品编号升序排列。

图2-6 排序后的效果

方法技巧 **快速调整关键字位置**
在"排序"对话框中选择某个设置的排序条件后,单击对话框上方的"上移"按钮▲可增加该条件的优先级;单击"下移"按钮▼则将降低该条件的优先级。

2.1.3 自定义排列数据

当某排序依据的字段中包含的是中文文本时，则无论利用升序或降序排列，都是 Excel 预定的顺序，若想按照自己需要的顺序排列数据记录，可以自定义序列后再进行排序。下面以在产品库存表中的产品类别为依据，按"啤酒，饮料，纯净水"的顺序排列数据记录为例，介绍自定义排序的方法，其具体操作如下。

素材文件：素材\第2章\产品库存表.xlsx
效果文件：效果\第2章\产品库存表1.xlsx
动画演示：演示\第2章\自定义排列数据.swf

01 在"产品库存表.xlsx"工作簿中打开"排序"对话框，在"主要关键字"下拉列表框中选择"产品类别"选项，在"次序"下拉列表框中选择"自定义序列"命令，如图2-7所示。
02 打开"自定义序列"对话框，在"输入序列"列表框中输入"啤酒、饮料、纯净水"，每个词语之间用【Enter】键分段，然后依次单击 添加(A) 按钮和 确定 按钮，如图2-8所示。

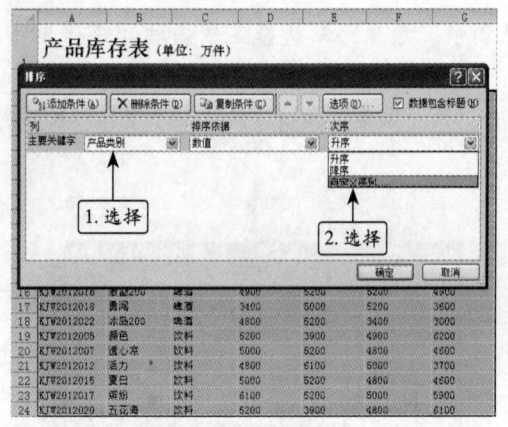

图2-7 自定义序列

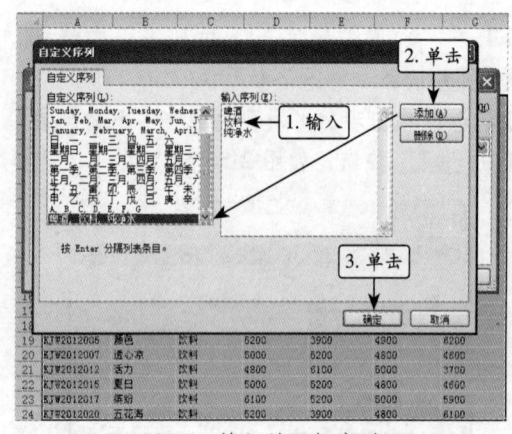

图2-8 输入并添加序列

03 返回"排序"对话框，单击 确定 按钮，如图2-9所示。
04 完成对数据记录的排序操作，效果如图2-10所示。

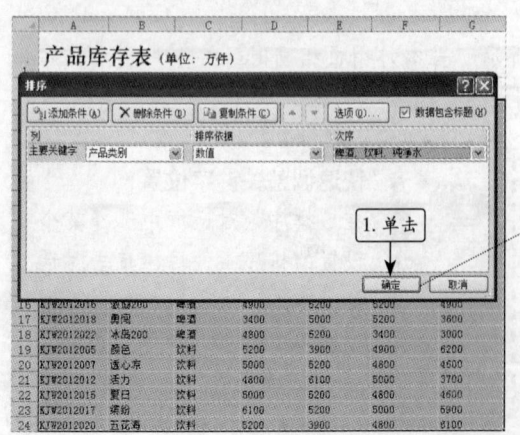

图2-9 确认设置

图2-10 排序的效果

2.1.4 按行排列数据

若需要调整字段的前后顺序，可以利用按行排列数据的方法来达到目的，而避免对每一列单元格进行调整。下面以在产品库存表中调整字段的排列顺序为例，介绍按行排序的方法，其具体操作如下。

素材文件：素材\第2章\产品库存表.xlsx
效果文件：效果\第2章\产品库存表2.xlsx
动画演示：演示\第2章\按行排列数据.swf

01 在"产品库存表.xlsx"工作簿的 A25:G25 单元格区域中输入 1~7 的数字，代表后面排列字段的大小依据，如图 2-11 所示。

02 选择表格中的某个数据记录，打开"排序"对话框，单击 选项(O)... 按钮，如图 2-12 所示。

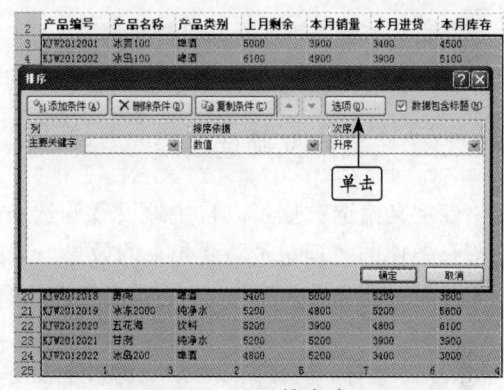

图2-11　输入字段排列的依据　　　　　　　　图2-12　设置排序选项

03 打开"排序选项"对话框，选中"方向"栏中的"按行排序"单选项，单击 确定 按钮，如图 2-13 所示。

04 返回"排序"对话框，在"主要关键字"下拉列表框中选择"行25"选项，即前面输入的数字所在的行选项，单击 确定 按钮，如图 2-14 所示。

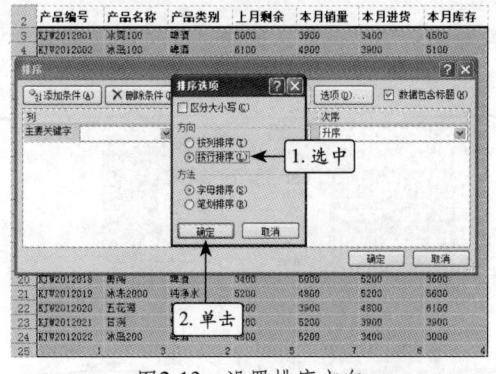 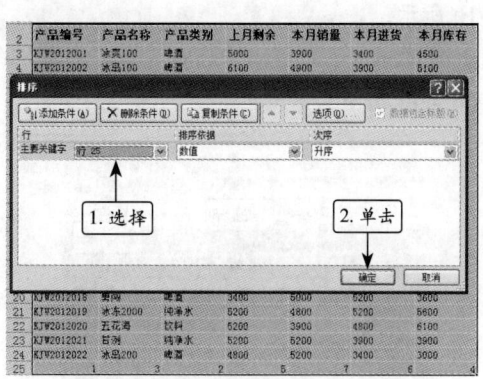

图2-13　设置排序方向　　　　　　　　　　图2-14　设置排序关键字

05 完成排序，此时数据清单的字段位置便按设置的顺序进行了移动，接着删除前面输入的数字即可，效果如图 2-15 所示。

图2-15 排序的效果

 按中文笔画排列数据记录

若需要以表格中的姓名等中文字段为排序依据排列数据记录时，可以按中文笔画的多少进行排列，其方法为：打开"排序"对话框，单击 选项(O)... 按钮，在"排序选项"对话框中选中"笔划排序"单选项并单击 确定 按钮，在返回的"排序"对话框中设置以该字段为排序关键字即可。

▶ 2.2 筛选数据

老陈并不知道小雯对筛选数据的操作掌握到了什么程度，为了让她能够全面地复习并掌握有关数据筛选的知识，老陈决定将一些常见的筛选操作和技巧再重新给小雯演示一遍。

▶ 2.2.1 自定义筛选数据

自定义筛选数据可以自主地设置筛选条件，达到使符合条件的数据记录显示在表格中，不符合条件的数据记录隐藏起来的效果。下面以在采购统计表中筛选总金额大于10000小于100000的数据记录为例，介绍自定义筛选数据的方法，其具体操作如下。

素材文件：素材\第2章\采购统计表.xlsx
效果文件：效果\第2章\采购统计表.xlsx
动画演示：演示\第2章\自定义筛选数据.swf

01 打开"采购统计表.xlsx"工作簿，选择A2:G20单元格区域，在"数据"选项卡"排序和筛选"组中单击"筛选"按钮，然后单击出现在"总金额（元）"字段右侧的下拉按钮，如图2-16所示。

02 在弹出的下拉菜单中选择"数字筛选"命令，在弹出的子菜单中选择"自定义筛选"命令，如图2-17所示。

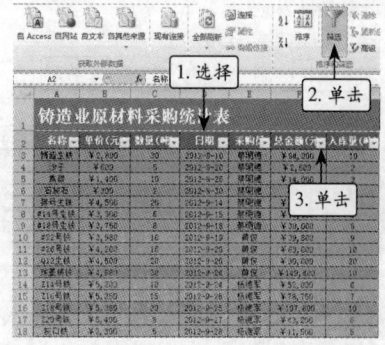
图2-16 进入筛选状态

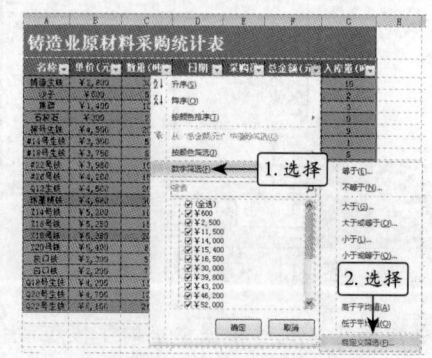
图2-17 自定义筛选

数据管理与分析

03 打开"自定义自动筛选方式"对话框,将上方两个下拉列表框中的数据分别设置为"大于"和"10000";将下方两个下拉列表框中的数据分别设置为"小于"和"100000",单击 确定 按钮,如图2-18所示。

04 完成筛选,此时只有总金额大于10000且小于100000的数据记录才显示在表格中,效果如图2-19所示。

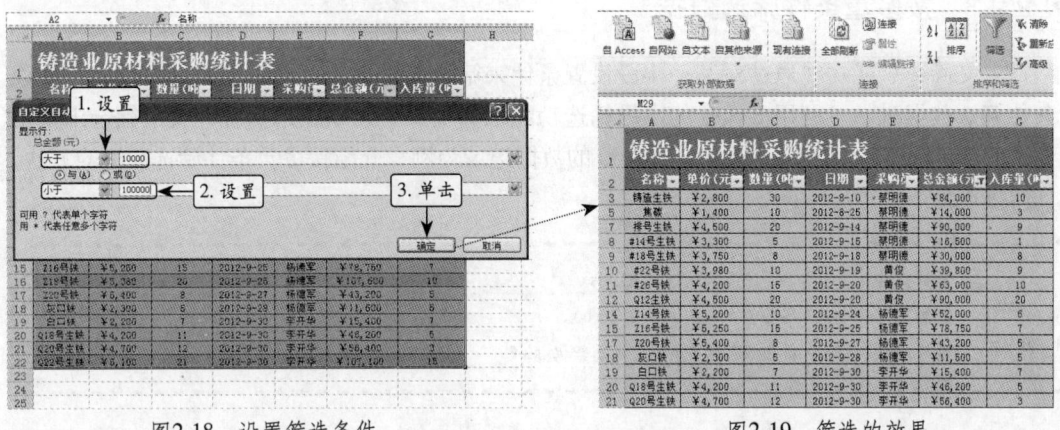

图2-18 设置筛选条件　　　　　　　　　　图2-19 筛选的效果

2.2.2 按颜色筛选数据

当数据记录中的某些单元格设置了填充颜色,或单元格中的数据设置了字体颜色时,便可按这些颜色来筛选需要的数据。下面以在采购统计表中筛选出填充颜色为橙色的数据记录为例,介绍按颜色筛选数据的方法,其具体操作如下。

素材文件:素材\第2章\采购统计表.xlsx
效果文件:效果\第2章\采购统计表1.xlsx
动画演示:演示\第2章\按颜色筛选数据.swf

01 在"采购统计表.xlsx"工作簿中单击任意字段右侧的下拉按钮,在弹出的下拉菜单中选择"按颜色筛选"命令,在弹出的子菜单中选择橙色对应的选项,如图2-20所示。

02 此时表格中将仅显示填充颜色为橙色的数据记录,效果如图2-21所示。

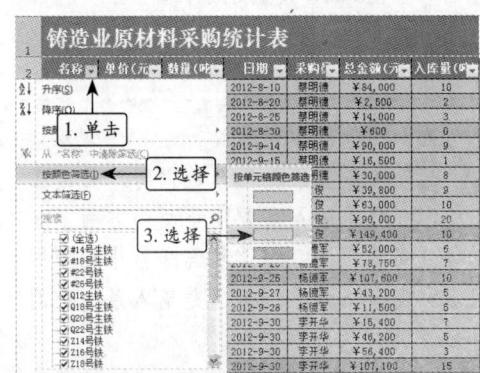 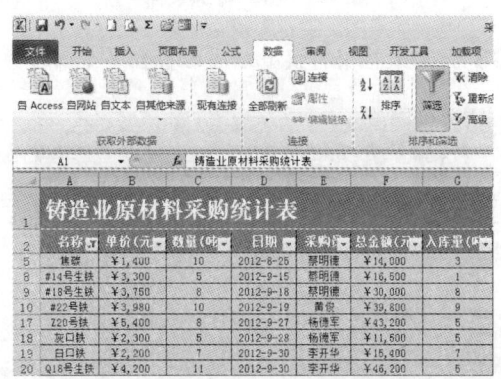

图2-20 选择颜色　　　　　　　　　　图2-21 筛选出的所有橙色记录

019

操作提示　取消筛选状态

当需要重新显示全部的数据记录时只需再次单击"数据"选项卡"排序和筛选"组中的"筛选"按钮即可。

2.2.3　按多重条件筛选数据

自定义筛选只能实现通过对某一字段设置条件来筛选数据记录，当需要同时按照多个字段的条件筛选数据时，可利用 Excel 的高级筛选功能来实现。下面以在采购统计表中筛选出杨德军采购的单价大于 5000、总金额大于 50000 的数据记录为例，介绍按多重条件筛选数据的方法，其具体操作如下。

素材文件：素材\第2章\采购统计表.xlsx
效果文件：效果\第2章\采购统计表2.xlsx
动画演示：演示\第2章\按多重条件筛选数据.swf

01 在"采购统计表.xlsx"工作簿的 D24:F25 单元格区域中输入需要的筛选条件，适当美化数据，参考效果如图 2-22 所示，然后单击"数据"选项卡"排序和筛选"组中的 高级 按钮。

02 打开"高级筛选"对话框，将列表区域选择为 A2:G22 单元格区域，将条件区域设置为 D24:F25 单元格区域，然后单击 确定 按钮，如图 2-23 所示。

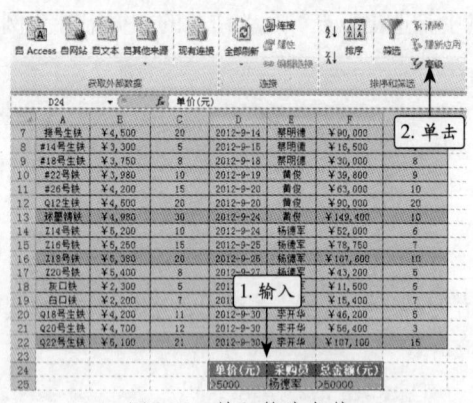

图 2-22　输入筛选条件

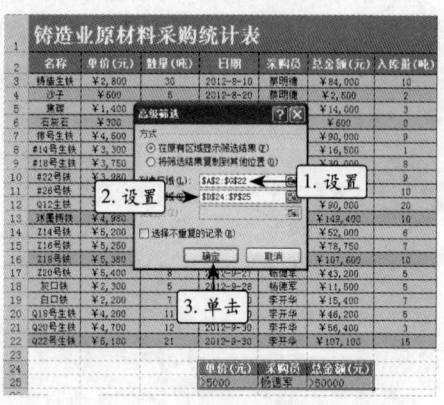

图 2-23　设置高级筛选区域

03 此时表格中将仅显示同时符合多个筛选条件的数据记录，效果如图 2-24 所示。

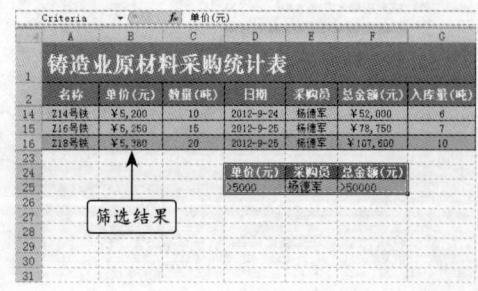

图 2-24　筛选的效果

操作提示　筛选条件的输入

按多重条件筛选数据时，筛选条件的输入需要注意两个方面，一是必须具备字段名，其名称与表格中相应的字段名称完全一致，另外就是输入条件中的符号应在英文状态下输入。

2.3 分类汇总数据

老陈要求小雯演示一遍对数据进行分类汇总的操作,小雯顺利地完成了,不过问题在于她无法对分类汇总后的数据进行有效地查看和管理。鉴于此,老陈及时给她补充了相关的知识和操作。下面就跟着他俩来重新回顾分类汇总的创建以及管理吧。

2.3.1 创建数据分类汇总

通过按某字段对数据记录进行分类,可查看到这些类别的各种汇总数据,从而实现更直观地分析数据的目的。下面以在销量汇总表中按产品类别进行分类,并汇总出各类产品的平均年销量为例,介绍创建数据分类汇总的方法,其具体操作如下。

素材文件:素材\第2章\销量汇总表.xlsx
效果文件:效果\第2章\销量汇总表.xlsx
动画演示:演示\第2章\创建数据分类汇总.swf

01 打开"销量汇总表.xlsx"工作簿,选择B3单元格,在"数据"选项卡"排序和筛选"组中单击"升序"按钮，然后在"分级显示"组中单击"分类汇总"按钮，如图2-25所示。

02 打开"分类汇总"对话框,在"分类字段"下拉列表框中选择"产品类别"选项,在"汇总方式"下拉列表框中选择"平均值"选项,选中"选定汇总项"列表框中的"全年销量"复选框,然后单击 确定 按钮,如图2-26所示。

03 完成分类汇总,此时将显示各类别的平均年销量以及所有类别的平均年销量数据,效果如图2-27所示。

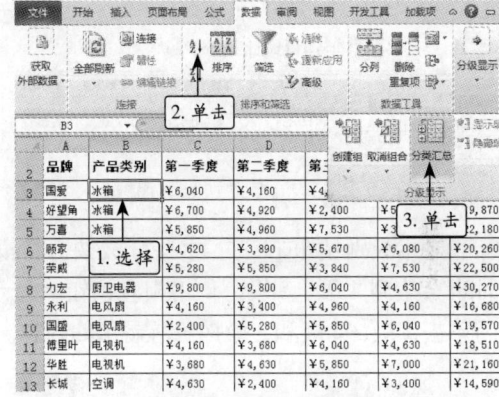

图2-25 排列数据

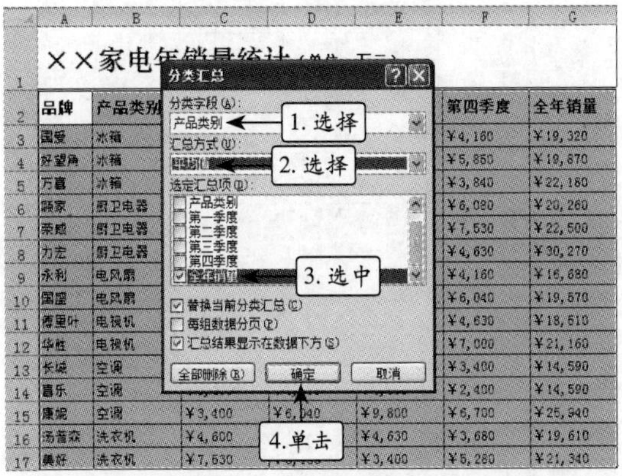

图2-26 设置分类汇总

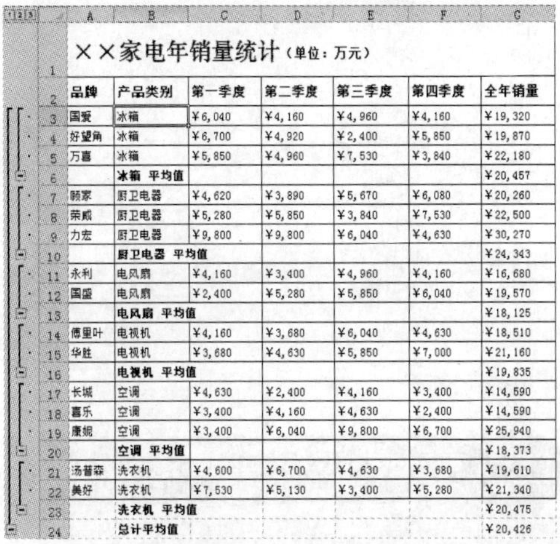

图2-27 分类汇总的效果

> **方法技巧　按类别分页数据**
>
> 在设置分类汇总时，若选中“分类汇总”对话框下方的“每组数据分页”复选框，Excel 将按类别分页工作表，此时预览表格内容时每个页面仅显示一种类别的汇总情况，如图 2-28 所示。

××家电年销量统计（单位：万元）						
品牌	产品类别	第一季度	第二季度	第三季度	第四季度	全年销量
国安	冰箱	¥6,040	¥4,160	¥4,960	¥4,160	¥19,320
好望角	冰箱	¥6,700	¥4,920	¥2,400	¥5,850	¥19,870
万喜	冰箱	¥5,850	¥4,960	¥7,530	¥3,840	¥22,180
	冰箱 平均值					¥20,457

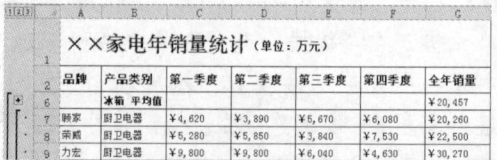

图2-28　分页显示的效果

2.3.2　在分类汇总状态下管理数据

对表格数据进行分类汇总后，会在工作表区左侧显示一系列控制按钮，利用这些按钮可以方便地管理分类汇总数据。各按钮的作用分别如下。

- “展开”按钮+：单击该按钮将显示对应分类字段的明细信息，且按钮将变为-状态，如图 2-29 所示。
- “合拢”按钮-：单击该按钮将隐藏对应分类字段的明细信息，且按钮将变为+状态，如图 2-30 所示。

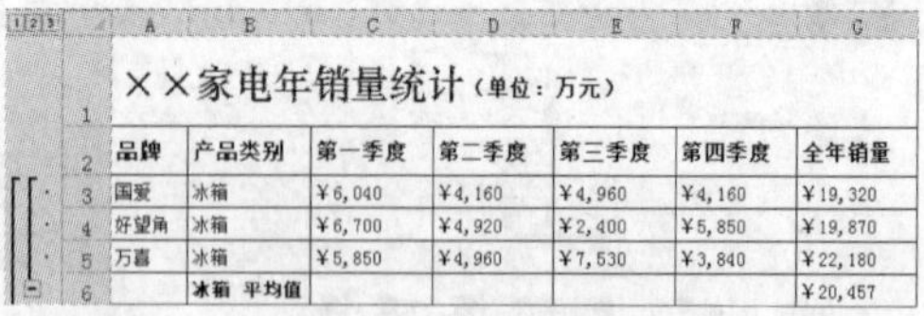

××家电年销量统计（单位：万元）						
品牌	产品类别	第一季度	第二季度	第三季度	第四季度	全年销量
国安	冰箱	¥6,040	¥4,160	¥4,960	¥4,160	¥19,320
好望角	冰箱	¥6,700	¥4,920	¥2,400	¥5,850	¥19,870
万喜	冰箱	¥5,850	¥4,960	¥7,530	¥3,840	¥22,180
	冰箱 平均值					¥20,457

图2-29　显示明细信息

××家电年销量统计（单位：万元）						
品牌	产品类别	第一季度	第二季度	第三季度	第四季度	全年销量
	冰箱 平均值					¥20,457
帅家	厨卫电器	¥4,620	¥3,890	¥5,670	¥6,080	¥20,260
荣威	厨卫电器	¥5,280	¥5,850	¥3,840	¥7,530	¥22,500
力宏	厨卫电器	¥9,800	¥9,800	¥6,040	¥4,630	¥30,270

图2-30　隐藏明细信息

显示级别按钮123：这些分级按钮将根据表格汇总的数据显示，有时只有 2 级、3 级，有时也会达到 4 级、5 级，单击相应按钮将显示各级别下的内容，如图 2-31 所示，从左到右依次为单击 1 级、2 级和 3 级按钮所显示的内容。

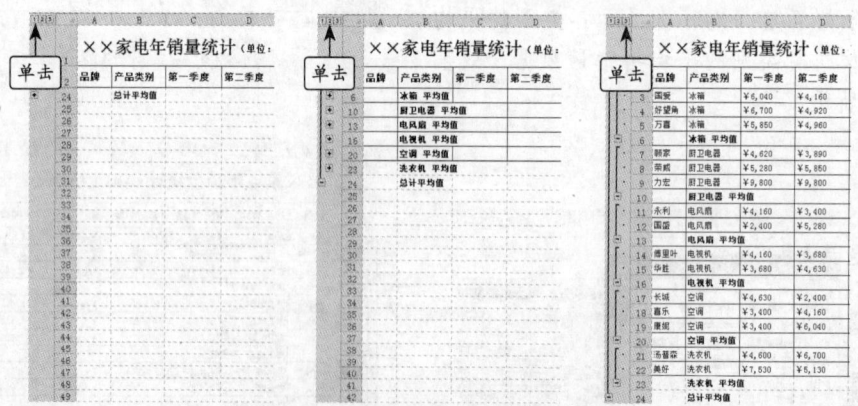

图2-31　各级别下显示的汇总信息

2.4　合并计算数据

小雯正在将多个表格中的数据汇总到一起，老陈看到她的操作后，决定给她介绍一些快速合并计算数据的方法，从而有效地提高工作效率。

2.4.1 按位置合并计算数据

按位置合并计算数据要求所有源区域中数据的排列顺序完全相同，也就是两个或多个表格中的每一条数据记录的名称、字段名称和字段排列顺序均相同。当满足这样的条件时，可利用按位置合并计算数据的方法快速汇总多条数据记录。下面以在奖金分配表中汇总每名员工年度总奖金为例，介绍按位置合并计算数据的方法，其具体操作如下。

素材文件：素材\第2章\奖金分配表.xlsx
效果文件：效果\第2章\奖金分配表.xlsx
动画演示：演示\第2章\按位置合并计算数据.swf

01 打开"奖金分配表.xlsx"工作簿，切换到"汇总"工作表中，选择B3单元格，然后在"数据"选项卡"数据工具"组中单击"合并计算"按钮，如图2-32所示。

02 打开"合并计算"对话框，将引用位置设置为"1季度"工作表中的B3:D17单元格区域，然后单击 添加(A) 按钮，如图2-33所示。

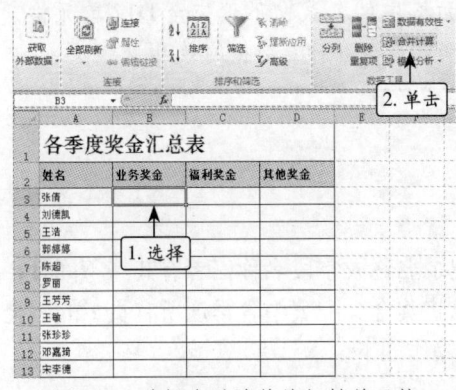

图2-32 选择合并计算的起始单元格

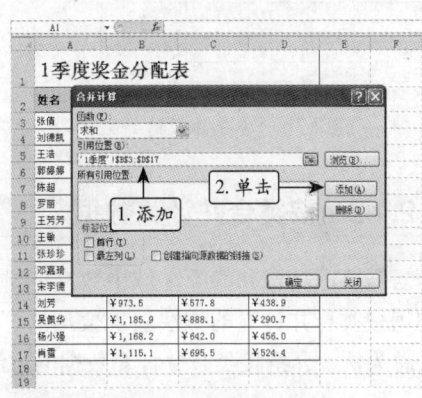

图2-33 设置引用区域

03 将"引用位置"文本框中的"1季度"文本修改为"2季度"，单击 添加(A) 按钮，如图2-34所示。

04 按相同方法继续将"3季度"和"4季度"工作表中的B3:D17单元格区域添加到"所有引用位置"列表框中，然后单击 确定 按钮，如图2-35所示。

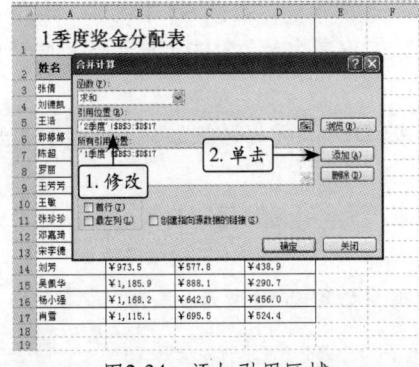

图2-34 添加引用区域

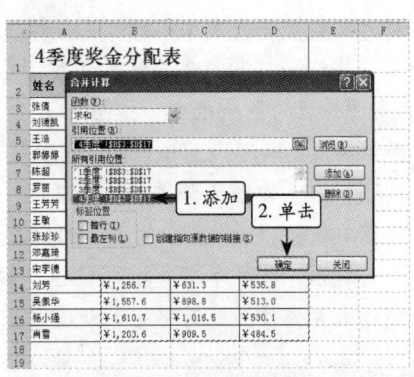

图2-35 确认设置

> **操作提示　快速添加引用位置**
> 由于按位置合并需要保证工作表的字段、数据记录等结构和顺序完全相同，因此在添加引用位置时，只需快速更改工作表标签名称就能实现快速添加，而无需逐一选择。

05 完成合并操作，此时"汇总"工作表中的得到的每个数据都是其他工作表中相同位置下数据之和，如图2-36所示。

> **方法技巧　利用公式合并计算**
> 在"汇总"工作表的B3单元格中输入公式"='1季度'!B3+'2季度'!B3+'3季度'!B3+'4季度'!B3"，按【Ctrl+Enter】组合键后，将B3单元格中的公式向右填充至D3单元格，再将D3单元格中的公式向下填充至D17单元格，也能实现合并计算数据的效果。

图2-36　合并计算的结果

▶ 2.4.2　按类合并计算数据

当需要进行合并的源区域中数据的排列顺序、记录名称或字段名称三者有其一不同时，则可利用按类合并计算的方法实现数据的汇总。下面以将奖金分配表中各季度所有员工的奖金数据汇总为例，介绍按类合并计算数据的方法，其具体操作如下。

素材文件：素材\第2章\奖金分配表1.xlsx
效果文件：效果\第2章\奖金分配表1.xlsx
动画演示：演示\第2章\按类合并计算数据.swf

01 打开"奖金分配表1.xlsx"工作簿，切换到"汇总"工作表中，选择A3单元格，利用"合并计算"按钮打开"合并计算"对话框，将"1季度"工作表中的A3:D17单元格区域添加到"所有引用位置"列表框中，如图2-37所示。

02 继续将"2季度"工作表和"3季度"工作表中的A3:D17单元格区域添加到"所有引用位置"列表框中，如图2-38所示。

03 将"4季度"工作表中的A3:D15单元格区域添加到"所有引用位置"列表框中，选中"最左列"复选框，然后单击 确定 按钮，如图2-39所示。

04 完成合并操作，此时将显示所有员工的奖金汇总数据，如图2-40所示。

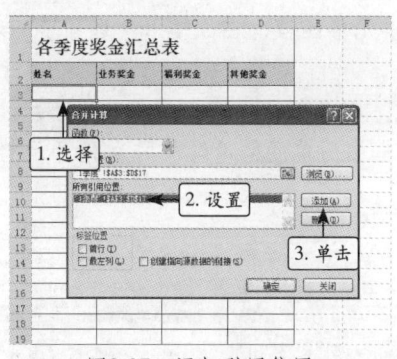

图2-37　添加引用位置

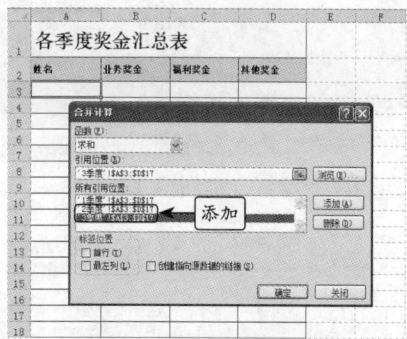

图2-38　添加引用位置

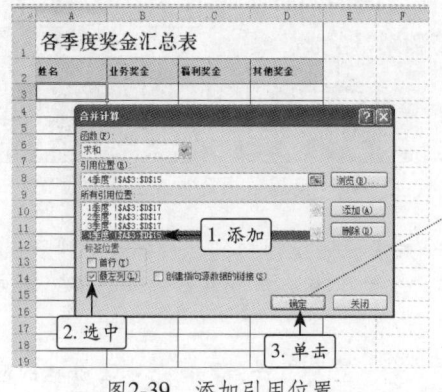

图2-39　添加引用位置

图2-40　合并计算的结果

操作提示

更改数据的汇总方式

Excel 默认对数据进行的合并计算为求和运算,根据需要可调整合并计算的方式,在"合并计算"对话框上方的"函数"下拉列表框中进行选择即可。

2.5　使用数据透视表

老陈手上有一张制作好的数据透视表,他希望小雯能按照其中的内容重新创建一次,并通过一些设置来达到动态分析数据的效果,以考查小雯对数据透视表的掌握程度。

2.5.1　创建数据透视表

数据透视表可以对大量数据进行快速汇总并建立交叉列表,能清晰地反映和查看工作表中的数据信息,进而对数据信息进行分析处理。下面以在职工工资表中创建数据透视表为例,介绍创建数据透视表的方法,其具体操作如下。

素材文件:素材\第2章\职工工资表.xlsx
效果文件:效果\第2章\职工工资表.xlsx
动画演示:演示\第2章\创建数据透视表.swf

025

01 打开"职工工资表.xlsx"工作簿,选择 A2:H2O 单元格区域,在"插入"选项卡"表格"组中单击"数据透视表"按钮,如图 2-41 所示。

02 打开"创建数据透视表"对话框,默认"表/区域"文本框中已选择的单元格区域,选中对话框下方的"现有工作表"单选项,将"位置"文本框中的单元格地址引用为 J2 单元格,然后单击 确定 按钮,如图 2-42 所示。

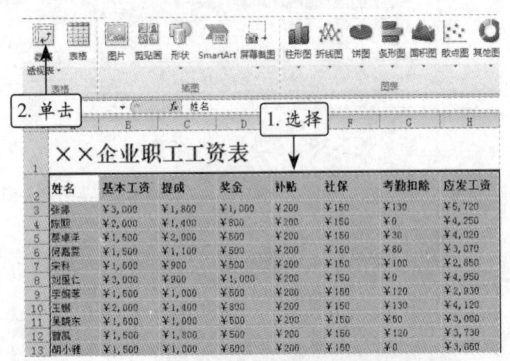

图 2-41　选择单元格区域

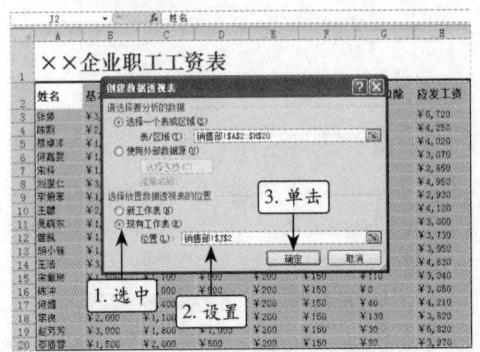

图 2-42　设置数据透视表创建的位置

03 打开"数据透视表字段列表"任务窗格,依次将"姓名"字段拖动到"行标签"列表框中,将"基本工资"字段拖动到"列标签"列表框中,将"应发工资"字段拖动到"数值"列表框中,如图 2-43 所示。

04 此时在数据透视表中便可查看到每名员工的基本工资、应发工资、不同基本工资档的应发工资总和以及所有员工的应发工资总和等数据,如图 2-44 所示。

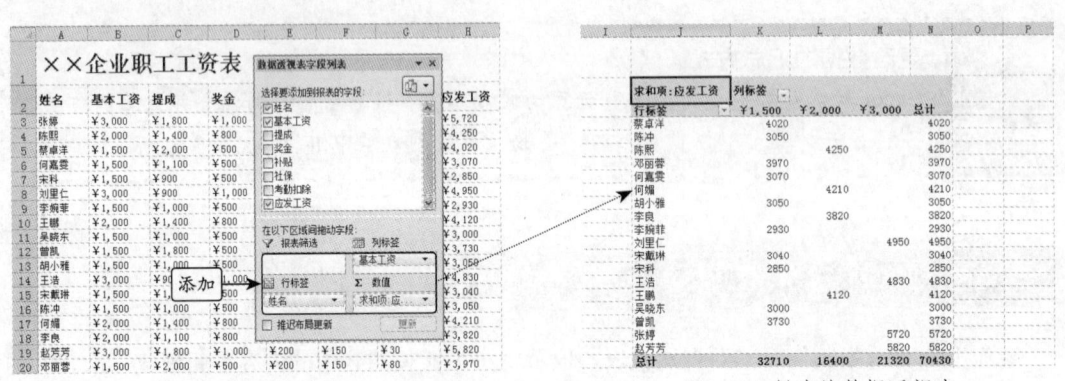

图 2-43　添加字段　　　　　　　　　　图 2-44　创建的数据透视表

2.5.2　使用数据透视表动态分析数据

数据透视表可以实现数据的动态分析,原因在于可以随时调整字段在透视表区域的顺序和位置,从而使得数据透视表汇总出来的结果可以随时按要求发生变化。因此使用数据透视表对数据进行动态分析,也就是对字段进行动态调整。下面介绍一些常用的调整字段的方法。

- 添加字段:任务窗格中的 4 个列表框都允许添加字段,且允许添加多个字段,如图 2-45 所示。
- 调整字段位置:直接在某个列表框中拖动字段,当出现蓝色直线时释放鼠标即可调整该字段在列表框中的位置,如图 2-46 所示。

- 删除字段：将某个需删除的字段向上或向外拖动，当鼠标指针右下角出现"×"标记时释放鼠标即可将其删除，如图2-47所示。
- 设置字段：单击列表框中的某个字段按钮，在弹出的下拉菜单中选择"值字段设置"命令，如图2-48所示，即可在打开的对话框中设置该字段的汇总方式、显示方式等属性。

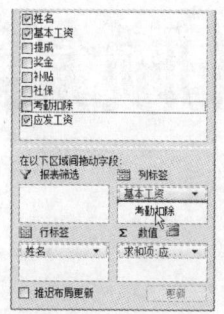
图2-45　添加字段

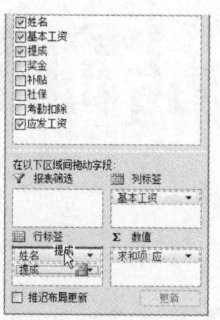
图2-46　调整字段位置

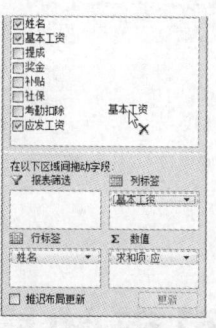
图2-47　删除字段

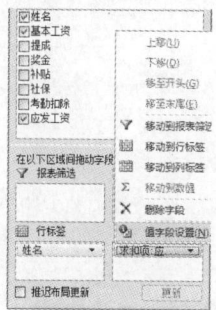
图2-48　设置字段

▶ 2.6　拓展知识

在老陈的指导下，小雯对Excel的数据管理和分析功能又进行了一次复习，不仅使已经掌握的知识得到了巩固，而且还学到了一些新的操作或技巧。老陈为了让小雯能掌握更全面的知识，又给她介绍了两种实用的操作。

拓展1　记录单的应用

利用记录单功能可以在大量数据的表格中快速、正确地添加、修改和查询数据记录。实用该功能之前，首先需要将"记录单"按钮添加到快速访问工具栏中，其方法为：在"文件"选项卡中单击选项按钮，打开"Excel选项"对话框，选择左侧的"自定义功能区"选项，在右侧的"从下列位置选择命令"下拉列表框中选择"所有命令"选项，在下方的列表框中找到并选择"记录单"选项，然后单击添加(A)>>按钮和确定按钮即可。使用时只需单击快速访问工具栏中的"记录单"按钮，即可在打开的对话框中逐一输入新的数据记录了，如图2-49所示。需要注意的是，记录单功能只能在表格结构为数据清单的状态下才能正常使用。

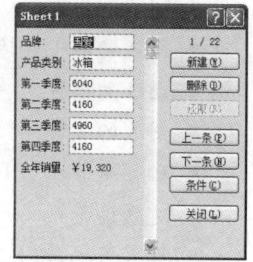
图2-49　记录单对话框

拓展2　按颜色排列数据

Excel除了允许按颜色筛选数据外，同样允许按单元格的填充颜色、字体颜色等排列数据，其方法为：进入筛选状态，单击某个字段右侧的下拉按钮，在弹出的下拉菜单中选择"按颜色排序"命令，在弹出的子菜单中选择某个颜色即可将该颜色所在的数据记录显示在最上方，如图2-50所示。再次选择新的颜色，则又会将该颜色所在的数据记录显示在最上方，依此类推。

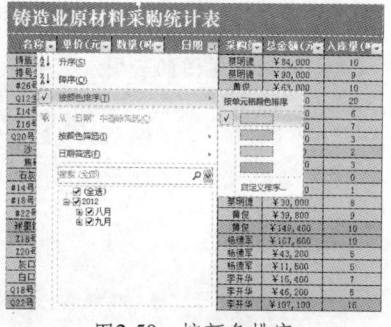
图2-50　按颜色排序

第 1 篇 基础回顾篇

第 3 章 图表的应用

图表是Excel强大的数据分析功能的重要体现之一，在利用Excel进行财务管理时也是不可或缺的工具。有鉴于此，老陈决定让小雯重新巩固一下在Excel中使用图表的各种操作和技巧。小雯也深知Excel图表的优点，因此她也希望老陈能系统且全面地从图表的组成和类型开始，详细地给她介绍一些图表的应用，以加深她对图表的认识和理解。

知识点

- 图表的组成
- 图表的类型及适用环境
- 图表的创建
- 图表的编辑
- 建立趋势线
- 建立误差线
- 设置数据系列
- 设置坐标轴
- 设置数据标签
- 数据透视图的应用

3.1 认识Excel中的图表

小雯知道 Excel 包含各种各样类型的图表，但她只对柱形图和饼图较为熟悉。老陈告诉她，要想真正使用图表，发挥其优势，就首先应该了解图表的组成和各种类型图表的适用环境。柱形图和饼图虽然较为常用，但有些特殊的条件下它们并不能很好地表现数据的特点。小雯连连点头，准备认真吸收老陈要介绍的知识了。

3.1.1 图表的组成

不同类型的 Excel 图表，其组成对象也不完全相同，下面以柱形图为例介绍图表的组成情况。

如图 3-1 所示为三维柱形图，组成该图表的对象包括图表标题、图例、数据系列、数据标签、网格线和坐标轴等。

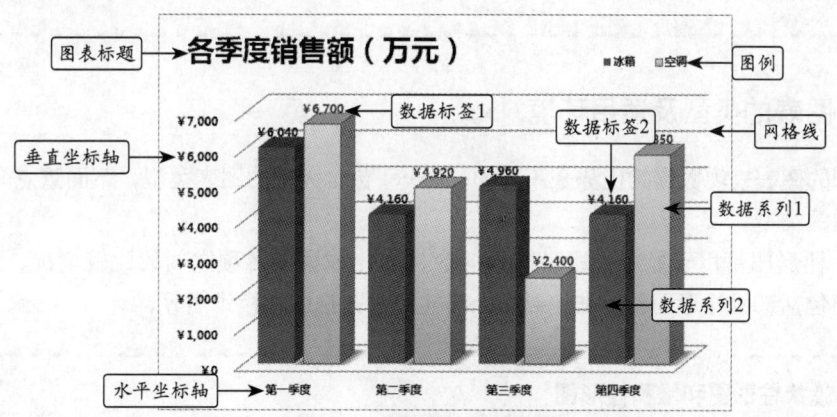

图3-1　柱形图的各组成部分

- 图表标题：图表标题即图表名称，可直观地提醒使用者图表中反映的数据。图表标题可根据需要显示或隐藏，它并不是图表必不可少的组成部分。
- 图例：图例的作用主要是表明数据系列代表的内容。如图 3-1 所示中通过图例可以清楚地发现蓝色的数据系列代表冰箱的销售额情况；浅色的数据系列代表空调的销售额情况。当图表中仅存在一种数据系列时，图例可删除，通过图表标题表明数据系列表示的数据即可。但当存在多个数据系列时，则图例是必须存在的。
- 数据系列：图表中的图形部分就是数据系列，它将工作表中行或列中的数据图形化显示。数据系列中每一种图形对应一组数据，且呈现统一的颜色或图案。一个图表中可以同时存在多组数据系列，也可以仅有一组数据系列，但不能没有数据系列。
- 数据标签：数据标签可以显示数据系列代表的具体数据，可根据情况将其显示或隐藏在图表中。
- 网格线：网格线根据方向的不同，分为横网格线和纵网格线；根据主次的不同，分为主要网格线和次要网格线，其作用都是为了更好地表现数据系列代表的数据大小。
- 坐标轴：坐标轴分为水平坐标轴和垂直坐标轴，用于辅助显示数据系列的类别和大小。

> **专家点拨　图表区、绘图区**
> 从另外一种角度来讲，创建的图表对象就是图表区，选择图表区后，可统一设置图表中各组成部分的字体格式或其他样式。图表区中包含图表标题、绘图区和图例，其中绘图区由数据系列、坐标轴等对象所组成。不同类型的绘图区，其组成对象也不完全相同，如三维柱形图的绘图区还包含背景墙、基底等对象，这是二维图形没有的。

> **专家点拨　分类轴和数值轴**
> 坐标轴根据不同的内容也可以分为分类轴和数值轴，但需要注意的是，分类轴和数值轴的位置并不是固定不变的。如图 3-1 所示中的水平轴就是分类轴，垂直轴就是数值轴，但如果当图表类型改变为条形图时，垂直轴才是分类轴，而水平轴又变为了数值轴。

3.1.2　图表的类型及适用环境

不同类型的图表表现数据的优势是不同的，Excel 包含大量的图表类型，下面重点介绍其中几个经常使用的类型。

柱形图：柱形图可用于显示一段时间内的数据变化或说明各项之间的比较情况，如图 3-2 所示。柱形图包括二维柱形图、三维柱形图、圆柱图、圆锥图和棱锥图等。

> **专家点拨　簇状柱形图和堆积柱形图**
> 按数据系列的表现形式，柱形图又可分为簇状柱形图和堆积柱形图。其中簇状柱形图使用垂直的矩形（二维）或长方体（三维）显示数据，可比较多个类别的值。堆积柱形图则能显示出单个项目与总体的关系，并能跨类别比较每个值占总体的百分比情况，如图 3-3 所示。

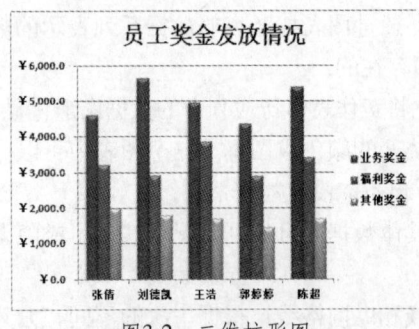
图3-2　二维柱形图

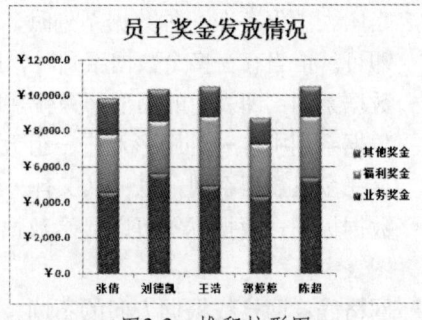
图3-3　堆积柱形图

- 折线图：折线图是指将同一系列的数据以点或线的形式表示出来，可以直观地显示数据的变化趋势，如图 3-4 所示。折线图包括二维折线图和三维折线图两种形式。折线图可以显示随时间而变化的连续数据，因此非常适用于显示在相等时间间隔下数据的趋势。
- 饼图：饼图通常用于显示单个数据系列中各项数据的大小与各项数据总和的比较，能直观地显示各数据占总和的比例,如图 3-5 所示。饼图包括二维饼图和三维饼图两种形式。

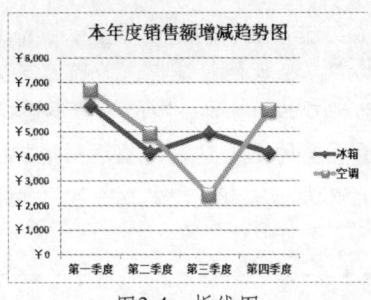

图3-4 折线图

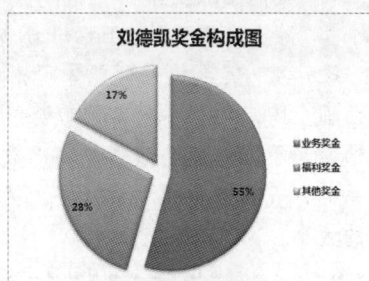

图3-5 饼图

> **专家点拨 复合饼图**
>
> 饼图中还有一类复合饼图类型,它是指从主饼图中提取部分数据,将其组合到附属于主饼图中的子饼图下,从而使得饼图可以显示出更多的数据,并不影响整个图表的可读性,如图 3-6 所示。

- 条形图:条形图与柱形图类似,可显示各类数据之间的比较情况,但与柱形图不同的是,其水平轴表示的是数值,垂直轴表示的才是类别,如图 3-7 所示。

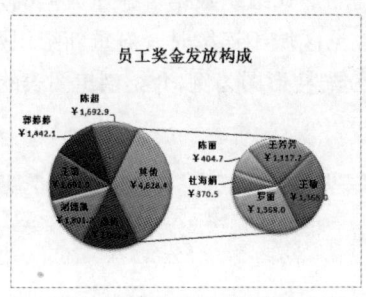

图3-6 复合饼图

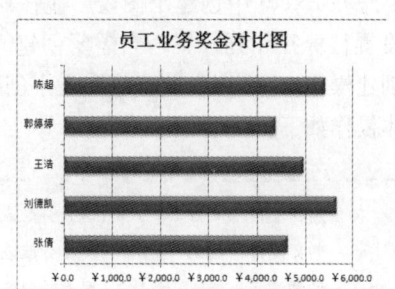

图3-7 条形图

- 面积图:面积图通常用于强调数据随时间而变化的程度,可直观地显示数据的起伏变化,也可清晰呈现出总值趋势的变化,如图 3-8 所示。
- 散点图:散点图通常用于显示数据系列中各数值之间的关系,它能将多组数据显示为 XY 坐标系的点值,并按不同的间距显示,适用于技术开发或科研等统计数据的情况,如图 3-9 所示。

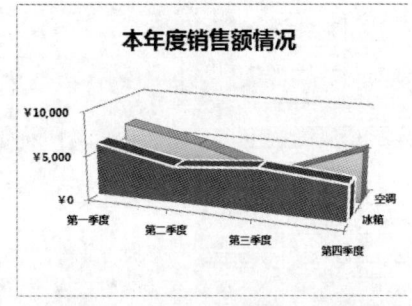

图3-8 面积图

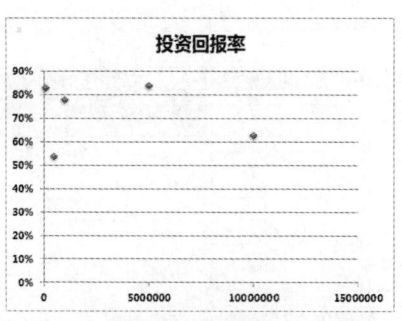

图3-9 散点图

> **专家点拨　其他图表类型**
>
> 除上述图表外，Excel还包含其他类型的图表，其中股价图适用于显示股价的走势，其数值系列能体现出盘高、盘低和开盘价、收盘价等情况，曲面图可以在连续曲面上跨二维显示数值的趋势线，但需要当类别和系列均为数字时才可使用该图，圆环图通常用于显示单个数据与整体数据的关系，与饼图不同的是，它可以显示一种或多种数据系列；气泡图类似于散点图，但比较成组的是三个数值，且由第三个数值确定气泡数据点的大小。

▶ 3.2　创建图表分析数据

小雯按照自己的方法可以顺利创建出图表，但现在按照老陈的要求，却遇到了一些困难。老陈告诉小雯，不能成功创建出图表是由于对创建图表的操作和原理还不熟悉，因此给小雯演示了图表的创建以及各种编辑和分析方法。

▶ 3.2.1　图表的创建

要想在Excel中创建出图表，应按照工作表的行或列的形式组织数据，并在数据的左侧和上方设置行标签和列标签，当需要创建的图表所涉及的数据区域不连续时，应重新组织数据再进行创建操作。下面以在奖金分配表中创建王姓员工奖金分配柱形图为例，介绍创建图表的方法，其具体操作如下。

素材文件：素材\第3章\奖金分配表.xlsx
效果文件：效果\第3章\奖金分配表.xlsx
动画演示：演示\第3章\图表的创建.swf

01　打开"奖金分配表.xlsx"工作簿，手动将"业务奖金"、"福利奖金"、"其他奖金"字段和王姓员工的姓名、具体奖金数据调整到G2:J5单元格区域（其中G2单元格留空），如图3-10所示。

02　选择G2:J5单元格区域，在"插入"选项卡"图表"组中单击"柱形图"按钮，在弹出的下拉列表中选择"二维柱形图"栏下的第1种图表选项，如图3-11所示。

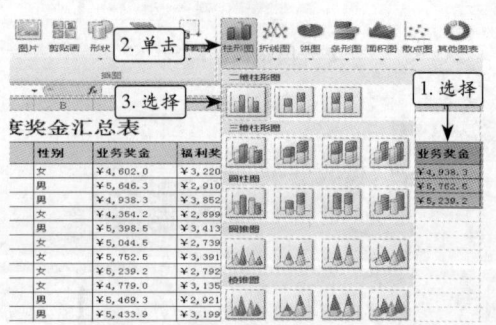

图3-10　调整数据区域　　　　　　　　　图3-11　选择图表类型

03 此时将创建出不含图表标题的柱形图，效果如图 3-12 所示。

04 选择创建的图表，在"图表工具 布局"选项卡"标签"组中单击"图表标题"按钮，在弹出的下拉列表中选择"图表上方"选项，如图 3-13 所示。

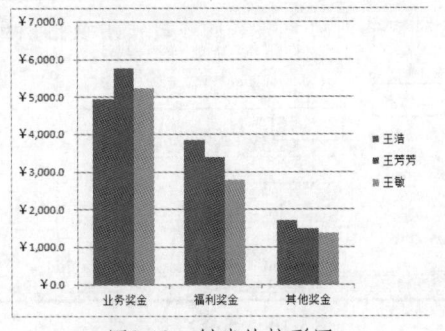

图3-12 创建的柱形图

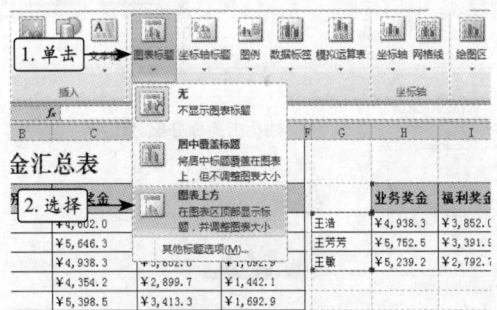

图3-13 设置图表标题显示位置

05 拖动鼠标选择图表标题中的文本，将其修改为需要的标题内容即可，效果如图 3-14 所示。

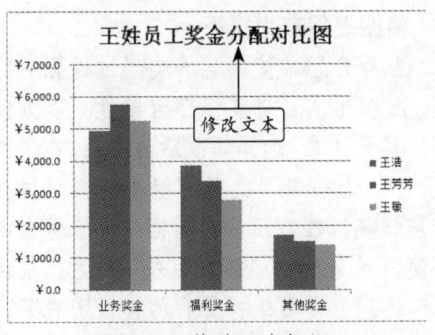

图3-14 修改图表标题

> **操作提示　选择更多图表类型**
> 若通过单击某个类型的图表按钮后，无法在弹出的下拉列表中选择需要的类型选项，则可单击该组右下角的"展开"按钮，在打开的"插入图表"对话框中选择其他图表类型即可。

▶ 3.2.2 图表的编辑

创建图表后，其中显示的图形或数据并不一定是预期的效果，此时就需要对创建的图表进行编辑，下面将主要介绍图表编辑的 3 个重要方面，即图表类型的更改、图表数据的编辑以及图表大小和位置的调整等。

1. 更改图表类型

创建好图表后，可根据该图表反映出来的效果，决定是否更改图表类型，而无需删除图表后重新创建。下面以将奖金分配表中的条形图更改为柱形图为例，介绍更改图表类型的方法，其具体操作如下。

素材文件：素材 \ 第 3 章 \ 奖金分配表 1.xlsx
效果文件：效果 \ 第 3 章 \ 奖金分配表 1.xlsx
动画演示：演示 \ 第 3 章 \ 更改图表类型.swf

01 打开"奖金分配表 1.xlsx"工作簿，选择其中的图表，在"图表工具 设计"选项卡"类型"组中单击"更改图表类型"按钮，如图 3-15 所示。

033

02 打开"更改图表类型"对话框,在左侧的列表框中选择"柱形图"选项,在右侧的"柱形图"栏下选择第1种选项,然后单击 确定 按钮,如图3-16所示。

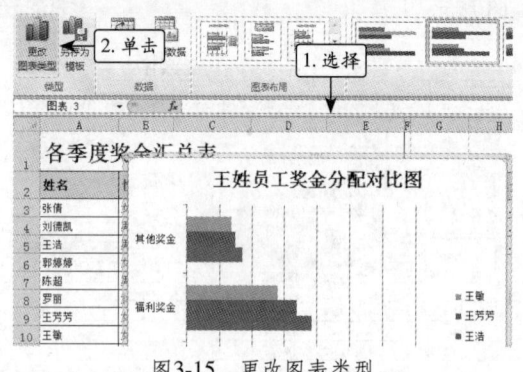
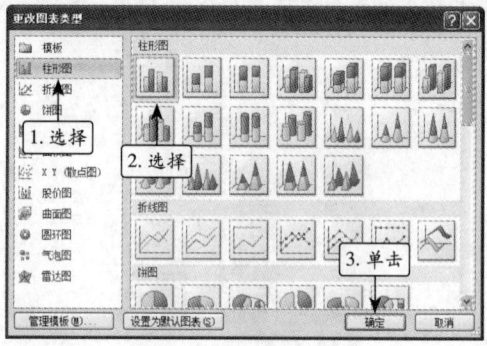

图3-15 更改图表类型　　　　　　　　　　图3-16 选择图表类型

03 完成图表的更改,此时坐标轴上的内容都可以清晰地显示出来了,效果如图3-17所示。

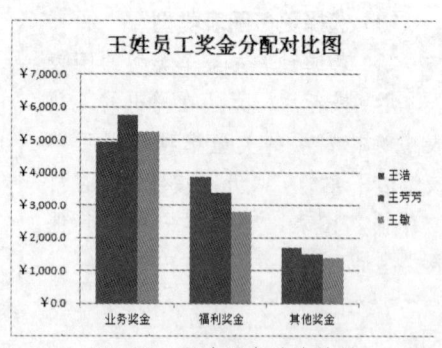

图3-17 更改图表后的效果

> **方法技巧　将图表保存为模板**
> 当需要经常使用某一类经过设置后的图表时,可将其保存为模板,以方便日后调用。其方法为:选择修改后的图表,在"图表工具 设计"选项卡"类型"组中单击"另存为模板"按钮,在打开的对话框中设置保存名称即可。使用时只需在"插入图表"对话框中选择"模板"选项,即可选择保存的模板图表了。

2. 修改图表数据

若需要将新的表格数据添加到图表中,可通过选择数据源的方法快速调整图表内容。下面以在奖金分配表中添加两名员工的奖金分配数据,并调整图表行和列的数据为例,介绍修改图表数据的方法,其具体操作如下。

素材文件: 素材\第3章\奖金分配表2.xlsx
效果文件: 效果\第3章\奖金分配表2.xlsx
动画演示: 演示\第3章\修改图表数据.swf

01 打开"奖金分配表2.xlsx"工作簿,选择其中的图表,在"图表工具 设计"选项卡"数据"组中单击"选择数据"按钮,如图3-18所示。

02 打开"选择数据源"对话框,删除"图表数据区域"文本框中的参数,然后重新选择工作表中的G2:J7单元格区域,如图3-19所示。

03 单击"选择数据源"对话框中的 切换行/列 按钮,然后单击 确定 按钮,如图3-20所示。

04 完成对图表数据的修改操作,此时图表上多了两组数据系列,且水平轴和图例显示的内容

图表的应用 3

进行了互换，效果如图 3-21 所示。

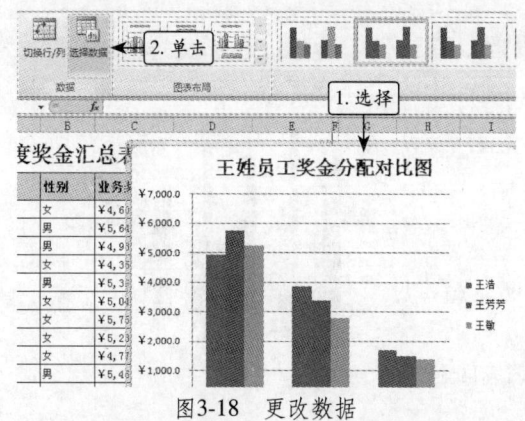

图3-18 更改数据　　　　　　　　图3-19 重新选择单元格区域

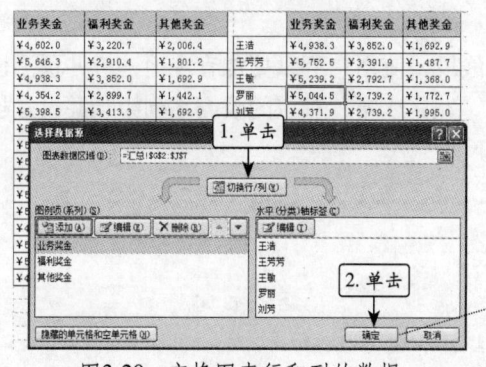

图3-20 交换图表行和列的数据

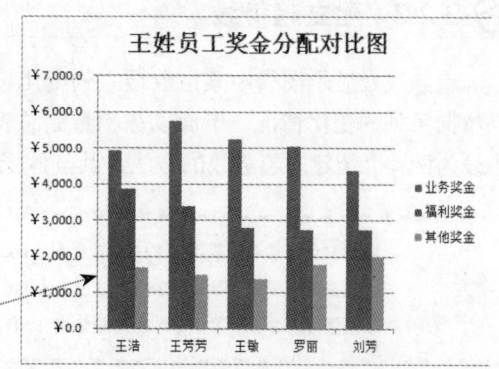

图3-21 设置后的效果

3. 调整图表大小和位置

调整图表大小主要是针对图表区、绘图区和图例三者而言，它们都可以通过直接拖动鼠标来完成大小和位置的调整，下面重点介绍调整图表的大小和位置，绘图区与图例的调整方法类似。

- **调整图表大小**：选择图表后，将鼠标指针移至图表边框中央的控制点或 4 个角落上的控制点，当其变为双向箭头时，按住鼠标左键不放并拖动鼠标可调整图表的高度和宽度，如图 3-22 所示。

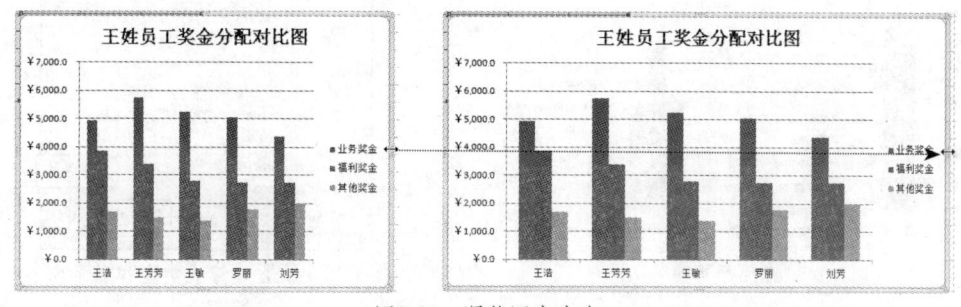

图3-22 调整图表大小

- **调整图表位置**：将鼠标指针移至图表边框或边框附近的空白区域并稍作停留，当鼠标指针右下方出现"图表区"提示字样时，按住鼠标左键不放并拖动鼠标即可调整图表在工作表中的位置，如图 3-23 所示。

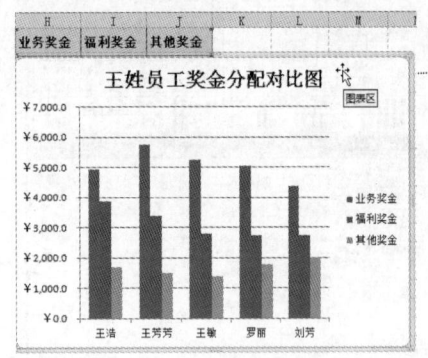 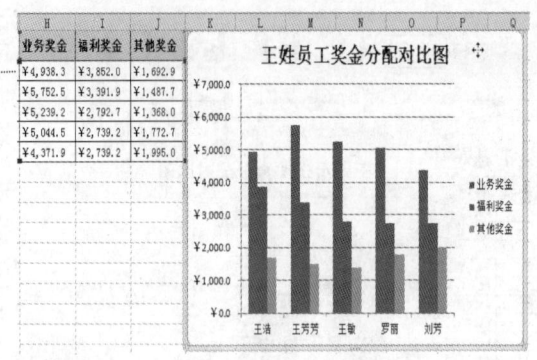

图3-23　调整图表位置

3.2.3　建立趋势线

趋势线是显示图表中某组数据系列变化趋势的线段，使用它可以更加直观地分析并预测该组数据系列的变化情况。下面以在销量汇总表中为"万喜冰箱"对应的数据系列添加并设置趋势线为例，介绍建立趋势线的方法，其具体操作如下。

> 素材文件：素材 \ 第 3 章 \ 销量汇总表 .xlsx
> 效果文件：效果 \ 第 3 章 \ 销量汇总表 .xlsx
> 动画演示：演示 \ 第 3 章 \ 建立趋势线 .swf

01 打开"销量汇总表 .xlsx"工作簿，在"万喜冰箱"对应的数据系列上单击鼠标右键，在弹出的快捷菜单中选择"添加趋势线"命令，如图 3-24 所示。

02 打开"设置趋势线格式"对话框，选中"线性"单选项，并选中对话框下方的"显示 R 平方值"复选框，然后单击 按钮，如图 3-25 所示。

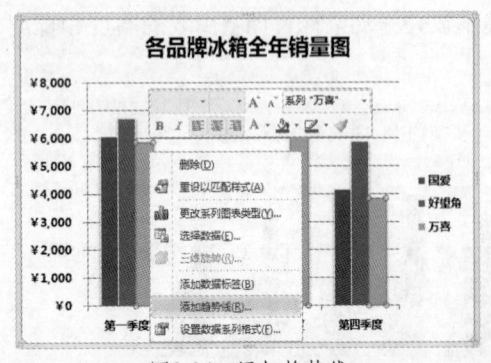

图3-24　添加趋势线

图3-25　设置趋势线类型和显示内容

03 选择图表中添加的趋势线，在"图表工具 格式"选项卡"形状样式"组的下拉列表框中选择最后一种样式选项，如图 3-26 所示。

04 将趋势线上显示的 R 平方值对象移动到趋势线上方，效果如图 3-27 所示。

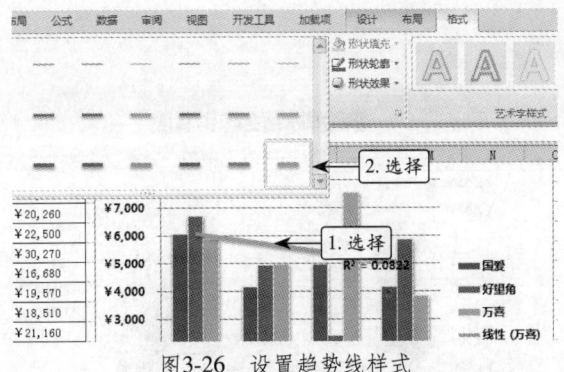
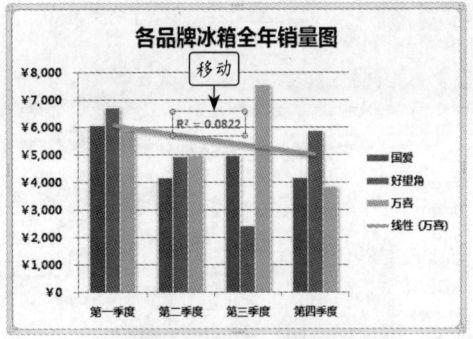

图3-26　设置趋势线样式　　　　　　　图3-27　调整R平方值位置

> **专家点拨　不同类型趋势线的适用环境**
>
> Excel包含多种趋势线类型，其中线性趋势线适用于简单线性数据集，通常表示事物是以恒定速率增加或减少的情况；对数趋势线适用于数据变化率快速增加或降低，然后达到稳定的情况；多项式趋势线适用于数据波动的情况，常用于通过一个较大的数据集分析数据的盈亏；幂趋势线适用于对以特定速率增加的测量值进行比较的数据集；指数趋势线适用于数据值以不断增加的速率上升或下降的情况下使用；移动平均趋势线可平滑处理数据的波动以更清楚地显示图案或趋势。

▶ 3.2.4　建立误差线

误差线可以显示图表中某组数据系列的潜在误差或不确定度，可以得到更为真实的数据反映。下面以在销量汇总表中为"万喜冰箱"对应的数据系列添加并设置误差线为例，介绍建立误差线的方法，其具体操作如下。

素材文件：素材\第3章\销量汇总表.xlsx
效果文件：效果\第3章\销量汇总表1.xlsx
动画演示：演示\第3章\建立误差线.swf

01 打开"销量汇总表.xlsx"工作簿，选择"万喜冰箱"对应的数据系列，在"图表工具 布局"选项卡"分析"组中单击"误差线"按钮，在弹出的下拉列表中选择"百分比误差线"选项，如图3-28所示。

02 在图表中添加的误差线上单击鼠标右键，在弹出的快捷菜单中选择"设置错误栏格式"命令，如图3-29所示。

> **操作提示　为所有数据系列添加误差线**
>
> 当需要为图表中的所有数据系列添加误差线时，可选择图表边框或边框附近的空白区域，以便选择整个图表对象，然后在"图表工具 布局"选项卡"分析"组中单击"误差线"按钮，在弹出的下拉列表中选择需要建立的误差线类型即可。

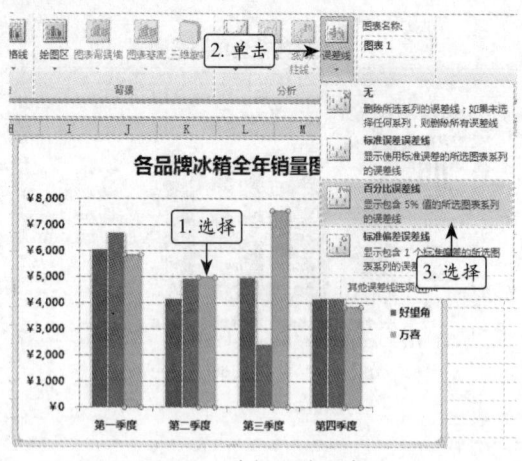
图3-28 选择误差线类型

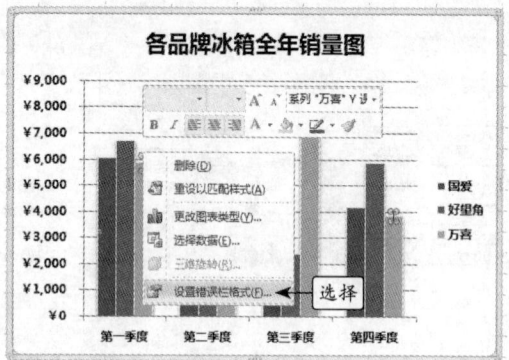
图3-29 设置误差线

> **专家点拨　误差线的调整**
> 在添加的误差线上单击鼠标右键，在弹出的快捷菜单中选择"设置错误栏格式"命令后，可在打开的对话框中设置不同类型的误差量，为保证误差线的真实，误差量的设定一般是通过对以往大量数据的分析和计算来确定了，而并非是随意设置的。

03 打开"设置误差线格式"对话框，在"方向"栏中选中"负偏差"单选项，如图3-30所示。

04 选择左侧的"线条颜色"选项，选中"实线"单选项，在"颜色"下拉列表框中选择"红色"选项，如图3-31所示。

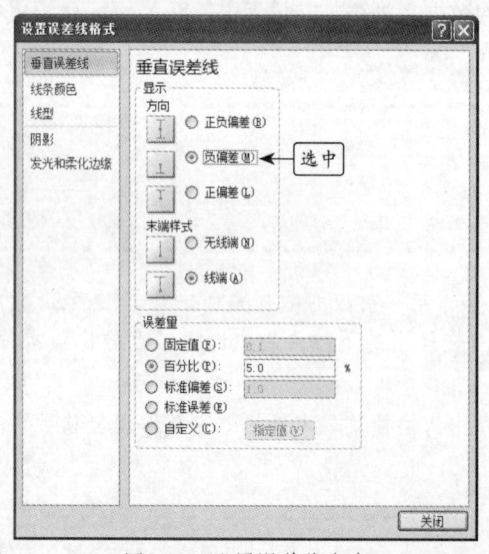
图3-30 设置误差线方向

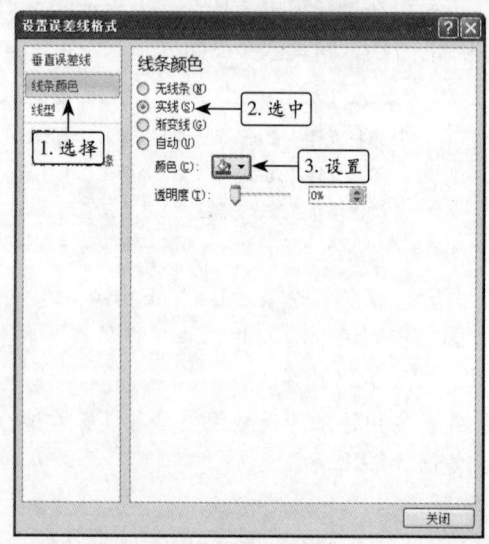
图3-31 设置误差线颜色

05 选择左侧的"线型"选项，将"宽度"数值框中的数据设置为"1.5磅"，然后单击 关闭 按钮，如图3-32所示。

06 完成误差线的添加和设置，效果如图3-33所示。

图表的应用 3

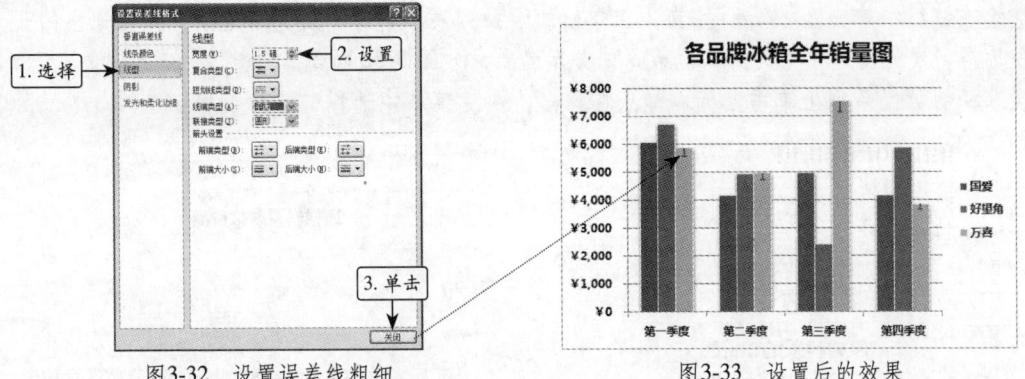

图3-32　设置误差线粗细　　　　　　　图3-33　设置后的效果

▶ 3.3 让图表更直观地显示数据

为了让图表能更加清晰直观地显示数据，有时需要对图表进行适当的美化操作，其中以设置数据系列、坐标轴和数据标签等对象最为关键，恰当地设置不仅能强调突出数据，而且还能使数据分析起来更加容易。

▶ 3.3.1 设置数据系列

数据系列是图表表现数据最直接的工具，当需要突出显示以强调某个数据时，可单独对数据系列进行格式设置。下面以设置采购统计表中采购单价最高的数据系列为例，介绍单独设置数据系列格式的方法，其具体操作如下。

素材文件：素材\第3章\采购统计表.xlsx
效果文件：效果\第3章\采购统计表.xlsx
动画演示：演示\第3章\设置数据系列.swf

01 打开"采购统计表.xlsx"工作簿，选择图表中的数据系列将其全部选中，然后在需要单独设置的数据系列上单击鼠标将其单独选择，如图3-34所示。

02 在"图表工具 格式"选项卡"形状样式"组中单击 形状填充 按钮，在弹出的下拉列表中选择"橙色"选项，如图3-35所示。

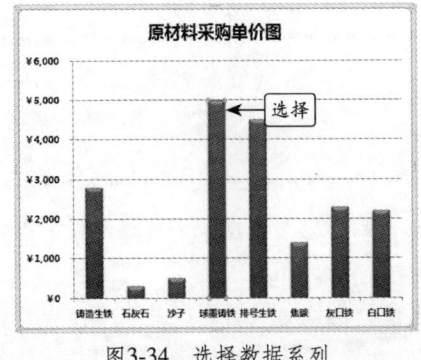
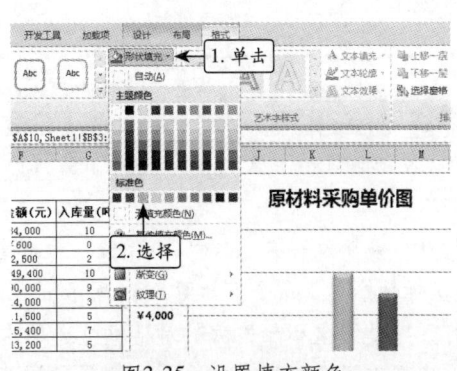

图3-34　选择数据系列　　　　　　　　图3-35　设置填充颜色

039

03 继续在该组中单击 形状效果 按钮,在弹出的下拉列表中选择"发光"选项,并在弹出的子菜单中选择"发光变体"栏的第 2 行第 3 种发光选项,如图 3-36 所示。

04 在选择的数据系列上单击鼠标右键,在弹出的快捷菜单中选择"添加数据标签"命令,如图 3-37 所示。

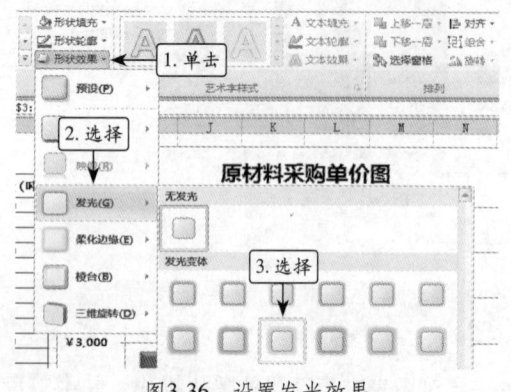

图 3-36　设置发光效果

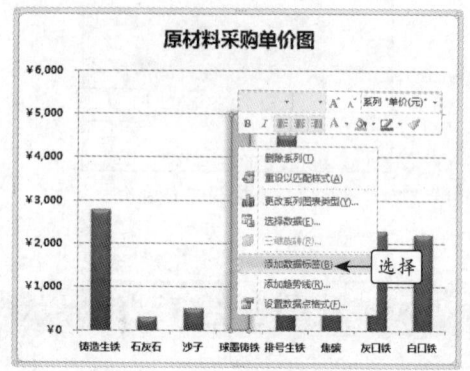

图 3-37　添加数据标签

05 将添加的数据标签的字体颜色设置为"橙色",效果如图 3-38 所示。

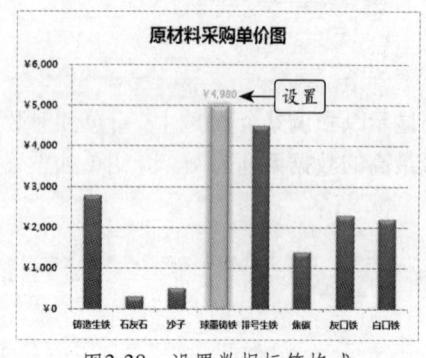

图 3-38　设置数据标签格式

> **方法技巧　设置数据系列宽度和重叠程度**
> 在数据系列上单击鼠标右键,在弹出的快捷菜单中选择"设置数据点格式"命令,将打开"设置数据点格式"对话框,在"系列选项"界面中通过"系列重叠"栏中的滑块可调整多组数据系列的重叠程度,拖动"分类间距"栏中的滑块则可调整数据系列的宽度。

▶ 3.3.2　设置坐标轴

设置坐标轴主要是指设置数值轴,以通过显示不同的参考刻度来辅助查看数据系列的数据。下面以设置采购统计表中数值轴上显示的最大值和主要刻度单位为例,介绍设置坐标轴的方法,其具体操作如下。

素材文件:素材\第 3 章\采购统计表.xlsx
效果文件:效果\第 3 章\采购统计表 1.xlsx
动画演示:演示\第 3 章\设置坐标轴.swf

01 打开"采购统计表.xlsx"工作簿,在数值轴上单击鼠标右键,在弹出的快捷菜单汇中选择"设置坐标轴格式"命令,如图 3-39 所示。

02 打开"设置坐标轴格式"对话框,选中右侧"最大值"栏中的"固定"单选项,在右侧的文本框中将数字修改为"5500.0",如图 3-40 所示。

图表的应用 3

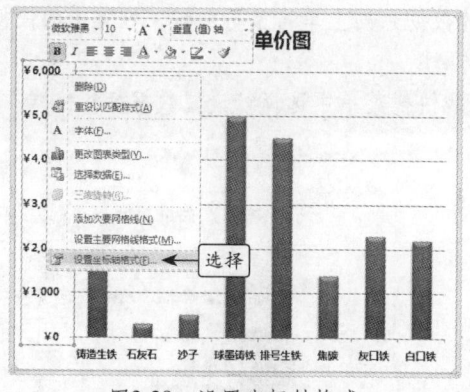

图3-39 设置坐标轴格式

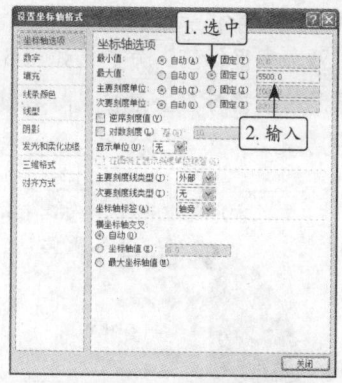

图3-40 设置最大值

03 继续选中"主要刻度单位"栏中的"固定"单选项,在右侧的文本框中将数字修改为"500.0",然后单击 关闭 按钮,如图3-41所示。

04 完成设置,此时数值轴上显示的刻度将更有利于识别数据系列表示的数据多少,效果如图3-42所示。

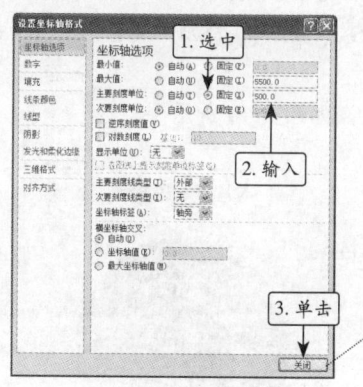

图3-41 设置主要刻度单位

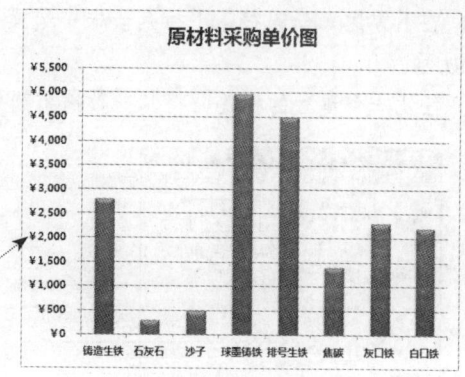

图3-42 设置后的效果

方法技巧 设置分类轴文字方向
在分类轴上单击鼠标右键,在弹出的快捷菜单中选择"设置坐标轴格式"命令,在打开的对话框左侧选择"对齐方式"选项后,可在右侧的"文字方向"下拉列表框中设置分类轴上文本的显示方向。

▶ 3.3.3 设置数据标签

数据标签除了设置字体格式外,还可根据实际情况设置显示的内容等对象。下面以设置产品库存表中的数值标签显示内容和格式为例,介绍具体的实现方法,其具体操作如下。

素材文件:素材\第3章\产品库存表.xlsx
效果文件:效果\第3章\产品库存表.xlsx
动画演示:演示\第3章\设置数据标签.swf

041

01 打开"产品库存表.xlsx"工作簿,在饼图的数据系列上单击鼠标右键,在弹出的快捷菜单中选择"添加数据标签"命令,如图3-43所示。

02 在显示的数据标签上单击鼠标右键,在弹出的快捷菜单中选择"设置数据标签格式"命令,如图3-44所示。

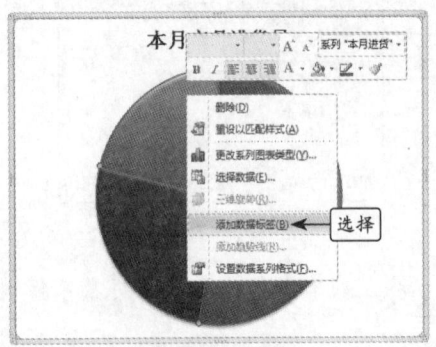
图3-43 添加数据标签

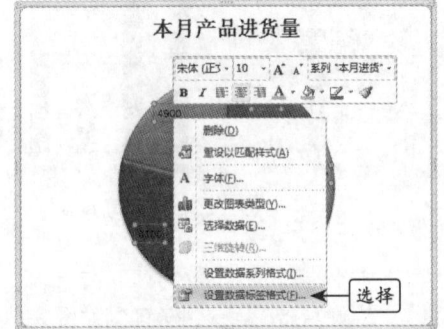
图3-44 设置数据标签格式

03 打开"设置数据标签格式"对话框,在右侧的界面中选中"类别名称"和"显示引导线"复选框,在下方的"分隔符"下拉列表框中选择"(分行符)"选项,然后单击 关闭 按钮,如图3-45所示。

04 选择任意一个单独的标签,将其向数据系列外侧拖动,如图3-46所示。

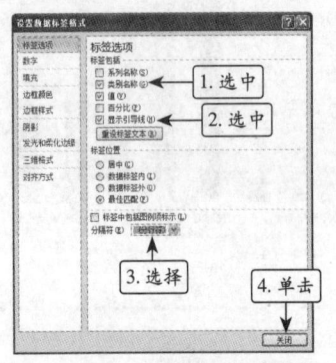
图3-45 设置显示内容

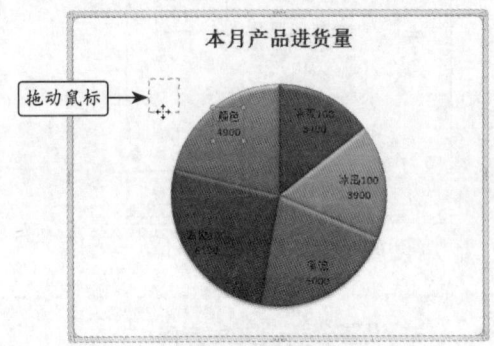
图3-46 移动数据标签位置

05 释放鼠标完成移动操作,此时将显示该数据标签的引导线,如图3-47所示。

06 用相同方法调整其他数据标签的位置,如图3-48所示。

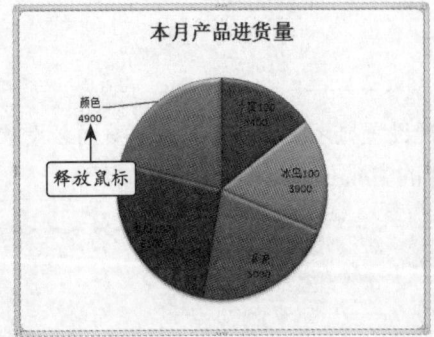
图3-47 显示出引导线

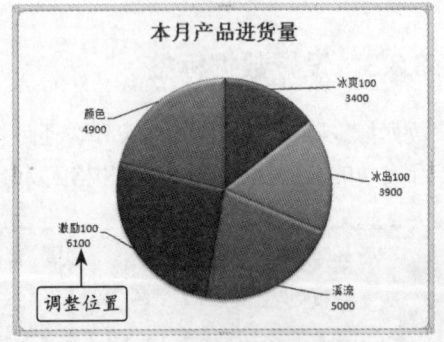
图3-48 移动其他数据标签位置

07 选择所有数据标签,将其字体格式设置为"微软雅黑、11、加粗、红色",效果如图3-49所示。

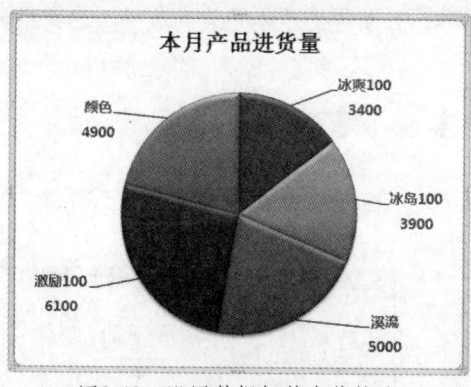

> **方法技巧** 快速进行图表布局
> 若想快速调整图表中图表标题、绘图区和图例的位置,以及是否显示图表标题或图例等对象时,可选择图表,在"图表工具 设计"选项卡"图表布局"组的下拉列表框中选择Excel预设的各种布局样式。

图3-49 设置数据标签字体格式

3.4 数据透视图的应用

根据老陈的了解,小雯似乎很少用到数据透视图来分析数据,不知道是她不懂怎么使用这个功能还是不知道Excel具有这样的功能。小雯告诉老陈,数据透视表在她看来都较为陌生,更不用说数据透视图了。为了让小雯掌握这一功能,老陈决定以在产品库存表中创建并使用数据透视图为例,介绍数据透视图的应用方法,其具体操作如下。

素材文件:素材\第3章\产品库存表1.xlsx
效果文件:效果\第3章\产品库存表1.xlsx
动画演示:演示\第3章\数据透视图的应用.swf

01 打开"产品库存表1.xlsx"工作簿,选择A2:G10单元格区域,在"插入"选项卡"表格"组中单击"数据透视表"按钮下方的下拉按钮,在弹出的下拉菜单中选择"数据透视图"命令,如图3-50所示。

02 在默认打开的"创建数据透视表及数据透视图"对话框中,选择的数据区域和创建位置,直接单击 确定 按钮,如图3-51所示。

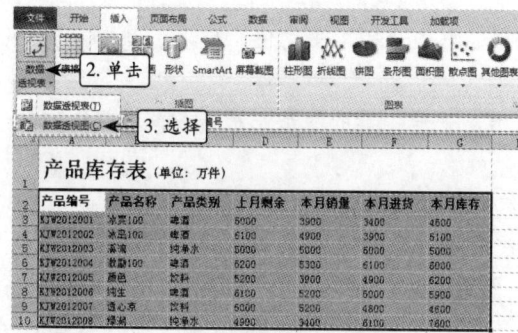

图3-50 创建数据透视图

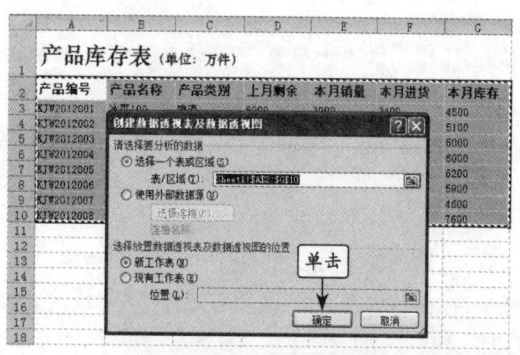

图3-51 默认设置的参数

03 选择创建的空白数据透视图,在"数据透视图工具 设计"选项卡"位置"组中单击"移动图表"按钮,如图3-52所示。

04 打开"移动图表"对话框,选中"新工作表"单选项,在右侧的文本框中输入"透视图分析",然后单击 确定 按钮,如图3-53所示。

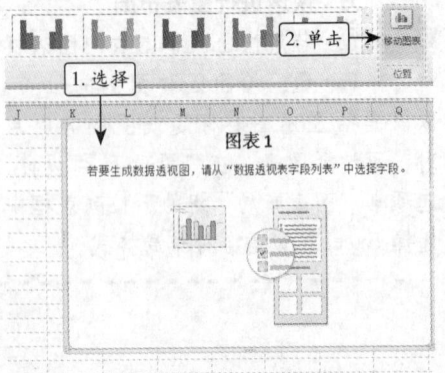

图3-52 移动数据透视图

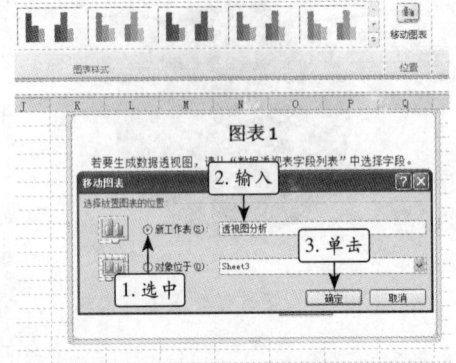

图3-53 设置数据透视图位置

05 在"数据透视表字段列表"任务窗格中分别将"产品名称"字段添加到"轴字段(分类)"列表框,将"产品类别"字段添加到"图例字段"列表框,将"本月销量"字段添加到"数值"列表框,此时数据透视图上也将同步显示添加的字段对应的图表,如图3-54所示。

06 单击"数值"列表框中添加的"本月销量"字段,在弹出的下拉菜单中选择"值字段设置"命令,如图3-55所示。

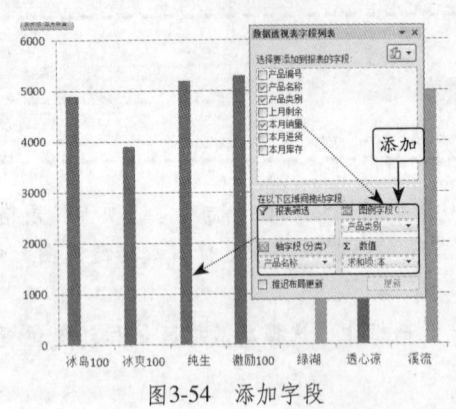

图3-54 添加字段　　　　　　　　　　图3-55 设置字段

07 打开"值字段设置"对话框,在"计算类型"列表框中选择"平均值"选项,单击 确定 按钮,如图3-56所示。

08 此时数据透视图中的数据系列将同步更改为显示出平均销量的图形,单击数据透视图右侧的图例按钮,如图3-57所示。

09 在弹出的下拉列表中仅选中"啤酒"复选框,然后单击 确定 按钮,如图3-58所示。

10 此时数据透视图中将仅显示类别为啤酒的数据系列,如图3-59所示。

11 将任务窗格中"数值"列表框中的字段删除,然后拖动"本月进货"字段到该列表框中,如图3-60所示。

12 数据透视图中又将重新显示对应的数据系列,效果如图3-61所示。

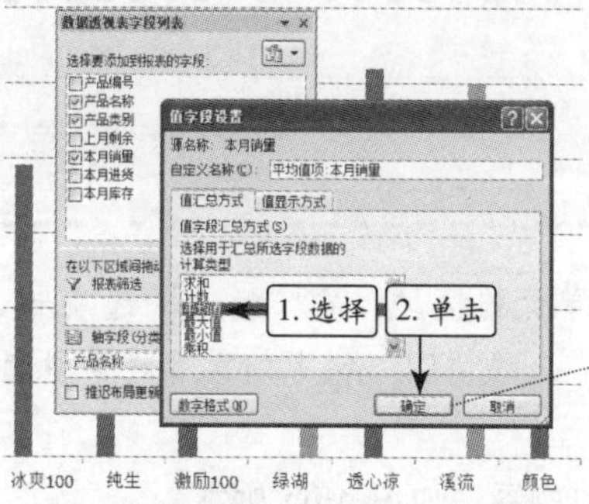

图表的应用

图3-56　更改计算方式

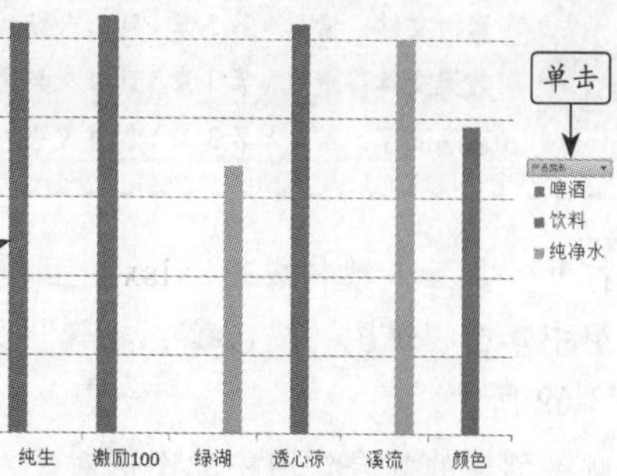

图3-57　自动更改数据系列

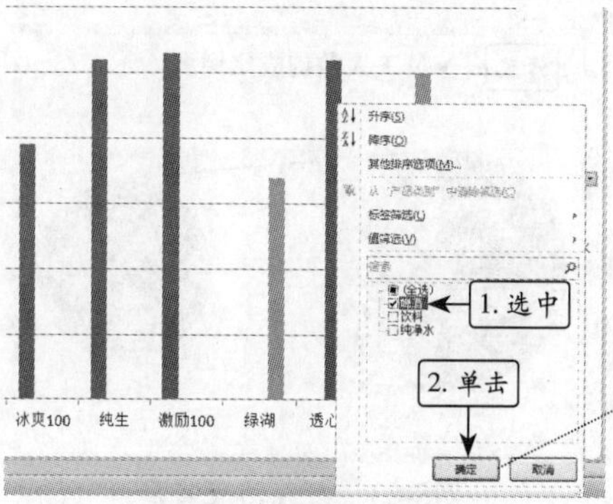

图3-58　设置筛选条件

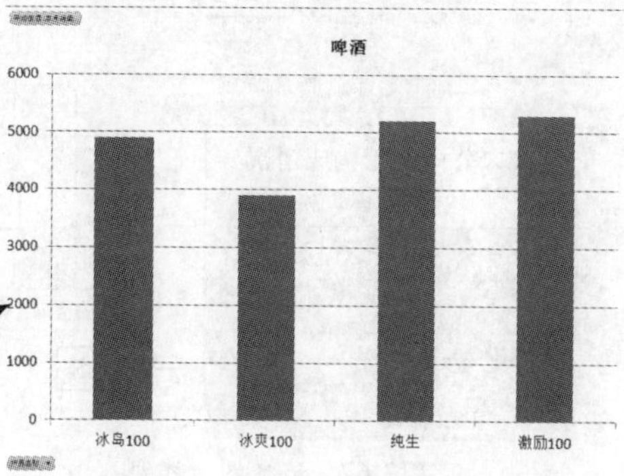

图3-59　筛选出的数据系列

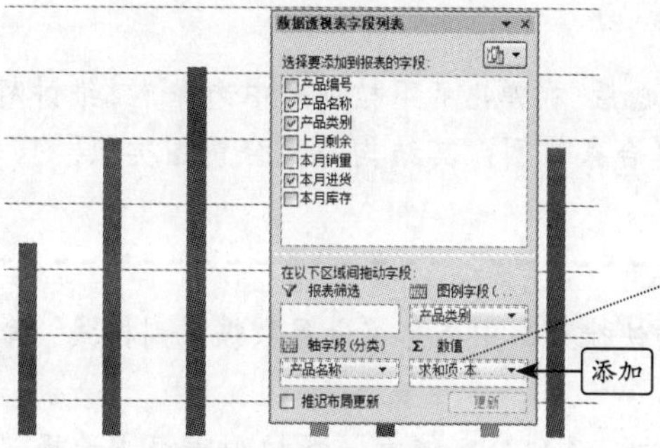

图3-60　更改字段

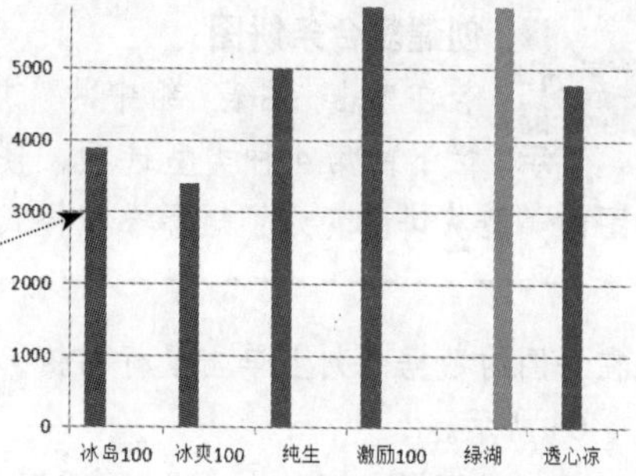

图3-61　显示对应的数据系列

3.5　知识拓展

经过认真地学习，小雯对Excel中的图表类型有了更深的认识。但是她告诉老陈，有时在工作中遇到过一些看上去挺复杂的类似饼图的图表，不知道是怎么创建的。老陈猜想小雯说的应该是复合饼图和双层饼图，为了让她掌握这两种图表的应用，老陈决定给她补补知识。

拓展1　创建复合饼图

当需要利用饼图来表现数据，但构成饼图的数据系列又太多时，考虑创建复合饼图来更清晰地显示数据。下面以在员工人数构成表中创建复合饼图为例，介绍复合饼图的创建方法，其具体操作如下。

素材文件：素材\第3章\员工人数构成表.xlsx
效果文件：效果\第3章\员工人数构成表.xlsx
动画演示：演示\第3章\创建复合饼图.swf

01 打开"员工人数构成表.xlsx"工作簿，选择 A2:B10 单元格区域，在"插入"选项卡"图表"组中单击"饼图"按钮，在弹出的下拉列表中选择"二维饼图"栏下的第 3 种类型选项，如图 3-62 所示。

02 删除创建的复合饼图中的图例对象，并修改图表标题的内容，如图 3-63 所示。

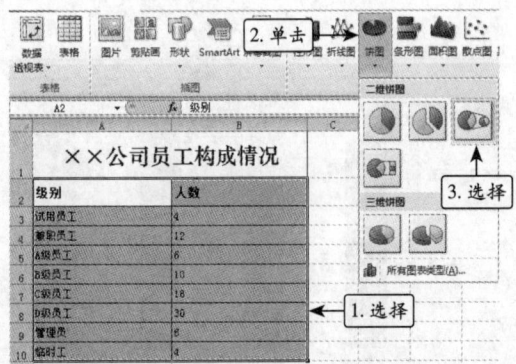

图3-62　选择图表类型

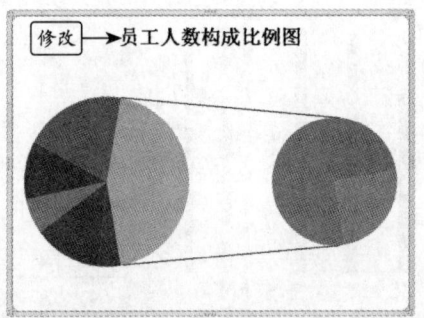

图3-63　修改图表布局

> **操作提示　创建复合条饼图**
> 若在单击"图表"组中的"饼图"按钮后，在弹出的下拉列表中选择"二维饼图"栏下的第 4 种类型选项，便可创建复合条饼图，其结构与复合饼图类似，只是子图的类型从饼图变为了矩形堆积样式的图形。

03 在饼图的数据系列上单击鼠标右键，在弹出的快捷菜单中选择"设置数据系列格式"命令，如图 3-64 所示。

04 打开"设置数据系列格式"对话框，在右侧的"系列分割依据"下拉列表框中选择"值"选项，将下方文本框中的数字修改为"10"，然后单击 关闭 按钮，如图 3-65 所示。

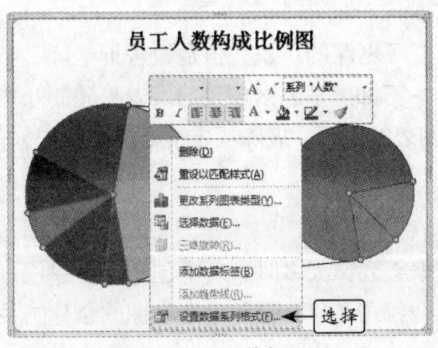

图3-64　设置数据系列

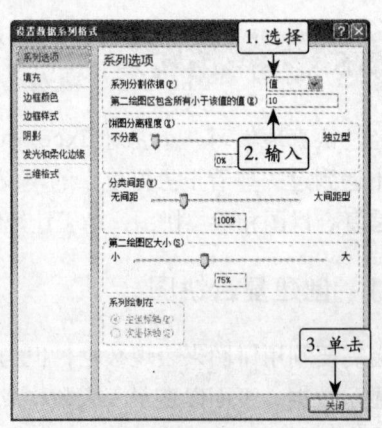

图3-65　设置复合饼图的分割依据

图表的应用 3

05 继续在饼图的数据系列上单击鼠标右键,在弹出的快捷菜单中选择"添加数据标签"命令,如图3-66所示。

06 在添加的数据标签上单击鼠标右键,在弹出的快捷菜单中选择"设置数据标签格式"命令,如图3-67所示。

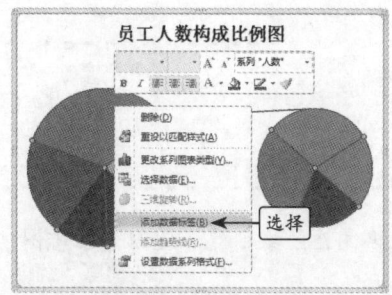

图3-66 添加数据标签

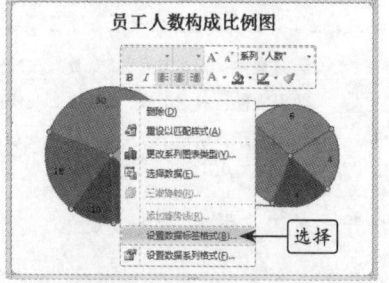

图3-67 设置数据标签格式

07 打开"设置数据标签格式"对话框,在右侧的界面中依次选中"类别名称"复选框、"百分比"复选框和"显示引导线"复选框,然后单击 关闭 按钮,如图3-68所示。

08 在"图表工具 设计"选项卡"图表样式"组的下拉列表框中,为复合饼图应用倒数第3行第1种样式,如图3-69所示。

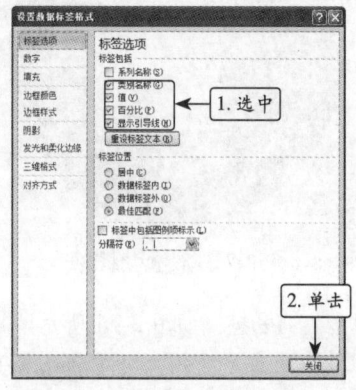

图3-68 设置数据标签显示内容

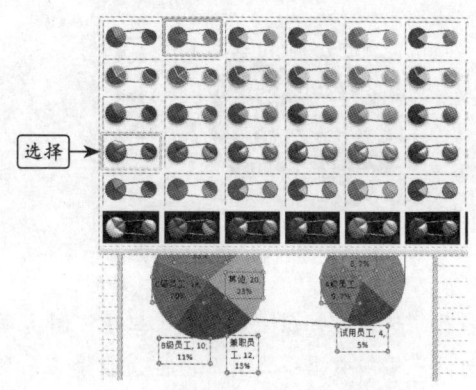

图3-69 应用图表样式

09 选择整个图标区域,将复合饼图的所有文本字体格式设置为"微软雅黑、加粗",如图3-70所示。

10 适当调整各数据标签的显示位置,使其更清楚地显示内容即可,效果如图3-71所示。

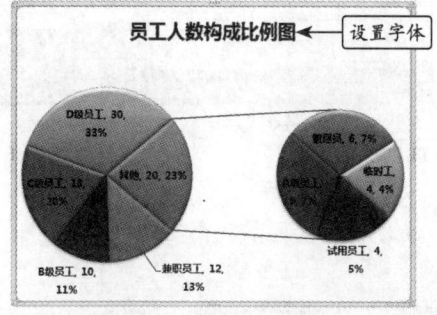

图3-70 设置字体格式

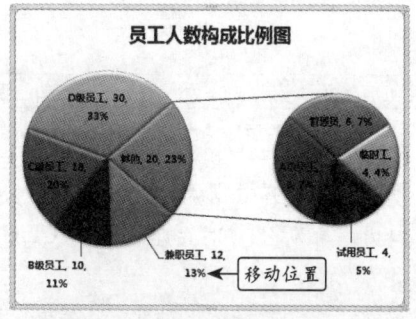

图3-71 调整数据标签位置

拓展2　创建双层饼图

当某些表格中的数据具有双层包含关系时，要想表现其所占的比例，使用双层饼图是最为合适的方法。下面以在员工人数构成表中创建双层饼图为例，介绍其创建的方法，其具体操作如下。

素材文件：素材\第3章\员工人数构成表1.xlsx
效果文件：效果\第3章\员工人数构成表1.xlsx
动画演示：演示\第3章\创建双层饼图.swf

01 打开"员工人数构成表1.xlsx"工作簿，为A2:B4单元格区域创建普通的二维饼图，如图3-72所示。

02 删除饼图中的图例并适当放大饼图，然后在数据系列上单击鼠标右键，在弹出的快捷菜单中选择"选择数据"命令，如图3-73所示。

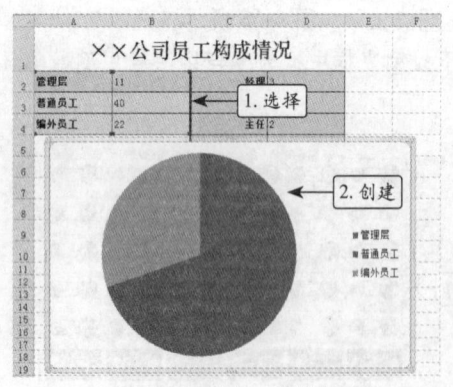

图3-72　创建二维饼图

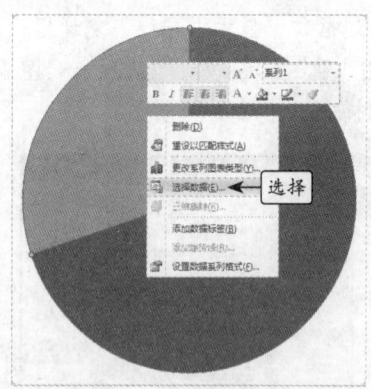

图3-73　设置数据源

03 打开"选择数据源"对话框，单击"图例项"栏中的 [添加(A)] 按钮，如图3-74所示。

04 打开"编辑数据系列"对话框，删除"系列值"文本框中原有的数据，并重新选择D2:D10单元格区域为系列值，然后单击 [确定] 按钮，如图3-75所示。

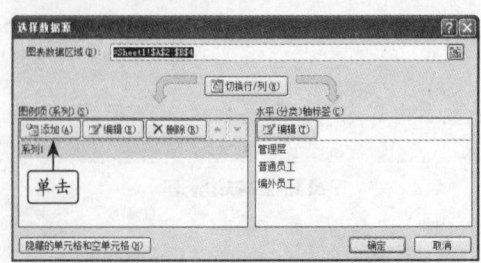

图3-74　添加图例项

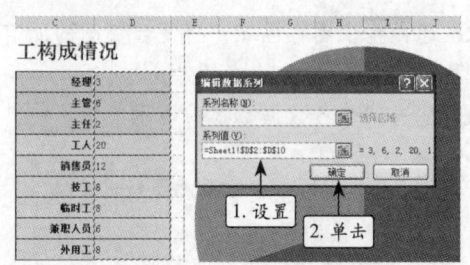

图3-75　指定新的系列值

05 返回到"选择数据源"对话框，单击 [编辑(T)] 按钮，如图3-76所示。

06 打开"轴标签"对话框，选择C2:C10单元格区域为轴标签区域，然后单击 [确定] 按钮，如图3-77所示。

07 返回"选择数据源"对话框，单击 [确定] 按钮，如图3-78所示。

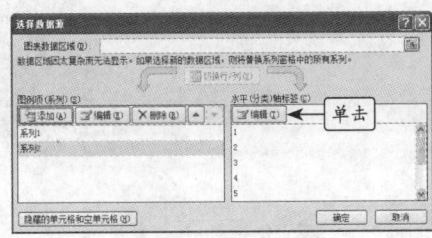

图3-76 编辑轴标签

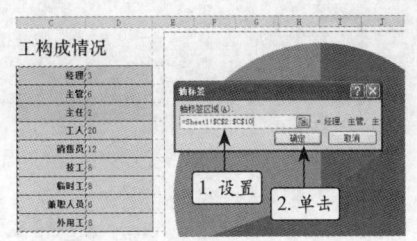

图3-77 指定轴标签区域

08 在饼图上单击鼠标右键,在弹出的快捷菜单中选择"设置数据系列格式"命令,如图 3-79 所示。

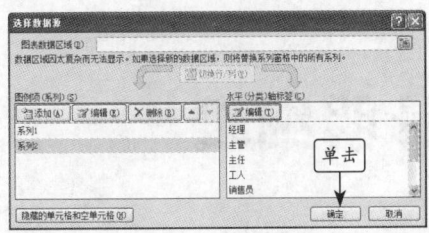

图3-78 确认设置

图3-79 设置数据系列

09 打开"设置数据系列格式"对话框,选中"系列绘制在"栏下的"次坐标轴"单选项,单击 关闭 按钮,如图 3-80 所示。

10 在任意数据系列上向外拖动鼠标,此时将出现圆形虚线,如图 3-81 所示。

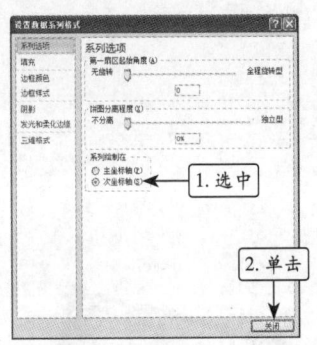

图3-80 设置系列的位置

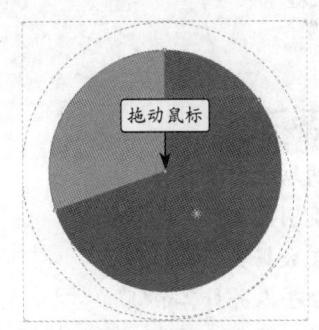

图3-81 调整数据系列

11 释放鼠标后即可分离顶层饼图的数据系列,如图 3-82 所示。

12 逐一将分离的数据系列向内拖动,重新合并顶层饼图,如图 3-83 所示。

13 设置饼图样式并添加双层饼图的数据标签即可,效果如图 3-84 所示。

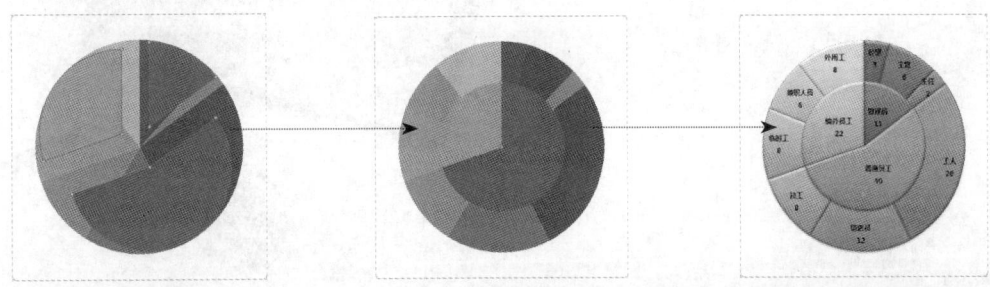

图3-82 分离数据系列　　　　图3-83 合并数据系列　　　　图3-84 显示数据标签

第 2 篇
常用财务表单篇

第 4 章　制作费用统计明细表

为了加强日常费用的管理和控制，公司决定重新制作费用统计表，这次任务落在了老陈的头上。领导希望老陈在顺利完成任务的同时，能让小雯也掌握费用统计明细表的编制方法。为了完成领导交待的任务，老陈决定让小雯动手制作，他在一旁监督，这样更有利于小雯对表格的掌握程度。小雯听了老陈的建议后，也觉得这是一个好方法，于是就准备开始制作表格了。

知识点

- 输入明细表框架数据
- 费用类别与部门的选择输入
- 自定义数据类型
- 判断经手人并计算余额
- 筛选并汇总费用明细记录

制作费用统计明细表

4.1 案例目标

虽然小雯答应自己动手制作费用统计明细表，但现阶段她对表格的制作完全找不到下手的方向。老陈看出了小雯的心思，告诉她不用担心，在表格制作的各个阶段，他都会给小雯指明方向，让她只管放心大胆地去完成任务就行了。

 **效果文件**：效果\第4章\费用统计明细表.xlsx

如图 4-1 所示即为费用统计明细表的最终效果，通过该表可以查看每一笔费用的发生日期、类别、具体情况，涉及的部门、经手人，以及费用发生额和余额等内容，并能轻松按费用类别、部门或经手人等项目对明细数据进行筛选和汇总，有利于日后对费用发生情况的管理和追查。

日常费用统计明细表							
行号	日期	费用类别	费用情况	部门	经手人	发生额	余额	备注
1	2012-3-1						￥9400.0	
2	2012-3-1	营业费用	销售收入	销售部	王岚	￥2300.0	￥11700.0	
3	2012-3-1	财务费用	银行手续费	财务部	张青	（￥50.5）	￥11649.5	
4	2012-3-1	管理费用	招聘费	销售部	王岚	（￥580.0）	￥11069.5	
5	2012-3-1	营业费用	差旅费	销售部	王岚	（￥600.0）	￥10469.5	成都
6	2012-3-2	营业费用	销售收入	销售部	王岚	￥5480.0	￥15949.5	
7	2012-3-2	财务费用	利息净支出	财务部	张青	（￥152.8）	￥15796.7	
8	2012-3-2	管理费用	办公费	行政部	罗思琪	（￥128.0）	￥15668.7	
9	2012-3-2	管理费用	办公费	行政部	罗思琪	（￥59.0）	￥15609.7	
10	2012-3-2	财务费用	汇兑净损失	财务部	张青	（￥232.0）	￥15377.7	
11	2012-3-3	营业费用	销售收入	销售部	王岚	￥4680.0	￥20057.7	
12	2012-3-4	管理费用	办公费	市场部	赵华	（￥362.0）	￥19695.7	
13	2012-3-4	财务费用	银行手续费	财务部	张青	（￥58.1）	￥19637.6	
14	2012-3-5	营业费用	广告费	市场部	赵华	（￥5800.0）	￥13837.6	
15	2012-3-5	营业费用	差旅费	销售部	王岚	（￥352.0）	￥13485.6	重庆
16	2012-3-5	管理费用	招聘费	行政部	罗思琪	（￥460.0）	￥13025.6	
17	2012-3-5	营业费用	销售收入	销售部	王岚	￥3145.0	￥16170.6	
18	2012-3-6	营业费用	销售收入	销售部	王岚	￥2038.0	￥18208.6	
19	2012-3-6	管理费用	办公费	市场部	赵华	（￥532.0）	￥17676.6	
20	2012-3-7	管理费用	办公费	财务部	张青	（￥140.0）	￥17536.6	
21	2012-3-7	营业费用	差旅费	市场部	赵华	（￥680.0）	￥16856.6	广州

图4-1　费用统计明细表最终效果

4.2 职场秘笈

为了让小雯有更清晰的思路来制作费用统计明细表，老陈决定在制作表格之前，先给小雯讲讲有关费用统计明细表在企业中起着什么作用，并告诉她日常费用有哪些类别，这样可以使小雯对即将制作的表格有更深刻的认识。

4.2.1 费用统计明细表的作用

无论是公司或是企业，对各项费用的收支次数往往较多，日积月累后，便会产生出大量的数据，使用费用统计明细表将这些收支情况加以汇总整理，不仅可以轻松查看每一笔已发生的收支记录，而且还可以随时汇总各部门的费用收支情况，查看任意一段时期内发生的各项收支记录，监督经手人涉及的费用收支操作等内容，其具体作用如图 4-2 所示。

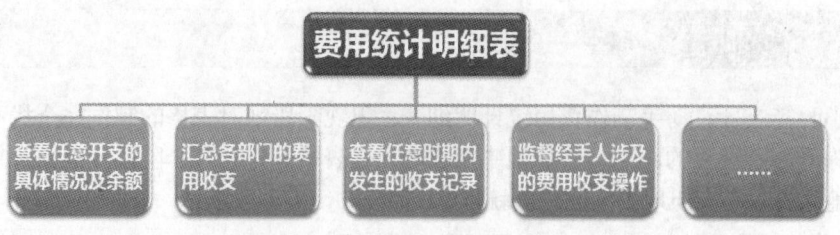

图4-2 费用统计明细表的作用

4.2.2 日常费用的类别

日常费用并不是指财务会计中的费用要素，它可以根据不同企业的实际情况较为灵活地设置，主要作用是便于管理日常收支中发生地各种零散的费用数据。本例便将日常费用分为了营业费用、财务费用和管理费用，并进一步对这些类别的费用进行了二级划分，以适应公司的需要。如营业费用就包括差旅费、广告费；管理费用包括招聘费、办公费等，如图4-3所示。如何划分日常费用的类别，直接与企业的运营状况相关，应正确根据实际情况有目的地进行划分和管理。

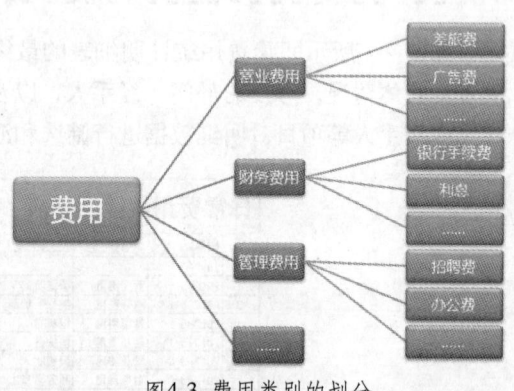

图4-3 费用类别的划分

4.3 制作思路

小雯希望老陈将费用统计明细表的制作思路给她简要介绍一遍，这样她就能对表格的整个制作过程更为熟悉，避免发生不必要的错误操作。

费用统计明细表的制作思路大致如下：

（1）建立"费用明细统计表"工作簿，输入表格标题和字段，然后通过设置单元格格式、调整行高列宽，添加边框以及填充颜色等操作美化工作簿，如图4-4所示。

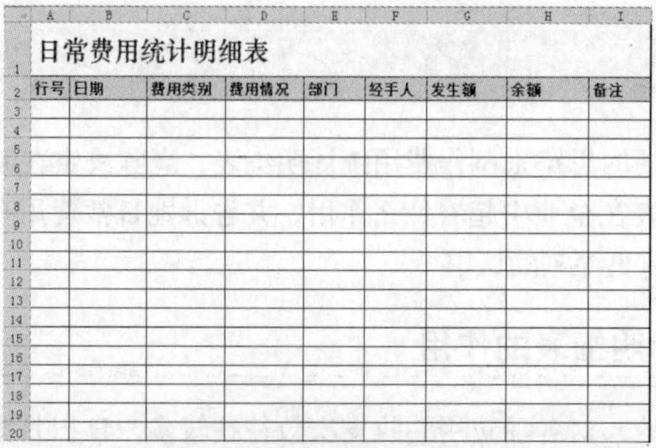

图4-4 建立表格框架数据

（2）使用数据的快速填充、数据有效性功能、数据类型的设置以及公式的使用等操作，完成表格各字段数据的填充工作，如图4-5所示。

制作费用统计明细表

图4-5 填制表格各项目字段

（3）复制工作表并清楚初始余额及公式，然后通过筛选日期、发生额大小等方式来查看费用明细情况，最后按不同部门为分类依据，对各部门费用发生额进行汇总处理，如图4-6所示。

图4-6 筛选与汇总费用明细

4.4 操作步骤

马上就要开始制作表格了，这是小雯调到财务部后接手的第一个任务，她既紧张又兴奋。无论如何，她一定要顺利地完成这次任务。

4.4.1 输入明细表框架数据

下面首先创建并保存工作簿，然后管理工作表，并输入和美化费用统计明细表的框架数据，其具体操作如下。

动画演示：演示\第4章\输入明细表框架数据.swf

053

01 新建空白工作簿,将其以"费用统计明细表"为名进行保存。删除 Sheet2 和 Sheet3 工作表,并将 Sheet1 工作表的名称更改为"2012-03",如图 4-7 所示。

02 合并 A1:I1 单元格区域,在其中输入表格标题,并将字体格式设置为"华文中宋、20、左对齐",然后适当增加第 1 行行高,如图 4-8 所示。

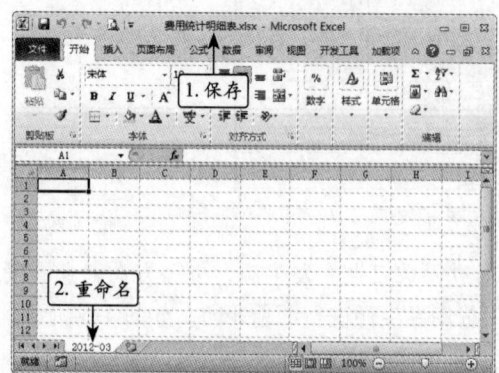

图4-7 新建并保存工作簿

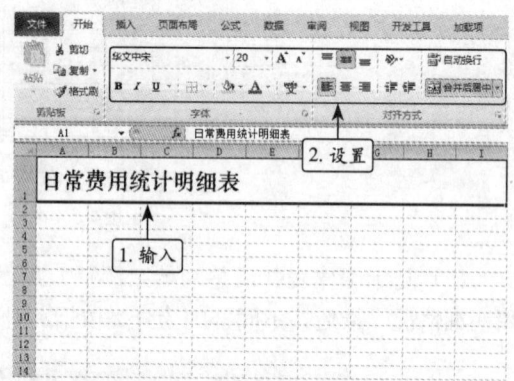

图4-8 输入并设置标题

03 依次在 A2:I2 单元格区域中输入各字段文本,并将字体格式设置为"宋体、11、加粗、左对齐",然后适当调整各列的列宽,如图 4-9 所示。

04 将第 3 行至第 23 行的行高统一增加为"14.25",并将 A3:I23 单元格区域的字体格式设置为"宋体、10、左对齐",如图 4-10 所示。

图4-9 输入并设置字段文本

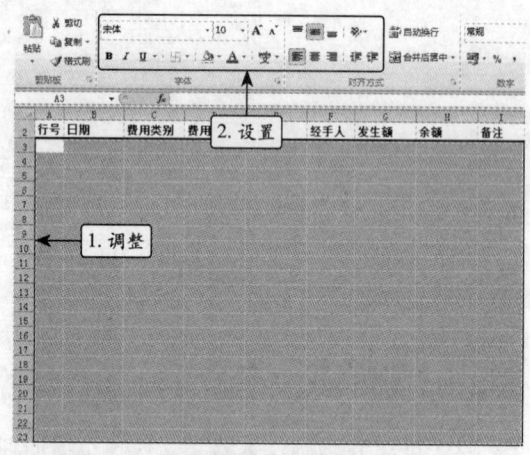

图4-10 设置数据记录区域的字体格式

快速精确调整多行或多列

当需要统一调整多行或多列的行高或列宽时,可拖动鼠标选择多行的行号或多列的列宽,然后在选择的区域上单击鼠标右键,在弹出的快捷菜单中选择"行高"或"列宽"命令,在打开的对话框中输入精确的数值即可。

05 利用"开始"选项卡"字体"组中的"边框"按钮,依次为 A1:I23 单元格区域添加"所有框线"和"粗匣框线"的边框样式,如图 4-11 所示。

制作费用统计明细表

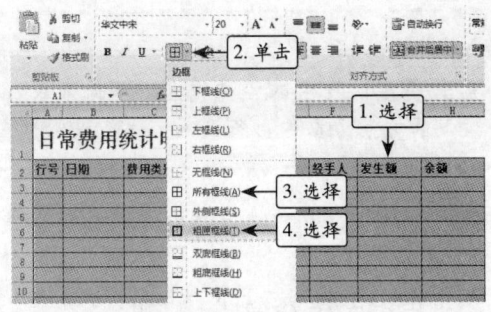

图4-11 设置边框样式

 操作提示 添加边框的顺序
为单元格区域添加边框时，一定要注意应用边框样式的顺序，假如上例中先应用"粗匣框线"样式，再应用"所有框线"样式,则得到的效果只有"所有框线"，而无"粗匣框线"。

4.4.2 填制表格各字段数据

填制费用统计明细表的各字段数据时，将涉及数据的快速填充、数据有效性功能的设置、数据类型的定义以及公式的使用等，下面将详细讲解各步骤的实现方法。

1. 费用类别与部门的选择输入

下面首先填充行号，然后利用数据有效性功能实现类别与部门字段的选择输入效果，其具体操作如下。

 动画演示：演示\第4章\费用类别与部门的选择输入.swf

01 在A3单元格中输入"1"，然后按住【Ctrl】键不放的同时，拖动A3单元格的填充柄至A23单元格，完成行号的填充，如图4-12所示。

02 依次在B3:B23单元格区域中输入各日期数据，如图4-13所示。

图4-12 填充行号

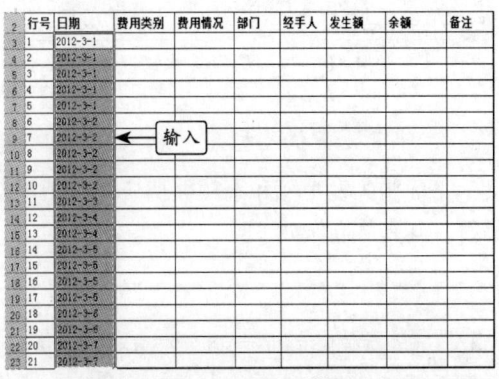

图4-13 输入日期

 专家点拨 数据记录的录入
日常工作中，若是通过以发生的各种凭证、单据来录入表格数据，则建议采用逐条数据记录录入的方法，横向进行录入工作，以避免错误的数据产生。

03 选择 C4:C23 单元格区域，将其数据有效性设置为"序列"类型，可选内容包括"财务费用、管理费用、营业费用"，如图 4-14 所示。

04 依次通过选择输入的方式，在 C4:C23 单元格区域中输入各数据记录的费用类别，如图 4-15 所示。

图4-14　设置数据有效性　　　　　图4-15　选择输入费用类别

05 在 D4:D23 单元格区域中依次输入各数据记录的费用具体情况，如图 4-16 所示。

06 将 E4:E23 单元格区域的数据有效性同样设置为"序列"类型，可选内容包括"行政部、财务部、销售部、市场部"，并通过选择的方式依次输入各部门名称，如图 4-17 所示。

图4-16　输入费用具体情况　　　　图4-17　选择输入部门名称

2. 自定义数据类型

下面将为发生额和余额数据应用货币型数据类型，并通过自定义该类型的数据取消千位分隔符，其具体操作如下。

 动画演示：演示\第4章\自定义数据类型.swf

01 选择 G3:H23 单元格区域,打开"设置单元格格式"对话框,单击"数字"选项卡。
02 在"分类"列表框中选择"货币"选项,将小数位数设置为"1",并在"负数"列表框中选择第 1 种样式选项,如图 4-18 所示。
03 在"分类"列表框中选择"自定义"选项,然后拖动鼠标选择"类型"文本框中的第 1 个千位分隔符标记",",如图 4-19 所示。

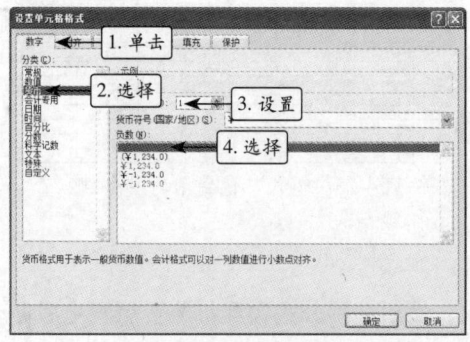
图4-18 设置货币样式

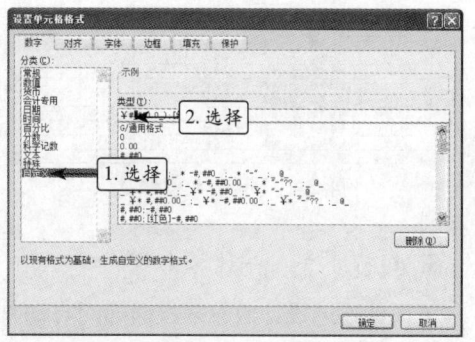
图4-19 选择千位分隔符标记

04 按【Delete】键删除千位分隔符标记,然后单击 确定 按钮,如图 4-20 所示。
05 在 G4 单元格中输入"2300",如图 4-21 所示。

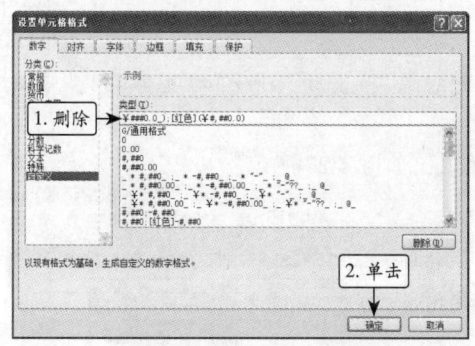
图4-20 自定义货币样式

图4-21 输入发生额

06 按【Ctrl+Enter】组合键得到货币样式的发生额数据,如图 4-22 所示。
07 在 G5 单元格中输入"-50.5",如图 4-23 所示。

图4-22 显示的数据样式

图4-23 输入支出的发生额

08 按【Ctrl+Enter】组合键得到负数货币样式的发生额数据,如图 4-24 所示。

09 按相同方法继续在 G6:G23 单元格区域中输入其他发生额数据即可，如图 4-25 所示。

图 4-24　显示的数据样式　　　　　　　图 4-25　输入其他费用的发生额

3. 判断经手人并计算余额

下面将通过设计函数来根据部门自动判断经手人，然后利用公式实现每笔费用发生后自动计算余额的效果，其具体操作如下。

动画演示：演示\第 4 章\判断经手人并计算余额.swf

01 选择 F4 单元格，在其编辑栏中输入"=IF(E4="销售部","王岚",IF(E4="财务部","张青",IF(E4="行政部","罗思琪","赵华")))"，如图 4-26 所示。

02 按【Ctrl+Enter】组合键返回当前费用记录的经手人，如图 4-27 所示。

图 4-26　输入函数　　　　　　　　　　图 4-27　返回经手人姓名

专家点拨　函数解析

上述函数使用了多重 IF() 函数嵌套，表示若部门为销售部，则经手人为王岚；若为财务部，则经手人为张青；若为行政部，则经手人为罗思琪；若为市场部，则经手人为赵华。

03 将 F4 单元格中的函数向下填充至 F23 单元格，返回其他费用记录的经手人姓名，如图 4-28 所示。

04 在 H3 单元格中输入初始余额数据，如图 4-29 所示。

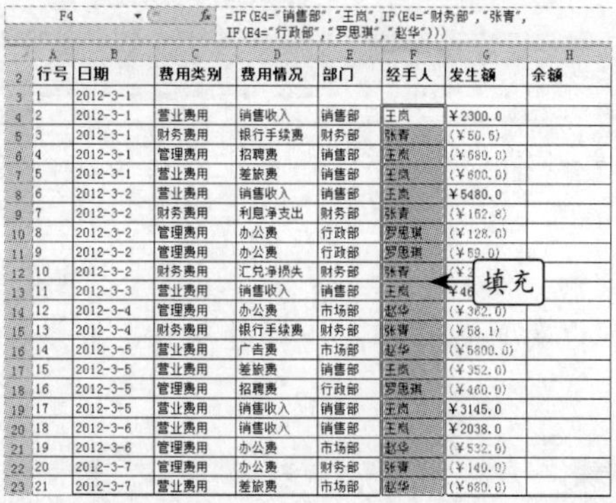

图 4-28　返回其他经手人姓名 　　　　　图 4-29　输入初始余额

05 选择 H4 单元格，在其编辑栏中输入"=H3+G4"，如图 4-30 所示。
06 按【Ctrl+Enter】组合键返回当前费用记录发生后的余额，如图 4-31 所示。

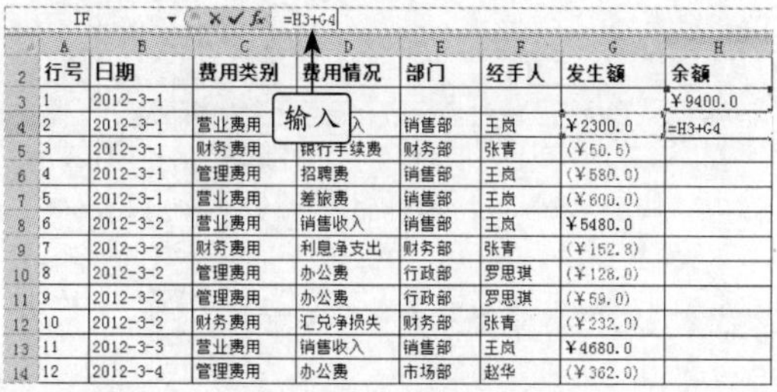

图 4-30　输入公式 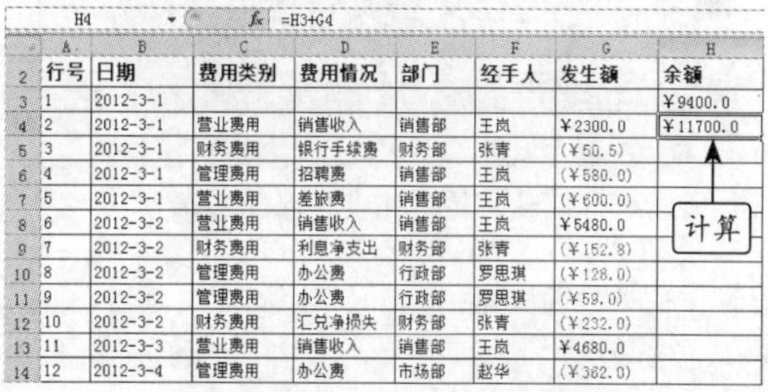　　　　　图 4-31　计算余额

07 将 H4 单元格中的公式填充至 H23 单元格，计算其他费用发生后的余额，如图 4-32 所示。
08 在备注字段下输入差旅费相关的出差地点时间即可，如图 4-33 所示。

图 4-32　计算其他费用余额 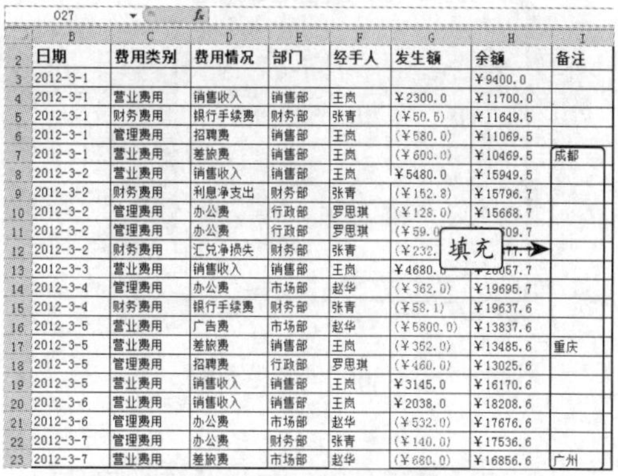　　　　　图 4-33　添加备注信息

4.4.3　筛选并汇总费用明细记录

完成数据的填制后，接下来将复制工作表，并通过筛选和分类汇总等方式，查看需要的费用明细记录情况，其具体操作如下。

059

动画演示：演示\第 4 章\筛选并汇总费用明细记录.swf

01 按住【Ctrl】键不放，向右拖动 "2010-03" 工作表标签，然后将复制的工作表名称命名为 "汇总费用"，如图 4-34 所示。

02 选择 H4:H23 单元格区域，按【Ctrl+C】组合键复制，然后单击 "开始" 选项卡 "剪贴板" 组中的 "粘贴" 按钮下方的下拉按钮，在弹出的下拉菜单中选择 "选择性粘贴" 命令，如图 4-35 所示。

图 4-34 复制并重命名工作表　　　　图 4-35 选择性粘贴数据

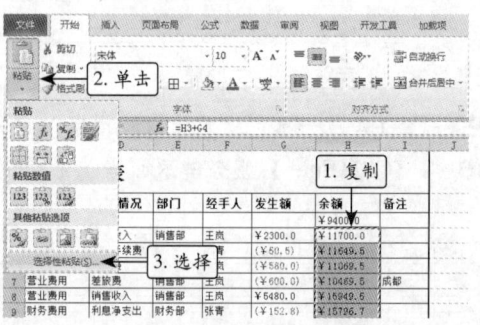

03 打开 "选择性粘贴" 对话框，选中 "数值" 单选项，然后单击 确定 按钮，如图 4-36 所示。

04 选择第 3 行行号，在其上单击鼠标右键，在弹出的快捷菜单中选择 "删除" 命令，如图 4-37 所示。

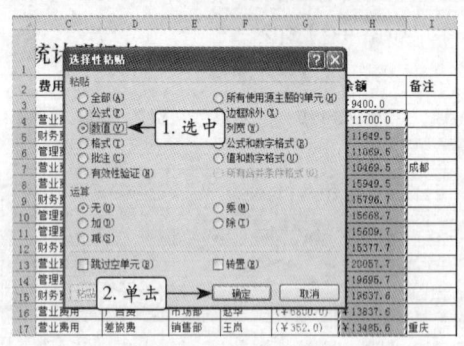
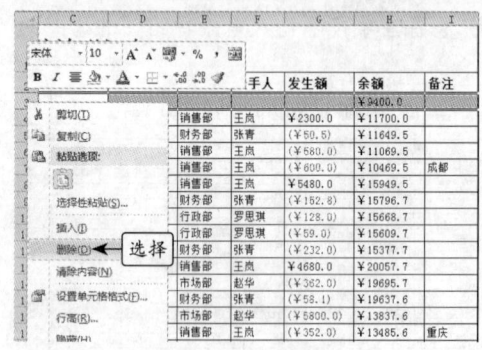

图 4-36 仅粘贴数值　　　　图 4-37 删除行

操作提示 选择性粘贴与删除行的目的

若不清除余额字段下单元格中的公式并删除第 3 行，则在进行筛选和汇总时，会由于公式的原因产生错误数据，并影响汇总效果。

05 利用 "数据" 选项卡 "排序和筛选" 组中的 "筛选" 按钮进入筛选状态，单击日期字段右侧的下拉按钮，在弹出的下拉菜单中仅选中小于 5 的复选框，然后单击 确定 按钮，如图 4-38 所示。

制作费用统计明细表

06 此时可以查看2010年3月5日之前发生的所有费用记录情况，如图4-39所示。

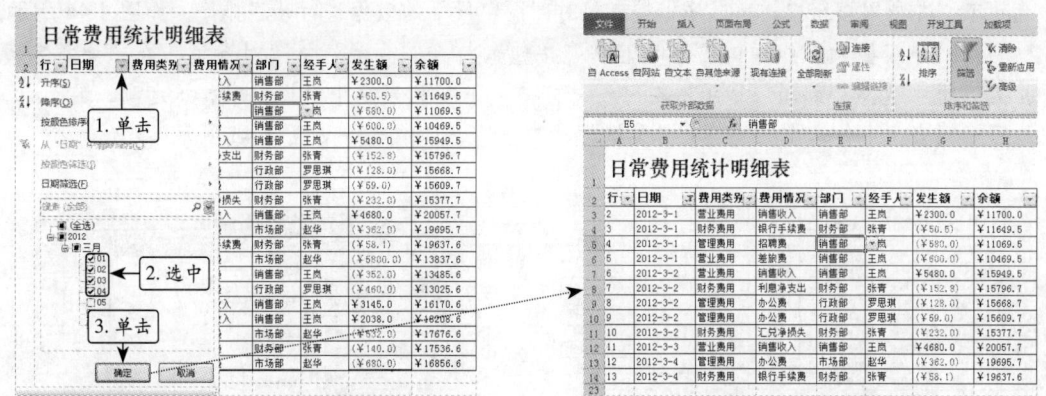

图4-38　设置筛选条件　　　　　　　　　图4-39　查看筛选结果

07 再次单击日期字段右侧的下拉按钮，在弹出的下拉菜单中选中"（全选）"复选框，单击 确定 按钮，如图4-40所示。

08 重新显示所有数据记录后，单击发生额字段右侧的下拉按钮，在弹出的下拉菜单中选择"数字筛选"命令，在弹出的子菜单中选择"自定义筛选"命令，如图4-41所示。

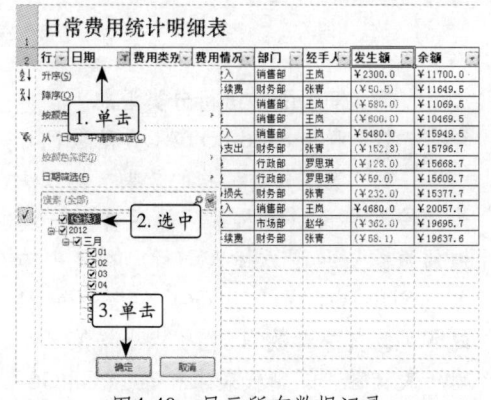 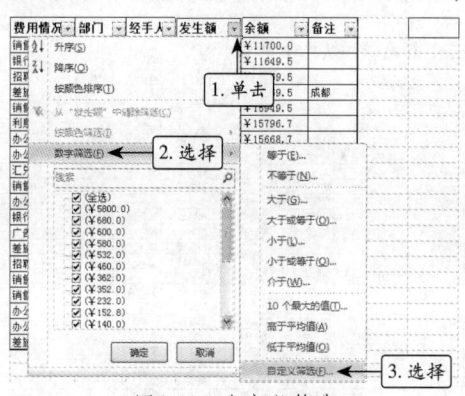

图4-40　显示所有数据记录　　　　　　　图4-41　自定义筛选

09 打开"自定义自动筛选方式"对话框，将筛选条件设置为"大于，–200，与，小于，300"，然后单击 确定 按钮，如图4-42所示。

10 此时将仅筛选出发生额在–200～300之间的数据记录，如图4-43所示。

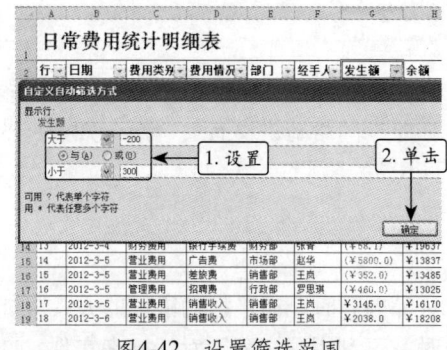 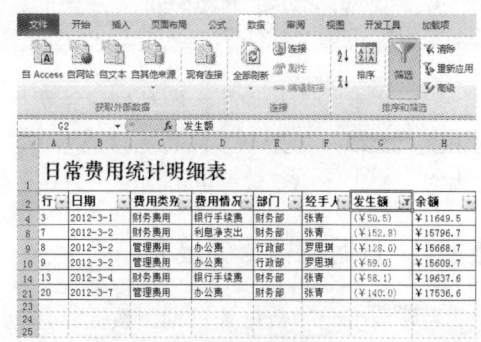

图4-42　设置筛选范围　　　　　　　　　图4-43　查看筛选结果

061

11 查看完成后重新显示出所有数据记录，然后单击"排序和筛选"组中的"筛选"按钮取消筛选状态，并利用该组中的"升序"按钮对部门字段下的数据进行升序排序，如图4-44所示。

12 利用"分级显示"组中的"分类汇总"按钮打开"分类汇总"对话框，在"分类字段"下拉列表框中选择"部门"选项，在"汇总方式"下拉列表框中选择"求和"选项，在"选定汇总项"列表框中仅选中"发生额"复选框，单击"确定"按钮，如图4-45所示。

图4-44　按部门排列数据 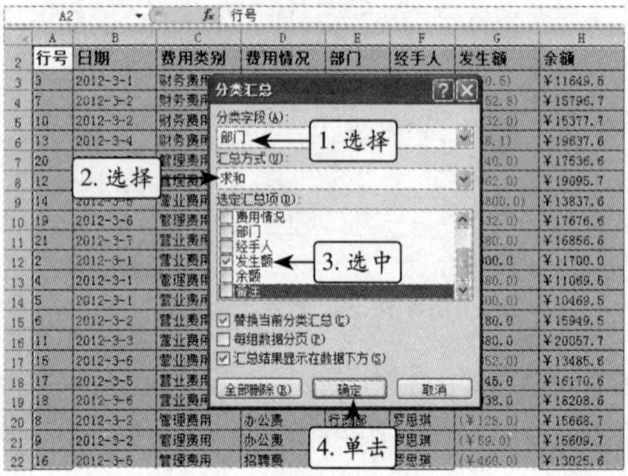　　　　　　　　图4-45　设置分类汇总条件

13 完成汇总，此时可查看各部门费用明细的发生额总和等数据，如图4-46所示。

图4-46　查看分类汇总结果

方法技巧　使用函数进行分类汇总

利用 SUBTOTAL() 函数也可实现分类汇总的效果，其方法为：按某字段进行排序，然后在同一类别的数据记录下方插入一行，在其中输入"=SUBTOTAL(1,G3:G6)"后按【Enter】键即可。其中参数"1"代表求平均值，"2"则代表计数，"9"则代表求和等。"G3:G6"表示汇总的单元格区域。

4.5　知识拓展

小雯在老陈的帮助下，顺利完成了费用统计明细表的编制任务，在操作过程中，她对数据的快速填充以及数据有效性功能特别感兴趣，希望老陈能专门给她讲讲有关这两个知识点的更多内容。为了让小雯掌握更多知识，老陈爽快地答应了小雯的要求。

拓展1　日期型数据的填充

当需要填充的数据为日期型数据，且包含了年月日等内容时，通过拖动鼠标的方式只能复制或快速填充天数，当需要填充的对象是年份或月份时，可利用"序列"对话框来实现，其具体操作如下。

01 输入初始日期并选择该单元格，在"开始"选项卡"编辑"组中单击 填充 按钮，在弹出的下拉菜单中选择"系列"命令，如图4-47所示。

02 打开"序列"对话框，在"序列产生在"栏中选中"列"单选项，表示向下填充；在"类型"栏中选中"日期"单选项，在"日期单位"栏中选中"月"单选项，表示填充月份。

03 将步长值设置为"1"，表示逐月填充，然后将终止值设置为"2013-2-25"，单击 确定 按钮，如图4-48所示。

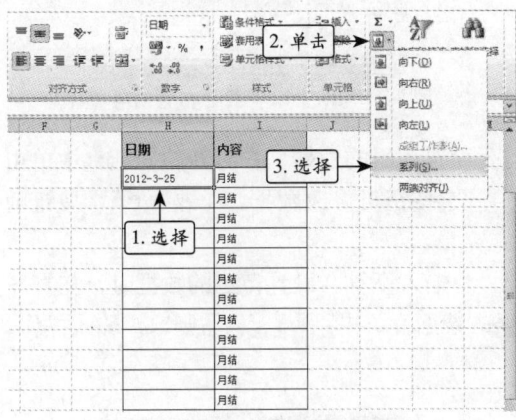

图4-47　输入初始数据

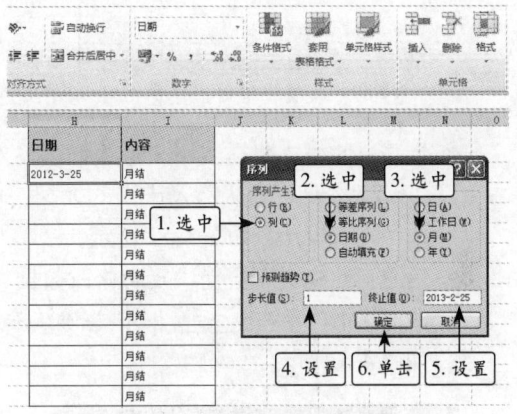

图4-48　设置序列填充参数

04 完成填充，效果如图4-49所示。

图4-49　填充的日期

> **操作提示　终止值缺省填充**
> 若在"序列"对话框中无法输入终止值的准确数据，可在打开该对话框之前，选择输入的初始数据以及需要填充的单元格区域，此后打开"序列"对话框，只需设置填充方向、类型、单位和步长值即可。

拓展2　使用数据有效性设置出错提醒

数据有效性功能不仅能实现选择输入等效果，还能在输入的数据不符合设置的范围时，及时弹出出错警告以提示输入的数据有误，下面介绍实现此效果的方法。

选择单元格区域并设置数据有效性的输入范围后，可在"数据有效性"对话框中单击"出错警告"选项卡，Excel提供了3种出错警告样式，其作用分别如下。

- 停止：此样式将拒绝输入错误的数据，直到数据符合设置的有效性范围后不会打开对话框。在"样式"下拉列表框中选择"停止"选项，并在左侧的"标题"和"错误信息"文本框中分别设置输入错误数据后打开的对话框名称以及显示的提示内容，如图4-50所示。当输入错误数据时，将打开如图 4-51 所示的对话框，单击 重试(R) 按钮可修改数据；单击 取消 按钮将取消输入。

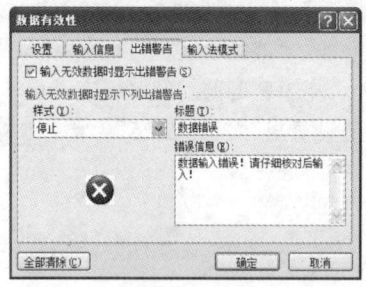

图 4-50　设置出错时显示的内容

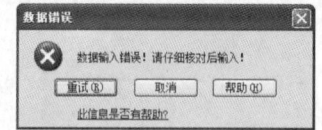

图 4-51　"停止"样式的出错对话框

- 警告：此样式将提醒用户是否继续输入不符合设置范围的数据，在打开的对话框中单击 是(Y) 按钮将确认输入错误的数据；单击 否(N) 按钮可修改数据；单击 取消 按钮则取消输入操作，如图 4-52 所示。
- 信息：此样式不会提供及时修改数据的功能，当输入不符合设置范围的数据时，在打开的对话框中单击 确定 按钮将确认输入错误的数据；单击 取消 按钮则取消输入操作，如图 4-53 所示。

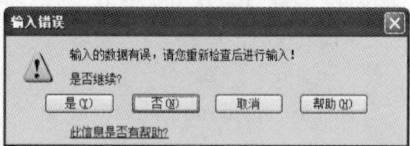

图 4-52　"警告"样式的出错对话框

图 4-53　"信息"样式的出错对话框

4.6　实战演练

老陈为了帮助小雯巩固费用统计类型表格的编制，决定再给她安排两个任务，相信有了本例的制作经验，小雯可以更加顺利地完成表格的制作。

4.6.1　制作部门费用统计表

公司需要统计各部门近期的费用开支情况，需要小雯编制一张表格来完成统计操作，效果如图 4-54 所示。

效果文件：效果\第 4 章\部门费用统计表 .xlsx

重点提示：（1）时间字段的数据类型为"××年××月××日"样式。
（2）负责人利用 IF() 函数自动判断。
（3）每笔费用发生后的余额＝上笔费用余额＋入额－出额。

××公司各部门费用统计表

序号	时间	部门	负责人	费用类别	入额	出额	余额
HK1204001	2012年4月1日			月初	¥35,000.00		¥35,000.00
HK1204002	2012年4月1日	市场部	杨华	差旅费		¥1,200.00	¥33,800.00
HK1204003	2012年4月1日	销售部	张克勤	办公费		¥500.00	¥33,300.00
HK1204004	2012年4月3日	研发部	许江	研发费	¥10,000.00		¥43,300.00
HK1204005	2012年4月3日	销售部	张克勤	差旅费		¥260.00	¥43,040.00
HK1204006	2012年4月3日	行政部	罗林	宣传费		¥800.00	¥42,240.00
HK1204007	2012年4月6日	行政部	罗林	办公费		¥340.00	¥41,900.00
HK1204008	2012年4月9日	市场部	杨华	差旅费		¥600.00	¥41,300.00
HK1204009	2012年4月9日	销售部	张克勤	差旅费		¥500.00	¥40,800.00
HK1204010	2012年4月9日	研发部	许江	招待费		¥800.00	¥40,000.00
HK1204011	2012年4月12日	市场部	杨华	办公费		¥600.00	¥39,400.00
HK1204012	2012年4月12日	行政部	罗林	差旅费		¥600.00	¥38,800.00
HK1204013	2012年4月12日	销售部	张克勤	差旅费	¥4,000.00		¥42,800.00
HK1204014	2012年4月14日	研发部	许江	招待费		¥1,200.00	¥41,600.00
HK1204015	2012年4月14日	研发部	许江	招待费		¥800.00	¥40,800.00
HK1204016	2012年4月15日	销售部	张克勤	办公费		¥1,000.00	¥39,800.00
HK1204017	2012年4月16日	销售部	张克勤	办公费		¥800.00	¥39,000.00
HK1204018	2012年4月19日	行政部	罗林	招待费		¥600.00	¥38,400.00
HK1204019	2012年4月19日	研发部	许江	差旅费		¥900.00	¥37,500.00
HK1204020	2012年4月19日	销售部	张克勤	宣传费		¥2,000.00	¥35,500.00
HK1204021	2012年4月22日	市场部	杨华	办公费	¥3,000.00		¥38,500.00
HK1204022	2012年4月25日	行政部	罗林	办公费		¥800.00	¥37,700.00
HK1204023	2012年4月28日	销售部	张克勤	差旅费		¥900.00	¥36,800.00
HK1204024	2012年4月30日			月末			¥36,800.00

图4-54　部门费用统计表最终效果

4.6.2　制作行政费用汇总表

公司需要汇总全年行政费用，要求以每月为单位进行计算，并详细体现出各费用类别、名称、内容以及发生额等数据，效果如图 4-55 所示。

效果文件：效果 \ 第 4 章 \ 行政费用汇总表 .xlsx

重点提示：（1）不同费用类别的单元格区域用双线边框分隔。

（2）利用 SUM() 函数计算每月发生额合计。

××公司行政费用汇总表

费用类别	费用名称	费用内容	1月	2月	3月	4月	5月	6月	7月	8月	9月	10月	11月	12月
			发生额	发生额	发生额	发生额	发生额	发生额	发生额	发生额	发生额	发生额	发生额	发生额
设备设施费用	房租	办公场所租金	¥2,500	¥2,500	¥2,500	¥2,500	¥2,500	¥2,500	¥2,500	¥2,500	¥2,500	¥2,500	¥2,500	¥2,500
	维修费	通讯线路维修费	¥400	-	¥300	-	-	-	¥200	¥200	-	-	-	¥400
办公费用	劳务费	办公场所清洁费用	¥800	¥800	¥800	¥800	¥800	¥800	¥800	¥800	¥800	¥800	¥800	¥800
	办公用品费	文具、光盘等	¥720	-	¥60	¥740	-	¥400	¥500	-	¥300	¥940	-	¥500
	固定资产	设备、家具等	¥2,020	¥2,560	-	-	-	-	-	-	¥2,420	-	-	¥2,680
	IT费	宽带费	¥580	¥580	¥580	¥580	¥580	¥580	¥580	¥580	¥580	¥580	¥580	¥580
		通信费	¥1,380	¥1,660	¥1,280	¥1,300	¥1,620	¥1,540	¥1,140	¥1,920	¥1,080	¥1,020	¥1,840	¥1,940
		IT维护费	¥1,333	-	-	-	-	-	¥1,350	-	-	-	¥1,617	-
汽车费用	汽油费	加油、加气	¥1,800	¥1,680	¥1,860	¥1,660	¥1,160	¥1,620	¥1,840	¥1,220	¥1,180	¥1,340	¥1,220	¥1,760
	停车费	临时停车费	¥232	¥364	¥216	¥336	¥344	¥348	¥352	¥208	¥400	¥324	¥340	¥396
	修理费	汽车维修、护理费	¥960	-	-	-	-	¥980	¥900	-	-	-	-	¥540
	路桥费	过路费、过桥费	¥153	¥285	¥231	¥198	¥297	¥243	¥183	¥300	¥276	¥180	¥291	¥201
	保险费	汽车保险费	¥800	¥800	¥800	¥800	¥800	¥800	¥800	¥800	¥800	¥800	¥800	¥800
		合计：	¥13,678	¥11,229	¥8,627	¥8,914	¥8,101	¥9,811	¥11,145	¥8,528	¥10,336	¥8,484	¥9,988	¥13,097

图4-55　行政费用统计表最终效果

第 2 篇
常用财务表单篇

第 5 章 制作差旅费报销单

▶ 最近由于财务部某位工作人员一时大意,错算了差旅费报销单,致使公司蒙受了损失,虽然数目不大,但公司领导非常重视这次事件。为了确保此类问题不再发生,领导要求由小雯负责重新编制差旅费报销单,要求表单中各个项目清晰明显,计算方法简单快捷,从而避免出现错误。小雯点头接受了任务,但等待她的考验这才刚刚开始……

知识点

- 设置格式与填充颜色
- 绘制表格边框
- 设置公式计算差旅费用
- 定义可输入的数据区域
- 输入并打印报销单

5.1 案例目标

差旅费报销单的项目内容小雯并不陌生,但如何达到领导要求,即避免计算出错,这就让她头痛不已了。情急之下,小雯找到了老陈,希望他能帮帮忙,给她指点迷津。

效果文件:素材\第5章\差旅费报销单.xlsx
动画演示:效果\第5章\差旅费报销单.xlsx

如图 5-1 所示即为差旅费报销单的最终效果,该报销单可以根据姓名内容自动返回出差人;根据部门内容自动返回报销部门,根据当前系统日期返回填报日期等。使用时只需输入基本情况以及具体的差旅费数据,即可快速得到其他所有数据的内容或计算结果,不仅提高了工作效率,而且最大限度地降低了出错几率。

差旅费报销单

报销部门:		企划部			填报日期:		2012年5月22日				
姓名	张晓雯		部门	企划部		职务	项目经理		出差事由	市场调研	
日期		起讫地点	天数	交通工具	费用	市内交通费	住宿费	餐饮费	其他		小计
月	日								费用	说明	机票费	车船费	其他差旅费
4	20	成都至北京	1	飞机	¥950.0	¥180.0	¥400.0	¥100.0			¥950.0	¥0.0	¥680.0
4	21	北京至上海	2	飞机	¥680.0	¥320.0	¥1,000.0	¥180.0			¥680.0	¥0.0	¥1,500.0
4	23	上海至杭州	1	汽车	¥60.0	¥80.0	¥400.0	¥60.0	¥240.0	购买资料	¥0.0	¥60.0	¥780.0
4	24	杭州至成都	1	飞机	¥1,060.0						¥1,060.0	¥0.0	¥0.0
											¥0.0	¥0.0	¥0.0
		合计			¥2,750.0	¥580.0	¥1,800.0	¥340.0	¥240.0		¥5,710.0		
总计金额(大写)					伍仟柒佰拾元整				预支:¥5,000.0		补助:¥710.0		
负责人 蒋志远				会计 孙红娟						出差人 张晓雯			

图5-1 差旅费报销单最终效果

5.2 职场秘笈

在告诉小雯如何编制报销单之前,老陈决定先给她上一堂有关差旅费报销原则和报销范围的知识,掌握了这些知识后,可以使小雯在编制表格时能更加明确各项内容的作用以及计算方法等相关操作的目的。

5.2.1 差旅费的报销与借支原则

每个公司可以根据自身情况确定差旅费的具体报销原则,下面仅以某公司为例,介绍其报销原则的具体项目,如图 5-2 所示。

图5-2 差旅费报销原则

- 差旅费必须在各部门预算总额内进行报销，超预算不予报销。
- 员工出差需事前提出书面申请，填制出差申请单并需经直属上级批准。未事先批准的，一律不予报销其差旅费。
- 出差途中因工作需要临时增加出差行程到新的出差地点，经出差签批人书面或邮件确认后，其增加的行程作为另一次出差时间，与原出差时间不连续计算。
- 差旅费借款采取"前账不清、后账不借"的原则。
- 借支额度按个人借支额核定，国内长途出差最高不超过 6000 元 / 人次，短途短期不借支差旅费。
- 差旅费借款须在出差返回后 5 个工作日内报销，5 个工作日内未归还的，由各单位财务负责人通知薪资管理部从其当月薪资中扣还。

5.2.2 差旅费报销范围

员工出差时并不是产生的所有费用都可以报销，一般情况下每个公司都设定了报销范围，如图 5-3 所示。

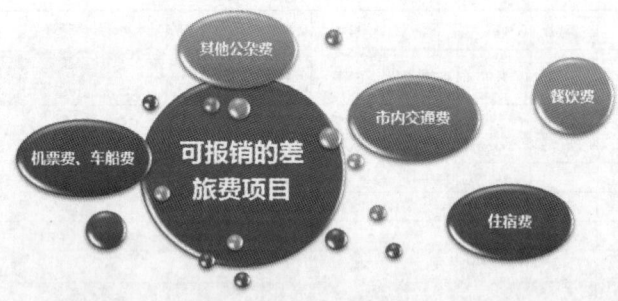

图 5-3　差旅费报销范围

- 用于出差旅途中的差旅费费用支出，包括购买车、船、火车、飞机的票费、住宿费、伙食费等支出。
- 单位补助出差伙食费就不报销外地餐费了，或报销餐费就不补助出差伙食费。
- 差旅费开支范围包括城市间交通费、住宿费、伙食费和公杂费等。
- 乘坐飞机的，订票费、改签费、退票费、往返机场的车费不予报销。
- 原始票据丢失、毁损的，当事人需作出详细书面说明及需报销单据明细项目、金额，经直属上级与所在部门负责人签批后，才予以报销。

5.3 制作思路

在给小雯介绍了有关差旅费的报销原则和范围之后，老陈现在又将整个表格的制作思路给小雯进行了简单介绍，相信有了它，小雯就可以顺利地完成本次任务了。

差旅费报销单的制作思路大致如下：

（1）打开"差旅费报销单 .xlsx"工作簿，对数据区域的字体格式进行设置，然后通过绘制表格的方法为数据区域添加不同样式的边框，如图 5-4 所示。

（2）在相应单元格中输入公式来达到自动计算数据的目的，如图 5-5 所示。

制作差旅费报销单

图5-4　设置格式并绘制边框

图5-5　设置相关计算公式

（3）利用保护单元格和工作表的方法，禁止对非数据输入区域进行任何操作，如图5-6所示。

图5-6　定义可输入的数据区域

（4）输入差旅费具体数据情况，并对表格页面进行适当设置后，将其打印出来，如图5-7所示。

图5-7　输入并打印报销单

5.4 操作步骤

小雯在得到老陈有力的支持后，对即将编制的表格显得信心满满，接下来就看她能否顺利地完成本次任务了。

5.4.1 设置格式与填充颜色

下面首先对单元格的字体格式和数据类型等进行设置，然后为部分单元格区域填充颜色以达到突出显示的目的，其具体操作如下。

 动画演示：演示\第5章\设置格式与填充颜色.swf

01 打开"差旅费报销单.xlsx"工作簿，合并 A1:N1 单元格区域，然后将合并后的字体格式设置为"华文新魏，28号，居中对齐"，如图 5-8 所示。

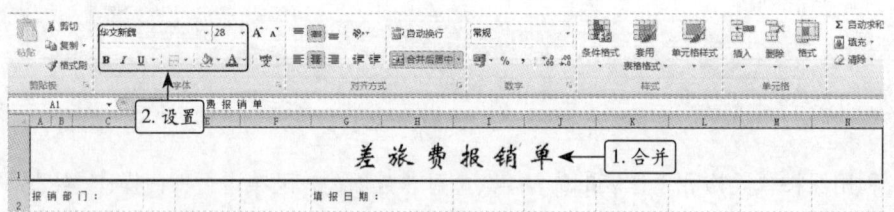

图5-8 设置表格标题

02 选择 A2:N2 单元格区域，将字体格式设置为"华文新魏，16号"，如图 5-9 所示。
03 选择 A3:N13 单元格区域，将字体格式设置为"微软雅黑，11号，居中对齐"，如图 5-10 所示。

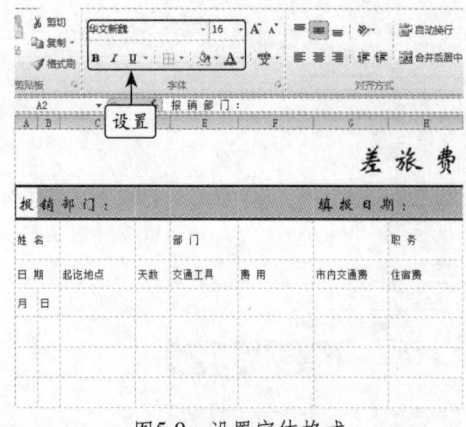

图5-9 设置字体格式

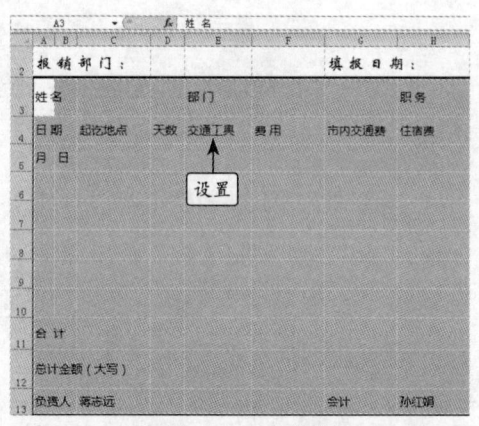

图5-10 设置字体格式

04 依次将如图 5-11 所示的蓝色区域逐个合并。
05 选择如图 5-12 所示的蓝色单元格区域，将字体加粗显示。
06 选择如图 5-13 所示的蓝色单元格区域，将数据类型设置为"货币型，人民币符号，1位小数"。

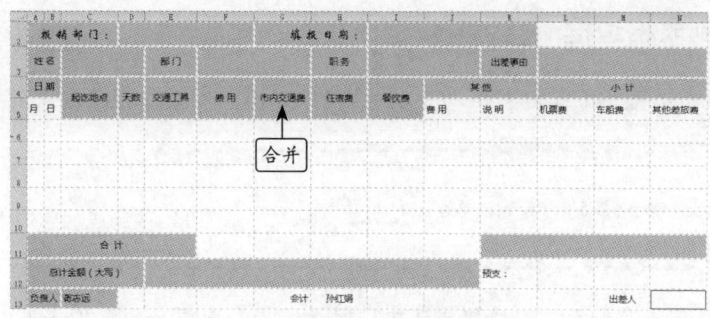

图5-11 合并单元格区域

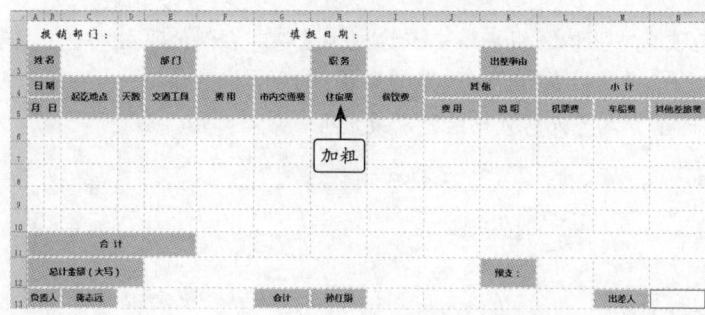

图5-12 加粗字体

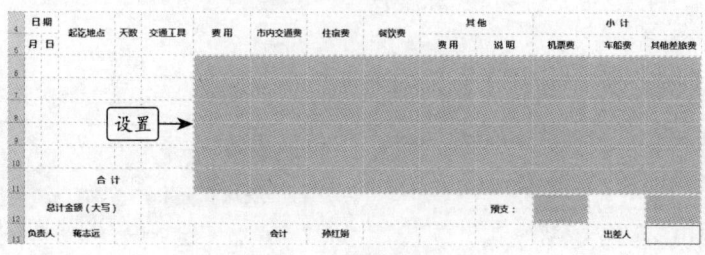

图5-13 设置数据类型

07 依次为L4单元格填充"红色，强调文字颜色2，淡色40%"；为L5:N5单元格区域填充"红色，强调文字颜色2，淡色60%"；为L6:N10单元格区域填充"红色，强调文字颜色2，淡色80%"，如图5-14所示。

08 继续为A11:K11单元格区域填充"黄色"；为A12:N12单元格区域填充"橙色"，如图5-15所示。

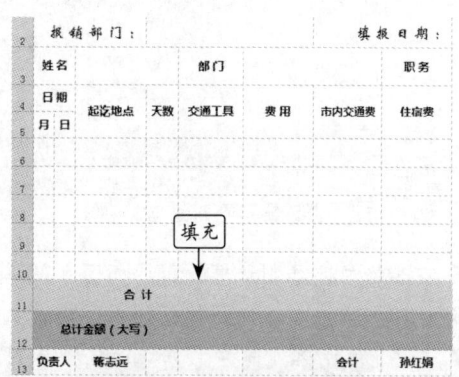

图5-14 填充单元格颜色　　　　　　图5-15 填充单元格颜色

5.4.2 绘制表格边框

下面将利用 Excel 提供的绘制表格功能，为表格添加不同样式的边框效果，其具体操作如下。

动画演示：演示\第5章\绘制表格边框.swf

01 在"视图"选项卡"显示"组中取消选中"网格线"复选框，隐藏工作表中显示的网格线，如图 5-16 所示。

02 在"开始"选项卡"字体"组中单击"边框"按钮田右侧的下拉按钮，在弹出的下拉菜单中选择"线型"命令，在弹出的子菜单中选择如图 5-17 所示的样式。

03 在 A1 单元格的下方水平拖动鼠标绘制双线边框，效果如图 5-18 所示。

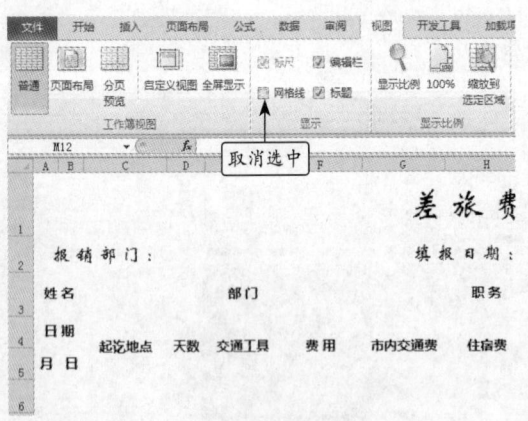
图5-16 隐藏网格线

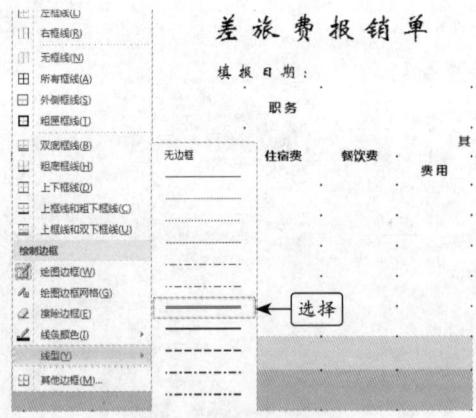
图5-17 选择边框样式

04 重新将边框的线型更换为如图 5-19 所示的样式。

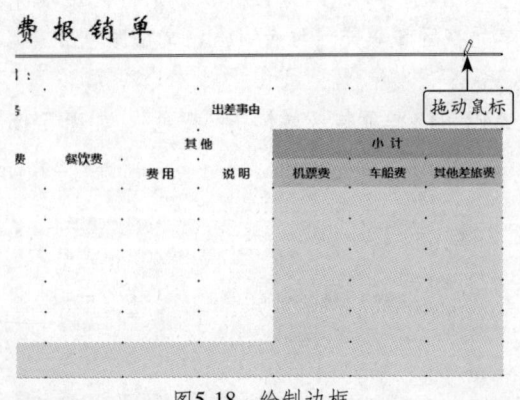
图5-18 绘制边框

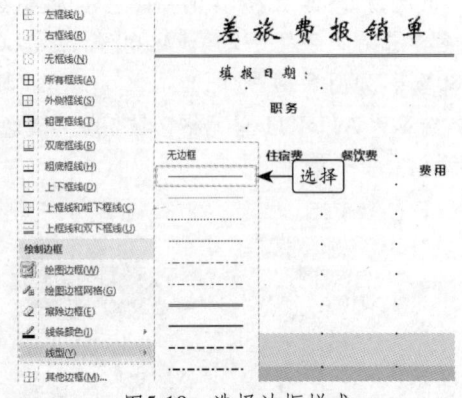
图5-19 选择边框样式

05 在表格内部绘制边框，效果如图 5-20 所示。

06 按相同方法重新选择边框样式，效果如图 5-21 所示。

07 在 A3 单元格处向右下方拖动鼠标至 N12 单元格，绘制该区域的外边框，效果如图 5-22 所示。最后按【Esc】键退出边框绘制状态即可。

制作差旅费报销单 5

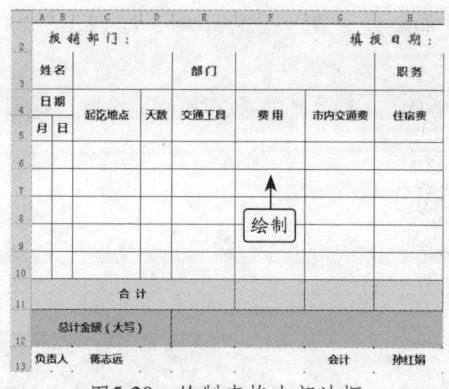

图5-20 绘制表格内部边框

图5-21 选择边框样式

图5-22 绘制外边框

> **方法技巧　擦除边框**
> 单击"字体"组中的"边框"按钮⊞右侧的下拉按钮,在弹出的下拉菜单中选择"擦除边框"命令,此时将进入擦除表格边框的状态,在需擦除的边框上单击鼠标或拖动鼠标均可实现擦除效果,完成后按【Esc】键退回即可。

▶ 5.4.3 设置公式计算差旅费用

利用各种公式和函数来达到引用数据和计算差旅费的目的,其具体操作如下。

> 动画演示:演示\第5章\设置公式计算差旅费用.swf

01 在D2单元格的编辑栏中输入"=F3",表示将引用F3单元格中的数据内容,如图5-23所示。
02 在I2单元格的编辑栏中输入"=NOW()",表示将返回当前系统中的日期和时间,如图5-24所示。

图5-23 输入公式

图5-24 输入函数

073

03 利用"设置单元格格式"对话框将 I2 单元格的数据类型设置为"2001 年 3 月 14 日"样式的日期型数据,然后单击 确定 按钮,如图 5-25 所示。

04 在 L6 单元格的编辑栏中输入"=IF(E6="飞机",F6,0)",表示当交通工具为飞机时,返回对应的机票费用,否则返回"0",如图 5-26 所示。

05 将 L6 单元格的函数向下填充至 L10 单元格中,如图 5-27 所示。

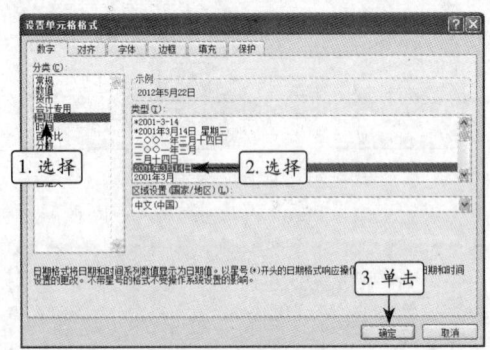

图 5-25 设置数据类型

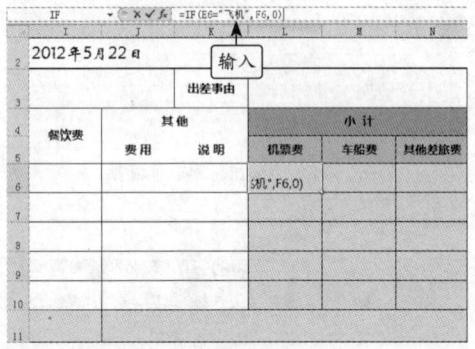

图 5-26 计算机票费用

06 在 M6 单元格的编辑栏中输入"=IF(E6="飞机",0,F6)",表示当交通工具为飞机时,返回"0",否则返回对应的车船票费用,如图 5-28 所示。

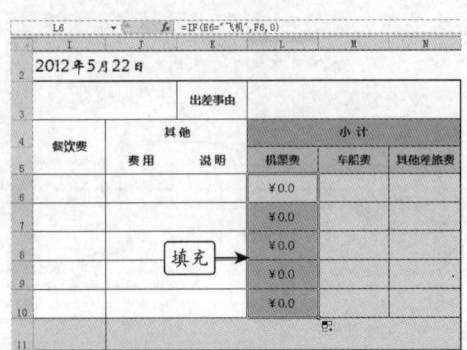

图 5-27 填充函数

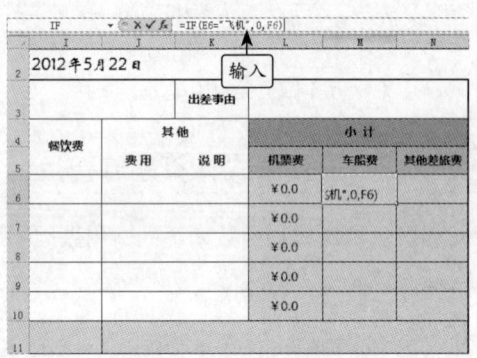

图 5-28 计算车船票费用

07 将 M6 单元格的函数向下填充至 M10 单元格中,如图 5-29 所示。

08 在 N6 单元格的编辑栏中输入"=SUM(G6:J6)",表示其他费用为交通费用之外的所有费用之和,如图 5-30 所示。

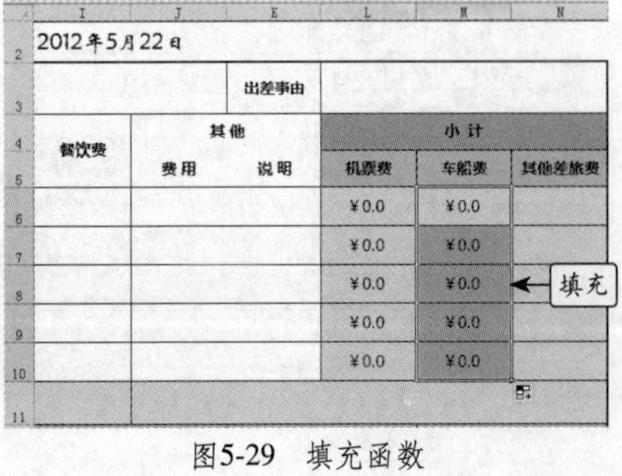

图 5-29 填充函数

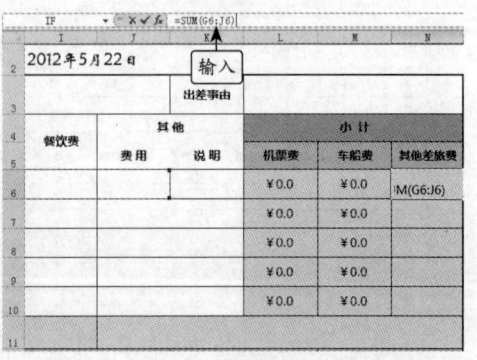

图 5-30 计算除交通费用外的所有费用

09 将N6单元格的函数向下填充至N10单元格中，如图5-31所示。

10 在F11单元格的编辑栏中输入"=SUM(F6:F10)"，计算交通费用总和，如图5-32所示。

图5-31　填充函数　　　　　图5-32　计算交通费用总和

11 将F11单元格的函数向右填充至J11单元格中，计算其他项目的费用总和，如图5-33所示。

12 在K11单元格的编辑栏中输入"=SUM(L6:N10)"，计算此表格中差旅费用的总和，如图5-34所示。

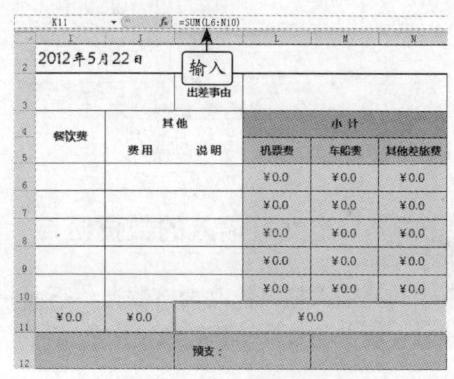

图5-33　填充函数　　　　　图5-34　计算差旅费用总和

13 在E12单元格的编辑栏中输入"=NUMBERSTRING(K11,2)&"元整""，表示将差旅费用转换成会计专用的大写金额，并在结尾利用连接符添加"元整"字样，如图5-35所示。

14 在M12单元格的编辑栏中输入"=IF(L12>K11,"退还：","补助：")"，表示根据预支费用与差旅费用来判断应该"退还"还是"补助"，如图5-36所示。

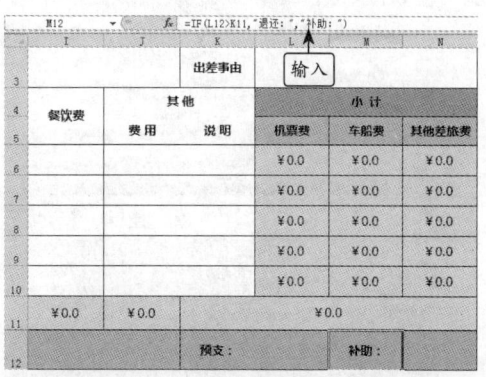

图5-35　转换大写金额　　　　图5-36　判断应退还还是应补助

> **专家点拨　关于 Excel 的隐藏函数**
>
> 隐藏函数是指无法通过"插入函数"对话框插入的一类函数，这类函数不会显示在 Excel 中以供选择，使用时只能通过输入的方式进行使用，NUMBERSTRING() 函数就是一种隐藏函数，可以实现大小写格式的转换。除此以外，DATEIF() 函数也是常用的隐藏函数，用于计算两个日期型数据之间的天数、月数和年数。

15 在 N12 单元格的编辑栏中输入"=IF(L12>K11,L12-K11,K11-L12)"，表示计算应退还或补助的具体金额数据，如图 5-37 所示。

16 在 N13 单元格的编辑栏中输入"=C3"，表示引用差旅费报销人的姓名数据，如图 5-38 所示。

图5-37　计算退还或补助的数据　　　　　图5-38　引用姓名

▶ 5.4.4　定义可输入的数据区域

为防止他人擅自修改表格数据，下面将对单元格和工作表进行保护设置，达到只能在指定区域输入数据的效果，其具体操作如下。

> 动画演示：演示\第 5 章\定义可输入的数据区域.swf

01 单击行号与列标交汇处的"全选"按钮　　，选择工作表中的所有单元格，如图 5-39 所示。

02 按【Ctrl+1】组合键打开"设置单元格格式"对话框，单击"保护"选项，取消选中"锁定"复选框和"隐藏"复选框，然后单击　确定　按钮，如图 5-40 所示。

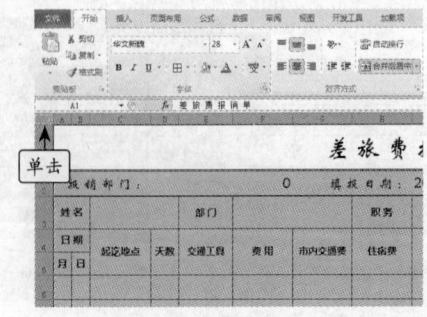
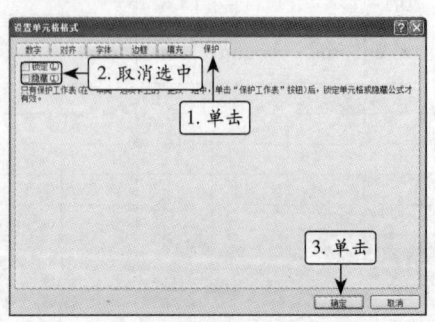

图5-39　选择所有单元格　　　　　　　　图5-40　取消锁定和隐藏

制作差旅费报销单

03 利用【Ctrl】键选择如图5-41所示的被选择的单元格和单元格区域，即要进行锁定的单元格区域。

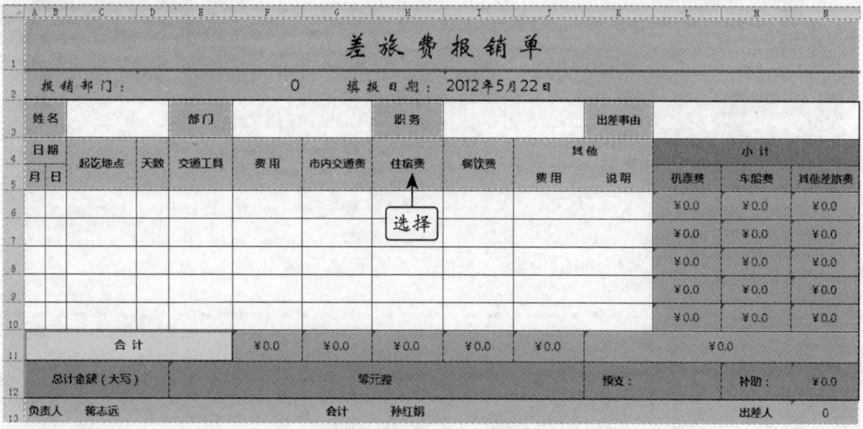

图5-41 选择单元格区域

04 再次打开"设置单元格格式"对话框的"保护"选项卡，选中"锁定"复选框和"隐藏"复选框，单击 确定 按钮，如图5-42所示。

05 在"审阅"选项卡"更改"组中单击"保护工作表"按钮，如图5-43所示。

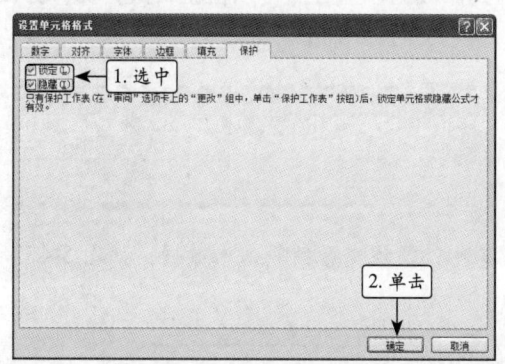

图5-42 锁定单元格并隐藏单元格中的公式

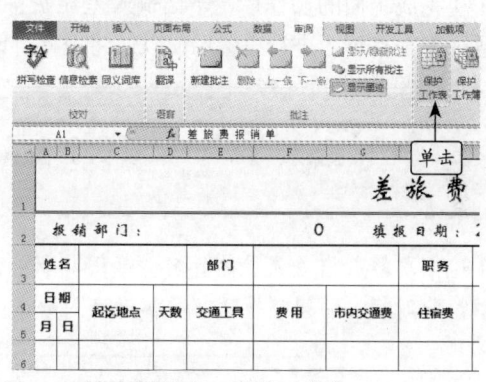

图5-43 保护工作表

06 打开"保护工作表"对话框，输入保护密码，如"123456"，并在下方的列表框中仅选中"选定未锁定的单元格"复选框，单击 确定 按钮，如图5-44所示。

07 在打开的对话框中输入相同密码进行确认，然后单击 确定 按钮，如图5-45所示。

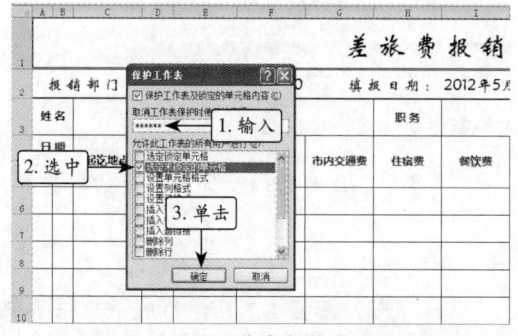

图5-44 设置工作表保护密码及权限

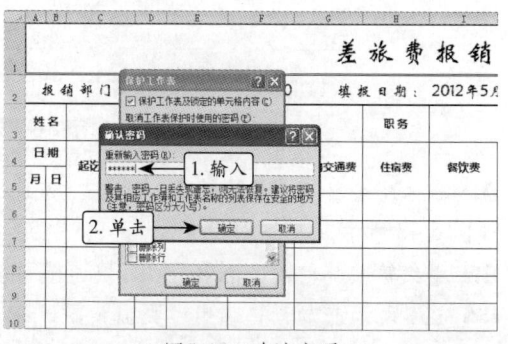

图5-45 确认密码

077

08 完成设置，此时锁定的单元格区域将无法选择和操作，如图 5-46 所示。

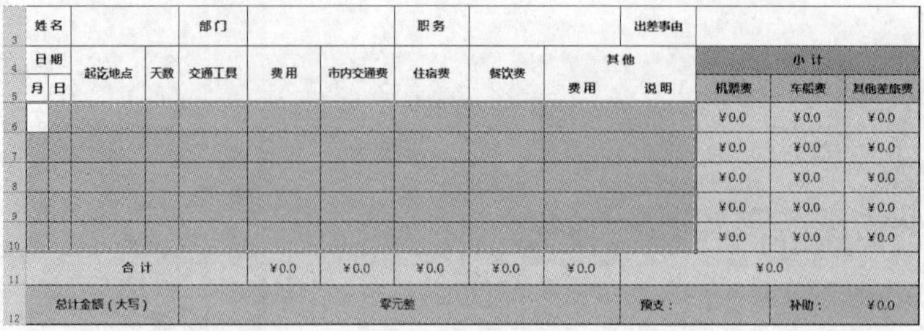

姓名				部门			职务			出差事由			
日期		起讫地点	天数	交通工具	费用	市内交通费	住宿费	餐饮费	其他		小计		
月	日								费用	说明	机票费	车船费	其他差旅费
											¥0.0	¥0.0	¥0.0
											¥0.0	¥0.0	¥0.0
											¥0.0	¥0.0	¥0.0
											¥0.0	¥0.0	¥0.0
											¥0.0	¥0.0	¥0.0
合计					¥0.0	¥0.0	¥0.0	¥0.0	¥0.0	¥0.0			
总计金额（大写）				零元整						预支：		补助：	¥0.0

图5-46 保护工作表和单元格后的效果

> **操作提示**
>
> **取消工作表保护**
>
> 若想取消工作表保护状态，可在“审阅”选项卡“更改”组中再次单击“保护工作表”按钮，在打开的对话框中输入保护密码即可。

5.4.5 输入并打印报销单

完成上面的操作后，下面输入差旅费报销单的具体数据，一方面可以检验公式，另一方面通过对表格页面进行设置后，以便将表格打印出来，其具体操作如下。

> 动画演示：演示 \ 第 5 章 \ 输入并打印报销单 .swf

01 依次输入出差人员的姓名、部门、职务、出差事由以及预支金额等基本数据，如图 5-47 所示，此时将自动得到报销部门和出差人数据。

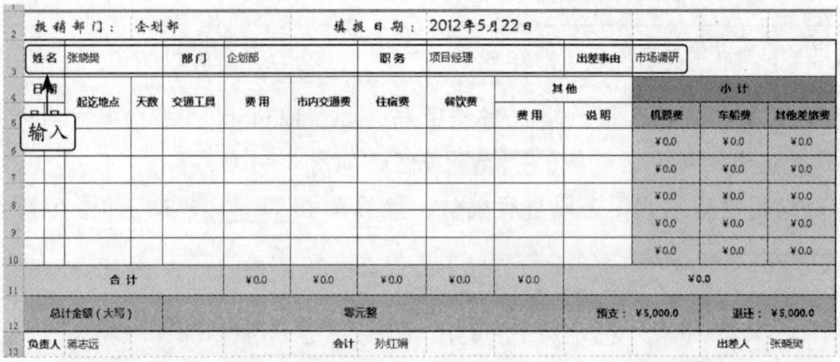

报销部门：		企划部				填报日期：	2012年5月22日						
姓名		张晓樊		部门	企划部		职务	项目经理		出差事由	市场调研		
日期		起讫地点	天数	交通工具	费用	市内交通费	住宿费	餐饮费	其他		小计		
月	日								费用	说明	机票费	车船费	其他差旅费
											¥0.0	¥0.0	¥0.0
											¥0.0	¥0.0	¥0.0
											¥0.0	¥0.0	¥0.0
											¥0.0	¥0.0	¥0.0
											¥0.0	¥0.0	¥0.0
合计					¥0.0	¥0.0	¥0.0	¥0.0	¥0.0	¥0.0			
总计金额（大写）				零元整						预支：¥5,000.0		退还：¥5,000.0	
负责人	蒋志远					会计	孙红娟					出差人	张晓樊

图5-47 输入基本数据

02 输入出差日期、起讫地点、天数、交通工具以及各项费用，此时将同步计算相应的差旅费，如图 5-48 所示。

03 继续输入其他数据记录，即可快速得到差旅费的各种数据结果，如图 5-49 所示。

04 在“页面布局”选项卡“页面设置”组中单击“纸张方向”按钮，在弹出的下拉菜单中选择“横向”命令，如图 5-50 所示。

图5-48 输入出差数据

图5-49 输入其他出差数据

05 继续单击左侧的"页边距"按钮，在弹出的下拉菜单中选择"自定义边距"命令，如图5-51所示。

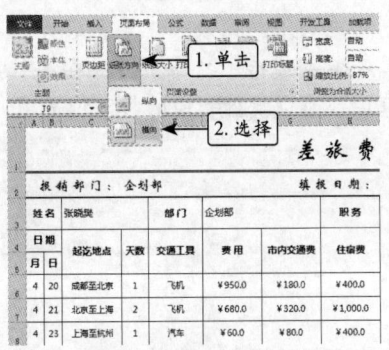

图5-50 改变页面方向

图5-51 设置页边距

06 打开"页面设置"对话框，将"左"、"右"数值框中的数据均设置为"1"，选中"水平"和"垂直"复选框，然后单击 确定 按钮，如图5-52所示。

07 在"视图"选项卡"工作簿视图"组中单击"分页预览"按钮，如图5-53所示。

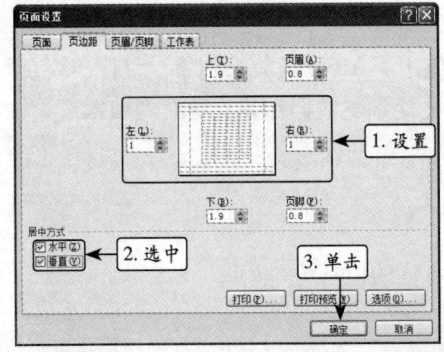

图5-52 自定义页边距和对齐方式

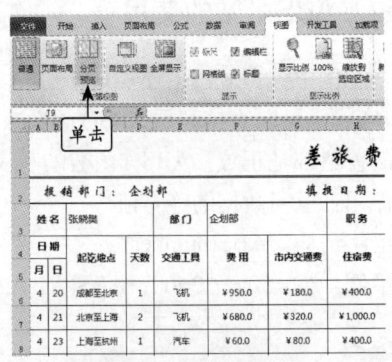

图5-53 切换视图模式

08 向右拖动分页符至页面边界,如图5-54所示。将表格内容调整到一页显示,如图5-55所示。

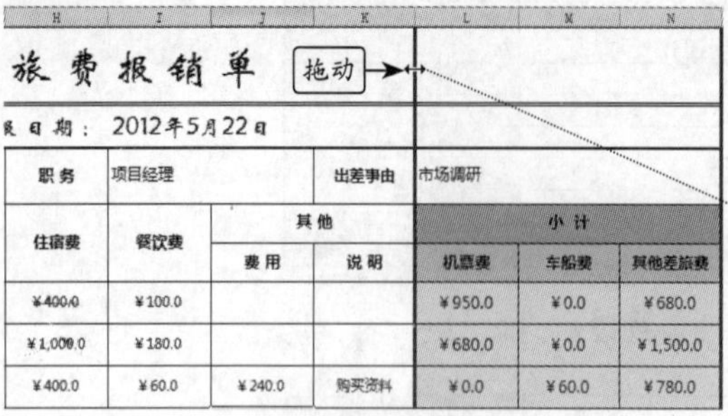

图5-54 拖动分页符 　　　　　　　　　图5-55 调整页面

09 在"文件"选项卡中选择"打印"选项,将打印份数设置为"3",然后单击"打印"按钮即可,如图5-56所示。

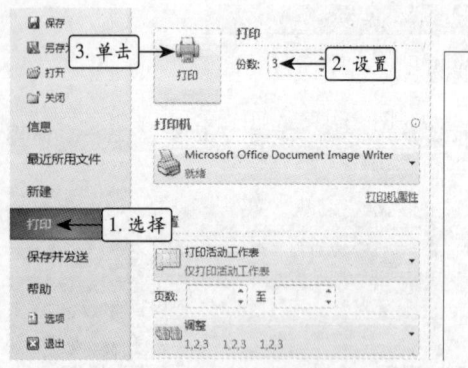

图5-56 打印工作表

> **操作提示 设置打印机**
>
> 打印工作表时,"打印机"下拉列表框中一般会自动选择准备就绪的打印机选项,若需要选择其他打印机,则可在该下拉列表框中重新选择。只要正确安装并连接了打印机后,在该下拉列表框中都可以找到相应的打印机选项。

▶ 5.5 知识拓展

完成表格的编制后,小雯向老陈提出了疑问,如果差旅费总额含有小数部分,那转换后的大写金额不就会出错了吗?老陈对她的提问表示了肯定,告诉她这是假设所有数据都是整数的情况下使用的操作,为了让她得到更准确地答案,老陈首先准备给她介绍一些相关函数的使用知识,另外再给她介绍如何解决差旅费含有小数时的情况。

拓展1　ABS函数的使用

在上例中计算应该退还还是补贴的具体金额时,使用了#IF()函数来判断,以便出现负数的情况,实际上可以直接利用ABS()函数来简化操作。即无论预支数据和差旅费总额数据谁大谁小,得到的差值都是正数。ABS()函数的相关知识如下:

作用:返回数据的绝对值。

语法结构:ABS(number)。

举例:A1=50,A2=60,ABS(A1-A2)或ABS(A2-A1)的值都为"10"。

拓展2　转换包含小数的大写金额

NUMBERSTRING() 函数只能对数据的整数部分进行转换，当遇到包含小数的数据时，可以利用 MOD()、RIGHT()、IF() 函数来辅助解决问题，该函数的内容及解释如图 5-57 所示。

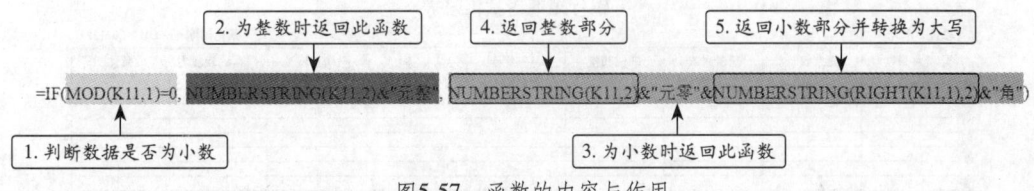

图 5-57　函数的内容与作用

5.6　实战演练

小雯最近常跟借款单和银行短期借款表打交道，她希望老陈能教她如何制作这两种表格，老陈将他做的表格效果给了小雯，要求她自己进行练习并总结。

5.6.1　制作单位借款单

为明确单位借款责任和追究依据，需要制作一张借款单，效果如图 5-58 所示。

 效果文件：效果\第 5 章\借款单.xlsx

重点提示：(1) 款项类别中的符号利用"符号"对话框插入。
　　　　　　(2) 利用隐藏函数 NUMBERSTRING() 实现金额的大写转换。

图 5-58　单位借款单最终效果

5.6.2　制作银行短期借款汇总表

现需要制作短期借款汇总表，将数据汇总到表格中以查看和备案，如图 5-59 所示。

 效果文件：效果\第 5 章\银行短期借款汇总表.xlsx

重点提示：(1) 截止日期利用 NOW() 函数返回。

(2) 尚可动用额度 = 贷款额度 − 已动用额度。

(3) 将除 B4:I16 单元格区域以外的含有数据的单元格区域锁定。

	A	B	C	D	E	F	G	H	I
1	银行短期借款汇总表								
2	单位：千元						截止日期：	2012年5月22日	
3	序号	贷款银行	贷款种类	贷款额度	利息年率	期限	已动用额度	尚可动用额度	备注
4	1	交通银行	人民币	200	7.05%	6个月	150	50	
5	2	交通银行	人民币	130	7.00%	6个月	110	20	
6	3	工商银行	人民币	80	6.98%	3个月	20	60	
7	4	-	-	-	-	-	-	-	
8	5	-	-	-	-	-	-	-	
9	6	-	-	-	-	-	-	-	
10	7	-	-	-	-	-	-	-	
11	8	-	-	-	-	-	-	-	
12	9	-	-	-	-	-	-	-	
13	10	-	-	-	-	-	-	-	
14	11	-	-	-	-	-	-	-	
15	12	-	-	-	-	-	-	-	
16	13	-	-	-	-	-	-	-	

图5-59　银行短期借款汇总表最终效果

第2篇 常用财务表单篇

第6章 制作职工工资表

▶ 今天刚到公司，老陈就把小雯叫了过去，原来老陈又接到了新的任务，由于公司薪资结构进行了调整，领导希望老陈辅助小雯重新编制新的职工工资表，小雯听后觉得这次任务没有什么难度，可老陈告诉她，职工工资表的编制虽然不难，但他要求小雯在编制并计算好工资项目后，还需要对工资数据进行分析，并且需要将工资表设置为工资条的形式打印出来，小雯现在就高兴不起来了……

知识点

- 创建工资汇总表
- 计算职工工资项目
- 利用透视表分析工资
- 通过透视图查看实发工资情况
- 创建并打印职工工资条

6.1 案例目标

接到任务后,小雯马上开始着手收集资料,老陈打断了她的工作,并告诉她,应该在知道表格需要实现的效果后,才能更有目的的准备相关资料。于是就给小雯介绍了职工工资表的具体功能。

效果文件:效果\第6章\职工工资表.xlsx

如图6-1所示即为职工工资表的最终效果,其中不仅显示了每名职工的工资构成以及实发工资,而且对每个工资项目进行了汇总合计。另外,本例还将在此工资表的基础上,利用数据透视表和数据透视图来分析不同工资项目的数据情况,并以此表为依据来制作与打印每名职工的工资条。

职工工资表

工号	姓名	级别	工时	基本工资	工时工资	工资合计	住房公积金	养老保险	医疗保险	失业保险	扣款合计	计税工资	应纳税所得额	所得税	实发工资
DBT1411	董春梅	初级	130	3000.0	1040.0	4040.0	202.0	323.2	90.8	40.4	656.4	3383.6	-	0.0	3383.6
DBT0952	何佳	中级	150	4500.0	1200.0	5700.0	285.0	456.0	124.0	57.0	922.0	4778.0	356.0	10.7	4767.3
DBT0867	李林峰	初级	118	3000.0	944.0	3944.0	197.2	315.5	88.9	39.4	641.0	3303.0	-		3303.0
DBT1190	丁琪	中级	142	4500.0	1136.0	5636.0	281.8	450.9	122.7	56.4	911.8	4724.2	312.5	9.4	4714.9
DBT1666	王胜	初级	113	3000.0	904.0	3904.0	195.2	312.3	88.1	39.0	634.6	3269.4	-		3269.4
DBT1479	刘宇鹏	高级	145	6000.0	1160.0	7160.0	358.0	572.8	153.2	71.6	1155.6	6004.4	1348.8	40.5	5963.9
DBT1039	赵国林	初级	117	3000.0	936.0	3936.0	196.8	314.9	88.7	39.4	639.8	3296.2	-		3296.2
DBT1530	怡明杰	中级	114	4500.0	912.0	5412.0	270.6	433.0	118.2	54.1	875.9	4536.1	160.2	4.8	4531.3
DBT1564	于涛	初级	132	3000.0	1056.0	4056.0	202.8	324.5	91.1	40.6	659.0	3397.0	-	0.0	3397.0
DBT1635	姜攀	初级	129	4500.0	1032.0	5532.0	276.6	442.6	120.6	55.3	895.1	4636.9	241.8	7.3	4629.6
DBT1326	何晓杰	高级	159	6000.0	1272.0	7272.0	363.6	581.8	155.4	72.7	1173.5	6098.5	1425.0	42.7	6055.7
DBT1496	宋珂	初级	129	3000.0	1032.0	4032.0	201.6	322.6	90.6	40.3	655.1	3376.9	-	0.0	3376.9
DBT1533	尤子华	初级	120	3000.0	960.0	3960.0	198.0	316.8	89.2	39.6	643.6	3316.4	-		3316.4
DBT1140	洪建兵	中级	144	4500.0	1152.0	5652.0	282.6	452.2	123.0	56.5	914.3	4737.7	323.4	9.7	4728.0
DBT1329	李端	高级	147	6000.0	1176.0	7176.0	358.8	574.1	153.5	71.8	1158.2	6017.8	1359.7	40.8	5977.0
DBT1309	刘畸	中级	122	4500.0	976.0	3976.0	198.8	318.1	89.5	39.8	646.2	3329.8	-	0.0	3329.8
DBT0935	李万腾	初级	150	3000.0	1200.0	4200.0	210.0	336.0	94.0	42.0	682.0	3518.0	-	0.0	3518.0
合计				67500.0	18088.0	85588.0	4279.4	6847.0	1881.8	855.9	13864.1	71723.9	5527.2	165.8	71558.1

图6-1 职工工资表最终效果

6.2 职场秘笈

小雯听到老陈对工资表的介绍后,对一些工资项目产生了疑问,比如五险一金的构成、个人所得税的缴纳等,于是希望老陈能针对这些问题再给她详细解释,以便在制作表格的时候能更加清楚自己所做的操作。

6.2.1 五险一金概述

五险一金是指养老保险、医疗保险、失业保险、工伤保险、生育保险和住房公积金。其中养老保险、医疗保险、失业保险和住房公积金是公司与个人都需要缴纳的,通常称作"三险一金",因此在工作表项目中,这4个项目需要体现在职工工资表中,以表明每名职工需要自行缴纳的三险一金数额。下面是五险一金的缴纳比例情况,其中基数为应得工资总数,各地缴纳比例不一定完全相同。

- 养老保险:单位每个月缴纳21%,个人缴纳8%。

制作职工工资表

- 医疗保险：单位每个月缴纳 9%，个人缴纳 2%，领加 10 元大病统筹。
- 失业保险：单位缴纳 2%，个人缴纳 1%。
- 工伤保险：单位缴纳 0.5%。
- 生育保险：单位缴纳 0.8%。
- 住房公积金：单位缴纳 8%，个人缴纳 8%。

6.2.2 个人所得税缴纳标准

个人所得税是指在中国境内有住所或无住所但在境内居住满一年的个人，从中国境内和境外取得所得后应缴纳的税额。在中国境内无住所又不居住或者无住所而在境内居住不满一年的个人，在中国境内取得所得后也应缴纳个人所得税。

应纳个人所得税税额=应纳税所得额×适用税率-速算扣除数。该公式中各项目的含义分别如下。

- 应纳税所得额：应纳税所得额=月收入-三险一金-扣除标准（3500 元）。
- 税率与速算扣除数：个人所得税税率及速算扣除数见表 6-1 所示。

表 6-1 个人所得税税率

全月应纳税所得额	税　率	速算扣除数
全月应纳税额不超过 1500 元	3%	0 元
全月应纳税额超过 1500 元至 4500 元	10%	105 元
全月应纳税额超过 4500 元至 9000 元	20%	555 元
全月应纳税额超过 9000 元至 35000 元	25%	1005 元
全月应纳税额超过 35000 元至 55000 元	30%	2755 元
全月应纳税额超过 55000 元至 80000 元	35%	5505 元
全月应纳税额超过 80000 元	45%	13505 元

6.3 制作思路

在编制工资表之前，老陈要求小雯按照她自己的理解，将整个制作思路梳理一遍，为后面的制作过程打下基础。

职工工资表的制作思路大致如下：

（1）创建工作簿，输入并设置工资表框架数据，如图 6-2 所示。

图 6-2　创建工资表框架数据

（2）计算工资表各工资项目数据，如图 6-3 所示。

工号	姓名	级别	工时	基本工资	工时工资	工资合计	住房公积金	养老保险	医疗保险	失业保险	扣除合计	计段工资	应纳税所得额	所得税	实发工资
DBT1411	董春梅	初级	130	3000.0	1040.0	4040.0	202.0	323.2	90.8	40.4	656.4	3383.6	-	0.0	3383.6
DBT0952	何佳	中级	150	4500.0	1200.0	5700.0	285.0	456.0	124.0	57.0	922.0	4778.0	356.0	10.7	4767.3
DBT0867	李林峰	初级	118	3000.0	944.0	3944.0	197.2	315.5	88.9	39.4	641.0	3303.0	-	0.0	3303.0
DBT1190	丁琪	中级	142	4500.0	1136.0	5636.0	281.8	450.9	122.7	56.4	911.8	4724.2	312.5	9.4	4714.9
DBT1666	王琳	初级	113	3000.0	904.0	3904.0	195.2	312.3	88.1	39.0	634.6	3269.4	-	0.0	3269.4
DBT1479	刘宇鹏	高级	145	6000.0	1160.0	7160.0	358.0	572.8	153.2	71.6	1155.6	6004.4	1348.8	40.5	5963.9
DBT1039	赵国林	初级	117	3000.0	936.0	3936.0	196.8	314.9	88.7	39.4	639.8	3296.2	-	0.0	3296.2
DBT1530	钟明杰	中级	114	4500.0	912.0	5412.0	270.6	433.0	118.2	54.1	875.9	4536.1	160.2	4.8	4531.3
DBT1564	于涛	初级	132	3000.0	1056.0	4056.0	202.8	324.5	91.1	40.6	659.0	3397.0	-	0.0	3397.0
DBT1635	姜蓉	中级	129	4500.0	1032.0	5532.0	276.6	442.6	120.6	55.3	895.1	4636.9	241.8	7.3	4629.6
DBT1326	周晓杰	高级	159	6000.0	1272.0	7272.0	363.6	581.8	155.4	72.7	1173.5	6098.5	1425.0	42.7	6055.7
DBT1496	宋柯	初级	129	3000.0	1032.0	4032.0	201.6	322.6	90.6	40.3	655.1	3376.9	-	0.0	3376.9
DBT1533	尤子华	初级	120	3000.0	960.0	3960.0	198.0	316.8	89.2	39.6	643.6	3316.4	-	0.0	3316.4
DBT1140	洪建兵	中级	144	4500.0	1152.0	5652.0	282.6	452.2	123.0	56.5	914.3	4737.7	323.4	9.7	4728.0
DBT1329	李瑞	高级	147	6000.0	1176.0	7176.0	358.8	574.1	153.5	71.8	1158.2	6017.8	1359.7	40.8	5977.0
DBT1309	刘畔	初级	122	3000.0	976.0	3976.0	198.8	318.1	89.5	39.8	646.2	3329.8	-	0.0	3329.8
DBT0935	李万鹏	初级	150	3000.0	1200.0	4200.0	210.0	336.0	94.0	42.0	682.0	3518.0	-	0.0	3518.0
合计				67500.0	18088.0	85588.0	4279.4	6847.0	1881.8	855.9	13864.1	71723.9	5527.2	165.8	71558.1

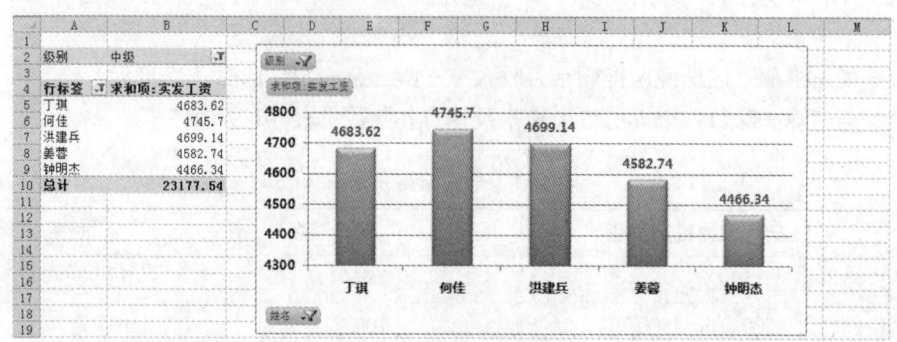

图6-3 计算工资项目

(3) 利用数据透视表和数据透视图分析工资数据，如图 6-4 所示。

图6-4 分析工资数据

(4) 创建工资条，然后将其打印出来，如图 6-5 所示。

	A	B	C	D	E	F	G	H	I	J	K	L	M	N	O	P
1	工号	姓名	级别	工时	基本工资	工时工资	工资合计	住房公积金	养老保险	医疗保险	失业保险	扣除合计	计段工资	应纳税所得额	所得税	实发工资
2	DBT1411	董春梅	初级	130	3000	1040	4040	202	323.2	90.8	40.4	656.4	3383.6	-	0	3383.6
3																
4	工号	姓名	级别	工时	基本工资	工时工资	工资合计	住房公积金	养老保险	医疗保险	失业保险	扣除合计	计段工资	应纳税所得额	所得税	实发工资
5	DBT0952	何佳	中级	150	4500	1200	5700	285	456	124	57	922	4778	356	10.68	4767.32
6																
7	工号	姓名	级别	工时	基本工资	工时工资	工资合计	住房公积金	养老保险	医疗保险	失业保险	扣除合计	计段工资	应纳税所得额	所得税	实发工资
8	DBT0867	李林峰	初级	118	3000	944	3944	197.2	315.52	88.88	39.44	641.04	3302.96	-	0	3302.96
9																
10	工号	姓名	级别	工时	基本工资	工时工资	工资合计	住房公积金	养老保险	医疗保险	失业保险	扣除合计	计段工资	应纳税所得额	所得税	实发工资
11	DBT1190	丁琪	中级	142	4500	1136	5636	281.8	450.88	122.72	56.36	911.76	4724.24	312.48	9.3744	4714.866
12																
13	工号	姓名	级别	工时	基本工资	工时工资	工资合计	住房公积金	养老保险	医疗保险	失业保险	扣除合计	计段工资	应纳税所得额	所得税	实发工资
14	DBT1666	王琳	初级	113	3000	904	3904	195.2	312.32	88.08	39.04	634.64	3269.36	-	0	3269.36
15																
16	工号	姓名	级别	工时	基本工资	工时工资	工资合计	住房公积金	养老保险	医疗保险	失业保险	扣除合计	计段工资	应纳税所得额	所得税	实发工资
17	DBT1479	刘宇鹏	高级	145	6000	1160	7160	358	572.8	153.2	71.6	1155.6	6004.4	1348.8	40.464	5963.936
18																
19	工号	姓名	级别	工时	基本工资	工时工资	工资合计	住房公积金	养老保险	医疗保险	失业保险	扣除合计	计段工资	应纳税所得额	所得税	实发工资
20	DBT1039	赵国林	初级	117	3000	936	3936	196.8	314.88	88.72	39.36	639.76	3296.24	-	0	3296.24

图6-5 创建并打印工资条

6.4 操作步骤

老陈肯定了小雯的制作思路，这样小雯对完成任务充满了信息，下面她就要严格按照自己预先设定的思路来制作职工工资表了。

6.4.1 创建工资汇总表

下面将新建工作簿，并建立职工工资表的框架数据，然后通过适当美化使工资表更加美观且更具层次性，其具体操作如下。

制作职工工资表 6

动画演示： 演示\第6章\创建工资汇总表.swf

01 新建工作簿，将其命名为"职工工资表"，删除多余的两个工作表，将剩余的工作表命名为"汇总"，然后为A1:P20单元格区域添加边框，如图6-6所示。

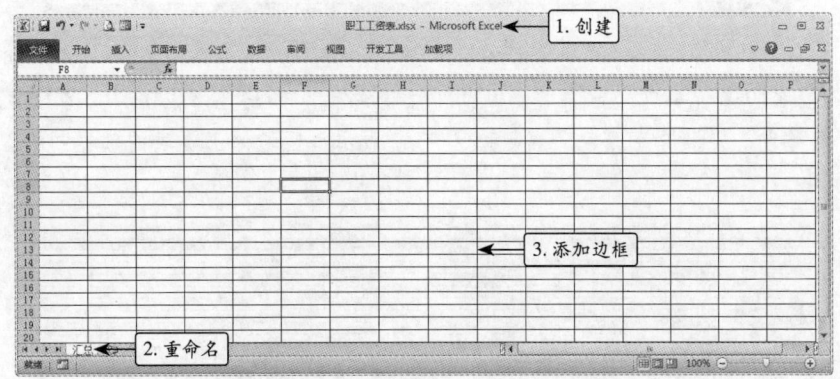

图6-6 创建工作簿并为单元格区域添加边框

02 合并A1:P1单元格区域，将合并后的A1单元格以及A20:P20单元格区域填充"水绿色，强调文字颜色5，深色50%"，如图6-7所示。

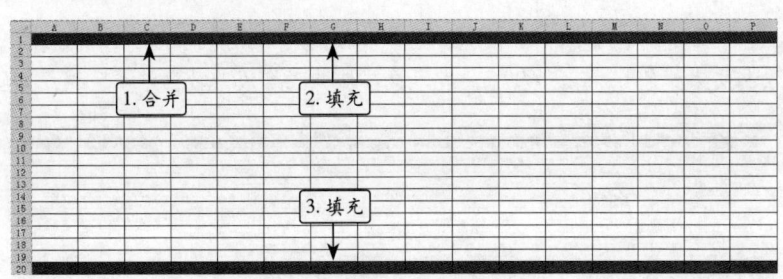

图6-7 合并单元格并填充颜色

03 将A2:D19单元格区域填充"深蓝，文字2，淡色80%"，表示该区域为工资表的基本数据区域，如图6-8所示。

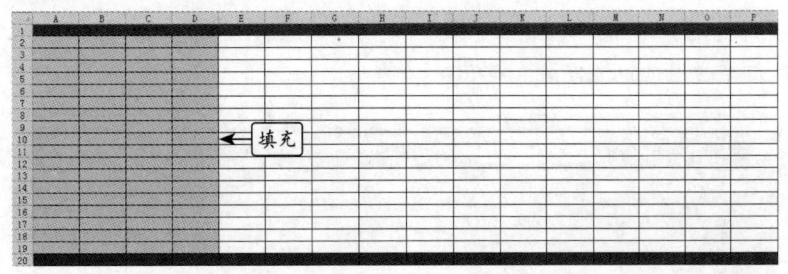

图6-8 填充工资表基本数据区域

04 依次将E2:F19单元格区域填充"红色，强调文字颜色2，淡色80%"，将G2:G19单元格区域填充"红色，强调文字颜色2，淡色60%"，表示该区域为工资表的数据收入区域，如图6-9所示。

087

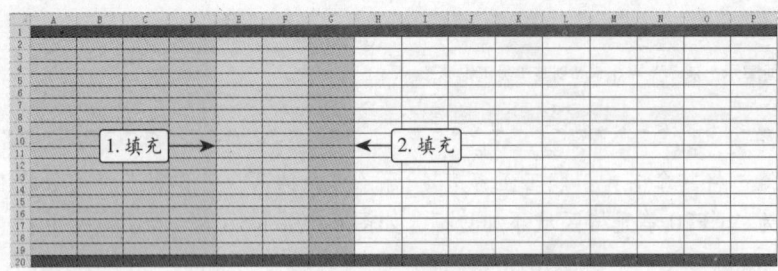

图6-9 填充工资表数据收入区域

05 依次将 H2:K19 单元格区域填充"橄榄色,强调文字颜色3,淡色80%",将 L2:L19 单元格区域填充"橄榄色,强调文字颜色3,淡色60%",表示该区域为工资表的数据扣除区域,如图6-10所示。

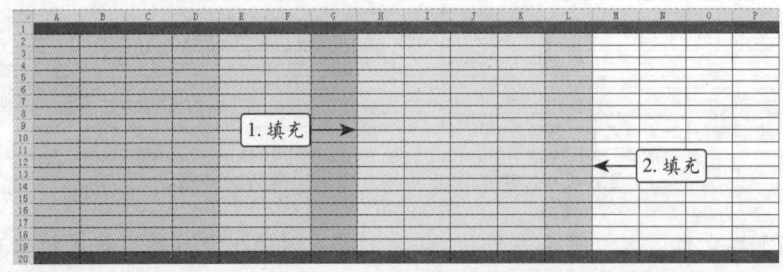

图6-10 填充工资表数据扣除区域

06 依次将 M2:O19 单元格区域填充"橙色,强调文字颜色6,淡色80%",将 P2:P19 单元格区域填充"橙色,强调文字颜色6,淡色60%",表示该区域为工资表的数据结算区域,如图6-11所示。

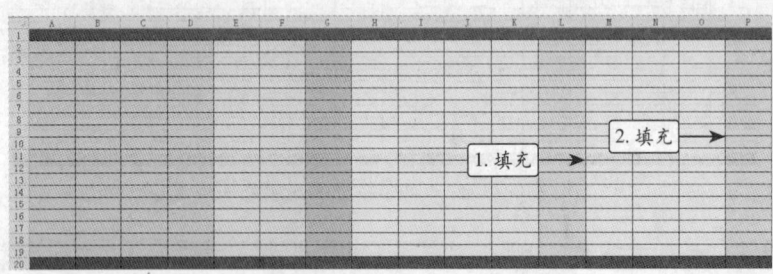

图6-11 填充工资表数据结算区域

07 在 A1 单元格中输入标题"职工工资表",将字体格式设置为"微软雅黑,22号,居中对齐,白色",然后适当增加该行行高,如图6-12所示。

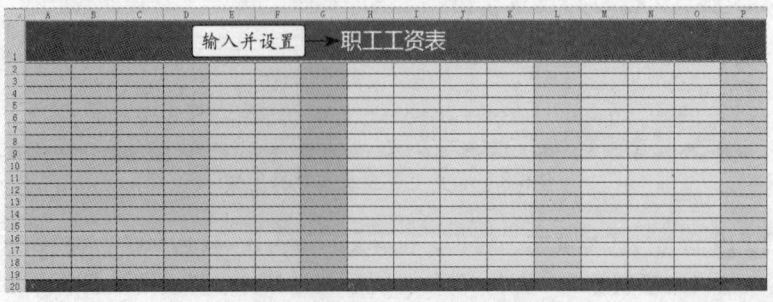

图6-12 输入并设置工资表标题

制作职工工资表

08 依次在 A2:P2 单元格区域中输入工资表的各项目字段，并将字体格式设置为"微软雅黑，11号，加粗，左对齐"，适当增加行高和列宽，以更好地显示内容，如图6-13所示。

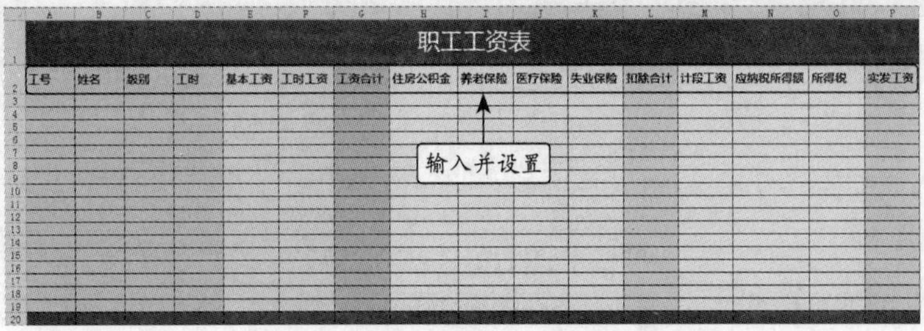

图6-13 输入并设置工资表项目字段

09 合并 A20:D20 单元格区域，在其中输入"合计"，将字体格式设置为"微软雅黑，10号，加粗，白色，居中对齐"，并适当增加该行行高，如图6-14所示。

图6-14 输入并设置"合计"栏

10 依次在 A3:D19 单元格区域中输入工资表中各员工的工号、姓名、级别以及工时等数据，并将字体格式设置为"微软雅黑，10号，左对齐"，然后适当调整各行行高，如图6-15所示。

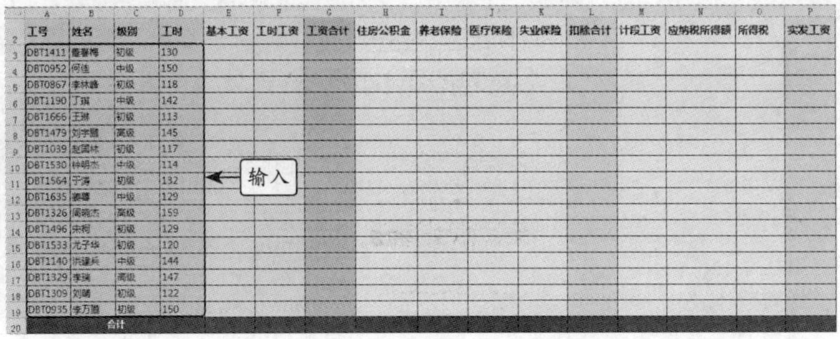

图6-15 输入并设置工号等项目数据

11 选择 E3:P20 单元格区域，将数据类型设置为1位小数的数值型数据，然后将字体格式设置为"微软雅黑，10号，左对齐"，其中 E20:P20 单元格区域中的字体格式进一步设置为"加粗，白色"，如图6-16所示。

设置格式的好处

输入数据前，对单元格区域进行格式设置，一方面可以美化工作表，更重要的是可以在准确的区域内输入对应的数据，使整个操作的目的性更加清楚。

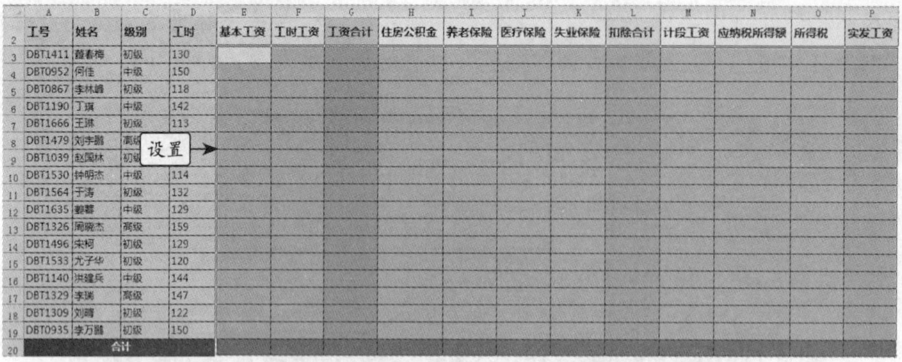

图6-16 设置工资项目数据的格式

6.4.2 计算职工工资项目

利用公式和函数实现工资项目的自动计算与汇总，其具体操作如下。

动画演示：演示\第6章\计算职工工资项目.swf

01 选择 E3:E19 单元格区域，在编辑栏中输入"=IF(C3="初级",3000,IF(C3="中级",4500,6000))"，表示根据职工的不同级别来返回对应的基本工资数据，如图 6-17 所示。

02 按【Ctrl+Enter】组合键得到所有职工的基本工资数据，如图 6-18 所示。

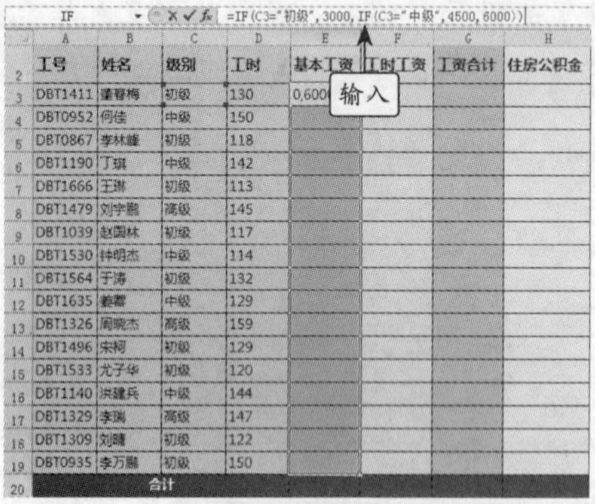

图6-17 根据级别判断职工基本工资　　　　图6-18 返回所有职工基本工资

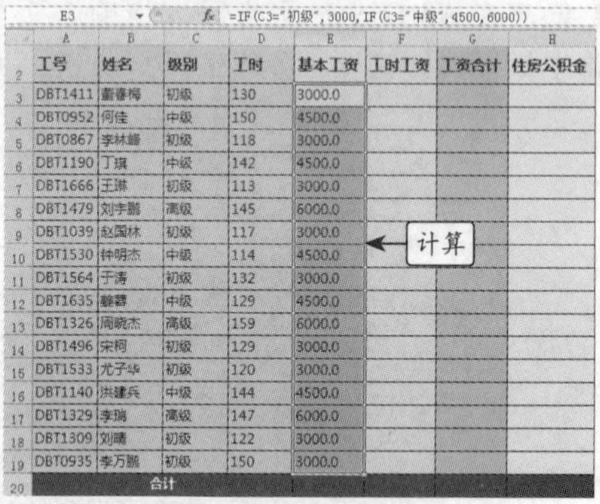

03 选择 F3:F19 单元格区域，在编辑栏中输入"=D3*8"，表示工时工资由工作工时乘以每小时 8 元来得到，如图 6-19 所示。

04 按【Ctrl+Enter】组合键得到所有职工的工时工资数据，如图 6-20 所示。

05 选择 G3:G19 单元格区域，在编辑栏中输入"=E3+F3"，如图 6-21 所示。

06 按【Ctrl+Enter】组合键得到所有职工的工资合计数据，如图 6-22 所示。

07 选择 H3:H19 单元格区域，在编辑栏中输入"=G3*5%"，如图 6-23 所示。

08 按【Ctrl+Enter】组合键得到所有职工的住房公积金扣除数据，如图 6-24 所示。

09 选择 I3:I19 单元格区域，在编辑栏中输入"=G3*8%"，如图 6-25 所示。

图6-19 根据工时计算工时工资

图6-20 得到所有职工工时工资

图6-21 合计职工工资

图6-22 得到所有职工工资合计数据

图6-23 计算住房公积金扣除数据

图6-24 得到所有职工住房公积金扣除数据

10 按【Ctrl+Enter】组合键得到所有职工的养老保险扣除数据，如图6-26所示。

图6-25 计算养老保险扣除数据

图6-26 得到所有职工养老保险扣除数据

11 选择 J3:J19 单元格区域，在编辑栏中输入“=G3*2%+10”，如图 6-27 所示。

12 按【Ctrl+Enter】组合键得到所有职工的医疗保险扣除数据，如图 6-28 所示。

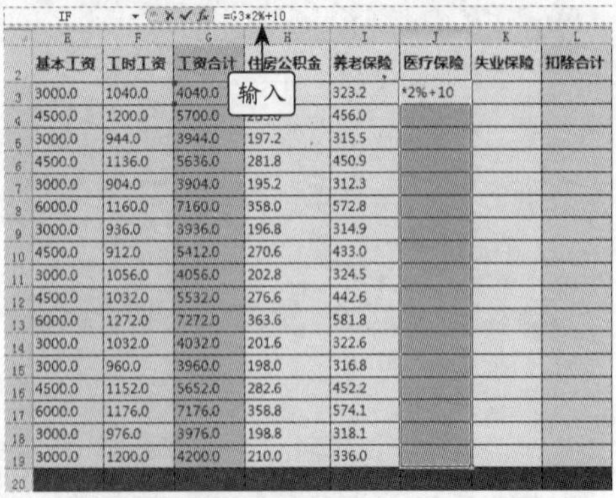

	基本工资	工时工资	工资合计	住房公积金	养老保险	医疗保险	失业保险	扣除合计
3	3000.0	1040.0	4040.0	[illegible]	323.2	*2%+10		
4	4500.0	1200.0	5700.0	285.0	456.0			
5	3000.0	944.0	3944.0	197.2	315.5			
6	4500.0	1136.0	5636.0	281.8	450.9			
7	3000.0	904.0	3904.0	195.2	312.3			
8	6000.0	1160.0	7160.0	358.0	572.8			
9	3000.0	936.0	3936.0	196.8	314.9			
10	4500.0	912.0	5412.0	270.6	433.0			
11	3000.0	1056.0	4056.0	202.8	324.5			
12	4500.0	1032.0	5532.0	276.6	442.6			
13	6000.0	1272.0	7272.0	363.6	581.8			
14	3000.0	1032.0	4032.0	201.6	322.6			
15	3000.0	960.0	3960.0	198.0	316.8			
16	4500.0	1152.0	5652.0	282.6	452.2			
17	6000.0	1176.0	7176.0	358.8	574.1			
18	3000.0	976.0	3976.0	198.8	318.1			
19	3000.0	1200.0	4200.0	210.0	336.0			

图6-27　计算医疗保险扣除数据

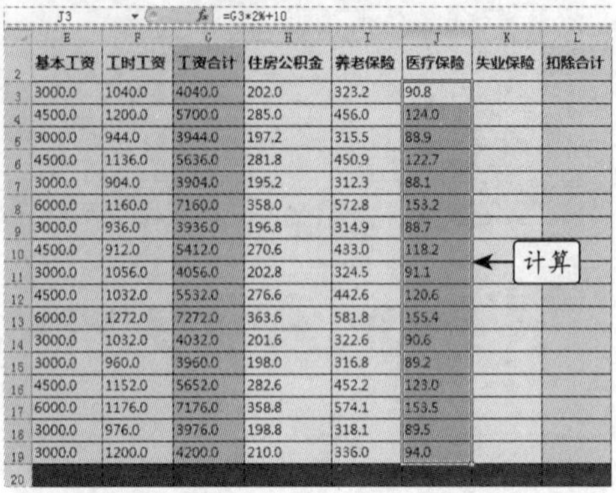

	基本工资	工时工资	工资合计	住房公积金	养老保险	医疗保险	失业保险	扣除合计
3	3000.0	1040.0	4040.0	202.0	323.2	90.8		
4	4500.0	1200.0	5700.0	285.0	456.0	124.0		
5	3000.0	944.0	3944.0	197.2	315.5	88.9		
6	4500.0	1136.0	5636.0	281.8	450.9	122.7		
7	3000.0	904.0	3904.0	195.2	312.3	88.1		
8	6000.0	1160.0	7160.0	358.0	572.8	153.2		
9	3000.0	936.0	3936.0	196.8	314.9	88.7		
10	4500.0	912.0	5412.0	270.6	433.0	118.2		
11	3000.0	1056.0	4056.0	202.8	324.5	91.1		
12	4500.0	1032.0	5532.0	276.6	442.6	120.6		
13	6000.0	1272.0	7272.0	363.6	581.8	155.4		
14	3000.0	1032.0	4032.0	201.6	322.6	90.6		
15	3000.0	960.0	3960.0	198.0	316.8	89.2		
16	4500.0	1152.0	5652.0	282.6	452.2	123.0		
17	6000.0	1176.0	7176.0	358.8	574.1	153.5		
18	3000.0	976.0	3976.0	198.8	318.1	89.5		
19	3000.0	1200.0	4200.0	210.0	336.0	94.0		

图6-28　得到所有职工医疗保险扣除数据

13 选择 K3:K19 单元格区域，在编辑栏中输入“=G3*1%”，如图 6-29 所示。

14 按【Ctrl+Enter】组合键得到所有职工的失业保险扣除数据，如图 6-30 所示。

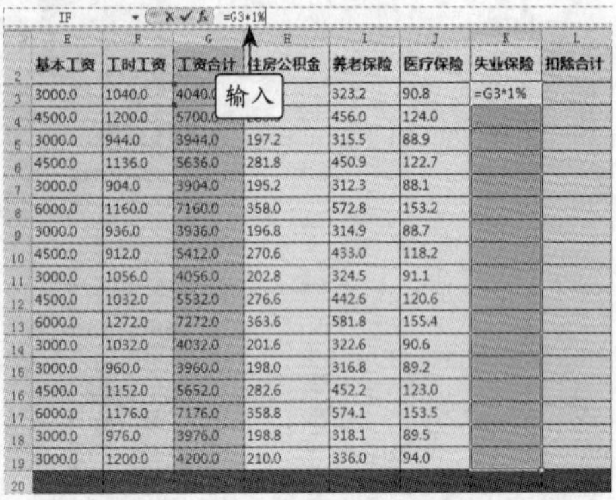

	基本工资	工时工资	工资合计	住房公积金	养老保险	医疗保险	失业保险	扣除合计
3	3000.0	1040.0	4040.0	[illegible]	323.2	90.8	=G3*1%	
4	4500.0	1200.0	5700.0	[illegible]	456.0	124.0		
5	3000.0	944.0	3944.0	197.2	315.5	88.9		
6	4500.0	1136.0	5636.0	281.8	450.9	122.7		
7	3000.0	904.0	3904.0	195.2	312.3	88.1		
8	6000.0	1160.0	7160.0	358.0	572.8	153.2		
9	3000.0	936.0	3936.0	196.8	314.9	88.7		
10	4500.0	912.0	5412.0	270.6	433.0	118.2		
11	3000.0	1056.0	4056.0	202.8	324.5	91.1		
12	4500.0	1032.0	5532.0	276.6	442.6	120.6		
13	6000.0	1272.0	7272.0	363.6	581.8	155.4		
14	3000.0	1032.0	4032.0	201.6	322.6	90.6		
15	3000.0	960.0	3960.0	198.0	316.8	89.2		
16	4500.0	1152.0	5652.0	282.6	452.2	123.0		
17	6000.0	1176.0	7176.0	358.8	574.1	153.5		
18	3000.0	976.0	3976.0	198.8	318.1	89.5		
19	3000.0	1200.0	4200.0	210.0	336.0	94.0		

图6-29　计算失业保险扣除数据

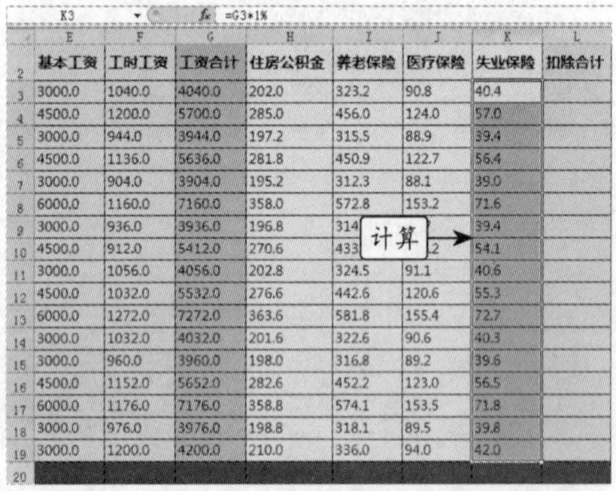

	基本工资	工时工资	工资合计	住房公积金	养老保险	医疗保险	失业保险	扣除合计
3	3000.0	1040.0	4040.0	202.0	323.2	90.8	40.4	
4	4500.0	1200.0	5700.0	285.0	456.0	124.0	57.0	
5	3000.0	944.0	3944.0	197.2	315.5	88.9	39.4	
6	4500.0	1136.0	5636.0	281.8	450.9	122.7	56.4	
7	3000.0	904.0	3904.0	195.2	312.3	88.1	39.0	
8	6000.0	1160.0	7160.0	358.0	572.8	153.2	71.6	
9	3000.0	936.0	3936.0	196.8	314	[illegible]	39.4	
10	4500.0	912.0	5412.0	270.6	433	[illegible]	54.1	
11	3000.0	1056.0	4056.0	202.8	324.5	91.1	40.6	
12	4500.0	1032.0	5532.0	276.6	442.6	120.6	55.3	
13	6000.0	1272.0	7272.0	363.6	581.8	155.4	72.7	
14	3000.0	1032.0	4032.0	201.6	322.6	90.6	40.3	
15	3000.0	960.0	3960.0	198.0	316.8	89.2	39.6	
16	4500.0	1152.0	5652.0	282.6	452.2	123.0	56.5	
17	6000.0	1176.0	7176.0	358.8	574.1	153.5	71.8	
18	3000.0	976.0	3976.0	198.8	318.1	89.5	39.8	
19	3000.0	1200.0	4200.0	210.0	336.0	94.0	42.0	

图6-30　得到所有职工失业保险扣除数据

15 选择 L3:L19 单元格区域，在编辑栏中输入“=SUM(H3:K3)”，如图 6-31 所示。

16 按【Ctrl+Enter】组合键得到所有职工的工资扣除合计，如图 6-32 所示。

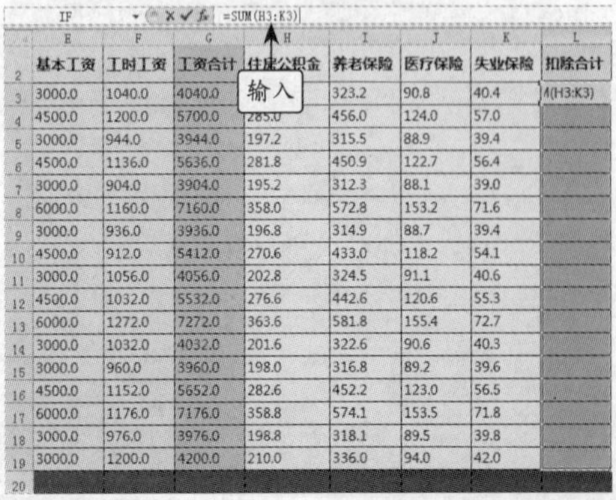

	基本工资	工时工资	工资合计	住房公积金	养老保险	医疗保险	失业保险	扣除合计
3	3000.0	1040.0	4040.0	[illegible]	323.2	90.8	40.4	(H3:K3)
4	4500.0	1200.0	5700.0	285.0	456.0	124.0	57.0	
5	3000.0	944.0	3944.0	197.2	315.5	88.9	39.4	
6	4500.0	1136.0	5636.0	281.8	450.9	122.7	56.4	
7	3000.0	904.0	3904.0	195.2	312.3	88.1	39.0	
8	6000.0	1160.0	7160.0	358.0	572.8	153.2	71.6	
9	3000.0	936.0	3936.0	196.8	314.9	88.7	39.4	
10	4500.0	912.0	5412.0	270.6	433.0	118.2	54.1	
11	3000.0	1056.0	4056.0	202.8	324.5	91.1	40.6	
12	4500.0	1032.0	5532.0	276.6	442.6	120.6	55.3	
13	6000.0	1272.0	7272.0	363.6	581.8	155.4	72.7	
14	3000.0	1032.0	4032.0	201.6	322.6	90.6	40.3	
15	3000.0	960.0	3960.0	198.0	316.8	89.2	39.6	
16	4500.0	1152.0	5652.0	282.6	452.2	123.0	56.5	
17	6000.0	1176.0	7176.0	358.8	574.1	153.5	71.8	
18	3000.0	976.0	3976.0	198.8	318.1	89.5	39.8	
19	3000.0	1200.0	4200.0	210.0	336.0	94.0	42.0	

图6-31　计算工资扣除数据合计

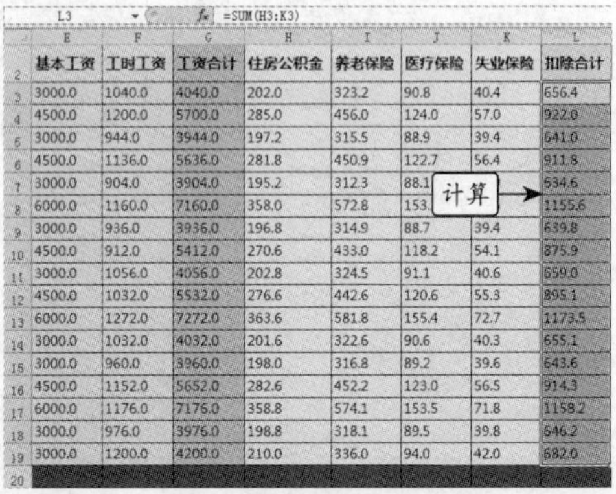

	基本工资	工时工资	工资合计	住房公积金	养老保险	医疗保险	失业保险	扣除合计
3	3000.0	1040.0	4040.0	202.0	323.2	90.8	40.4	656.4
4	4500.0	1200.0	5700.0	285.0	456.0	124.0	57.0	922.0
5	3000.0	944.0	3944.0	197.2	315.5	88.9	39.4	641.0
6	4500.0	1136.0	5636.0	281.8	450.9	122.7	56.4	911.8
7	3000.0	904.0	3904.0	195.2	312.3	88.1	[illegible]	634.6
8	6000.0	1160.0	7160.0	358.0	572.8	153	[illegible]	1155.6
9	3000.0	936.0	3936.0	196.8	314.9	88.7	39.4	639.8
10	4500.0	912.0	5412.0	270.6	433.0	118.2	54.1	875.9
11	3000.0	1056.0	4056.0	202.8	324.5	91.1	40.6	659.0
12	4500.0	1032.0	5532.0	276.6	442.6	120.6	55.3	895.1
13	6000.0	1272.0	7272.0	363.6	581.8	155.4	72.7	1173.5
14	3000.0	1032.0	4032.0	201.6	322.6	90.6	40.3	655.1
15	3000.0	960.0	3960.0	198.0	316.8	89.2	39.6	643.6
16	4500.0	1152.0	5652.0	282.6	452.2	123.0	56.5	914.3
17	6000.0	1176.0	7176.0	358.8	574.1	153.5	71.8	1158.2
18	3000.0	976.0	3976.0	198.8	318.1	89.5	39.8	646.2
19	3000.0	1200.0	4200.0	210.0	336.0	94.0	42.0	682.0

图6-32　得到所有职工工资扣除数据合计

17 选择 M3:M19 单元格区域，在编辑栏中输入“=G3-L3”，如图 6-33 所示。

18 按【Ctrl+Enter】组合键得到所有职工未计算所得税的工资，如图 6-34 所示。

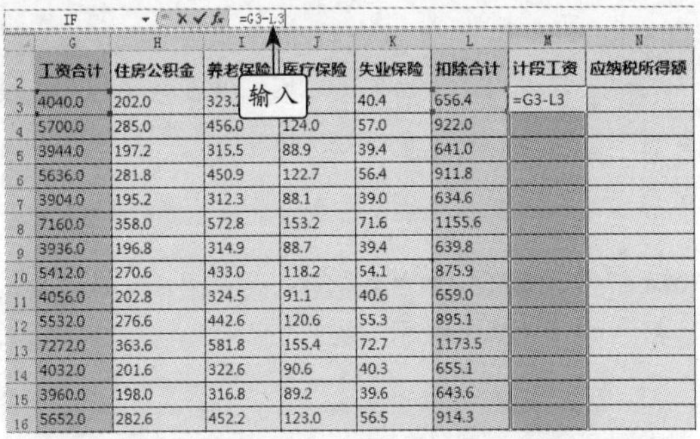

	工资合计	住房公积金	养老保险	医疗保险	失业保险	扣除合计	计段工资	应纳税所得额
3	4040.0	202.0	323.2		40.4	656.4	=G3-L3	
4	5700.0	285.0	456.0	124.0	57.0	922.0		
5	3944.0	197.2	315.5	88.9	39.4	641.0		
6	5636.0	281.8	450.9	122.7	56.4	911.8		
7	3904.0	195.2	312.3	88.1	39.0	634.6		
8	7160.0	358.0	572.8	153.2	71.6	1155.6		
9	3936.0	196.8	314.9	88.7	39.4	639.8		
10	5412.0	270.6	433.0	118.2	54.1	875.9		
11	4056.0	202.8	324.5	91.1	40.6	659.0		
12	5532.0	276.6	442.6	120.6	55.3	895.1		
13	7272.0	363.6	581.8	155.4	72.7	1173.5		
14	4032.0	201.6	322.6	90.6	40.3	655.1		
15	3960.0	198.0	316.8	89.2	39.6	643.6		
16	5652.0	282.6	452.2	123.0	56.5	914.3		

图6-33　计算未提取所得税的工资

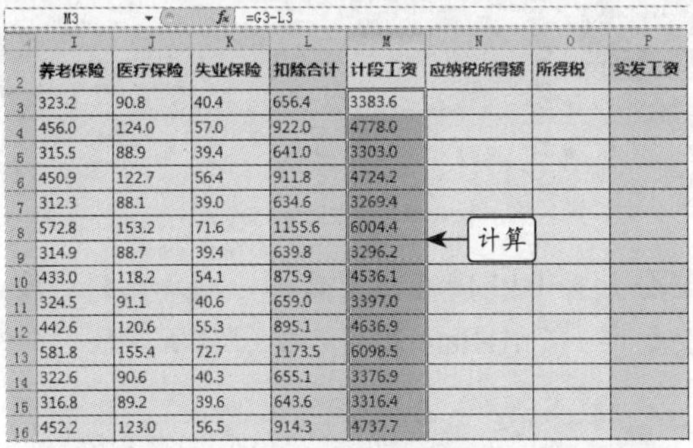

	养老保险	医疗保险	失业保险	扣除合计	计段工资	应纳税所得额	所得税	实发工资
3	323.2	90.8	40.4	656.4	3383.6			
4	456.0	124.0	57.0	922.0	4778.0			
5	315.5	88.9	39.4	641.0	3303.0			
6	450.9	122.7	56.4	911.8	4724.2			
7	312.3	88.1	39.0	634.6	3269.4			
8	572.8	153.2	71.6	1155.6	6004.4			
9	314.9	88.7	39.4	639.8	3296.2			
10	433.0	118.2	54.1	875.9	4536.1			
11	324.5	91.1	40.6	659.0	3397.0			
12	442.6	120.6	55.3	895.1	4636.9			
13	581.8	155.4	72.7	1173.5	6098.5			
14	322.6	90.6	40.3	655.1	3376.9			
15	316.8	89.2	39.6	643.6	3316.4			
16	452.2	123.0	56.5	914.3	4737.7			

图6-34　得到所有职工的税前工资

19 选择 N3:N19 单元格区域，在编辑栏中输入“=IF(G3-SUM(H3:L3)-3500<=0,"-",G3-SUM(H3:L3)-3500)”，表示应纳税所得额小于 0 时，返回“-”，否则返回具体的应纳税所得额，如图 6-35 所示。

20 按【Ctrl+Enter】组合键得到所有职工的应纳税所得额数据，如图 6-36 所示。

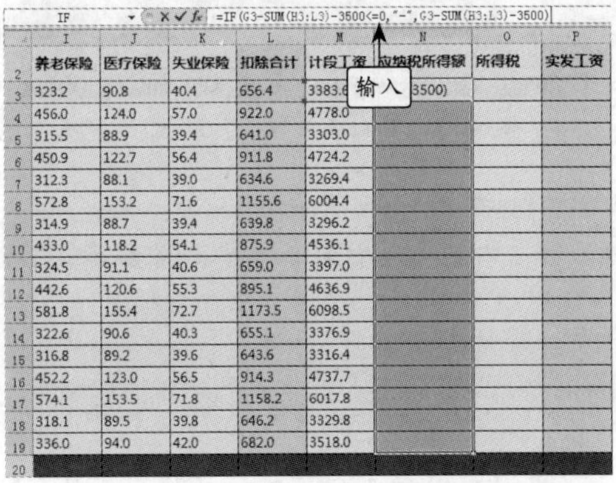

	养老保险	医疗保险	失业保险	扣除合计	计段工资	应纳税所得额	所得税	实发工资
3	323.2	90.8	40.4	656.4	3383.6	3500)		
4	456.0	124.0	57.0	922.0	4778.0			
5	315.5	88.9	39.4	641.0	3303.0			
6	450.9	122.7	56.4	911.8	4724.2			
7	312.3	88.1	39.0	634.6	3269.4			
8	572.8	153.2	71.6	1155.6	6004.4			
9	314.9	88.7	39.4	639.8	3296.2			
10	433.0	118.2	54.1	875.9	4536.1			
11	324.5	91.1	40.6	659.0	3397.0			
12	442.6	120.6	55.3	895.1	4636.9			
13	581.8	155.4	72.7	1173.5	6098.5			
14	322.6	90.6	40.3	655.1	3376.9			
15	316.8	89.2	39.6	643.6	3316.4			
16	452.2	123.0	56.5	914.3	4737.7			
17	574.1	153.5	71.8	1158.2	6017.8			
18	318.1	89.5	39.8	646.2	3329.8			
19	336.0	94.0	42.0	682.0	3518.0			

图6-35　计算应纳税所得额

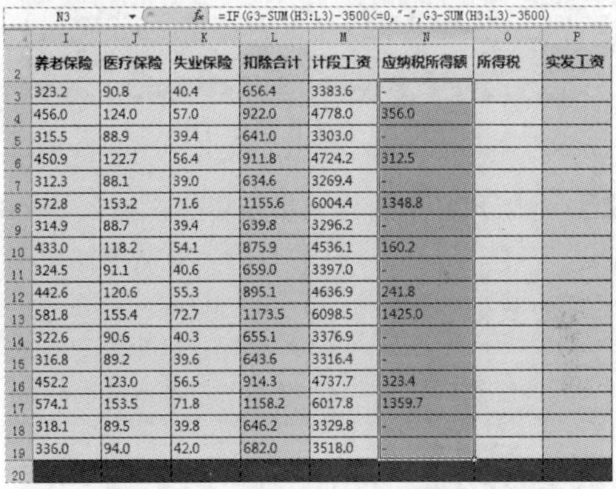

	养老保险	医疗保险	失业保险	扣除合计	计段工资	应纳税所得额	所得税	实发工资
3	323.2	90.8	40.4	656.4	3383.6	-		
4	456.0	124.0	57.0	922.0	4778.0	356.0		
5	315.5	88.9	39.4	641.0	3303.0	-		
6	450.9	122.7	56.4	911.8	4724.2	312.5		
7	312.3	88.1	39.0	634.6	3269.4	-		
8	572.8	153.2	71.6	1155.6	6004.4	1348.8		
9	314.9	88.7	39.4	639.8	3296.2	-		
10	433.0	118.2	54.1	875.9	4536.1	160.2		
11	324.5	91.1	40.6	659.0	3397.0	-		
12	442.6	120.6	55.3	895.1	4636.9	241.8		
13	581.8	155.4	72.7	1173.5	6098.5	1425.0		
14	322.6	90.6	40.3	655.1	3376.9	-		
15	316.8	89.2	39.6	643.6	3316.4	-		
16	452.2	123.0	56.5	914.3	4737.7	323.4		
17	574.1	153.5	71.8	1158.2	6017.8	1359.7		
18	318.1	89.5	39.8	646.2	3329.8	-		
19	336.0	94.0	42.0	682.0	3518.0	-		

图6-36　得到所有职工的应纳税所得额

21 选择 O3:O19 单元格区域，在编辑栏中输入“=IF(N3="-",0,N3*3%)”，表示根据应纳税所得额计算所得税，当应纳税所得额为“-”时，返回数据“0”，如图 6-37 所示。

22 按【Ctrl+Enter】组合键得到所有职工的个人所得税数据，如图 6-38 所示。

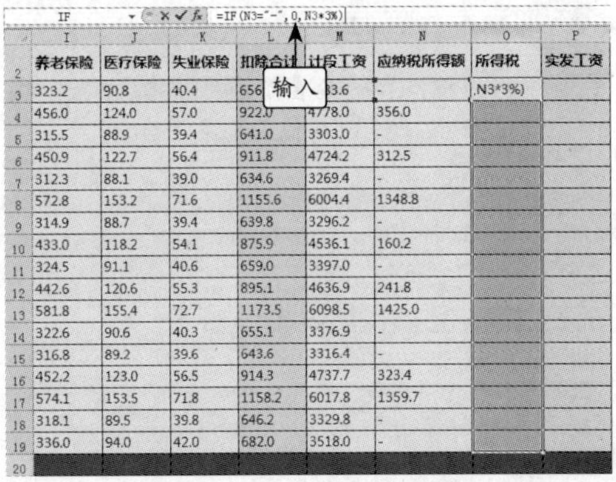

	养老保险	医疗保险	失业保险	扣除合计	计段工资	应纳税所得额	所得税	实发工资
3	323.2	90.8	40.4	656	3.6	-	,N3*3%)	
4	456.0	124.0	57.0	922.0	4778.0	356.0		
5	315.5	88.9	39.4	641.0	3303.0	-		
6	450.9	122.7	56.4	911.8	4724.2	312.5		
7	312.3	88.1	39.0	634.6	3269.4	-		
8	572.8	153.2	71.6	1155.6	6004.4	1348.8		
9	314.9	88.7	39.4	639.8	3296.2	-		
10	433.0	118.2	54.1	875.9	4536.1	160.2		
11	324.5	91.1	40.6	659.0	3397.0	-		
12	442.6	120.6	55.3	895.1	4636.9	241.8		
13	581.8	155.4	72.7	1173.5	6098.5	1425.0		
14	322.6	90.6	40.3	655.1	3376.9	-		
15	316.8	89.2	39.6	643.6	3316.4	-		
16	452.2	123.0	56.5	914.3	4737.7	323.4		
17	574.1	153.5	71.8	1158.2	6017.8	1359.7		
18	318.1	89.5	39.8	646.2	3329.8	-		
19	336.0	94.0	42.0	682.0	3518.0	-		

图6-37　计算个人所得税

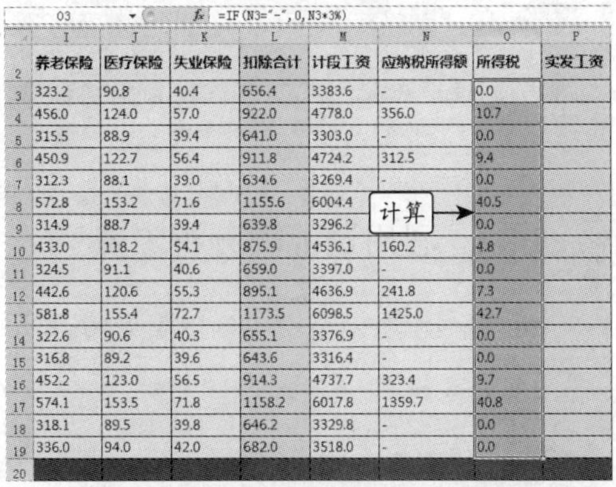

	养老保险	医疗保险	失业保险	扣除合计	计段工资	应纳税所得额	所得税	实发工资
3	323.2	90.8	40.4	656.4	3383.6	-	0.0	
4	456.0	124.0	57.0	922.0	4778.0	356.0	10.7	
5	315.5	88.9	39.4	641.0	3303.0	-	0.0	
6	450.9	122.7	56.4	911.8	4724.2	312.5	9.4	
7	312.3	88.1	39.0	634.6	3269.4	-	0.0	
8	572.8	153.2	71.6	1155.6	6004.4		40.5	
9	314.9	88.7	39.4	639.8	3296.2		0.0	
10	433.0	118.2	54.1	875.9	4536.1	160.2	4.8	
11	324.5	91.1	40.6	659.0	3397.0	-	0.0	
12	442.6	120.6	55.3	895.1	4636.9	241.8	7.3	
13	581.8	155.4	72.7	1173.5	6098.5	1425.0	42.7	
14	322.6	90.6	40.3	655.1	3376.9	-	0.0	
15	316.8	89.2	39.6	643.6	3316.4	-	0.0	
16	452.2	123.0	56.5	914.3	4737.7	323.4	9.7	
17	574.1	153.5	71.8	1158.2	6017.8	1359.7	40.8	
18	318.1	89.5	39.8	646.2	3329.8	-	0.0	
19	336.0	94.0	42.0	682.0	3518.0	-	0.0	

图6-38　得到所有职工的个人所得税

操作提示 所得税的计算

本例中由于应纳税所得额数据均在一个税率级别，因此只涉及一种计算方法，如果应纳税所得额跨越了多个级别，只需要嵌套IF()函数，根据"应纳个人所得税税额=应纳税所得额×适用税率−速算扣除数"这一公式计算即可。

23 选择P3:P19单元格区域，在编辑栏中输入"=M3-O3"，如图6-39所示。

24 按【Ctrl+Enter】组合键得到所有职工的实发工资，如图6-40所示。

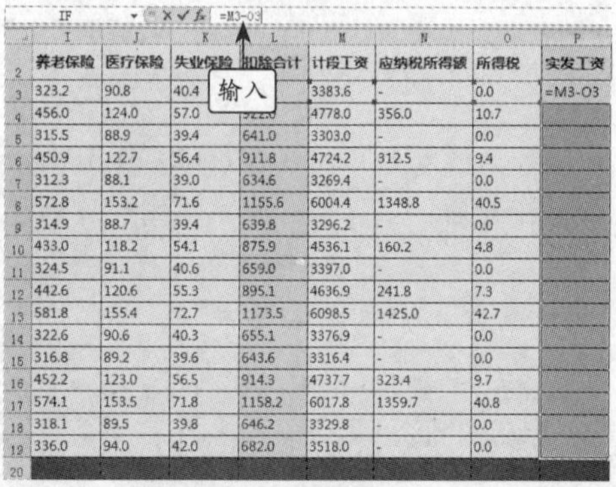

图6-39　计算实发工资 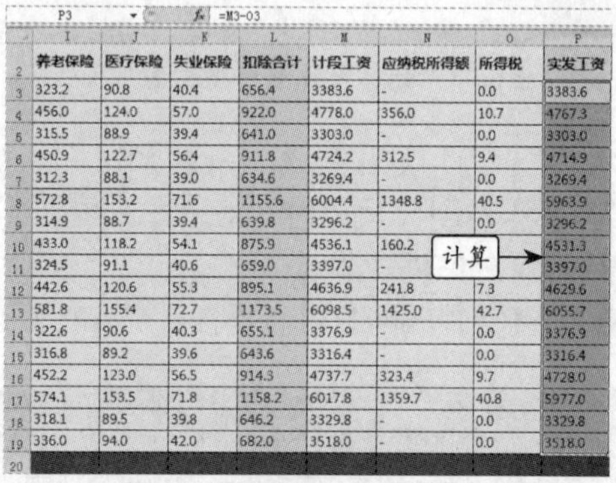　　　　　　图6-40　得到所有职工的实发工资

25 选择E20单元格，在编辑栏中输入"=SUM(E3:E19)"，如图6-41所示。

26 按【Ctrl+Enter】组合键，并将E20单元格中的函数向右填充至P20单元格，得到其他工资项目的数据总和，如图6-42所示。

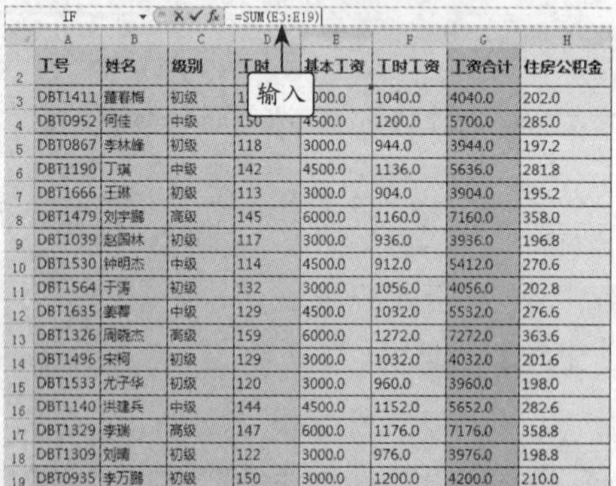

图6-41　合计基本工资 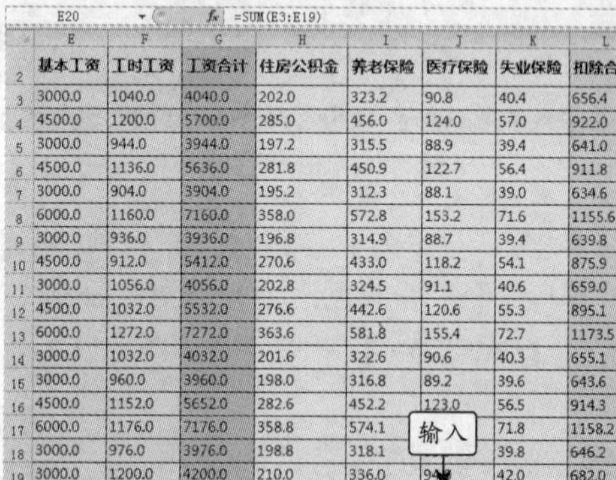　　　　　　图6-42　绘制其他工资项目合计

6.4.3　利用透视表分析工资

下面将利用数据透视表分析职工的工时工资和扣除工资情况，其具体操作如下。

动画演示：演示\第6章\利用透视表分析工资.swf

制作职工工资表 6

01 选择 A2:P19 单元格区域,在"插入"选项卡"表格"组中单击"数据透视表"按钮,如图 6-43 所示。

02 打开"创建数据透视表"对话框,默认选择的单元格区域,选中"新工作表"单选项,然后单击 确定 按钮,如图 6-44 所示。

03 将新建的工作表名称重命名为"透视表-工时工资",如图 6-45 所示。

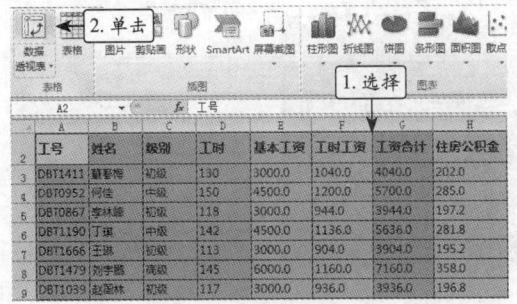

图6-43 创建数据透视表

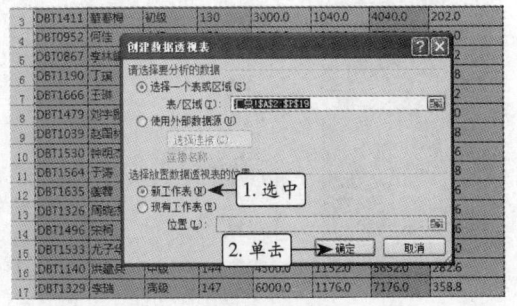

图6-44 设置透视表创建位置

04 依次将"姓名"复选框和"工时工资"复选框添加到"行标签"列表框和"数值"列表框中,此时便可查看每名员工的工时工资数据,如图 6-46 所示。

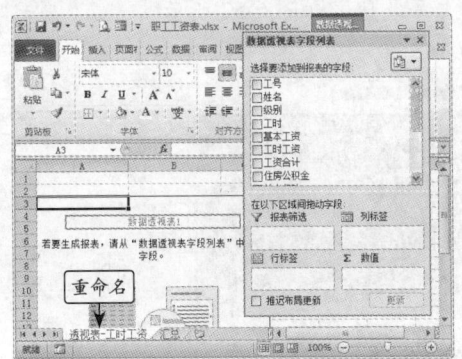

图6-45 重命名工作表

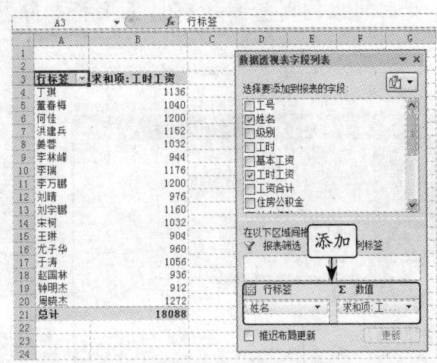

图6-46 添加字段

05 选择数据透视表中任意单元格,在"数据透视表工具 设计"选项卡"数据透视表样式"组的下拉列表框中选择如图 6-47 所示的选项。

06 复制"透视表-工时工资"工作表,将其重命名为"透视表-工资扣除",如图 6-48 所示。

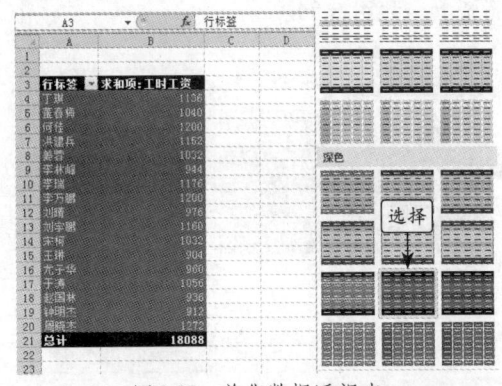

图6-47 美化数据透视表

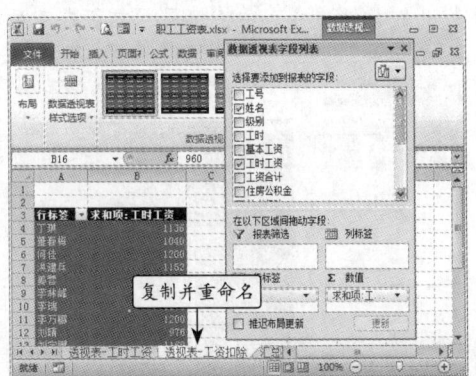

图6-48 复制工作表

095

07 将"级别"复选框添加到"报表筛选"列表框,将"数值"列表框中原有字段删除,然后将"扣除合计"复选框添加到其中,如图6-49所示。此时可查看所有员工工资的扣除合计情况。

08 再次将"扣除合计"复选框添加到"数值"列表框中,并单击该字段,在弹出的下拉菜单中选择"值字段数值"命令,如图6-50所示。

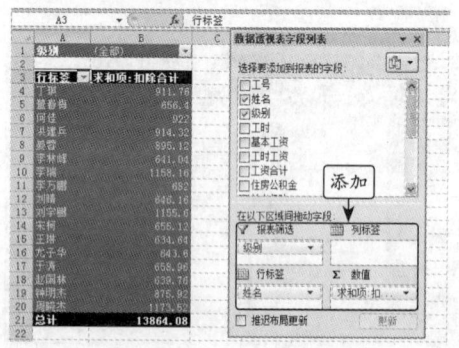

图6-49 添加字段　　　　　　　　　图6-50 设置字段

09 打开"值字段设置"对话框,在"计算类型"列表框中选择"平均值"选项,单击 确定 按钮,如图6-51所示。

10 此时可以同时查看所有员工工资扣除数据的总和与平均值,如图6-52所示。

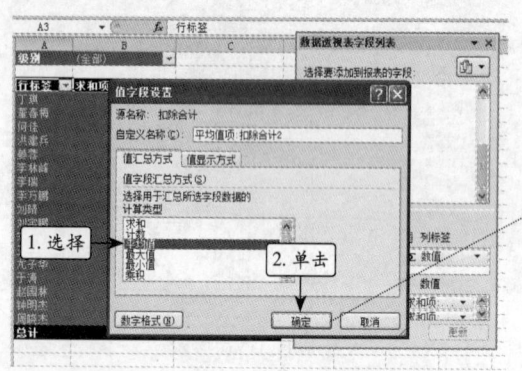
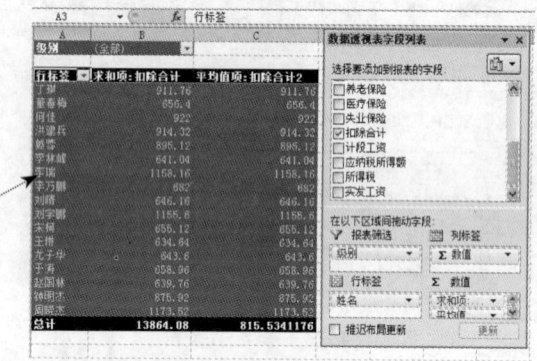

图6-51 选择计算类型　　　　　　　图6-52 查看数据透视表

11 单击工作表"级别"项目右侧的下拉按钮,在弹出的下拉菜单中选中"选择多项"复选框,然后仅选中上方的"初级"复选框,并单击 确定 按钮,如图6-53所示。

12 此时数据透视表中将仅显示初级职工的扣除工资情况,如图6-54所示。

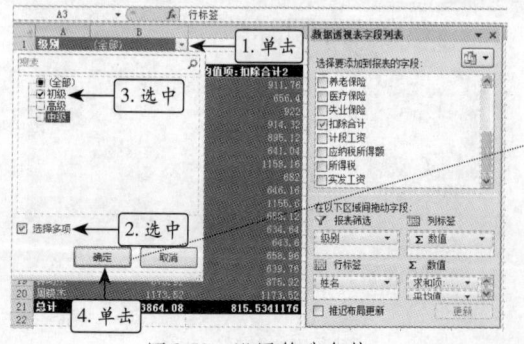
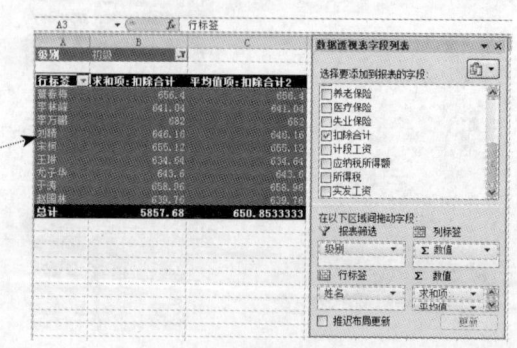

图6-53 设置筛选条件　　　　　　　图6-54 查看初级职工扣除工资

6.4.4 通过透视图查看实发工资情况

下面将通过数据透视图查看并管理职工实发工资的数据,其具体操作如下。

动画演示:演示\第6章\通过透视图查看实发工资情况.swf

01 选择A2:P19单元格区域,在"插入"选项卡"表格"组中单击"数据透视表"按钮下方的下拉按钮,在弹出的下拉菜单中选择"数据透视图"命令,如图6-55所示。

02 打开"创建数据透视表及数据透视图"对话框,直接单击"确定"按钮,如图6-56所示。

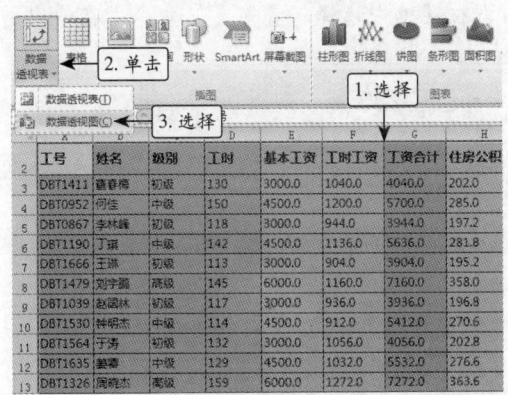
图6-55 创建数据透视图

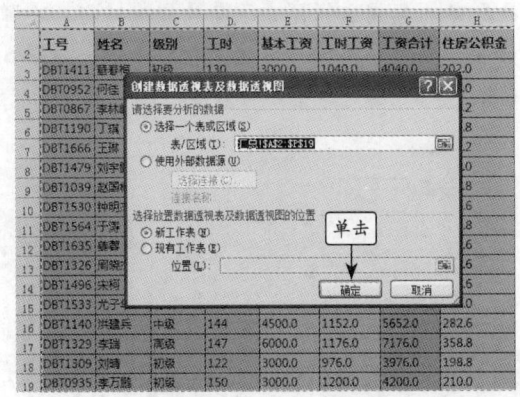
图6-56 默认创建参数

03 将新建的工作表名称重命名为"透视图-实发工资",并依次将"级别"、"姓名"和"实发工资"复选框添加到"报表筛选"、"轴字段"和"数值"列表框中,如图6-57所示。

04 此时在数据透视图中可查看所有职工实发工资数据的直观对比,删除图表上原有的标题和图例,如图6-58所示。

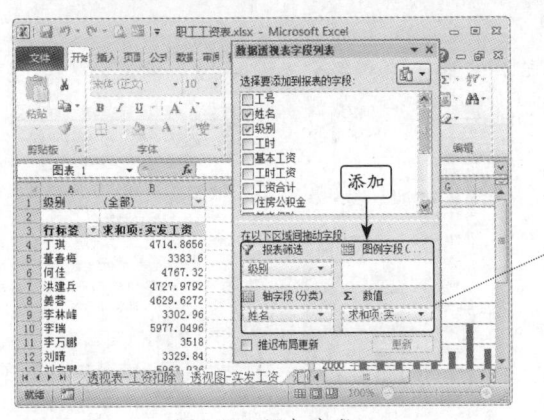
图6-57 添加字段

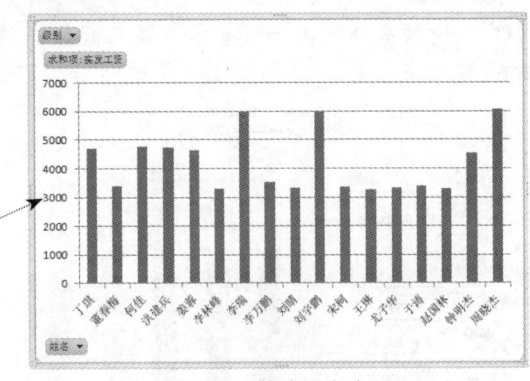
图6-58 数值图表布局

05 选择图表上的数据系列,利用"数据透视图工具 格式"选项卡"形状样式"组的下拉列表框,为其应用如图6-59所示的选项。

06 将图表中所有文本的字体格式设置为"微软雅黑,加粗",如图6-60所示。

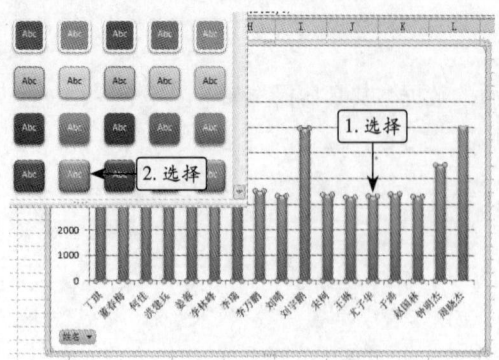
图6-59 美化数据系列

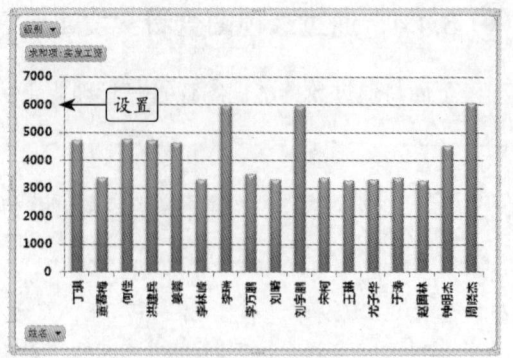
图6-60 美化图表文本

07 单击数据透视图左下角的 姓名 按钮,在弹出的下拉菜单中选择"值筛选"命令,在弹出的子菜单中选择"10个最大的值"命令,如图6-61所示。

08 在打开的对话框中将数字"10"更改为"8",单击 确定 按钮,如图6-62所示。

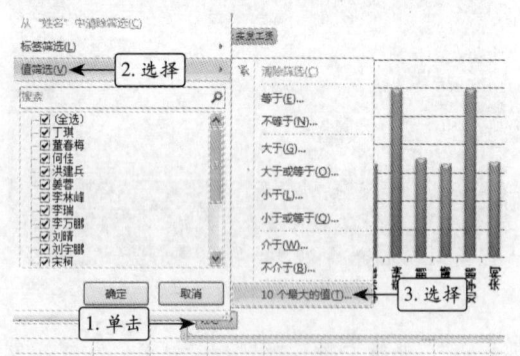
图6-61 筛选数据

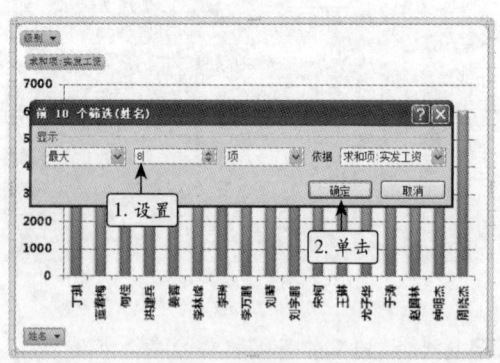
图6-62 设置筛选条件

09 此时可在数据透视图中查看实发工资最高的前8名职工。单击数据透视图左上角的 级别 按钮,在弹出的下拉菜单中选中"选择多项"复选框,然后选中上方的"中级"复选框,并单击 确定 按钮,如图6-63所示。

10 此时数据透视图上仅显示实发工资最高的前8名职工中,级别为"中级"的数据,如图6-64所示。

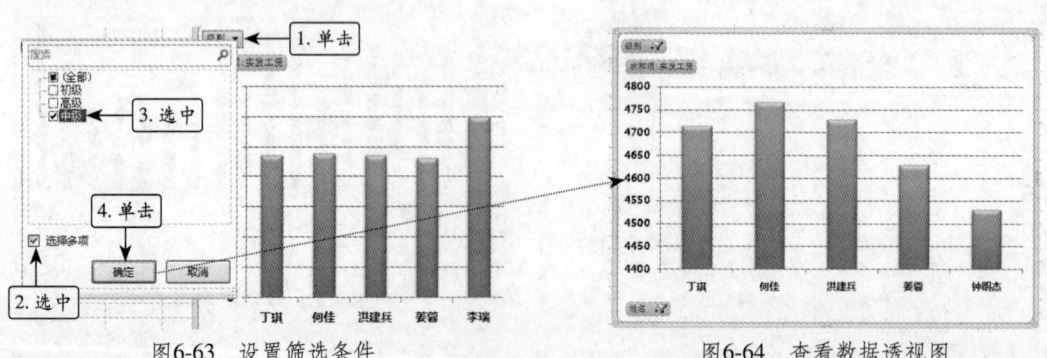

图6-63 设置筛选条件　　　　　　　　　图6-64 查看数据透视图

11 在数据系列上单击鼠标右键,在弹出的快捷菜单中选择"添加数据标签"命令,如图6-65所示。

12 将添加的数据标签字体颜色设置为"红色"即可,如图6-66所示。

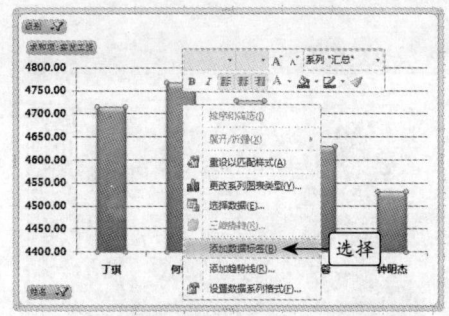

图6-65 添加数据标签

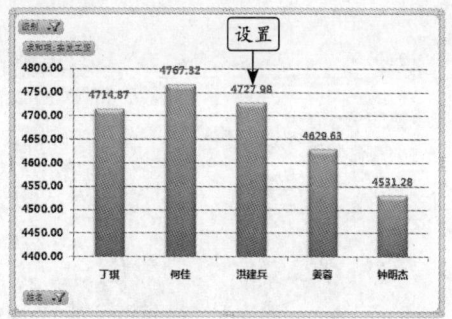

图6-66 设置数据标签

6.4.5 创建并打印职工工资条

下面以创建的工资表为基础,利用函数创建职工工资条,并通过设置条件格式使工资条项目字段加粗显示,以及使工资条数据添加边框,最后将其设置并打印出来,其具体操作如下。

 动画演示:演示\第6章\创建并打印职工工资条.swf

01 新建工作表,并命名为"工资条",选择A1单元格,在其编辑栏中输入"=CHOOSE(MOD(ROW(汇总!A1),3)+1,"",汇总!A$2,OFFSET(汇总!A$2,ROW(汇总!A2)/3,))",如图6-67所示。

02 按【Ctrl+Enter】组合键,将引用"工号"项目字段,如图6-68所示。

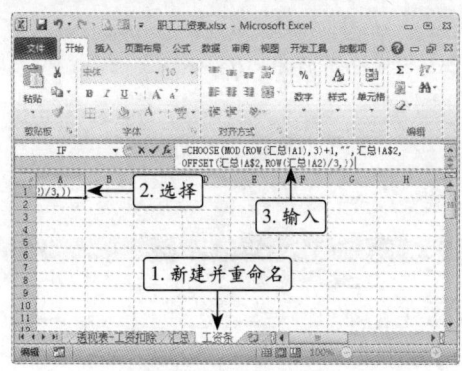

图6-67 输入函数

图6-68 引用数据

03 将A1单元格中的函数向右填充至P1单元格,得到工资表中其他对应的项目字段,如图6-69所示。

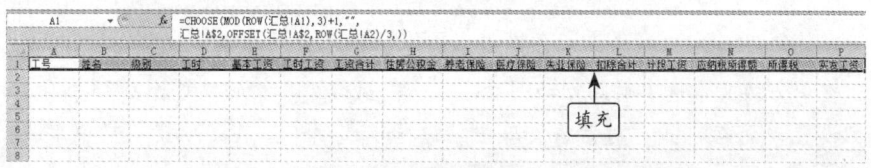

图6-69 向右填充函数

04 进行拖动 P1 单元格的填充柄，向下填充至第 50 行，得到所有职工的工资条数据，效果如图 6-70 所示。

图6-70　向下填充函数

> **专家点拨　函数解析**
> 上例中使用了 CHOOSE() 函数，其语法结构为 CHOOSE(index_num,value1,value2, value3...)，即当参数"index_num"的值为 1，返回"value1"、当参数"index_num"的值为 2 时，返回"value2"。而函数"=CHOOSE(MOD(ROW(汇总!A1),3)+1,"",汇总!A$2, OFFSET(汇总!A$2,ROW(汇总!A2)/3,))"的作用为：当"MOD(ROW(汇总!A1),3)+1"的值为 1 时，返回空值（实现工资条中隔行的效果）；当值为 2 时，返回 A$1 对应的值；当值为 3 时，则返回"OFFSET(汇总!A$2,ROW(汇总!A2)/3,))"函数偏移后指定单元格的值。

05 选择 A1:P50 单元格区域，在"开始"选项卡"样式"组中单击"条件格式"按钮，在弹出的下拉菜单中选择"管理规则"命令，如图 6-71 所示。

06 打开"条件格式规则管理器"对话框，单击 [新建规则(N)] 按钮，如图 6-72 所示。

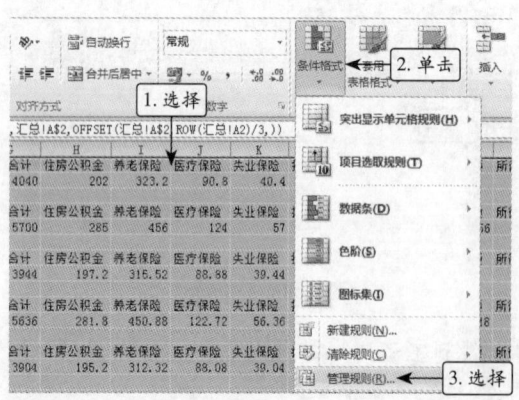

图6-71　管理条件格式规则

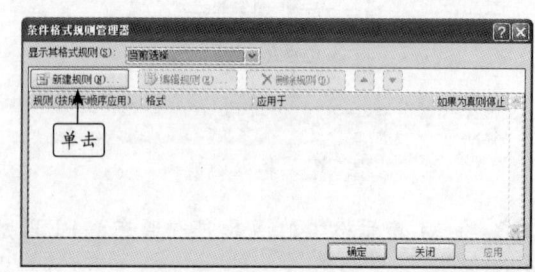

图6-72　新建规则

07 打开"新建格式规则"对话框，在其中的列表框中选择"使用公式确定要设置格式的单元格"选项，在下方的文本框中输入"=$P1<>"""，单击 [格式(F)] 按钮，如图 6-73 所示。

08 打开"设置单元格格式"对话框，单击"边框"选项卡，在"预置"栏中单击"外边框"按钮，然后单击 [确定] 按钮，如图 6-74 所示。

制作职工工资表

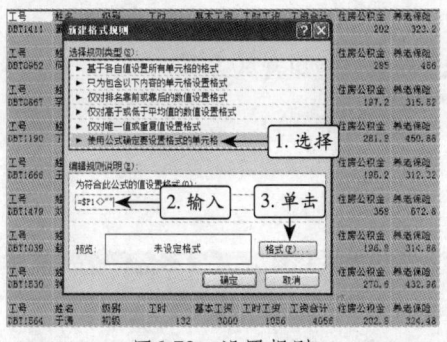

图6-73 设置规则

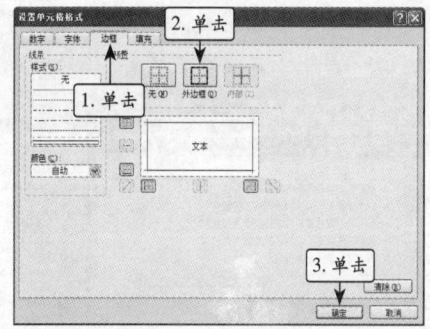

图6-74 设置格式

09 返回"新建格式规则"对话框,单击 确定 按钮,如图6-75所示。

10 返回"条件格式规则管理器"对话框,再次单击 新建规则(N)... 按钮,如图6-76所示。

图6-75 确认规则

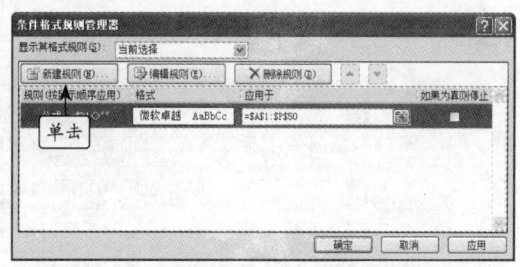

图6-76 新建规则

 方法技巧 **条件格式的管理**
在"条件格式规则管理器"对话框中选择列表框中某个创建好的条件格式选项,单击 编辑规则(E)... 按钮可重新编辑该条件格式的内容;单击 ✕ 删除规则(D) 按钮可删除所选条件格式。

11 打开"新建格式规则"对话框,在其中的列表框中选择"使用公式确定要设置格式的单元格"选项,在下方的文本框中输入"=$P1="实发工资"",单击 格式(F)... 按钮,如图6-77所示。

12 打开"设置单元格格式"对话框,单击"字体"选项卡,在"字形"列表框中选择"加粗"选项,然后单击 确定 按钮,如图6-78所示。

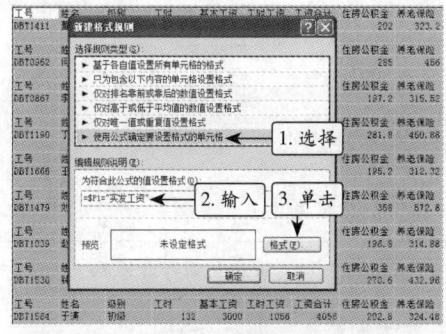

图6-77 设置规则

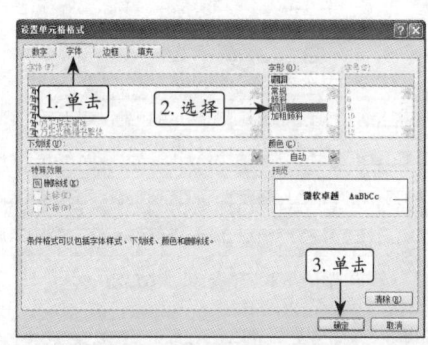

图6-78 设置文本格式

101

13 返回"新建格式规则"对话框，单击 确定 按钮，如图6-79所示。

14 返回"条件格式规则管理器"对话框，单击 确定 按钮，如图6-80所示。

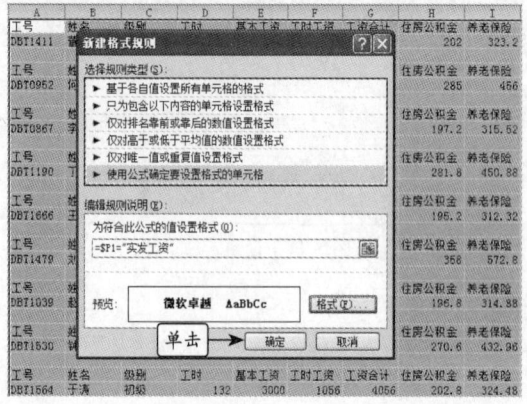

图6-79　确认规则　　　　　　　　　　图6-80　确认设置

15 此时将按照创建的公式自动为符合条件的单元格区域设置格式，如图6-81所示。

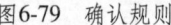

图6-81　应用条件格式后的效果

16 将该工作表的纸张方向调整为"横向"，如图6-82所示。

17 通过自定义页边距将表格数据设置为水平和垂直方向均居中对齐，如图6-83所示。

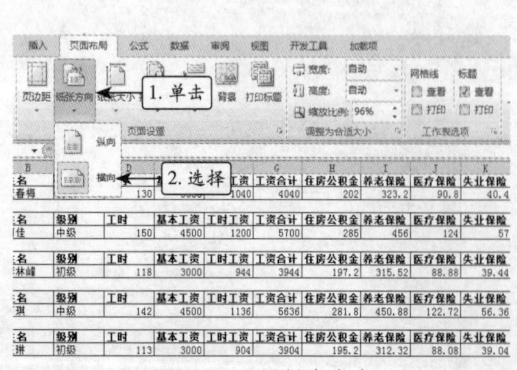

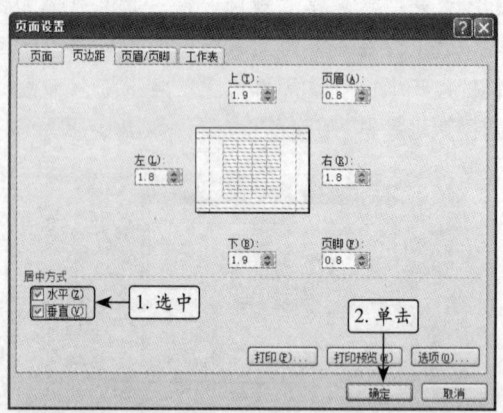

图6-82　设置纸张方向　　　　　　　　图6-83　设置页面对齐方式

18 进入分页预览模式，将工资条的所有项目字段调整为一页显示，如图6-84所示。

19 预览工资条效果，如图6-85所示，确认无误后将其打印出来即可。

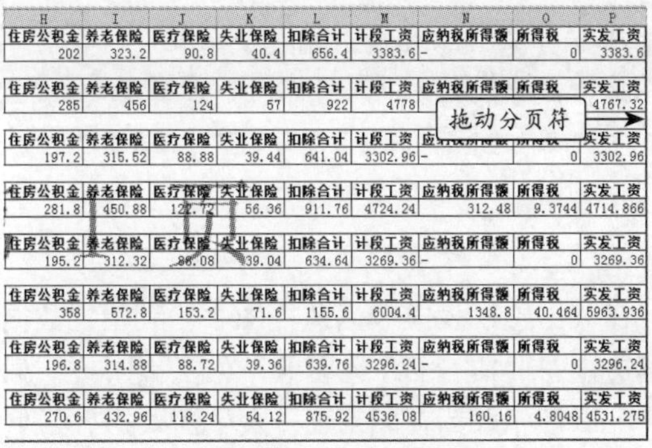

图6-84 调整分页 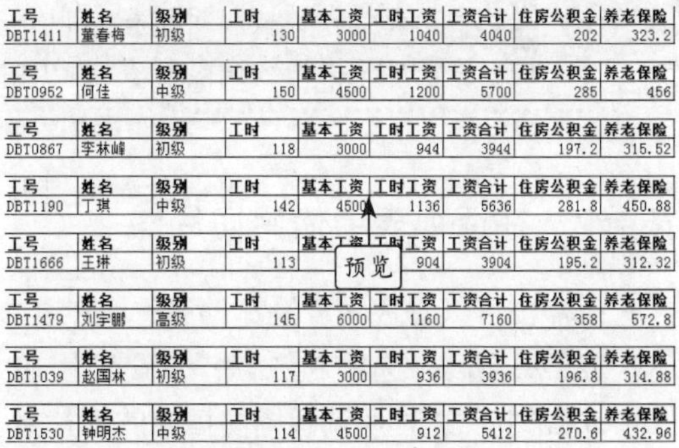　　　　　　　　　　图6-85 预览表格内容

6.5 知识拓展

小雯在制作工资表的时候，发现将工号中的英文大写字母误输入成了小写状态，希望老陈能提供快速更改问题的方法。老陈想了想，告诉她可以利用查找与替换数据的方法统一修改相同错误的数据，同时还将给小雯介绍怎样在Excel中使用切片器等内容，以便让小雯掌握更多实用的知识。

拓展1　Excel查找功能的应用

当工作表中的多个数据出现相同错误时，可利用Excel的查找与替换功能快速实现数据的修改。以编制好的职工工资表为例，假设需要将所有职工工号中的"DBT"编码全部修改为"tdb"，则可按以下方法进行操作。

01 单击"开始"选项卡"编辑"组中的"查找和选择"按钮，在弹出的下拉菜单中选择"替换"命令。

02 打开"查找和替换"对话框的"替换"选项卡，分别输入查找内容和替换后的内容。然后单击 选项(T)>> 按钮展开对话框，在"范围"下拉列表框中设置查找与替换的范围后，单击 全部替换(A) 按钮即可，如图6-86所示。

03 打开完成替换的提示对话框，单击 确定 按钮查看结果，如图6-87所示。

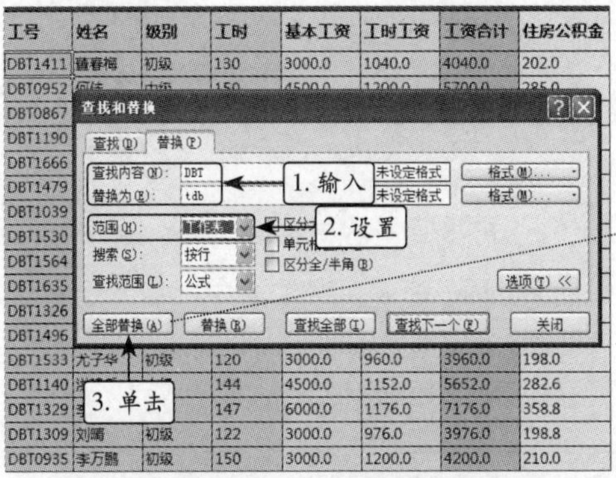

图6-86 设置查找与替换参数 　　　　　图6-87 查看替换后的效果

> **方法技巧　利用格式限制查找与替换范围**
> 在"查找和替换"对话框中单击查找或替换参数对应的 按钮,可通过设置单元格格式来限制查找或替换的范围只能在符合所设置格式的单元格中进行。

拓展2　在透视表中使用切片器

切片器可以看成一种快捷的筛选条件控制器,在数据透视表或数据透视图中,利用"数据透视表工具 选项"选项卡"排序和筛选"组或"数据透视图工具 分析"选项卡"数据"组中的"插入切片器"按钮 即可选择需要插入的切片器,如图6-88所示即为在职工工资表中插入的"级别"切片器。通过在切片器中选择相应的选项即可快速实现数据透视表中的筛选结果,如图6-89所示(利用【Ctrl】键或【Shift】键可同时选择切片器中的多个选项)。

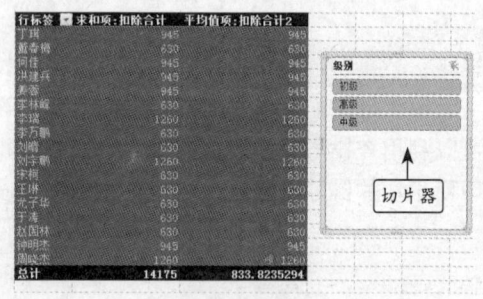

图6-88　插入切片器

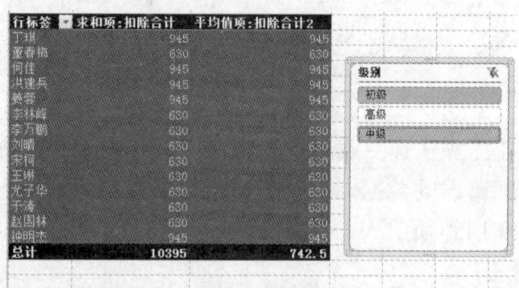

图6-89　利用切片器筛选数据

6.6　实战演练

公司经常对绩效进行考核,并经常结算职工的加班工资,为了提高小雯制作相应表格的能力,老陈特意为她设计了下面两个实例,让她尝试独立完成任务。

6.6.1　制作加班工资表

为更高效地统计职工加班工资情况,现需要编制一张加班工资表,如图6-90所示。

效果文件:效果\第6章\加班工资表.xlsx

职工加班工资统计表						
员工姓名:	张亮		加班报酬	50元/小时		
统计责任人:	罗荣华		加班工资	1350元		
4月	第1周加班小时数	第2周加班小时数	第3周加班小时数	第4周加班小时数	第5周加班小时数	
星期一	1	0	2	1	1	
星期二	2	1	0	0	1	
星期三	2	1	1	2	2	
星期四	1	0	2	1	1	
星期五	0	1	1	0	0	
星期六	1	2	0	0	1	
星期日	0	0	0	0	0	
总计	6	5	6	4	6	

图6-90　加班工资表最终效果

制作职工工资表

重点提示：（1）依次汇总每周职工的加班小时总数。

（2）对各周汇总的加班小时总数据求和，乘以加班报酬即得加班工资。

6.6.2 制作绩效考核表

现需要根据职工任务完成情况来进行绩效考核，并编制如图6-93所示的表格。

效果文件：效果\第6章\绩效考核表.xlsx

重点提示：（1）任务完成率=实际完成任务/计划完成任务。

（2）经理评语按照任务完成率来判断；奖金基数按经理评语判断。

（3）绩效奖金=实际完成任务*奖金基数。

（4）排名统计利用RANK()函数实现。

	A	B	C	D	E	F	G	H
1	职工绩效考核表							
2	姓名	计划完成任务	实际完成任务	任务完成率	经理评语	奖金基数	绩效奖金	排名
3	周宇	6420	6420	100.0%	优秀	0.5	3210	4
4	郑凯	8667	7482	86.3%	优秀	0.5	3741	3
5	王晓晴	5564	4872	87.6%	优秀	0.5	2436	6
6	宋晗	8132	8132	100.0%	优秀	0.5	4066	2
7	蒋毅	7490	5655	75.5%	良好	0.3	1696.5	8
8	胡兆华	5457	5457	100.0%	优秀	0.5	2728.5	5
9	商涛	7276	4872	67.0%	良好	0.3	1461.6	9
10	余明	9844	8265	84.0%	优秀	0.5	4132.5	1
11	李强	8881	6960	78.4%	良好	0.3	2088	7
12	刘健	5457	4350	79.7%	良好	0.3	1305	10

图6-91 绩效考核表最终效果

第 3 篇
账务处理篇

第 7 章　制作记账凭证记录表

▶ 小雯看到公司的几个同事正在埋头填写记账凭证，便冒出了一个想法，她想知道能不能在 Excel 中完成记账凭证的记录，这样利用它强大的计算功能不是可以提高工作效率吗？老陈得知小雯的想法后，决定让她试试利用 Excel 来登记记账凭证，看看她是否能利用到 Excel 的功能。

知识点

- 通过科目代码返回科目名称
- 录入记账凭证内容
- 创建与会计科目的超链接
- 编制期初余额表
- 编制试算平衡表
- 引用期初余额数据
- 利用 SUMIFS() 函数计算发生额
- 汇总科目期末余额并判断平衡

制作记账凭证记录表 7

7.1 案例目标

小雯得到老陈的允许后，便准备开始工作了，老陈赶紧拦住她，并将表格需要实现的功能给她介绍了一遍。老陈希望小雯编制的表格首先包含会计科目、记账凭证、期初余额等基础数据，其中可以考虑结合各种 Excel 功能简化操作过程或提高操作效率，最后需要建立试算平衡表来检验借贷双方的数据是否平衡。

素材文件：素材\第7章\记账凭证记录表.xlsx
效果文件：效果\第7章\记账凭证记录表.xlsx

如图 7-1 所示即为记账凭证记录表的最终效果，该表格中不仅体现了每一笔业务的具体内容，而且能实现选择科目代码后自动返回科目名称的效果，同时通过单击"科目代码"项目字段，能快速切换到会计科目表格，以方便代码的选择。通过此表并结合期初数据，还能实现试算平衡的检验。

××公司4月份记账凭证记录情况

凭证号	凭证字	年	月	日	摘要	科目代码	科目名称	借方金额	贷方金额
001	收	2012	4	2	向银行借入3个月短期借款	1002	银行存款	¥ 120,000.00	
001	收	2012	4	2	向银行借入3个月短期借款	2001	短期借款		¥ 120,000.00
002	付	2012	4	6	以银行存款归回甲公司欠款	2202	应付账款	¥ 40,000.00	
002	付	2012	4	6	以银行存款归回甲公司欠款	1002	银行存款		¥ 40,000.00
003	转	2012	4	12	购入材料，税率17%，未支付	1403	原材料	¥ 150,000.00	
003	转	2012	4	12	购入材料，税率17%，未支付	2221	应交税费	¥ 25,500.00	
003	转	2012	4	12	购入材料，税率17%，未支付	2202	应付账款		¥ 175,500.00
004	收	2012	4	15	收到企业投资	1601	固定资产	¥ 500,000.00	
004	收	2012	4	15	收到企业投资	1002	银行存款	¥ 1,000,000.00	
004	收	2012	4	15	收到企业投资	4001	实收资本		¥ 1,500,000.00
005	付	2012	4	20	偿还长期借款	2501	长期借款	¥ 600,000.00	
005	付	2012	4	20	偿还长期借款	1002	银行存款		¥ 600,000.00
006	收	2012	4	28	收到乙公司前欠货款	1002	银行存款	¥ 70,000.00	
006	收	2012	4	28	收到乙公司前欠货款	1122	应收账款		¥ 70,000.00
007	付	2012	4	30	以银行存款偿还材料款	2202	应付账款	¥ 150,000.00	
007	付	2012	4	30	以银行存款偿还材料款	1002	银行存款		¥ 150,000.00

图7-1 记账凭证记录表的最终效果

7.2 职场秘笈

为了使小雯能编制出更加准确和符合实际要求的记账凭证记录表，老陈要求她在工作之前，首先将自己所认识的有关记账凭证和试算平衡的知识梳理一遍。

7.2.1 记账凭证的种类和内容

记账凭证又称记账凭单，或分录凭单，是会计人员根据审核无误的原始凭证，按照经济业务事项的内容加以归类，并据以确定会计分录后所填制的会计凭证。它具有分类归纳原始凭证和据以登记会计账簿的作用。

记账凭证可按内容、按填列方式的不同进行分类，如图 7-2 所示。

- 按内容不同：按内容不同可将记账凭证分为收款凭证、付款凭证和转账凭证，其中收款凭证是用于记录库存现金和银行存款收款业务的会计凭证；付款凭证是用于记录库存现金和银行存款付款业务的会计凭证；转账凭证是用于记录不涉及库存现金和银行存款业务的会计凭证。
- 按填列方式不同：按填列方式不同可将记账凭证分为复式凭证和单式凭证，其中复式凭证又叫多科目凭证，是指将每一笔经济业务事项所涉及的全部会计科目及其发生额均在同一张记账凭证中反映的一种凭证；单式凭证又叫单科目记账凭证，是指每一张记账凭证只填列经济业务事项所涉及的一个会计科目及其金额的记账凭证。

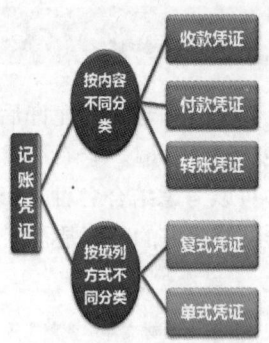

图7-2　记账凭证的分类

> **专家点拨　复式凭证与单式凭证的优缺点**
> 复式凭证可以集中反映一项经济业务的科目对应关系，便于了解有关经济业务的全貌，可以减少凭证数量，从而节约纸张。但不便于汇总计算每一个会计科目的发生额，单式凭证便于汇总计算每一会计科目的发生额，便于分工记账，但工作量大，出错率相对较高，且不能在一张凭证上反映经济业务的全貌，内容分散，不便于查账。

7.2.2　试算平衡的分类与计算方法

试算平衡是以会计恒等式和借贷记账规则为理论基础，根据资产与权益之间的平衡关系，按照记账规则的要求，通过对会计科目的汇总、计算和比较，来检查会计科目处理是否正确的一种方法。

试算平衡分为发生额试算平衡法和余额试算平衡法。
- 发生额试算平衡法：发生额平衡是指一定时期全部科目借方发生额合计等于该时期内全部科目贷方发生额合计。这是由有借必有贷，借贷必相等的记账规则决定的。对于某个会计期间内发生的每一项经济业务，在计入一个科目借方或贷方的同时必然计入另一个科目的贷方或借方，而且金额相等。
- 余额试算平衡法：余额平衡是指任意会计期末全部科目借方余额合计等于该期末全部科目贷方余额合计，这是由会计恒等式"资产 = 负债 + 所有者权益"决定的。

7.3　制作思路

为了加深小雯对表格制作过程的认识，老陈将整个制作思路列举了出来，要求小雯需要在熟悉制作思路后才能开始任务。

记账凭证记录表的制作思路大致如下：
(1) 创建会计科目代码表，如图7-3所示。
(2) 录入每笔业务对应的凭证内容，包括凭证字号、日期、摘要、科目代码、科目名称、借贷双方的金额等，如图7-4所示。
(3) 建立相关账户期初余额表，并分别计算余额在借方的总和以及余额在贷方的总和数据，如图7-5所示。

制作记账凭证记录表 7

	A	B	C
1	××公司部分会计科目代码表		
2	科目代码	会计科目名称	类别
3	1002	银行存款	资产
4	1122	应收账款	资产
5	1403	原材料	资产
6	1601	固定资产	资产
7	2001	短期借款	负债
8	2202	应付账款	负债
9	2221	应交税费	负债
10	2501	长期借款	负债
11	4001	实收资本	所有者权益
13	返回记账凭证记录表格		

图7-3 创建会计科目代码表

	××公司4月份记账凭证记录情况								
2	凭证号	凭证字	年	月	日	摘要	科目代码	科目名称	借方金额	贷方金额
3	001	收	2012	4	2	向银行借入3个月短期借款	1002	银行存款	¥ 120,000.00	
4	001	收	2012	4	2	向银行借入3个月短期借款	2001	短期借款		¥ 120,000.00
5	002	付	2012	4	6	以银行存款归回甲公司欠款	2202	应付账款	¥ 40,000.00	
6	002	付	2012	4	6	以银行存款归回甲公司欠款	1002	银行存款		¥ 40,000.00
7	003	转	2012	4	12	购入材料,税率17%,未支付	1403	原材料	¥ 150,000.00	
8	003	转	2012	4	12	购入材料,税率17%,未支付	2221	应交税费	¥ 25,500.00	
9	003	转	2012	4	12	购入材料,税率17%,未支付	2202	应付账款		¥ 175,500.00
10	004	收	2012	4	15	收到企业投资	1601	固定资产	¥ 500,000.00	
11	004	收	2012	4	15	收到企业投资	1002	银行存款	¥ 1,000,000.00	
12	004	收	2012	4	15	收到企业投资	4001	实收资本		¥ 1,500,000.00
13	005	付	2012	4	20	偿还长期借款	2501	长期借款	¥ 600,000.00	
14	005	付	2012	4	20	偿还长期借款	1002	银行存款		¥ 600,000.00
15	006	收	2012	4	28	收到乙公司前欠货款	1002	银行存款	¥ 70,000.00	
16	006	收	2012	4	28	收到乙公司前欠货款	1122	应收账款		¥ 70,000.00
17	007	付	2012	4	30	以银行存款偿还材料款	2202	应付账款	¥ 150,000.00	
18	007	付	2012	4	30	以银行存款偿还材料款	1002	银行存款		¥ 150,000.00

图7-4 录入记账凭证

	A	B	C
1	××公司4月份相关账户余额表		
2	会计科目名称	余额	方向
3	银行存款	¥ 1,080,000.00	借
4	应收账款	¥ 170,000.00	借
5	原材料	¥ 303,000.00	借
6	固定资产	¥ 3,580,000.00	借
7	合计	¥ 5,133,000.00	
8	短期借款	¥ 50,000.00	贷
9	应付账款	¥ 143,000.00	贷
10	应交税费	¥ 40,000.00	贷
11	长期借款	¥ 600,000.00	贷
12	实收资本	¥ 4,300,000.00	贷
13	合计	¥ 5,133,000.00	

图7-5 建立期初余额表

（4）通过引用期初余额,计算借贷方发生额以及计算期末余额等操作,对数据进行试算平衡,并给出判断结果,如图7-6所示。

	A	B	C	D	E	F	G
1	××公司4月份发生额及余额试算平衡表						
2	账户名称	期初余额		本期发生额		期末余额	
		借方	贷方	借方	贷方	借方	贷方
4	银行存款	¥1,080,000.00		¥1,190,000.00	¥ 790,000.00	¥1,480,000.00	
5	应收账款	¥ 170,000.00		¥ —	¥ 70,000.00	¥ 100,000.00	
6	原材料	¥ 303,000.00		¥ 150,000.00	¥ —	¥ 453,000.00	
7	固定资产	¥3,580,000.00		¥ 500,000.00	¥ —	¥4,080,000.00	
8	短期借款		¥ 50,000.00	¥ —	¥ 120,000.00		¥ 170,000.00
9	应付账款		¥ 143,000.00	¥ 190,000.00	¥ 175,500.00		¥ 128,500.00
10	应交税费		¥ 40,000.00	¥ —	¥ 25,500.00		¥ 14,500.00
11	长期借款		¥ 600,000.00	¥ 600,000.00	¥ —		¥ —
12	实收资本		¥4,300,000.00	¥ —	¥1,500,000.00		¥5,800,000.00
13	合计	¥5,133,000.00	¥5,133,000.00	¥2,655,500.00	¥2,655,500.00	¥6,113,000.00	¥6,113,000.00
15	试算平衡						

图7-6 试算平衡

7.4 操作步骤

在熟悉了制作思路后,小雯马上就开始着手完成本次任务了,下面就跟着她的操作来学习表格的编制吧。

7.4.1 创建会计科目代码表

创建会计科目代码表是为了在录入记账凭证时,通过选择对应的科目代码来自动输入该代码对应的科目名称。下面依次输入科目代码、科目名称以及对应的会计要素类别,其具体操作如下。

> 动画演示:演示\第7章\创建会计科目代码表.swf

01 打开"记账凭证记录表.xlsx"工作簿,切换到"会计科目"工作表,在A3:A11单元格区域中依次输入多个会计科目的代码数据,如图7-7所示。

02 继续在B3:B11单元格区域中输入各个会计科目的具体名称,如图7-8所示。

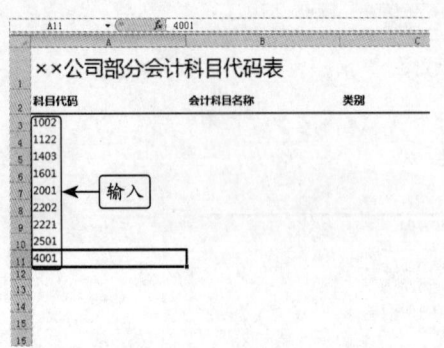

图7-7 输入科目代码

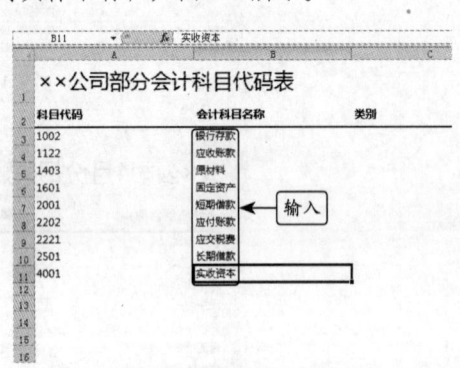

图7-8 输入科目名称

03 选择C3单元格,在其编辑栏中输入"=IF(LEFT(A3)="1"," 资产 ",IF(LEFT(A3)="2",负债 "," 所有者权益 "))",表示根据科目代码中的第1位数据来判断会计科目的不同类别,如图7-9所示。

04 按【Ctrl+Enter】组合键,并将C3单元格中的函数向下填充至C11单元格中,得到其他会计科目的具体类别,如图7-10所示。

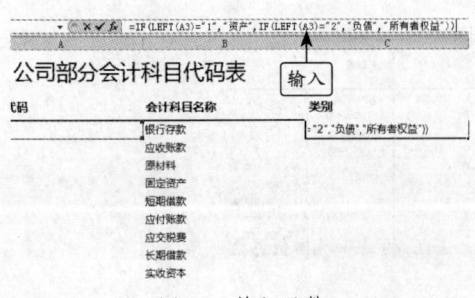

图7-9 输入函数

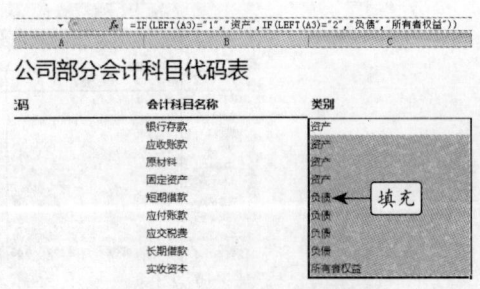

图7-10 返回各科目的类别

制作记账凭证记录表

> **操作提示　会计科目**
>
> 这里建立的科目代码表只是涉及了后面会计凭证中会使用到的对象，实际工作中，应按照国家统一的会计制度以及企业的自身情况建立完整的会计科目代码表，包括资产、负债、所有者权益、收入、费用和利润这六大会计要素下的各种会计科目。

05 选择 A3:C11 单元格区域，在"开始"选项卡"样式"组中单击"条件格式"按钮，在弹出的下拉菜单中选择"新建规则"命令，如图 7-11 所示。

06 打开"新建格式规则"对话框，在"选择规则类型"列表框中选择"使用公式确定要设置格式的单元格"选项，在下方的文本框中输入"=$A3<>$A4"，单击 格式(F)... 按钮，如图 7-12 所示。

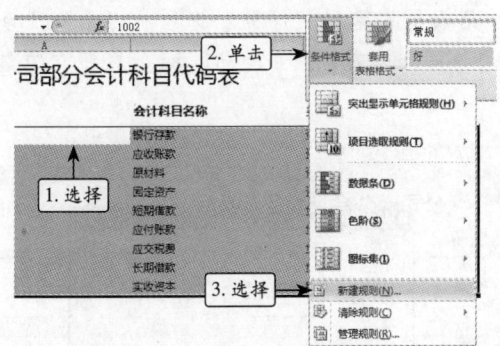

图7-11　新建规则

图7-12　设置规则

07 打开"设置单元格格式"对话框，单击"边框"选项卡，在"样式"列表框中选择如图 7-13 所示的虚线选项，在预览区中单击表格下边框位置，为其应用选择的样式，然后单击 确定 按钮。

08 返回"设置单元格格式"对话框，继续单击 确定 按钮即可，效果如图 7-14 所示。

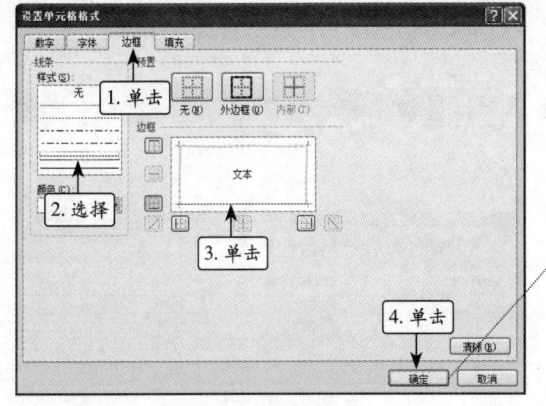

图7-13　设置格式

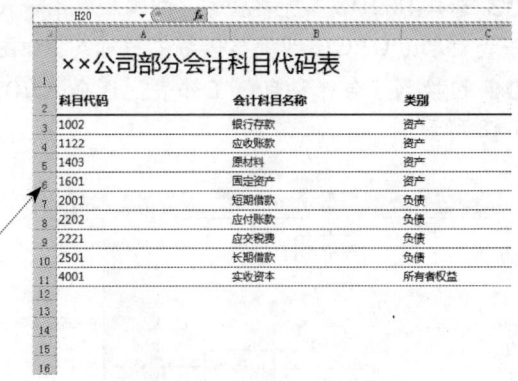

图7-14　设置格式后的效果

▶ 7.4.2　记录记账凭证

完成会计科目代码表的创建后，下面便利用其中的相关数据录入记账凭证。其中将涉及数

111

据有效性的设置、查询函数的使用、条件格式的设置以及超链接的创建等操作。

1. 通过科目代码返回科目名称

下面将在相应的单元格区域中设置数据有效性并输入和填充查询函数,以方便后面记账凭证内容的录入,其具体操作如下。

 动画演示:演示\第7章\通过科目代码返回科目名称.swf

01 切换到"记账凭证"工作表,选择 G3:G18 单元格区域,在"数据"选项卡"数据工具"组中单击"数据有效性"按钮,在弹出的下拉列表中选择"数据有效性"命令,如图 7-15 所示。

02 打开"数据有效性"对话框,在"允许"下拉列表框中选择"序列"选项,切换到"会计科目"工作表,将其中的 A3:A11 单元格区域应用为序列来源,最后单击 确定 按钮,如图 7-16 所示。

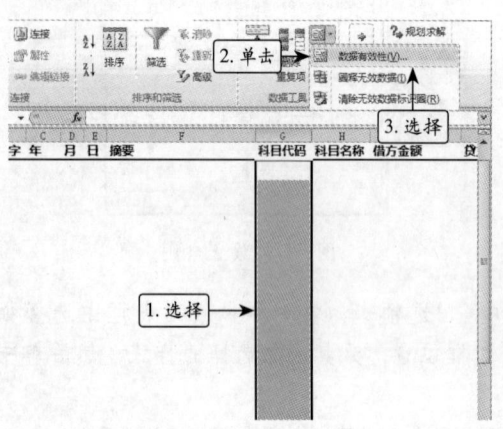

图7-15 选择单元格区域

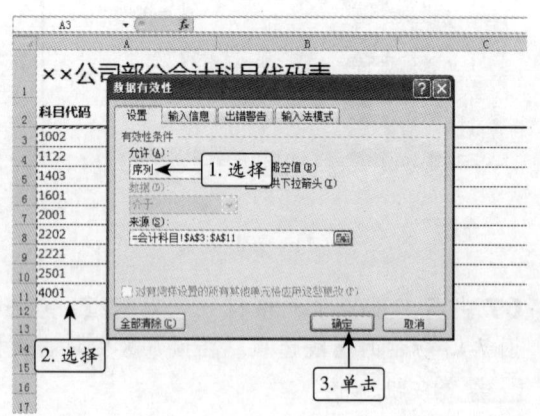

图7-16 设置数据有效性

03 选择 H3:H18 单元格区域,在编辑栏中输入"=VLOOKUP(G3,)",表示将进行按行查询,且查询对象为 G3:G18 单元格区域中的对象,如图 7-17 所示。

04 切换到"会计科目"工作表,选择 A3:B11 单元格区域,表示该区域为查询区域,如图 7-18 所示。

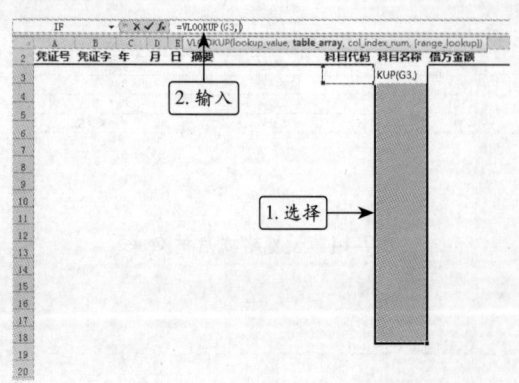

图7-17 输入函数

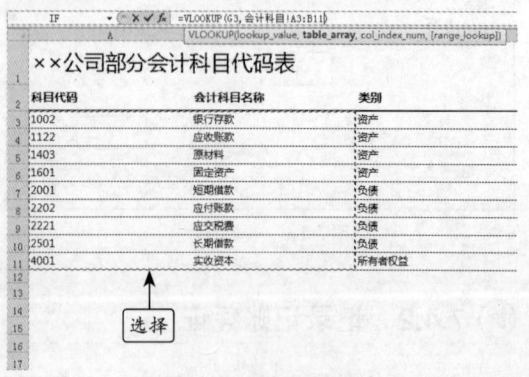

图7-18 设置查询区域

制作记账凭证记录表

05 利用"$"符号将查询区域转换为绝对引用方式,然后输入","和"2",表示返回查询区域中第2列对应的数据,如图7-19所示。

06 按【Ctrl+Enter】组合键完成函数设置,此时由于没有对应的查询对象,因此返回的数据为"#N/A",如图7-20所示。

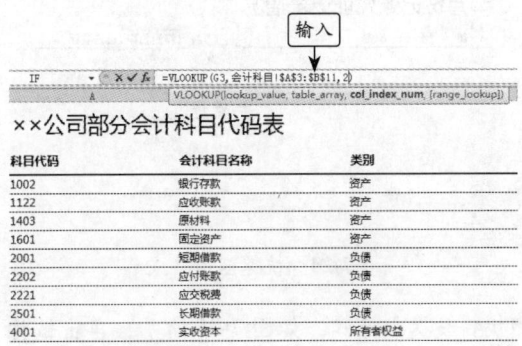

图7-19 设置返回区域

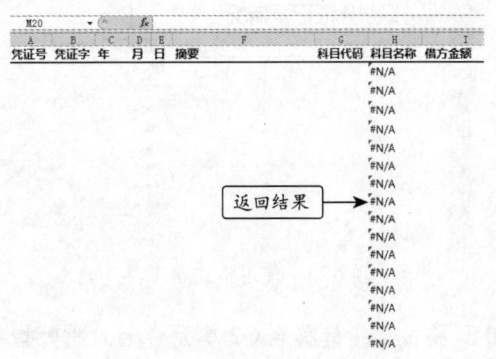

图7-20 确认输入的函数

2. 创建与会计科目的超链接

为方便科目代码的选择,下面将通过创建超链接的方式通过某个指定的单元格链接"会计科目"工作表和"记账凭证"工作表,其具体操作如下。

 **动画演示:** 演示\第7章\创建与会计科目的超链接.swf

01 在"记账凭证"工作表中选择G2单元格,在"插入"选项卡"链接"组中单击"超链接"按钮,如图7-21所示。

02 打开"插入超链接"对话框,在左侧"链接到"栏中选择"本文档中的位置"选项,在右侧的列表框中选择"会计科目"选项,即"会计科目"工作表,然后单击 确定 按钮,如图7-22所示。

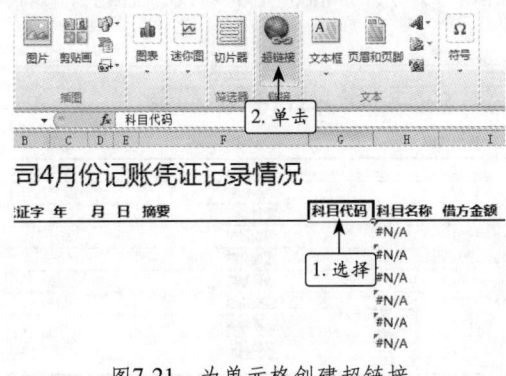

图7-21 为单元格创建超链接

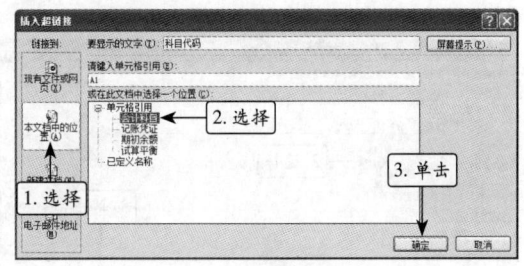

图7-22 设置链接目标

03 选择H2单元格,在"开始"选项卡"剪贴板"组中单击 格式刷 按钮,如图7-23所示。

04 将鼠标指针移至G2单元格上,当其变为 形状时单击鼠标,如图7-24所示。

113

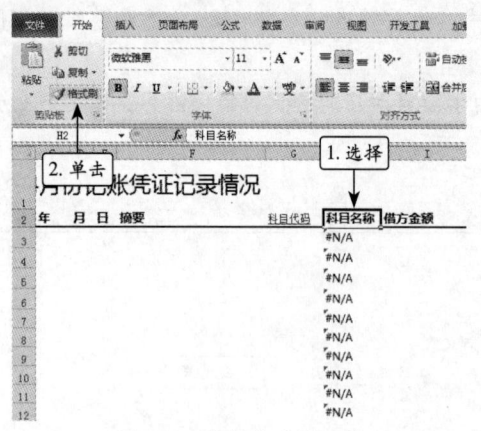

图7-23 使用格式刷工具

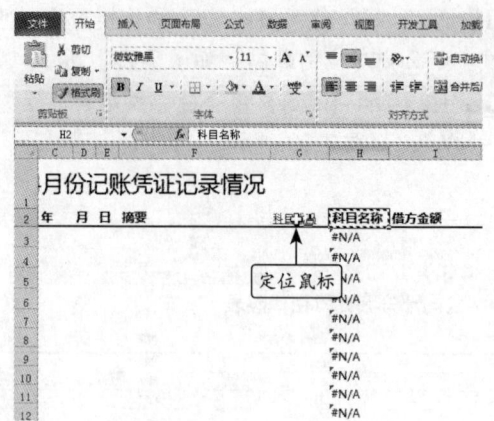

图7-24 快速应用格式

05 将鼠标指针移至G2单元格上,此时指针的形状将变为心样式,如图7-25所示,单击鼠标即可快速切换到"会计科目"工作表。

06 在"会计科目"工作表的A13单元格中输入文本,然后选择该单元格,在其上单击鼠标右键,在弹出的快捷菜单中选择"超链接"命令,如图7-26所示。

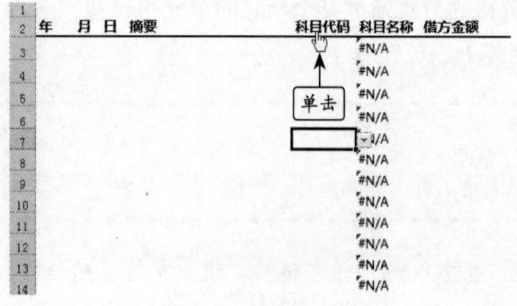

图7-25 单击超链接

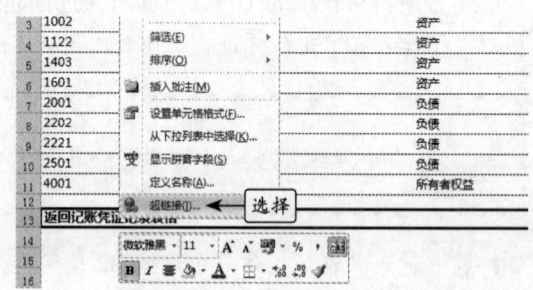

图7-26 创建超链接

07 打开"插入超链接"对话框,同样在对话框左侧选择"本文档中的位置"选项,然后在右侧的列表框中选择"记账凭证"选项,并单击 确定 按钮,如图7-27所示。

08 将创建超链接后的单元格格式设置为"微软雅黑、11号、加粗、无下划线、黑色",如图7-28所示。

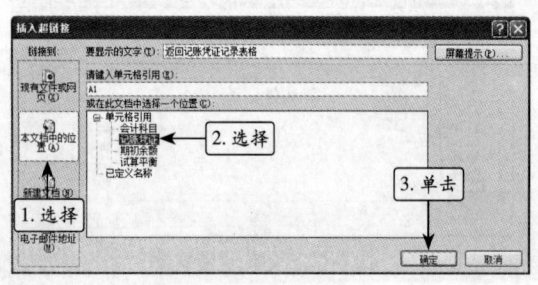

图7-27 设置链接目标

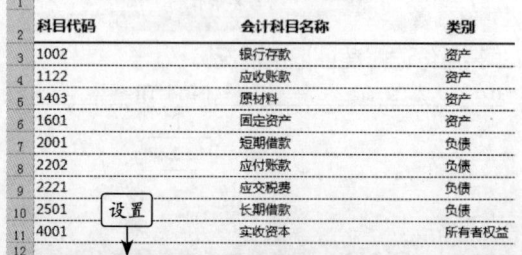

图7-28 设置单元格格式

09 此时单击A13单元格即可快速切换到"记账凭证"工作表,如图7-29所示。

制作记账凭证记录表

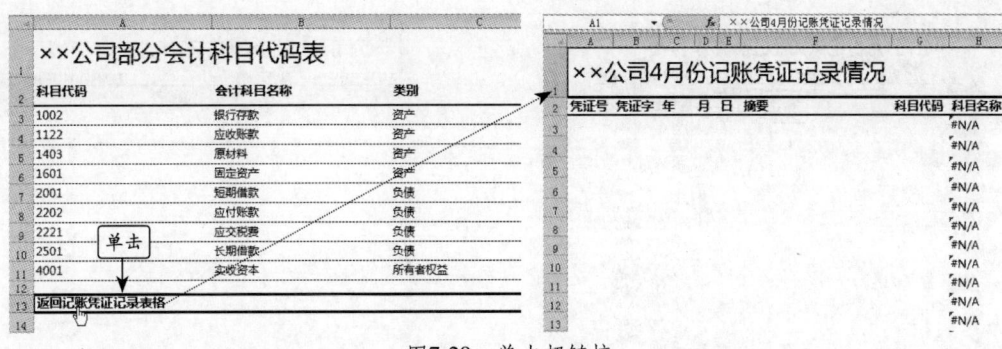

图7-29 单击超链接

3. 录入记账凭证内容

依次输入每笔业务对应的记账凭证内容,并利用条件格式为不同的记账凭证添加边框来划分区域,其具体操作如下。

 动画演示:演示\第7章\录入记账凭证内容.swf

01 在"记账凭证"工作表的 A3:F3 单元格区域中依次输入第一笔业务对应的借方记账凭证内容,包括凭证号、凭证字、年月日和摘要等数据,然后单击"科目代码"项目字段,如图7-30所示。

02 在"会计科目"工作表中查看"银行存款"科目对应的代码,确认后单击下方创建的超链接返回"记账凭证"工作表,如图7-31所示。

03 选择 G3 单元格,单击右侧出现的下拉按钮,在弹出的下拉列表中选择"1002"选项,如图7-32所示。

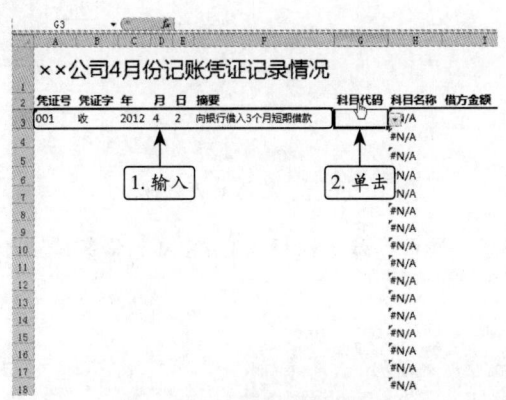

图7-30 单击超链接

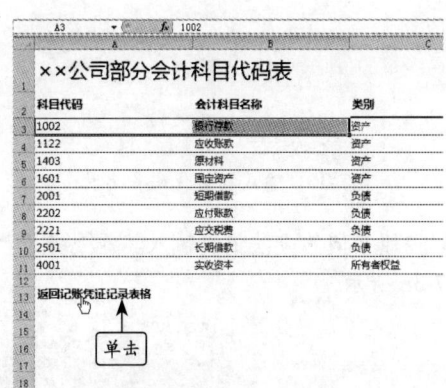

图7-31 查看科目代码

04 此时将自动输入对应的会计科目"银行存款",效果如图7-33所示。

05 在 I3 单元格中输入具体的借方金额数据,效果如图7-34所示。

06 通过复制粘贴的方法快速输入该笔凭证的贷方相同内容,最终效果如图7-34所示。

07 在 G4 单元格中选择"2001"代码选项,自动输入对应的会计科目"短期借款",如图7-36所示。

115

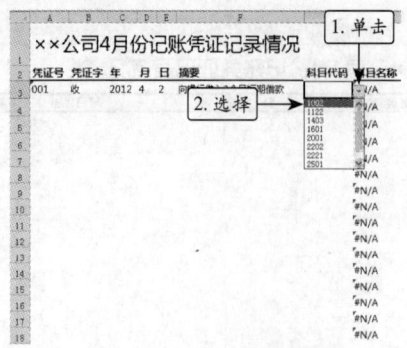

图7-32 选择科目代码

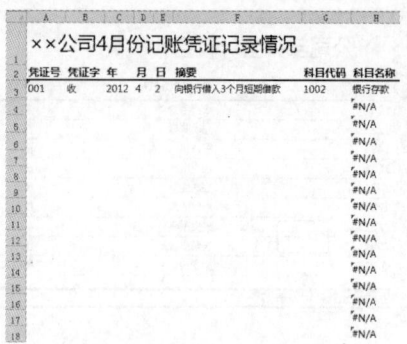

图7-33 自动输入科目名称

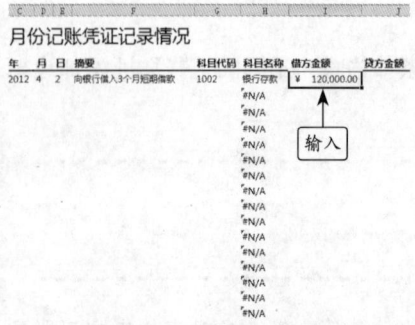

图7-34 输入借方金额

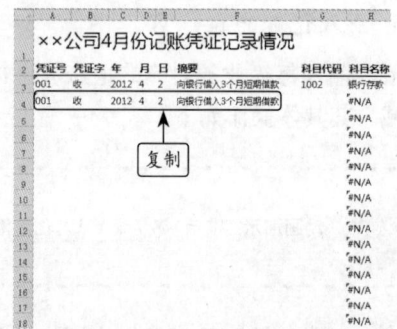

图7-35 输入贷方相同数据

08 在"贷方金额"项目字段下输入相同的贷方金额，如图7-37所示。

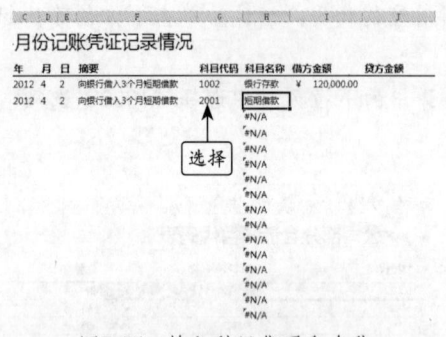

图7-36 输入科目代码和名称

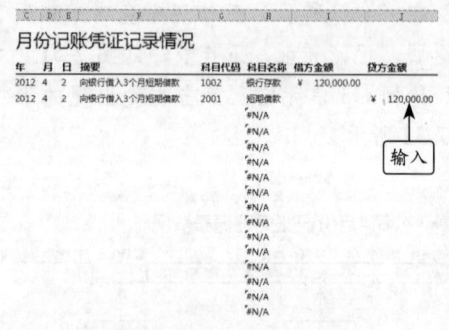

图7-37 输入贷方金额

09 按照相同的方法依次输入其他业务发生的记账凭证数据，然后选择A3:J18单元格区域，如图7-38所示。

图7-38 输入并选择记账凭证内容

10 为选择的单元格区域设置条件格式,规则为"=$A3<>$A4",格式为"虚线,下边框",单击 确定 按钮,如图7-39所示。

11 完成每笔记账凭证的区域划分,如图7-40所示。

图7-39　建立条件规则　　　　　　　　　　图7-40　查看效果

7.4.3　编制期初余额表

下面将录入相关账户的期初余额,并利用自动求和功能计算不同方向的账户余额总和,以判断是否平衡,其具体操作如下。

　动画演示:演示\第7章\编制期初余额表.swf

01 切换到"期初余额"工作表,在A3:C6单元格区域中输入各账户的会计科目名称、余额以及方向,如图7-41所示。

02 选择A7:C7单元格区域,将其格式设置为"微软雅黑、10号、加粗、黄色填充",如图7-42所示。

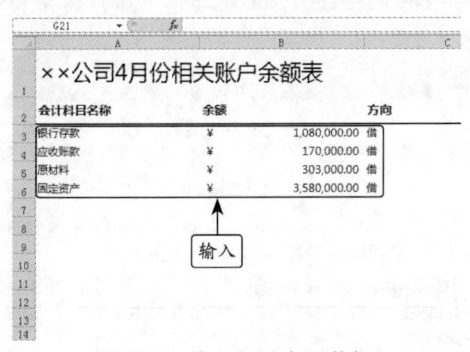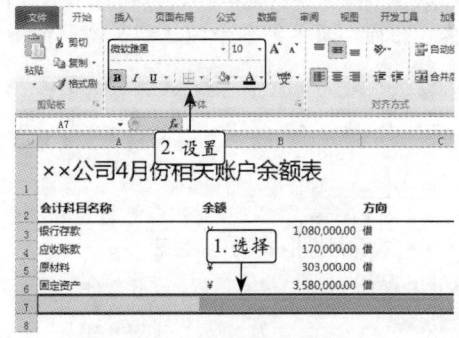

图7-41　输入相关余额数据　　　　　　　　图7-42　设置单元格格式

03 在A7单元格中输入"合计",选择B7单元格,在"公式"选项卡"函数库"组中单击"自动求和"按钮Σ,如图7-43所示。

04 自动在B7单元格中插入SUM()函数,并设置了上方连续的单元格区域作为计算参数,如图7-44所示。

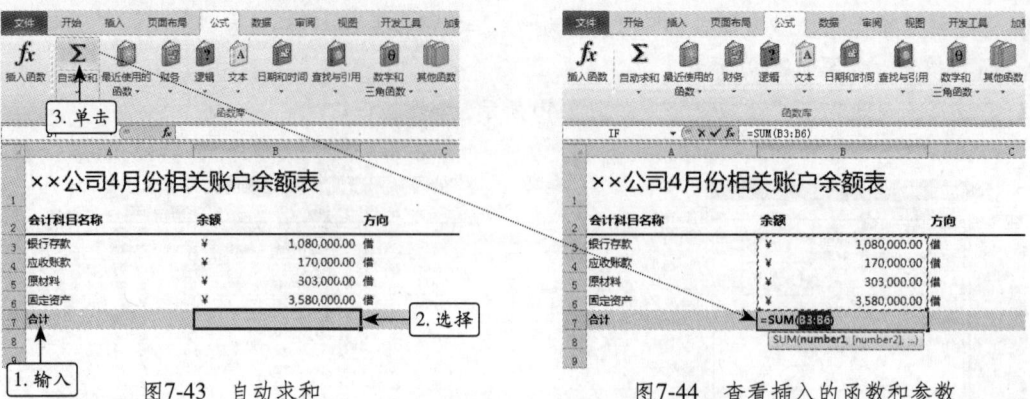

图7-43 自动求和　　　　　　　　　　图7-44 查看插入的函数和参数

05 按【Ctrl+Enter】组合键快速得到借方账户的期初余额总和数据，如图7-45所示。

06 在A8:C12单元格区域中输入方向为贷方的其他账户期初余额相关数据，并设置合计栏格式，如图7-46所示。

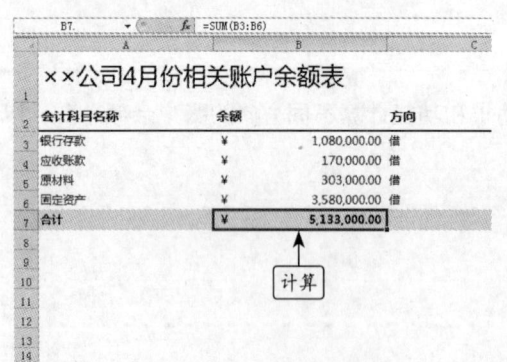
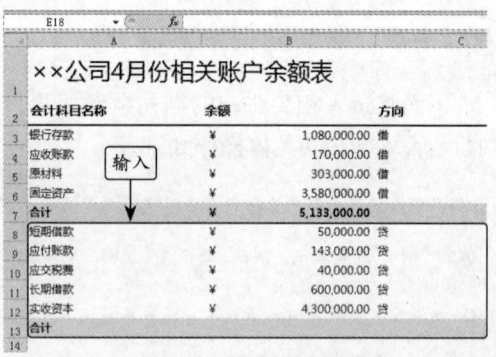

图7-45 得到计算结果　　　　　　　　　图7-46 输入期初余额数据

07 选择B13单元格，在"公式"选项卡"函数库"组中单击"自动求和"按钮∑，如图7-47所示。

08 按【Ctrl+Enter】组合键快速得到贷方账户的期初余额总和数据，可见与借方账户的期初余额总和相同，表示期初余额达到平衡，如图7-48所示。

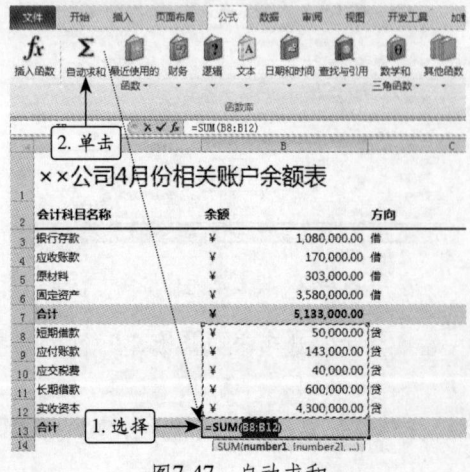

图7-47 自动求和　　　　　　　　　　图7-48 得到计算结果

7.4.4 编制试算平衡表

通过试算平衡表可以检验本月记账凭证的数据是否录入错误。下面将通过期初余额数据以及记账凭证数据来编制试算平衡表。

1. 引用期初余额数据

首先对"试算平衡"工作表的格式进行设置,包括绘制边框和填充颜色等,然后引用各账户对应的科目名称和期初余额数据,其具体操作如下。

动画演示:演示\第7章\引用期初余额数据.swf

01 切换到"试算平衡"工作表,为 A13:G13 的单元格区域填充黄色,如图 7-49 所示。
02 单击"开始"选项卡"字体"组中的"边框"按钮右侧的下拉按钮,在弹出的下拉列表中选择"线型"线型,在弹出的子列表中选择如图 7-50 所示的边框样式。

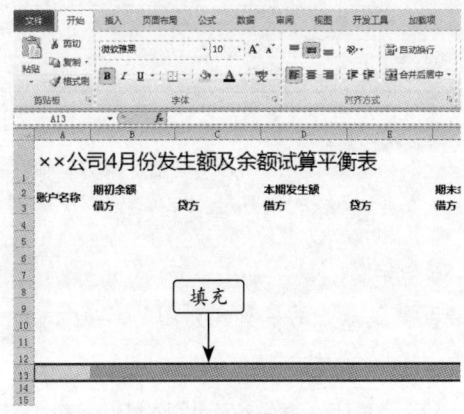

图7-49 填充单元格颜色

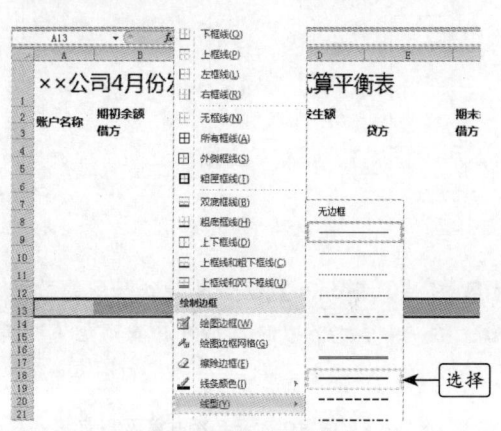

图7-50 选择边框样式

03 按如图 7-51 所示的效果,在工作表中绘制 4 条边框。
04 重新选择如图 7-52 所示的边框样式。

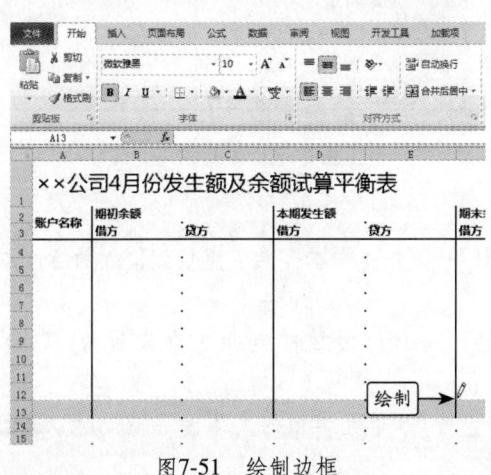

图7-51 绘制边框

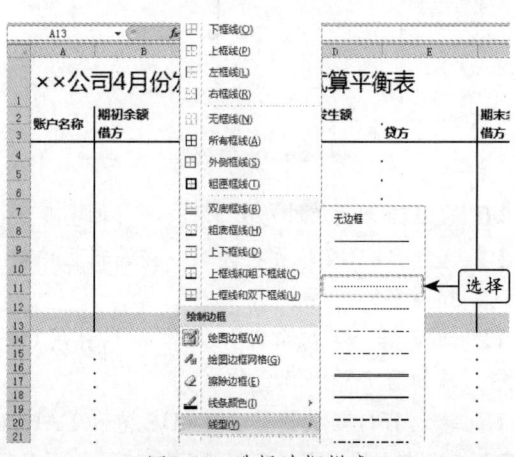

图7-52 选择边框样式

05 按如图 7-53 所示的效果绘制 3 条虚线边框，然后按【Esc】键退出绘制状态。

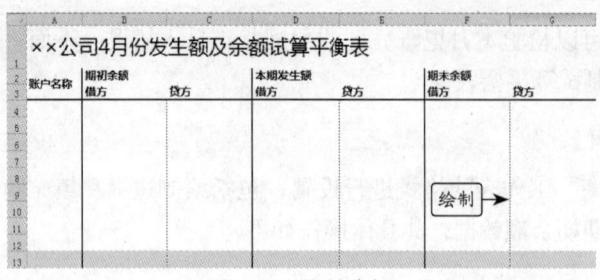

图7-53　绘制边框

06 选择 A4 单元格，在编辑栏中输入"="，如图 7-54 所示。

07 切换到"会计科目"工作表，引用 B3 单元格中的数据，如图 7-55 所示。

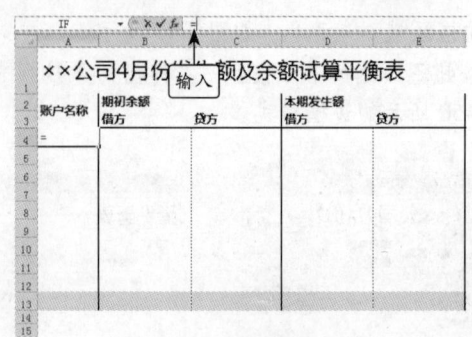

图7-54　输入等号

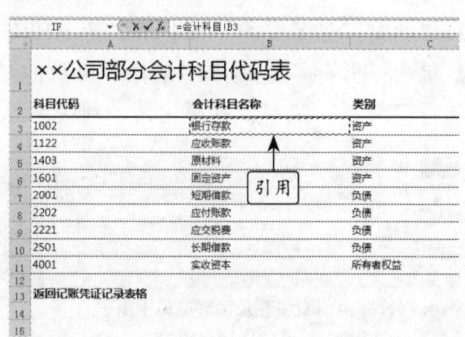

图7-55　引用单元格数据

08 按【Ctrl+Enter】组合键得到引用的数据，如图 7-56 所示。

09 将 A4 单元格中的公式向下填充至 A12 单元格，得到其他账户的名称，如图 7-57 所示。

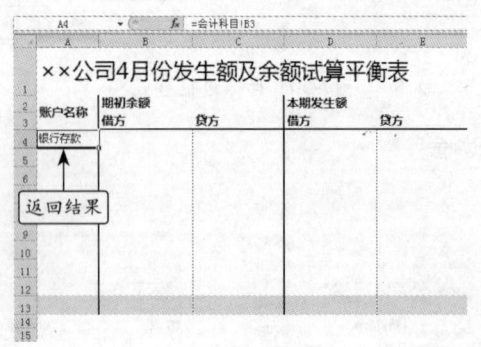

图7-56　返回数据

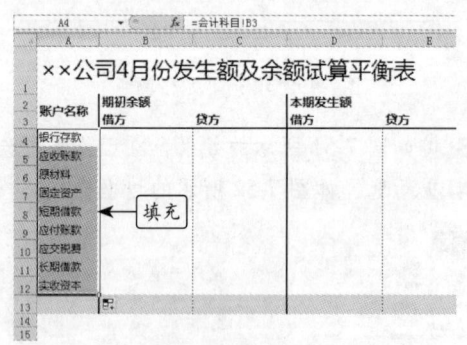

图7-57　填充公式

10 在 A13 单元格中输入"合计"，如图 7-58 所示。

11 选择 B4:B12 单元格区域，在编辑栏中输入"=IF()"，并将文本插入点定位到输入的括号中间，如图 7-59 所示。

12 切换到"期初余额"工作表，引用 C3 单元格，将 IF() 函数的判断条件设置为"C3="借""，如图 7-60 所示。

13 输入 IF() 函数返回的 TRUE 值和 FALSE 值，即当 C3 单元格中的文本为"借"时，返回 B3 单元格中的数据，否则返回空值，如图 7-61 所示。

制作记账凭证记录表

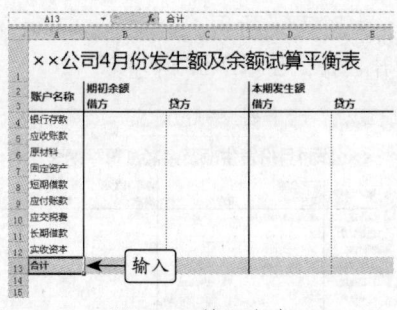

图7-58 输入文本

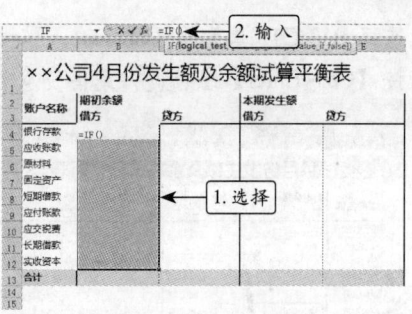

图7-59 输入函数名称

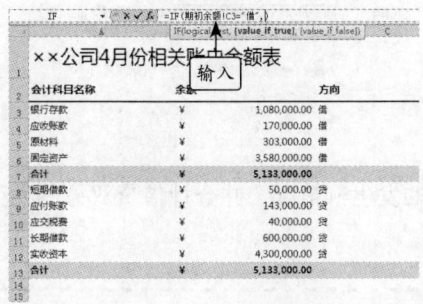

图7-60 输入判断条件

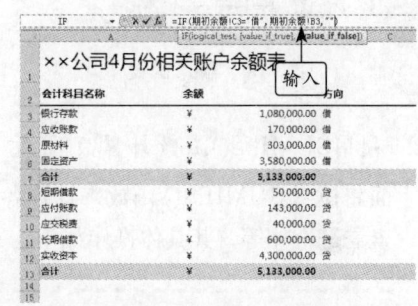

图7-61 输入返回的逻辑值

14 按【Ctrl+Enter】组合键得到借方账户的期初余额，如图7-62所示。

15 选择C8单元格，在编辑栏中输入"="，并引用"期初余额"工作表中B8单元格的数据，如图7-63所示。

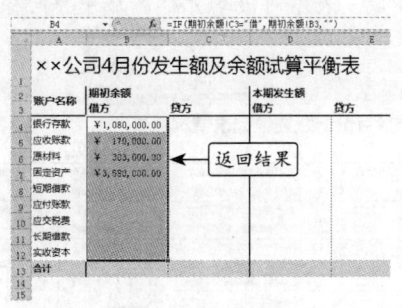

图7-62 返回结果

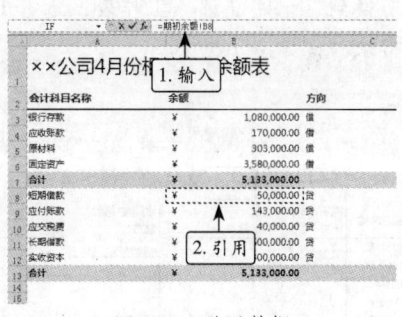

图7-63 引用数据

16 按【Ctrl+Enter】组合键，得到对应账户的贷方期初余额，如图7-64所示。

17 将C8单元格中的公式向下填充至C12单元格，得到其他贷方账户的期初余额数据，如图7-65所示。

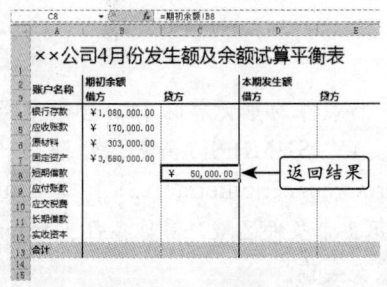

图7-64 返回结果

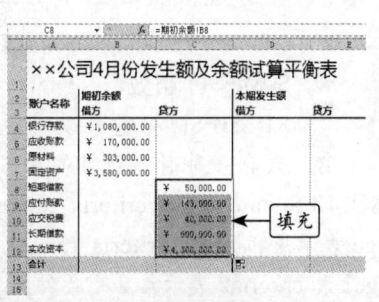

图7-65 引用其他贷方账户期初余额

121

18 选择 B13:C13 单元格区域，输入"=SUM(B4:B12)"，如图 7-66 所示。

19 按【Ctrl+Enter】组合键得到借贷双方期初余额的合计数据，如图 7-67 所示。

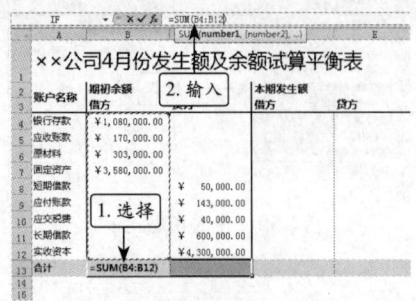
图7-66　输入函数

图7-67　合计期初余额

2. 利用SUMIFS()函数计算发生额

下面将使用 SUMIFS() 函数来计算各账户在本月的发生额情况，并合计借贷双方的发生额总数，查看是否相等，其具体操作如下。

 动画演示：演示\第7章\利用 SUMIFS() 函数计算发生额.swf

01 选择 D4 单元格，在其编辑栏中输入"=SUMIFS()"，如图 7-68 所示。

02 切换到"记账凭证"工作表，选择 I3:I18 单元格区域，表示对该单元格区域中符合条件的单元格求和，如图 7-69 所示。

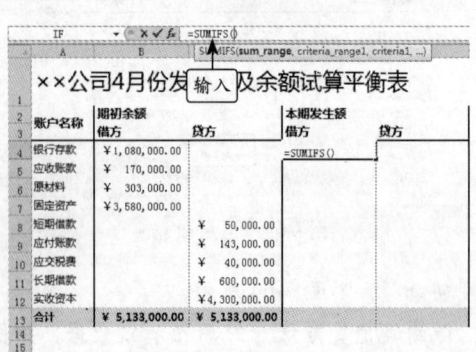
图7-68　输入函数

图7-69　设置求和区域

> **专家点拨**
> **SUMIFS() 函数**
> SUMIFS() 函数可以实现对区域中满足多个条件的单元格求和，当限制条件只有一种时，则可使用 SUMIF() 函数来实现。SUMIFS() 函数的语法结构为 "=SUMIFS(sum_range, criteria_range1, criteria1, criteria_range2, criteria2, ...)"，其中 sum_range 表示求和区域、criteria_range1 和 criteria1 表示第 1 个条件区域与具体条件、criteria_range2 和 criteria2 表示第 2 个条件区域与具体条件，依次类推。

03 设置 SUMIFS() 函数的其他参数，包括条件区域为 H3:H18 单元格区域，具体条件为"=银行存款"，表示就对科目名称为"银行存款"的借方金额进行求和，如图 7-70 所示。

04 按【Ctrl+Enter】组合键得到求和结果，如图 7-71 所示。

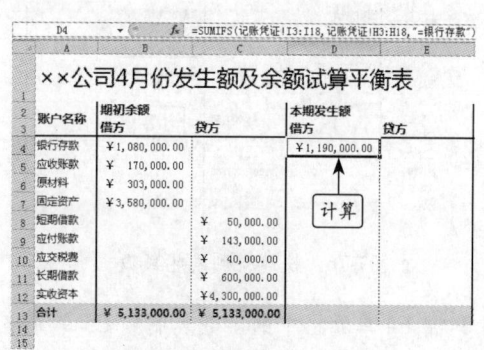

图 7-70　设置参数　　　　　　　　　图 7-71　返回计算结果

05 选择 D4 单元格中的函数内容，按【Ctrl+C】组合键进行复制，如图 7-72 所示。

06 选择 E4 单元格，将文本插入点定位到编辑栏中，按【Ctrl+V】组合键粘贴函数，并将"I3:I18"修改为"J3:J18"，如图 7-73 所示。

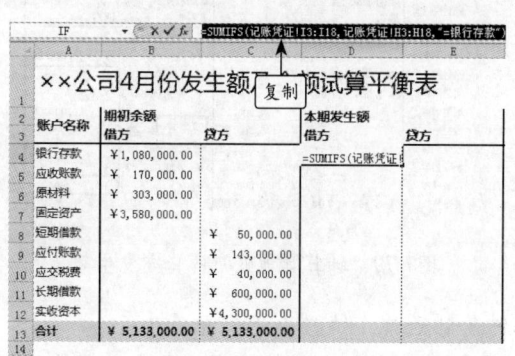 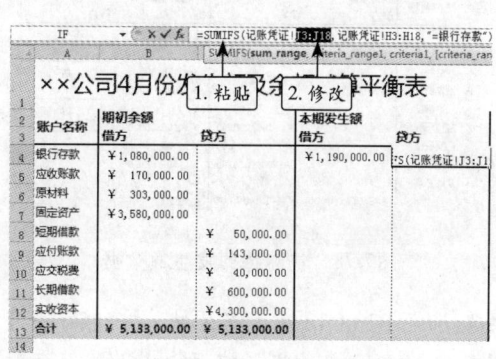

图 7-72　复制函数　　　　　　　　　图 7-73　粘贴并修改函数

07 按【Ctrl+Enter】组合键得到该账户的贷方发生额，如图 7-74 所示。

08 按相同方法将 D4 单元格中的函数复制到 D5 单元格的编辑栏中，并将账户名称修改为需要求和的账户名称，如图 7-75 所示。

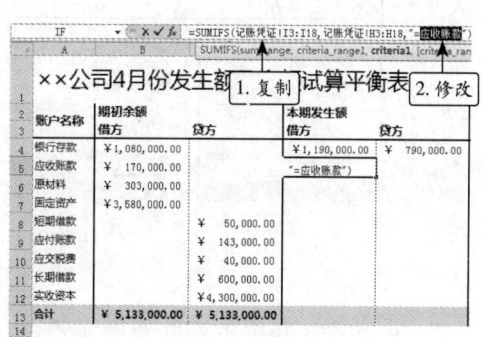

图 7-74　快速得到发生额数据　　　　图 7-75　复制并修改函数

09 此时将快速得到"应收账款"账户的本期借方发生额数据，如图 7-76 所示。

10 按相同方法通过修改函数中的账户名称，快速计算其他账户的借方发生额，如图7-77所示。

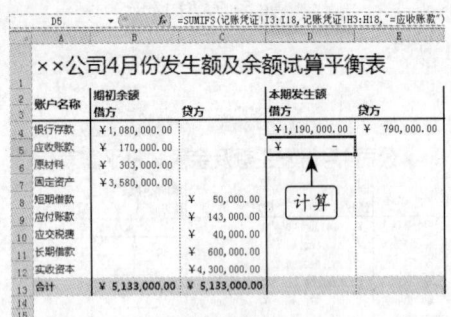

图7-76　快速得到发生额数据　　　　图7-77　计算其他账户的借方发生额

11 将E4单元格中的函数复制到E5单元格中，并通过修改账户名称的方法得到该账户的贷方发生额，如图7-78所示。

12 按相同方法计算其他账户的贷方发生额数据，如图7-79所示。

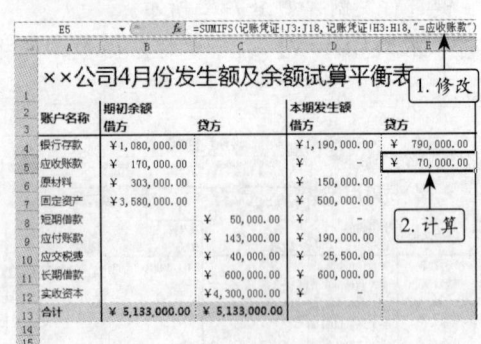
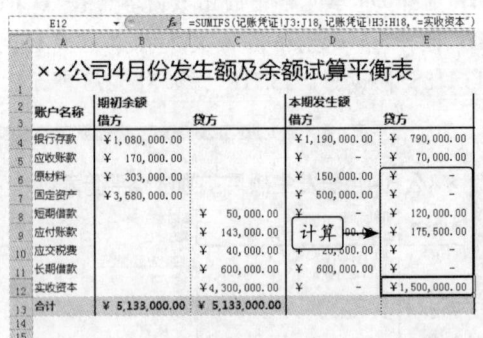

图7-78　快速得到发生额数据　　　　图7-79　计算其他账户的贷方发生额

13 选择B13:C13单元格区域，按【Ctrl+C】组合键复制函数，如图7-80所示。

14 选择D13单元格，按【Ctrl+V】组合键，利用相对引用的原理，快速得到各账户借贷双方的本期发生额总和，如图7-81所示。

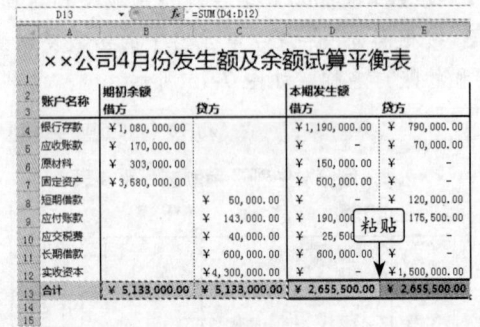

图7-80　复制函数　　　　　　　　　图7-81　粘贴函数

3. 汇总科目期末余额并判断平衡

利用公式依次计算各账户的借贷双方期末余额，并通过IF()函数判断是否试算平衡，其具体操作如下。

制作记账凭证记录表 7

动画演示：演示\第7章\汇总科目期末余额并判断平衡.swf

01 选择 F4:F7 单元格区域，在编辑栏中输入"=B4+D4-E4"，表示借方账户的期末余额等于借方期初余额加借方本期发生额减贷方本期发生额，如图7-82所示。

02 按【Ctrl+Enter】组合键返回计算结果，如图7-83所示。

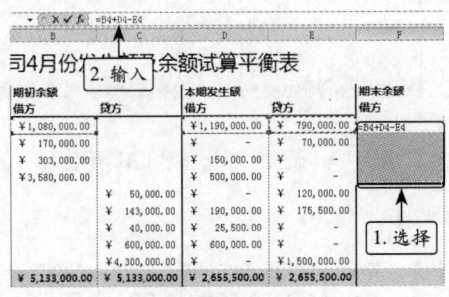
图7-82　输入公式

图7-83　返回计算结果

03 选择 G8:G12 单元格区域，在编辑栏中输入"=C8+E8-D8"，表示贷方账户的期末余额等于贷方期初余额加贷方本期发生额减借方本期发生额，如图7-84所示。

04 按【Ctrl+Enter】组合键返回计算结果，如图7-85所示。

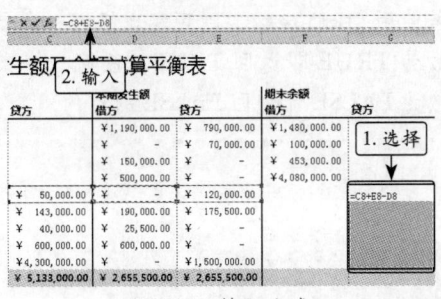
图7-84　输入公式

图7-85　返回计算结果

05 选择 F13:G13 单元格区域，输入"=SUM(F4:F12)"，如图7-86所示。

06 按【Ctrl+Enter】组合键得到借贷双方期末余额的合计数据，如图7-87所示。

07 选择 A14 单元格，在其编辑栏中输入 IF() 函数，并将判断条件设置为"AND(B13=C13,D13=E13,F13=G13)"，表示只有当这3对单元格的数据同时相等时，才返回 TRUE 值，否则返回 FALSE 值，如图7-88所示。

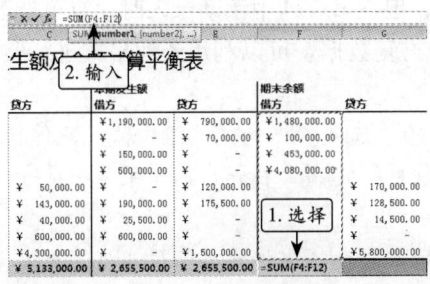
图7-86　输入函数

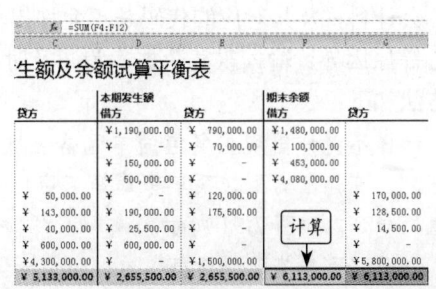
图7-87　返回计算结果

125

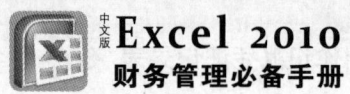

08 设置 IF() 函数的逻辑值，当符合条件时，返回文本“试算平衡”，当不符合条件时，返回文本“试算不平衡！！！”，如图 7-89 所示。

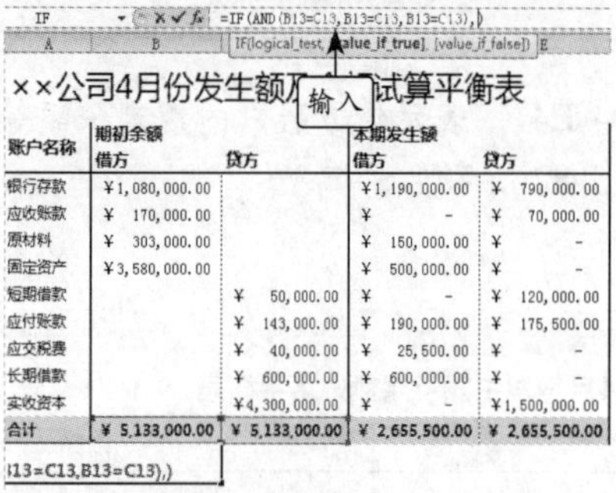

××公司4月份发生额及余额试算平衡表

账户名称	期初余额		本期发生额	
	借方	贷方	借方	贷方
银行存款	￥1,080,000.00		￥1,190,000.00	￥ 790,000.00
应收账款	￥ 170,000.00		￥ -	￥ 70,000.00
原材料	￥ 303,000.00		￥ 150,000.00	￥ -
固定资产	￥3,580,000.00		￥ 500,000.00	￥ -
短期借款		￥ 50,000.00	￥ -	￥ 120,000.00
应付账款		￥ 143,000.00	￥ 190,000.00	￥ 175,500.00
应交税费		￥ 40,000.00	￥ 25,500.00	￥ -
长期借款		￥ 600,000.00	￥ 600,000.00	￥ -
实收资本		￥4,300,000.00	￥ -	￥1,500,000.00
合计	￥ 5,133,000.00	￥ 5,133,000.00	￥ 2,655,500.00	￥ 2,655,500.00

图7-88　设置IF()函数判断条件

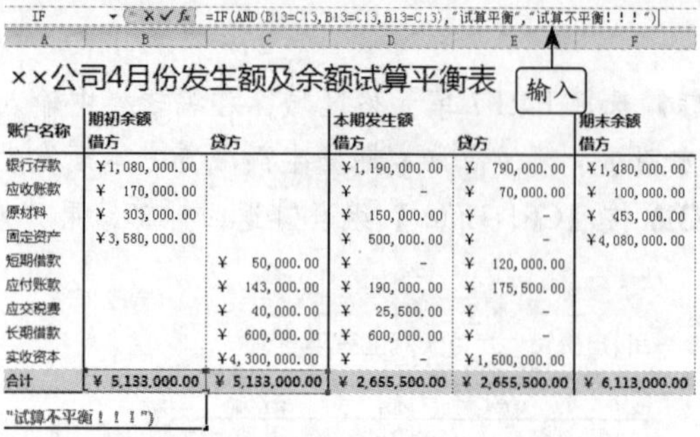

××公司4月份发生额及余额试算平衡表

账户名称	期初余额		本期发生额		期末余额
	借方	贷方	借方	贷方	借方
银行存款	￥1,080,000.00		￥1,190,000.00	￥ 790,000.00	￥1,480,000.00
应收账款	￥ 170,000.00		￥ -	￥ 70,000.00	￥ 100,000.00
原材料	￥ 303,000.00		￥ 150,000.00	￥ -	￥ 453,000.00
固定资产	￥3,580,000.00		￥ 500,000.00	￥ -	￥4,080,000.00
短期借款		￥ 50,000.00	￥ -	￥ 120,000.00	
应付账款		￥ 143,000.00	￥ 190,000.00	￥ 175,500.00	
应交税费		￥ 40,000.00	￥ 25,500.00	￥ -	
长期借款		￥ 600,000.00	￥ 600,000.00	￥ -	
实收资本		￥4,300,000.00	￥ -	￥1,500,000.00	
合计	￥ 5,133,000.00	￥ 5,133,000.00	￥ 2,655,500.00	￥ 2,655,500.00	￥ 6,113,000.00

图7-89　设置TRUE值和FALSE值

09 按【Ctrl+Enter】组合键返回结果，效果如图 7-70 所示。

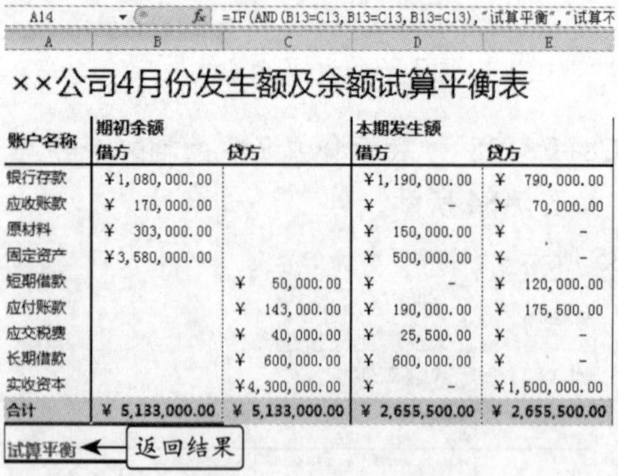

××公司4月份发生额及余额试算平衡表

账户名称	期初余额		本期发生额	
	借方	贷方	借方	贷方
银行存款	￥1,080,000.00		￥1,190,000.00	￥ 790,000.00
应收账款	￥ 170,000.00		￥ -	￥ 70,000.00
原材料	￥ 303,000.00		￥ 150,000.00	￥ -
固定资产	￥3,580,000.00		￥ 500,000.00	￥ -
短期借款		￥ 50,000.00	￥ -	￥ 120,000.00
应付账款		￥ 143,000.00	￥ 190,000.00	￥ 175,500.00
应交税费		￥ 40,000.00	￥ 25,500.00	￥ -
长期借款		￥ 600,000.00	￥ 600,000.00	￥ -
实收资本		￥4,300,000.00	￥ -	￥1,500,000.00
合计	￥ 5,133,000.00	￥ 5,133,000.00	￥ 2,655,500.00	￥ 2,655,500.00

图7-90　判断结果

> **方法技巧　AND( ) 函数与 OR( ) 函数**
>
> AND() 函数可以达到当所有参数的计算结果为 TRUE 才返回 TRUE，只要有一个参数的计算结果为 FALSE，则返回 FALSE 的效果，若使用 OR() 函数，则可实现任何一个参数为 TRUE 即返回 TRUE，任何一个参数为 FALSE 即返回 FALSE 的目的。

7.5　知识拓展

完成任务后，老陈又向小雯提出了一些问题，包括怎样才能有效地避免输入重复的会计科目？创建超链接后，编辑单元格以及管理超链接等，小雯想了想，没找到解决的方法，于是只得向老陈请教……

拓展1　检验重复数据

会计科目及其对应的代码是不允许出现重复值的，但在 Excel 中手动录入时，有可能因为粗心等原因导致输入重复数据，为了及时检验出这些重复数据，可以利用条件格式进行监督，其方法如下：

01 选择不允许出现重复值的单元格区域，单击“开始”选项卡“样式”组中的“条件格式”按钮，在弹出的下拉菜单中选择“突出显示单元格规则”选项，在弹出的子菜单中选择“重复值”命令，如图 7-91 所示。

02 打开“重复值”对话框，在“设置为”下拉列表框中可选择出现重复值后，该重复值的显示格式，然后单击 确定 按钮，如图 7-92 所示。

制作记账凭证记录表

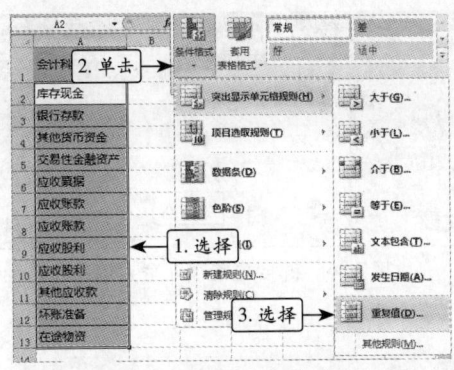

图7-91 使用重复值功能

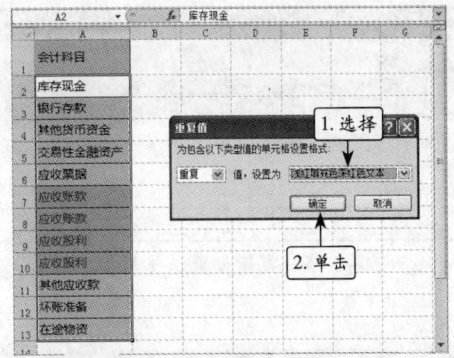

图7-92 设置重复值显示格式

03 此时单元格区域中的重复值将显示为突出的格式，如图7-93所示。

04 删除或重新修改重复值的内容后，单元格格式便于其他区域显示为相同的样式了，如图7-94所示。

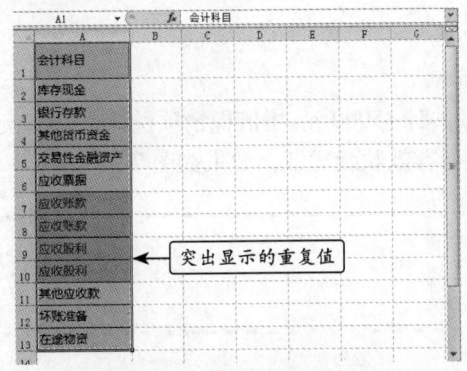

图7-93 突出显示重复值

图7-94 修改重复值后的效果

拓展2 管理创建的超链接

为单元格创建超链接后，单击该单元格将跳转到链接的目标位置，如果想对该单元格的内容或格式重新编辑，或重新设置超链接的目标位置以及删除超链接等，可按照下面介绍的方法进行操作。

- 编辑单元格：在创建了超链接的单元格上按住鼠标左键不放可选择该单元格，此时便可修改内容并对其进行格式设置。
- 编辑超链接：在创建了超链接的单元格上单击鼠标右键，在弹出的快捷菜单中选择"编辑超链接"命令，在打开的对话框中按创建超链接的方法即可重新设置链接目标，如图7-95所示。
- 删除超链接：在创建了超链接的单元格上单击鼠标右键，在弹出的快捷菜单中选择"删除超链接"命令可将创建的超链接删除。
- 链接互联网：若想将单元格链接到互联网上的某个网站，其方法为：在单元格上单击鼠标右键，在弹出的快捷菜单中选择"超链接"命令，在打开的对话框左侧选择"现有文件或网页"选项，并在右侧的"地址"下拉列表框中输入网站地址，然后单击 确定 按钮即可，如图7-96所示。此后单击该单元格，即可启动浏览器软件并访问对应的网站。

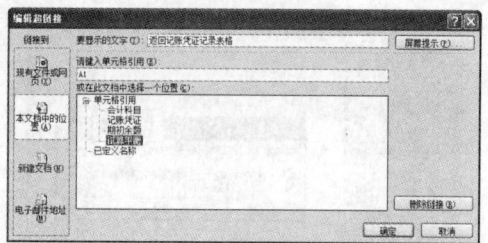
图7-95 重新设置链接目标

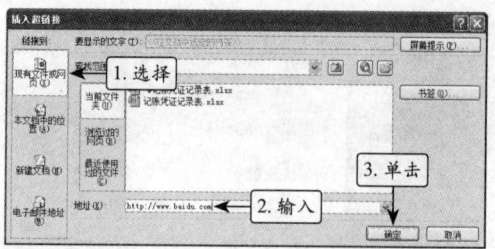
图7-96 链接到某个互联网网站

7.6 实战演练

实际工作中,有可能会涉及将各类凭证进行分类录入的情况,比如录入收款凭证、付款凭证或转账凭证等,小雯希望老陈能给她介绍相关的操作。老陈答应了小雯的请求,并将他做好的这些凭证效果交给小雯让她自行演练,以便能更加熟悉这些凭证的编制方法。

7.6.1 录入收款凭证

公司于2012年4月20日销售了一批A商品,价款共计45000元,增值税销项税款为7650元,收到购买公司支票一张,并存入银行,现需要填制银行存款收款凭证,效果如图7-97所示。

效果文件:效果\第7章\收款凭证.xlsx

重点提示:(1)借方科目应明确为银行存款,同时表格中只体现贷方科目名称。
(2)利用 SUM() 函数合计贷方科目金额。
(3)应交增值税可计算后输入,也可利用主营业务收入乘以17%的增值税率直接计算。

收款凭证

借方科目:银行存款		2012年4月20日		收字第5号
摘要	贷方科目		金额	记账
	一级科目	明细科目		
销售A商品	主营业务收入	A商品	¥45,000.00	
	应交税费	应交增值税	¥7,650.00	
合计			¥52,650.00	

图7-97 收款凭证最终效果

7.6.2 录入付款凭证

公司于2012年4月25日购入了一批甲材料,买价共计15000元,增值税进项税款为2550元,共计 17550 元，已开出支票一张支付购货款，现需要填制银行存款付款凭证，效果如图 7-98 所示（与收款凭证的制作类似）。

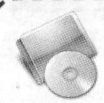

效果文件：效果 \ 第 7 章 \ 付款凭证 .xlsx

付款凭证

贷方科目：银行存款　　2012年4月25日　　付字第3号

摘要	借方科目		金额	记账
	一级科目	明细科目		
购买甲材料	物资采购	甲材料	￥15,000.00	
	应交税费	应交增值税	￥2,550.00	
合计			￥17,550.00	

图7-98　付款凭证最终效果

7.6.3　录入转账凭证

公司于 2012 年 4 月 30 日领用钢材生产 B 商品，钢材金额领用量为 20000 元，现需要填制转账凭证，效果如图 7-99 所示。

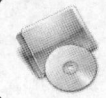

效果文件：效果 \ 第 7 章 \ 转账凭证 .xlsx

重点提示：转账凭证需在表格中体现“借方金额”和“贷方金额”两个项目字段。

转账凭证

2012年4月30日　　转字第10号

摘要	一级科目	明细科目	借方金额	贷方金额	记账
生产B商品利用材料	生产成本	B商品	￥20,000.00		
	原材料	钢材		￥20,000.00	
合计			￥20,000.00	￥20,000.00	

图7-99　转账凭证最终效果

7.6.4　编制汇总凭证

公司于 2012 年 4 月 5 日发出一批原材料和燃料，分别用于生产商品以及正常耗用，现需要编制发料凭证汇总表，录入并计算具体的数据，效果如图 7-100 所示。

效果文件：效果\第7章\汇总凭证.xlsx

重点提示：（1）生产成本使用的原材料和燃料需要进行小计汇总。
（2）不同科目或部门耗用的原材料即燃料需要合计汇总。
（3）所有原材料和燃料的耗用量需要合计汇总。

发料凭证汇总表
2012年4月5日

会计科目	领料部门	原材料	燃料	合计
生产成本	A商品生产车间	￥ 18,000.00	￥ 2,300.00	￥ 20,300.00
	B商品生产车间	￥ 23,000.00	￥ 1,800.00	￥ 24,800.00
	小计	￥ 41,000.00	￥ 4,100.00	￥ 45,100.00
制造费用	车间耗用	￥ 1,200.00	130.00	1,330.00
管理费用	管理部门耗用	￥ 800.00	80.00	880.00
合计		￥ 43,000.00	￥ 4,310.00	￥ 47,310.00

图7-100　汇总凭证最终效果

第 3 篇
账务处理篇

第 8 章　制作会计账簿

> 既然能使用Excel录入记账凭证数据，小雯觉得一定能够在Excel中实现会计账簿的编制和登账工作。为了实现这一目的，她向老陈请教了具体的实施方法。老陈告诉她，工作中登记最普遍的会计账簿主要包括日记账、总账和明细账，在Excel中虽然可以实现这些账簿的编制和登账工作，但与实体账簿相比，虽然目的都是为了更好地整理、查看以及核对记账凭证，在格式上还是有一定区别的，只要了解了这一点，便能利用Excel制作会计账簿。

知识点

- 编制银行存款日记账
- 通过条件格式设置样式
- 使用公式和函数登账
- 登记总账
- 编制应付账款明细账
- 关联各个会计账簿

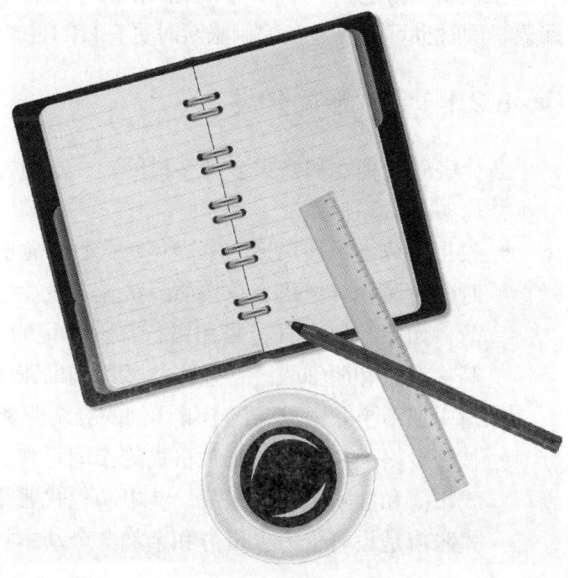

▶ 8.1 案例目标

根据编制好的记账凭证,逐一登记银行存款日记账、总账以及应付账款明细账这3个账簿。

素材文件:素材\第8章\会计账簿.xlsx
效果文件:效果\第8章\会计账簿.xlsx

如图8-1所示即为编制好的会计账簿中的银行存款日记账最终效果,其中可以查看当月银行存款账户的明细发生情况、金额以及累计发生数额等。除此以外,还将编制总账以及以应付账款账户为代表的明细账,通过操作学习在Excel中制作各种会计账簿的知识。

图8-1 银行存款日记账最终效果

▶ 8.2 职场秘笈

在编制账簿之前,老陈将有关账簿的一些知识重新给小雯介绍一遍,一方面可以加深她的印象,同时也可以使她在编制账簿时更有目的性。

▶ 8.2.1 会计账簿分类

会计账簿的种类和格式多种多样的,一般可按照用途、账页格式和外形特征进行分类,其分类结构如图8-2所示。

- **按用途分类**:按用途的不同可将会计账簿分为序时账簿、分类账簿和备查账簿。其中序时账簿又称日记账,是按照经济业务发生或完成时间的先后顺序逐日逐笔进行登记的账簿,如库存现金日记账和银行存款日记账。分类账簿又可分为总分类账和明细分类账,简称总账和明细账。备查账簿又称辅助账簿,是对某些在序时账簿和分类账簿等主要账簿中都不予登记或登记不够详细的经济业务事项进行补充登记时使用的账簿。
- **按账页格式分类**:按账页格式的不同可将会计账簿分为两栏式账簿、三栏式账簿、多栏式账簿和数量金额式账簿。其中两栏式账簿只有借方和贷方两个基本金额的账簿。三栏式账簿是设有借方、贷方和余额3个基本栏目的账簿。多栏式账簿在账簿的两个基本栏目及借方和贷方会按实际需要分设若干专栏。数量金额式账簿的借方、贷方和金额三个栏目内都分设数量、单价和金额三小栏，反映财产物资的实物数量和价值量。
- 按外形特征分类：按外形特征的不同可将会计账簿分为订本账簿、活页账簿和卡片账簿。其中订本账簿简称订本账，是在启用前将编有顺序页码的一定数量账页装订成册的账簿。活页账簿简称活页账，是将一定数量的账页置于活页夹内，可根据记账内容的变化而随时增加或减少部分账页的账簿。卡片账簿简称卡片账，是将一定数量的卡片式账页存放于专设的卡片箱中，账页可以根据需要随时增添的账簿。

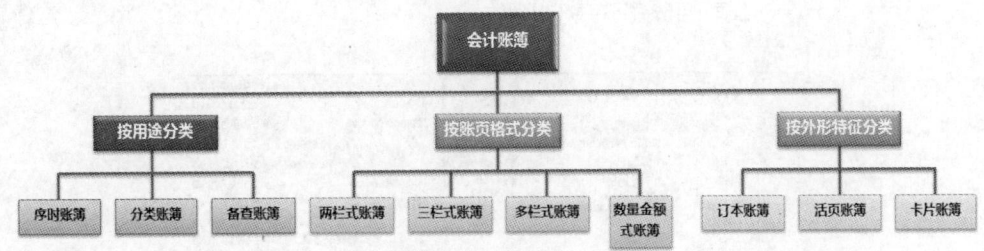

图8-2 会计账簿的分类

8.2.2 日记账、总账和明细账概述

在接下来的表格制作中，将主要涉及日记账、总账和明细账的编制操作，这里将简要对这3类账簿进行介绍，以便更加熟悉这些对象。

- 日记账：会计中常用的日记账是特种日记账，包括现金日记账和银行存款日记账。其中现金日记账的格式主要有三栏式和多栏式两种，其外形特征都属于订本账。企业必须设置现金日记账，并按照现金业务发生的先后顺序逐笔顺时登记。每日终了，应根据登记的"现金日记账"结余数与实际库存数进行核对，做到账实相符。月份终了，现金日记账的余额必须与"库存现金"总账科目的余额核对相符。

>  **专家点拨 银行存款日记账**
> 银行存款日记账应按在银行开立的账户和币种分别设置，每个银行账户设置一本日记账，其格式和登记方法都与现金日记账相同，即做到日清月结，账实相符。

- 总账：总账的账页格式有三栏式和多栏式两种，最常用的格式为三栏账，即设置借方、贷方和余额3个基本金额栏目，必须采用订本账形式。总账可以根据记账凭证逐笔登记，也可以根据科目汇总表或汇总记账凭证等登记。
- 明细账：明细账一般采用活页账形式，也有卡片式账簿，如固定资产明细账。其格式主要有三栏式、多栏式和数量金额式3种。三栏式明细账设有借方、贷方和余额3个栏目，其格式与三栏式总账相同,适用于只进行金额核算的资本、债权、债务科目，如"应收账款"、"应付账款"等科目；多栏式明细账适用于收入、成本、费用、利润和利润分配科目，如"生产成本"、"管理费用"等科目；数量金额式明细账的借方、贷方和余额都分别设有数量、单价和金额3个专栏，适用于既要进行金额核算，又要进行数量核算的存货明细账，如"原材料"、"库存商品"等科目。

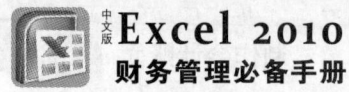

8.3 制作思路

对于即将执行的任务，小雯这次主动向老陈询问了制作思路，她明白只有事先规划并明确了制作思路，在制作时才不会盲目或手足无措。

会计账簿表格的制作思路大致如下：

（1）根据记账凭证创建银行存款日记账，如图 8-3 所示。

××公司4月份银行存款日记账

2012年 月	日	凭证 种类	号数	摘要	对方科目	收入	支出	结余
4	1			承上月				¥ 1,080,000.00
	2	银收	001	向银行借入3个月短期借款	短期借款	¥ 120,000.00		¥ 1,200,000.00
	2			本日合计		¥ 120,000.00	¥ -	¥ 1,200,000.00
	6	银付	002	以银行存款归还甲公司欠款	应付账款		¥ 40,000.00	¥ 1,160,000.00
	6			本日合计		¥ -	¥ 40,000.00	¥ 1,160,000.00
	15	银收	004	收到企业投资	实收资本	¥ 1,000,000.00		¥ 2,160,000.00
	15			本日合计		¥ 1,000,000.00	¥ -	¥ 2,160,000.00
	20	银付	005	偿还长期借款	长期借款		¥ 600,000.00	¥ 1,560,000.00
	20			本日合计		¥ -	¥ 600,000.00	¥ 1,560,000.00
	28	银收	006	收到乙公司前欠货款	应收账款	¥ 70,000.00		¥ 1,630,000.00
	28			本日合计		¥ 70,000.00	¥ -	¥ 1,630,000.00
	30	银付	007	以银行存款偿还材料款	应付账款		¥ 150,000.00	¥ 1,480,000.00
	30			本日合计		¥ -	¥ 150,000.00	¥ 1,480,000.00
	30			本月合计		¥ 1,190,000.00	¥ 790,000.00	¥ 1,480,000.00

查看总账

图8-3　银行存款日记账

（2）利用记账凭证登记并计算总账，如图 8-4 所示。

××公司4月份总分类账

科目代码	会计科目名称	摘要	借方	贷方	方向	结余
1002	银行存款	期初余额			借	¥ 1,080,000.00
		本月合计	¥ 1,190,000.00	¥ 790,000.00	借	¥ 1,480,000.00
1122	应收账款	期初余额			借	¥ 170,000.00
		本月合计	¥ -	¥ 70,000.00	借	¥ 100,000.00
1403	原材料	期初余额			借	¥ 303,000.00
		本月合计	¥ 150,000.00	¥ -	借	¥ 453,000.00
1601	固定资产	期初余额			借	¥ 3,580,000.00
		本月合计	¥ 500,000.00	¥ -	借	¥ 4,080,000.00
2001	短期借款	期初余额			贷	¥ 50,000.00
		本月合计	¥ -	¥ 120,000.00	贷	¥ 170,000.00
2202	应付账款	期初余额			贷	¥ 143,000.00
		本月合计	¥ 190,000.00	¥ 175,500.00	贷	¥ 128,500.00
2221	应交税费	期初余额			贷	¥ 40,000.00
		本月合计	¥ 25,500.00	¥ -	贷	¥ 14,500.00
2501	长期借款	期初余额			贷	¥ 600,000.00
		本月合计	¥ 600,000.00	¥ -	贷	¥ -
4001	实收资本	期初余额			贷	¥ 4,300,000.00
		本月合计	¥ -	¥ 1,500,000.00	贷	¥ 5,800,000.00

图8-4　登记并计算总账

（3）利用记账凭证创建应付账款明细账，如图 8-5 所示，完成后通过创建超链接和插入批注的方法将多个账簿关联起来。

××公司4月份应付账款明细账

2012年 月	日	凭证 字	号	摘要	对方科目	借方金额	贷方金额	方向	结余
4	1			承上月					¥ 143,000.00
	6	付	002	以银行存款归还甲公司欠款	银行存款	¥ 40,000.00		贷	¥ 103,000.00
	12	转	003	购入材料，税率17%，未支付	原材料、应交税费		¥ 175,500.00	贷	¥ 278,500.00
	30	付	007	以银行存款偿还材料款	银行存款	¥ 150,000.00		贷	¥ 128,500.00
	30			本月合计		¥ 190,000.00	¥ 175,500.00		¥ 128,500.00

查看总账

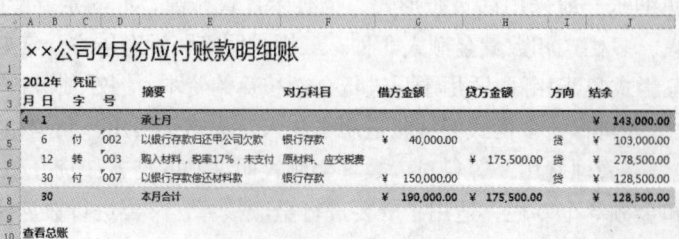

图8-5　建立期初余额表

8.4 操作步骤

理解了老陈介绍的制作思路后，小雯便在老陈的指导下，开始编制会计账簿中的相关表格了。

8.4.1 编制银行存款日记账

银行存款日记账可以反映这个月银行存款的增加情况，下面将首先利用条件格式建立一定的样式规则，然后再利用"记账凭证"工作表和"期初余额"工作表中的相关数据来登记银行存款日记账。

1. 通过条件格式设置样式

通过条件格式设置样式后，可实现在后面登记账簿时自动根据输入的文本内容为数据记录应用指定的样式，其具体操作如下。

动画演示：演示\第8章\通过条件格式设置样式.swf

01 打开"会计账簿.xlsx"工作簿，切换到"银行存款日记账"工作表，选择A4:I17单元格区域，在"开始"选项卡"样式"组中单击"条件格式"按钮，在弹出的下拉菜单中选择"管理规则"命令，如图8-6所示。

02 打开"条件格式规则管理器"对话框，单击 新建规则(N) 按钮，如图8-7所示。

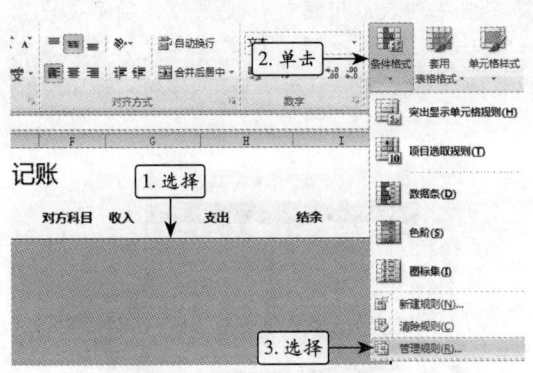
图8-6 管理条件格式规则

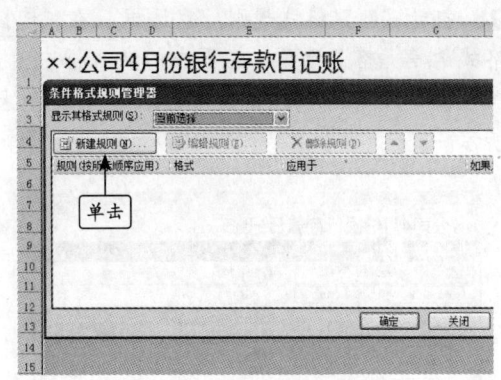
图8-7 新建规则

03 打开"新建格式规则"对话框，在"选择规则类型"列表框中选择"使用公式确定要设置格式的单元格"选项，在下方的文本框中输入"=$E4="承上月""，单击 格式(F)... 按钮，如图8-8所示。

04 打开"设置单元格格式"对话框，单击"字体"选项卡，在"字形"列表框中选择"加粗"选项，如图8-9所示。

05 单击"填充"选项卡，选择如图8-10所示的颜色，然后单击 确定 按钮。

06 返回"新建格式规则"对话框，单击 确定 按钮，如图8-11所示。

07 返回"条件格式规则管理器"对话框，其中的列表框中将显示新建的规则内容，继续单击 按钮，如图8-12所示。

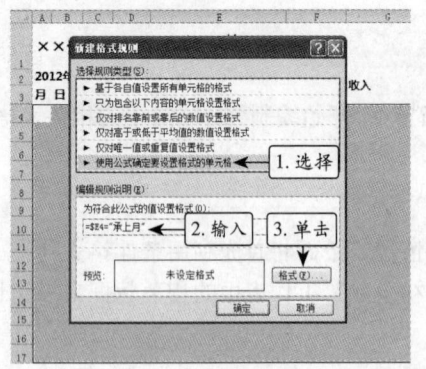
图8-8 设置公式规则

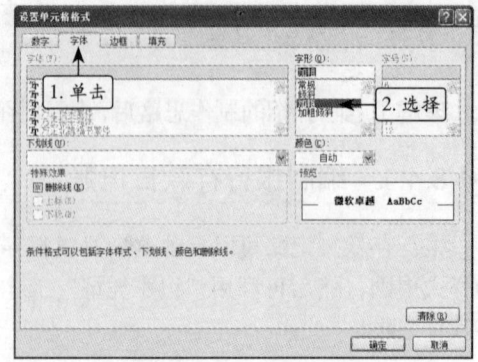
图8-9 设置字体格式

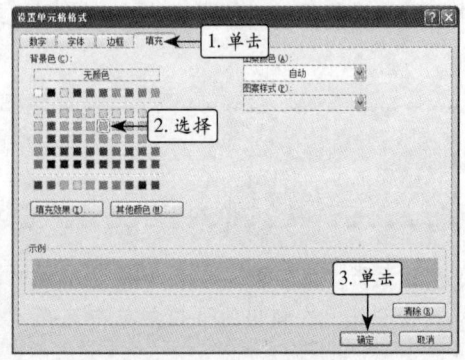
图8-10 设置填充颜色

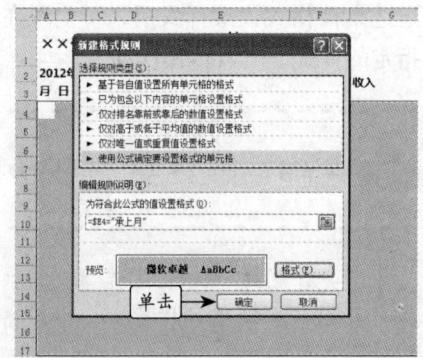
图8-11 确认设置

08 打开"新建格式规则"对话框,在"选择规则类型"列表框中选择"使用公式确定要设置格式的单元格"选项,在下方的文本框中输入"=$E4="本日合计"",将字体格式加粗,填充颜色设置为前面选择的同一系列的填充颜色上方相邻的颜色选项,单击 确定 按钮,如图8-13所示。

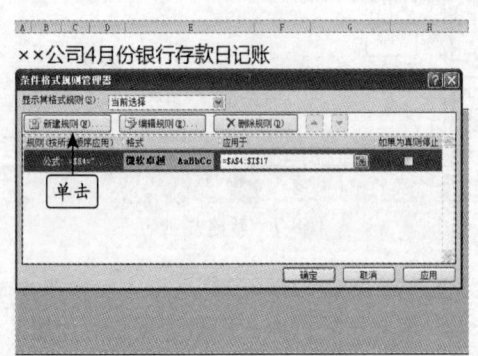
图8-12 新建规则

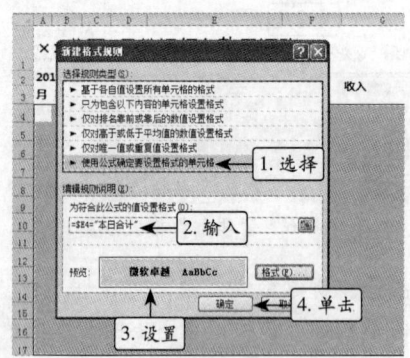
图8-13 设置规则和格式

09 返回"条件格式规则管理器"对话框,继续单击 新建规则(N)... 按钮,如图8-14所示。
10 打开"新建格式规则"对话框,在"选择规则类型"列表框中选择"使用公式确定要设置格式的单元格"选项,在下方的文本框中输入"=$E4="本月合计"",将字体格式加粗,填充颜色设置为黄色,单击 确定 按钮,如图8-15所示。
11 返回"条件格式规则管理器"对话框,单击 确定 按钮完成设置,如图8-16所示。

制作会计账簿

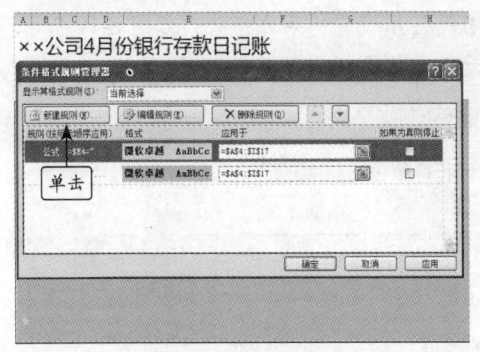

图8-14 新建规则

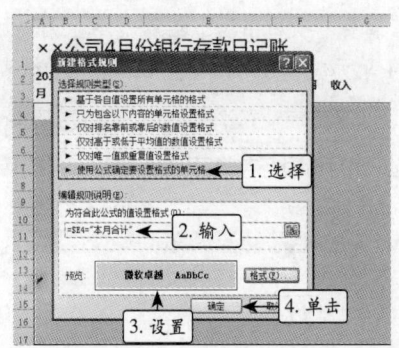

图8-15 设置规则和格式

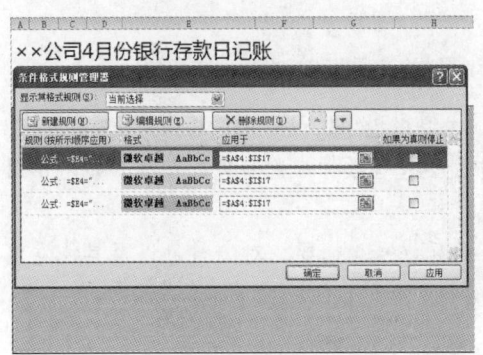

图8-16 确认设置

> **操作提示** **条件格式优先级**
> 在左图对话框中的列表框中，位于上方的规则优先于下方的规则，假如上方的规则为填充黄色，下方的规则为货币型数据，默认情况下单元格既会填充黄色，又会将数值显示为货币型数据，但选中上方规则右侧的复选框，则将只应用填充黄色这个规则。

2. 使用公式和函数登账

下面将利用"记账凭证"工作表和"期初余额"工作表中的相关数据，并结合公式和函数，来完成日记账的登记工作，其具体操作如下。

> 动画演示：演示\第8章\使用公式和函数登账.swf

01 切换到"记账凭证"工作表，利用条件格式将科目名称为"银行存款"的数据记录填充为黄色，以方便后面登记日记账时查看，如图8-17所示。

02 切换到"银行存款日记账"工作表，在A4和B4单元格中分别输入月份和日期，如图8-18所示。

图8-17 设置条件格式

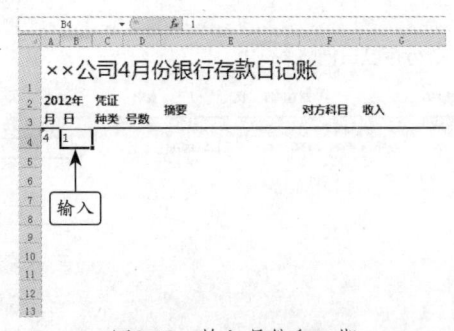

图8-18 输入月份和日期

137

03 在"摘要"项目字段下输入"承上月",确认后将自动应用设置的条件格式,如图 8-19 所示。

04 在 I4 单元格中引用"期初余额"工作表中 B3 单元格中的数据,如图 8-20 所示。

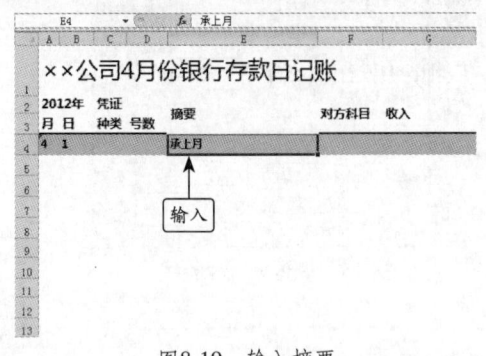

图8-19　输入摘要

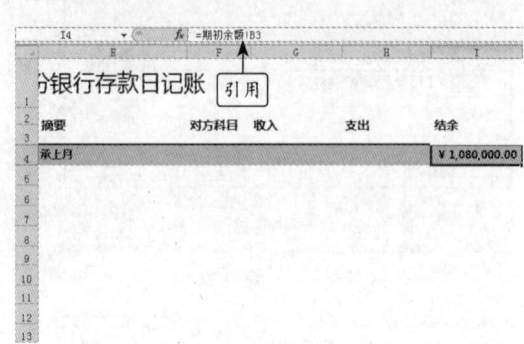

图8-20　引用期初余额

05 在 B5 单元格中输入日期,然后选择 C5 单元格,在编辑栏中输入"=IF(G5<>"","银收","银付")",表示将根据"收入"或"支出"项目字段中是否包含数据来判断凭证种类,如图 8-21 所示。

06 进行根据"记账凭证"工作表中的记录输入相应的凭证号、摘要、对方科目以及具体发生的金额,如图 8-22 所示。

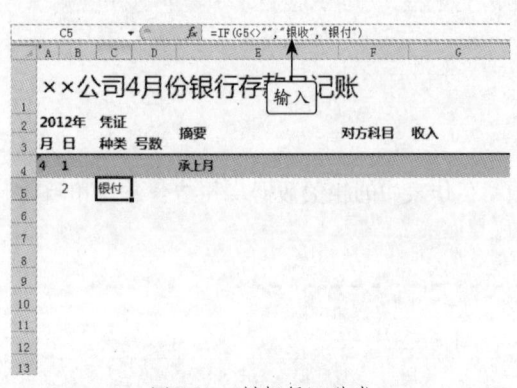

图8-21　判断凭证种类

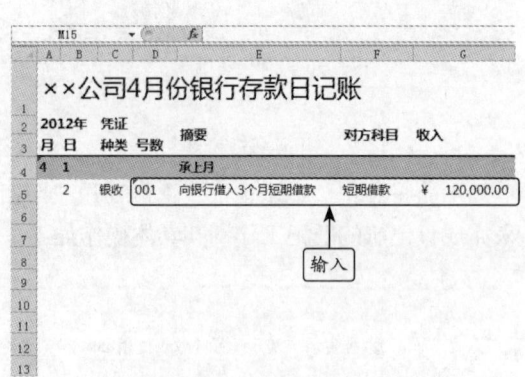

图8-22　输入具体内容

07 在 I5 单元格中输入"=I4+G5-H5",表示当前结余等于上笔业务的结余加上本次业务收入并减去本次业务支出的结果,如图 8-23 所示。

08 由于当日只存在一笔业务,因此在第 6 行进行当日合计,并输入相应的数据,如图 8-24 所示。

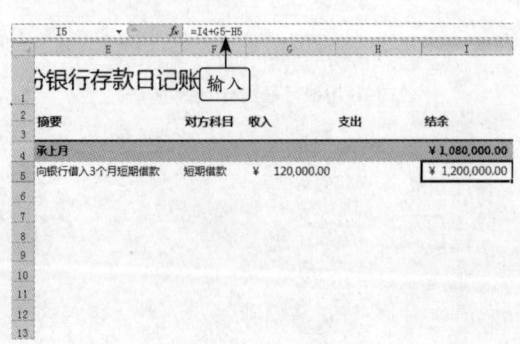

图8-23　计算结余

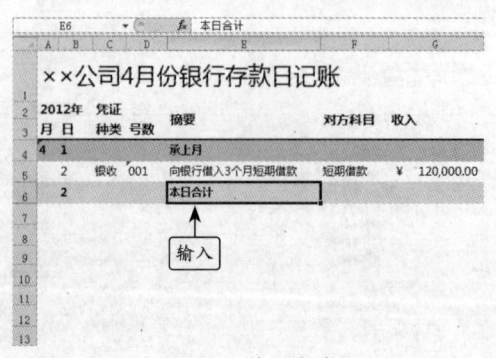

图8-24　输入文本

制作会计账簿

09 在 G6 单元格中输入"=G5",并将该公式填充至 H6 单元格,如图 8-25 所示。
10 在 I6 单元格中输入"=I5",如图 8-26 所示。

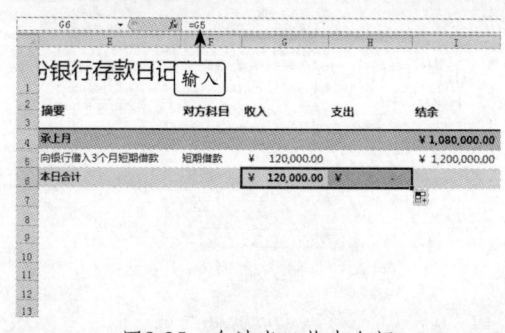

图8-25　合计当日收支金额　　　　　图8-26　合计当前结余

11 输入下一步业务发生的日期,并将 C5 单元格中的函数复制到 C7 单元格,如图 8-27 所示。
12 输入该笔业务的其他相关数据,如图 8-28 所示。

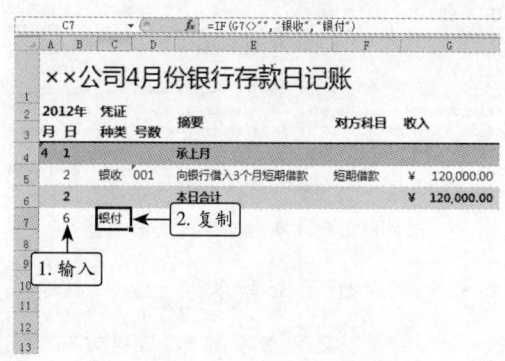
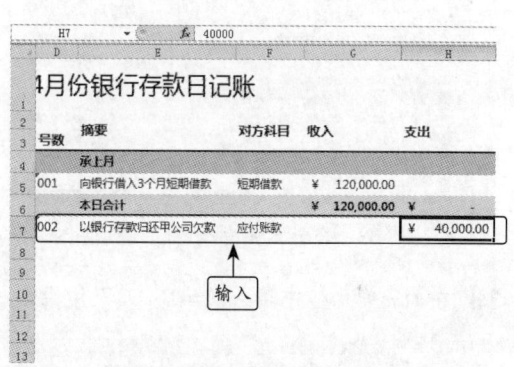

图8-27　输入日期并复制函数　　　　　图8-28　输入其他相关数据

13 复制 I5 单元格中的公式至 I7 单元格,快速得到当前业务发生后的结余数据,如图 8-29 所示。
14 将前日合计的相关单元格区域复制到第 8 行的相应单元格区域,修改合计日期后便快速得到本日合计的数据,如图 8-30 所示。

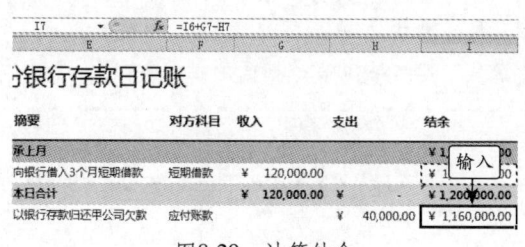
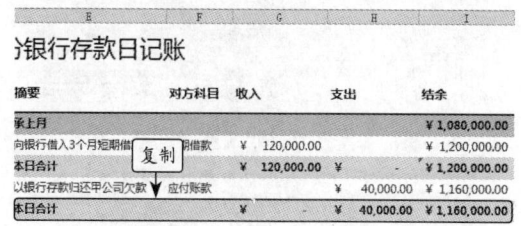

图8-29　计算结余　　　　　图8-30　复制数据进行本日合计

15 按相同方法继续登记并计算其他日期发生的相关业务数据,如图 8-31 所示。
16 在第 17 行输入本月合计及合计日期,自动应用条件格式,如图 8-32 所示。
17 在 G17 单元格中输入"=SUMIFS(G4:G16,E4:E16,"=本日合计")",表示合计"收入"项目字段下摘要为"本日合计"的数据,如图 8-33 所示。
18 在 H17 单元格中输入"=SUMIFS(H4:H16,E4:E16,"=本日合计")",表示合计"支出"项目字段下摘要为"本日合计"的数据,如图 8-34 所示。

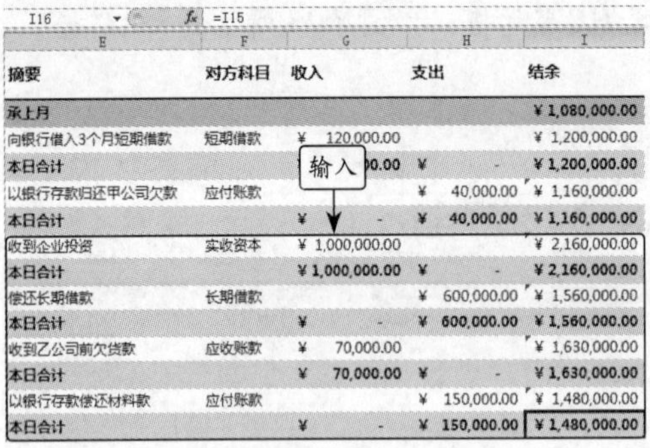

图8-31 登记其他日记账业务 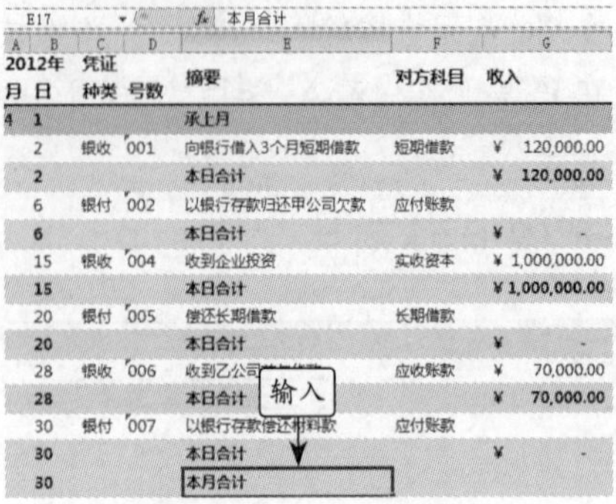　　　　　　图8-32 输入本月合计文本

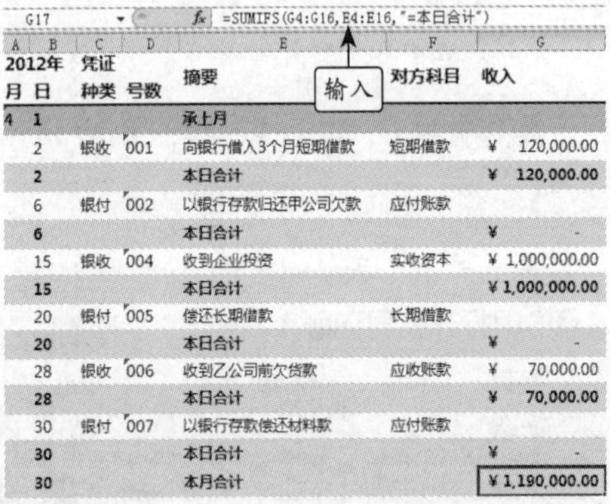

图8-33 合计本月发生的收入数据 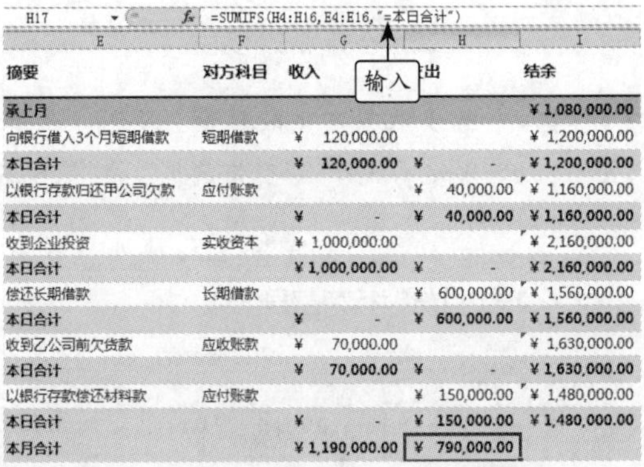　　　　图8-34 合计本月发生的支出数据

19 在 I17 单元格中输入"=I16",引用最近一日的结余数据,如图 8-35 所示。

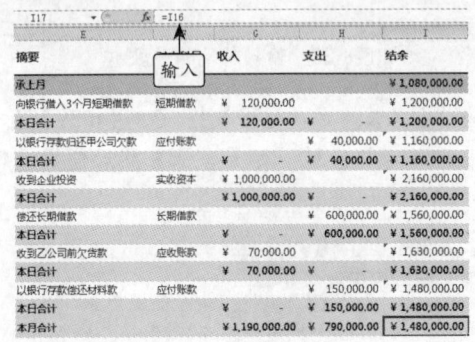

图8-35 应用结余数据

检验本月合计的结余数据
为确保日记账中本月合计下的结余数据是正确的,可利用月初的结余数据加上本月合计中的收入数据减去支出数据来求证,如果登账正确,其结果应该是相同的。

专家点拨　本日合计时的注意事项:
上例中由于本日均只发生一笔业务,因此在进行本日合计时,直接利用复制上日合计中的数据来快速得到结果。但如果每日发生多比业务,且次数均不相等,则需要手动利用 SUM() 函数来进行当日合计。

8.4.2 登记总账

登记总账时,将首先通过条件格式突出显示合计栏的数据记录,然后通过 VLOOKUP() 函数根据科目代码自动返回科目名称,并引用对应的期初余额,最后利用SUMIFS()函数和IF()函数等对科目进行本月合计,其具体操作如下。

动画演示: 演示\第8章\登记总账.swf

01 切换到"总账"工作表,选择A3:G20单元格区域,创建如图8-36所示的公式规则,并将格式设置为"加粗,黄色填充",单击 确定 按钮。

02 选择B3:B20单元格区域,在编辑栏中输入"=IF(A3<>"",VLOOKUP(A3,会计科目!$A$3:$B$11,2),"")",表示如果左侧相邻的单元格不为空时,将返回"会计科目"工作表中查找到的对应科目名称,若为空,则返回空值,如图8-37所示。

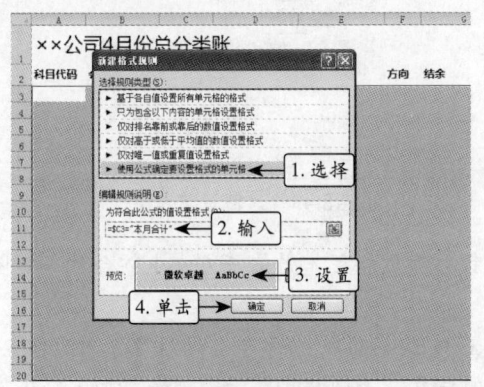

图8-36　设置条件格式

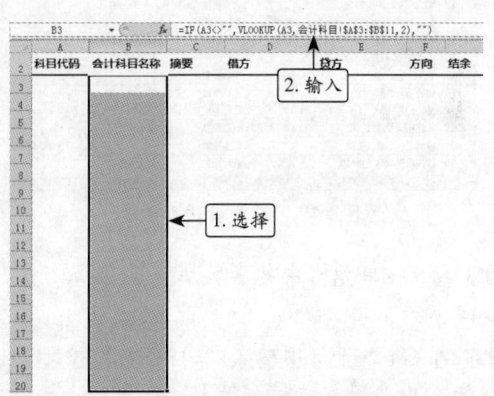

图8-37　设置函数根据代码返回科目名称

03 在A3单元格中输入1002,此时将在B3单元格中自动输入对应的科目"银行存款",如图8-38所示。

04 继续在该行中输入摘要、借贷方向,并引用"期初余额"工作表中对应科目的期初余额数据,如图8-39所示。

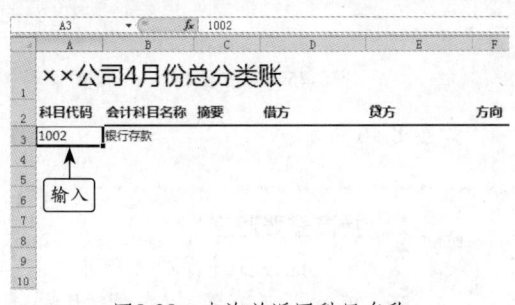

图8-38　查询并返回科目名称

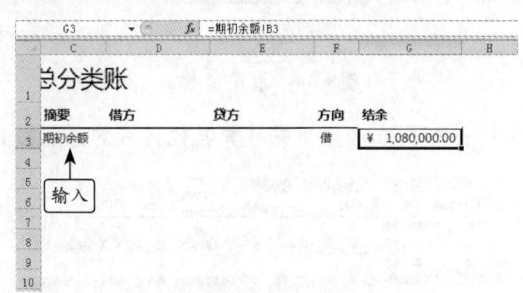

图8-39　输入并引用数据

05 在C4单元格中输入"本月合计",确认后将自动引用设置的条件格式,如图8-40所示。

06 在D4单元格中输入"=SUMIFS()",如图8-41所示。

07 切换到"会计凭证"工作表,将求和区域设置为I3:I18单元格区域,将条件区域设置为H3:H18单元格区域,并处理为绝对引用,将条件设置为"=银行存款",如图8-42所示。

08 按【Ctrl+Enter】组合键得到银行存款科目本月的借方发生额合计,如图8-43所示。

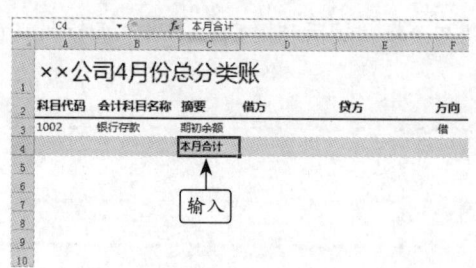
图8-40 输入文本

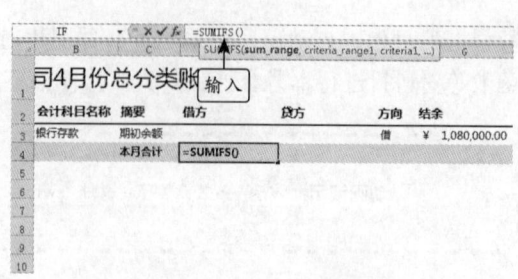
图8-41 输入函数名称

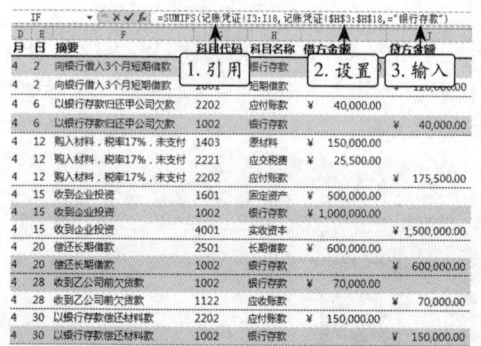
图8-42 设置函数参数

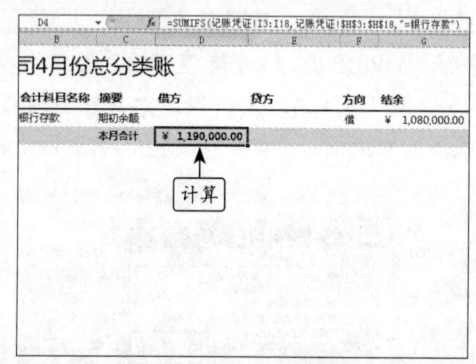
图8-43 返回计算结果

09 将D4单元格中的函数填充至E4单元格，得到银行存款科目本月的贷方发生额合计，如图8-44所示。

10 在G4单元格中输入"=IF(F4="借",G3+D4-E4,G3+E4-D4)"，表示若会计科目方向为借方，则结余为期初余额加上借方发生额减去贷方发生额的结果，否则结余等于期初余额加上贷方发生额减去借方发生额的结果，如图8-45所示。

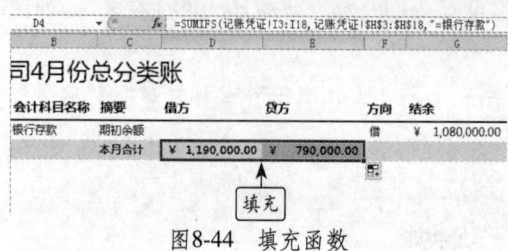
图8-44 填充函数

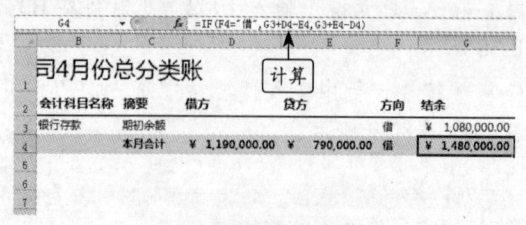
图8-45 计算结余

11 按相同方法登记并计算其他科目的总账数据即可，如图8-46所示。

图8-46 登记其他科目总账数据

操作提示：提高登账速度

对其他科目进行本月合计时，可首先通过复制借方栏中前一个科目的函数，并修改科目名称来计算，然后通过填充方式快速得到贷方发生额合计。最后直接复制上移科目结余函数便能得到当前科目的结余数据。

8.4.3 编制应付账款明细账

明细账的编制与日记账相似,下面以编制应付账款明细账为例介绍实现的方法,其具体操作如下。

动画演示:演示\第8章\编制应付账款明细账.swf

01 切换到"记账凭证"工作表,利用条件格式突出显示科目名称为"应付账款"的数据记录,以便后面登账时查看数据,如图8-47所示。

02 切换到"应付账款明细账"工作表,选择A4:G8单元格区域,建立如图8-48所示的公式规则,并将格式设置为"加粗,淡红色填充",单击 确定 按钮。

图8-47 突出显示数据记录

图8-48 建立公式规则

03 继续建立如图8-49所示的公式规则,并将格式设置为"加粗,黄色填充",单击 确定 按钮。

04 在第4行输入月份、日期和摘要等数据,如图8-50所示。

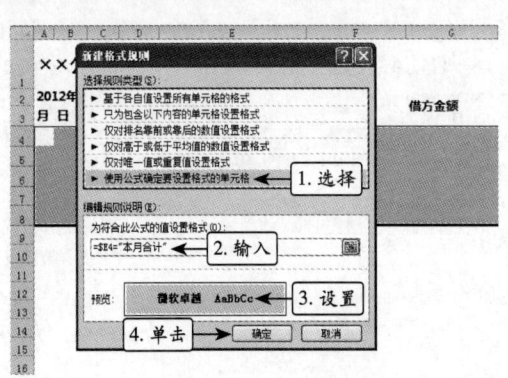

图8-49 建立公式规则

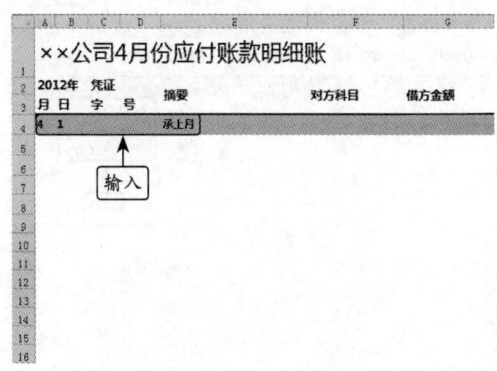

图8-50 输入所需数据

05 在J4单元格中引用"期初余额"工作表中相应科目对应的期初余额数据,如图8-51所示。

06 根据"记账凭证"工作表中突出显示的数据记录,继续在"应付账款明细账"工作表中录入相关数据,如图8-52所示。

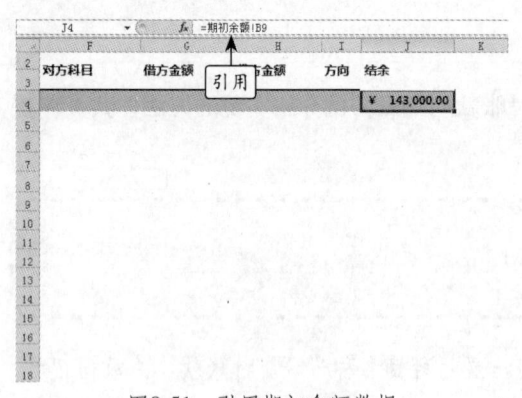

图8-51　引用期初余额数据

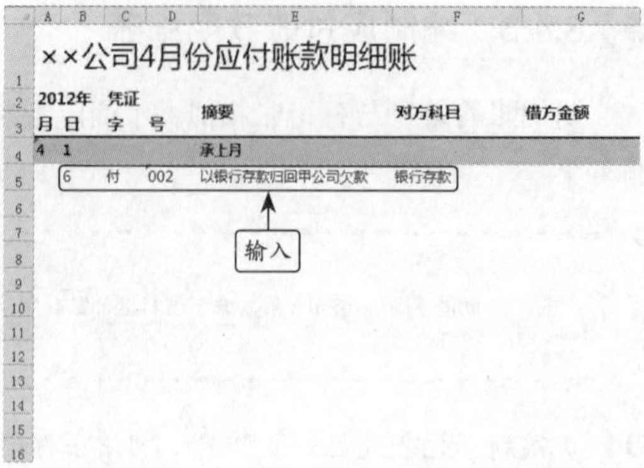

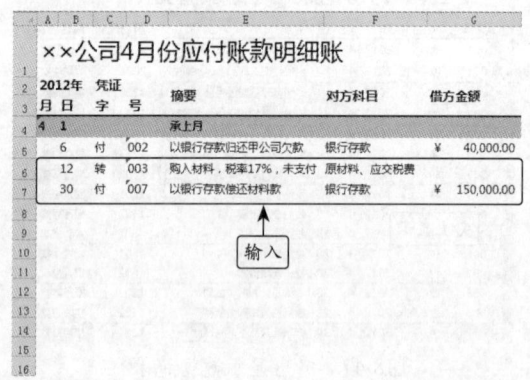

图8-52　输入数据

07 在第5行输入相关金额和借贷方向数据，然后选择J5单元格，在其编辑栏中输入"=J4+H5-G5"计算结余，如图8-53所示。

08 按相同方法输入应付账款科目本月发生的其他业务数据，如图8-54所示。

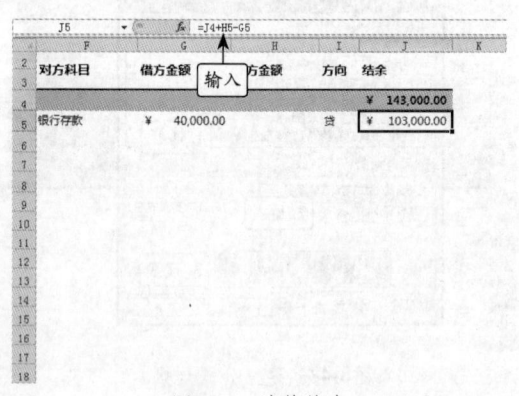

图8-53　计算结余

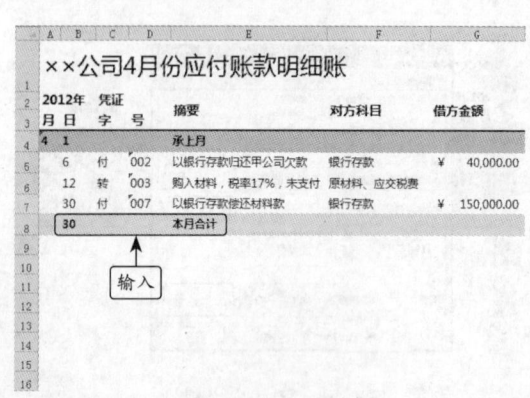

图8-54　输入数据

09 将J5单元格中的公式向下填充至J7单元格，计算其他业务发生后的结余，如图8-55所示。

10 在第8行输入日期和摘要，如图8-56所示，此时将自动应用设置的条件格式。

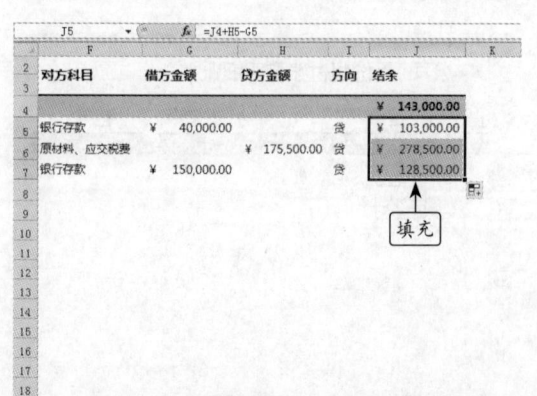

图8-55　填充公式

图8-56　输入文本

11 利用SUM()函数对借方金额和贷方金额数据进行求和计算，如图8-57所示。

12 在J8单元格中引用最近一笔业务发生后的结余数据，如图8-58所示。

制作会计账簿

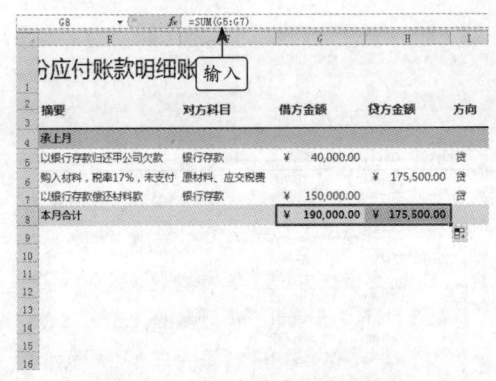
图8-57 合计借贷双方金额

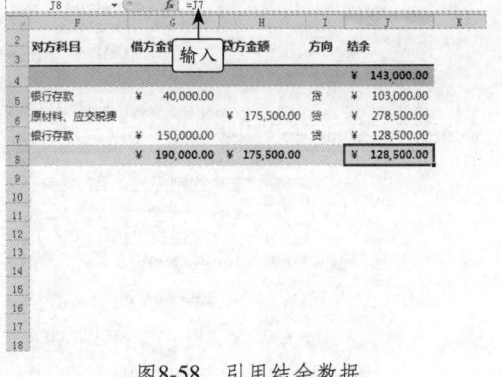
图8-58 引用结余数据

8.4.4 关联各个会计账簿

为了便于更好地查看各个会计账簿，下面将利用批注和超链接等工具来实现该目的，其具体操作如下。

> 动画演示：演示\第8章\关联各个会计账簿.swf

01 切换到"总账"工作表，选择B3单元格，在"审阅"选项卡"批注"组中单击"新建批注"按钮，如图8-59所示。

02 在自动显示的批注框中输入需要批注的内容，如图8-60所示。

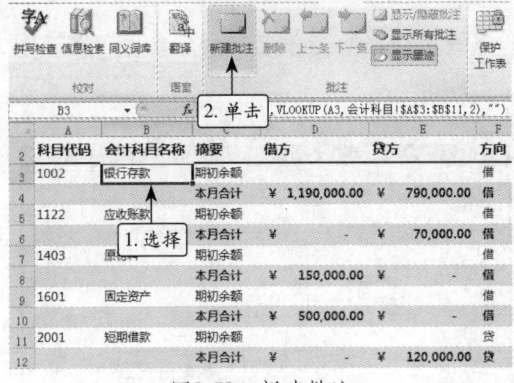
图8-59 新建批注

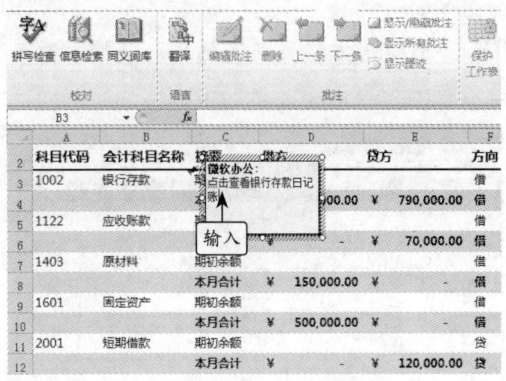
图8-60 输入批注内容

03 拖动批注边框上的控制点，适当调整批注框的大小，使其更好地显示其中的内容，如图8-61所示。

04 选择其他单元格，此时批注将处于隐藏状态，且插入批注的单元格右上角将呈现出红色的小三角形标记，如图8-62所示。

05 将鼠标指针移至该单元格上，此时便自动显示批注信息，从而了解具体的内容，如图8-63所示。

06 按相同方法为B13单元格创建批注，如图8-64所示。

145

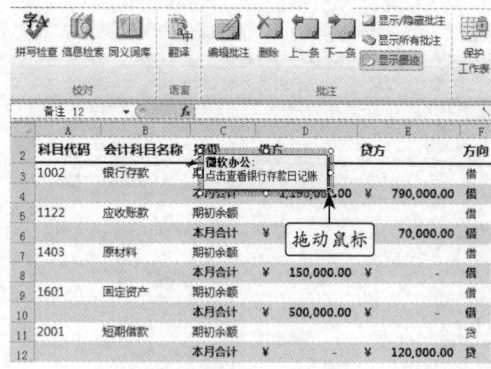

图8-61 调整批注框大小

图8-62 隐藏批注

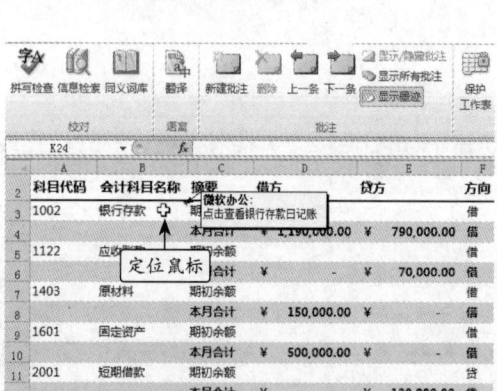

图8-63 显示批注内容

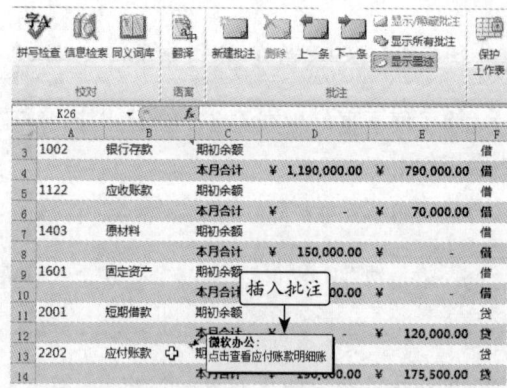

图8-64 新建批注

07 为B3单元格创建超链接，链接目标为"银行存款日记账"工作表，然后单击 确定 按钮，如图8-65所示。

08 为B13单元格创建超链接，链接目标为"应付账款明细账"工作表，然后单击 确定 按钮，如图8-66所示。

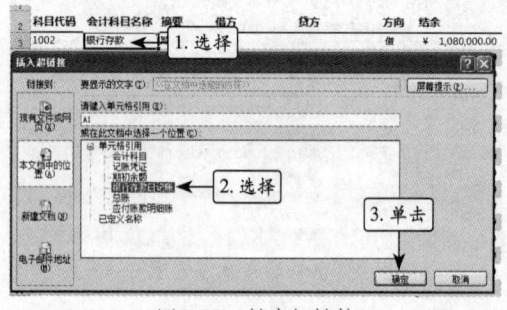

图8-65 创建超链接

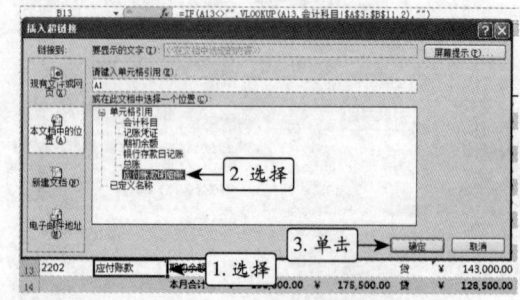

图8-66 创建超链接

09 利用格式刷工具将创建了超链接的单元格格式调整为该项目下其他单元格的格式，如图8-67所示。

10 切换到"银行存款日记账"工作表，输入文本并创建目标为"总账"工作表的超链接，如图8-68所示。

11 将该单元格直接复制到"应付账款明细账"工作表中，此时便可通过超链接快速实现在各个会计账簿中进行切换了，如图8-69所示。

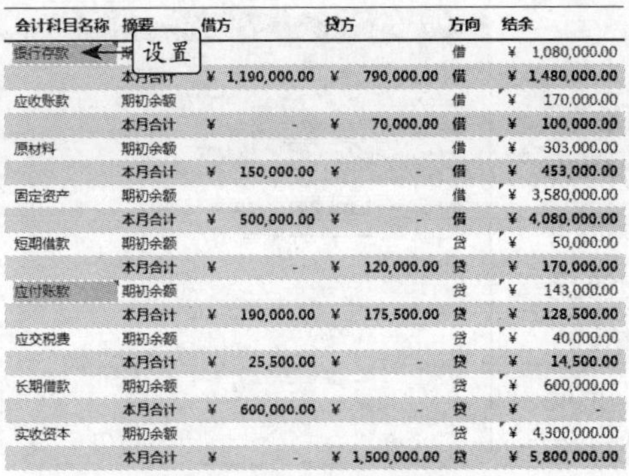

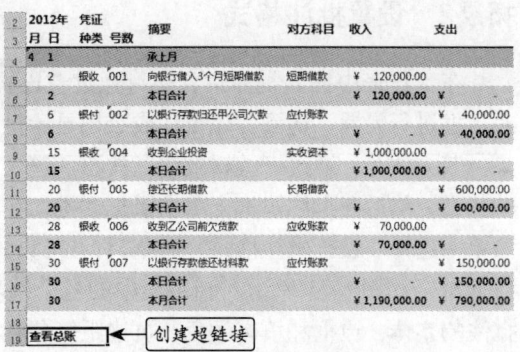

图8-67 设置超链接格式

图8-68 创建超链接

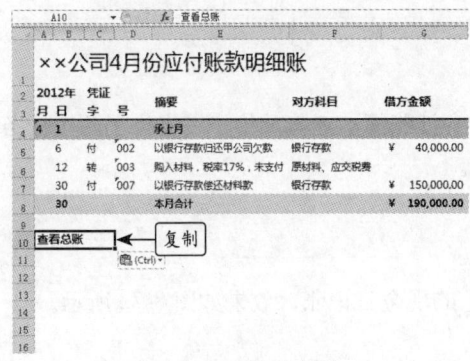

图8-69 复制超链接

> **方法技巧 添加超链接提示**
> 为某个单元格创建超链接时，可在"插入超链接"对话框右上角单击 屏幕提示(P) 按钮，并在打开的对话框中输入与该超链接相关的提示文本。此后将鼠标指针移至超链接所在的单元格上时，将自动弹出相关提示信息。

8.5 知识拓展

批注是为工作表提供注释，但又不影响工作表结构的有效工具之一，老陈为了让小雯掌握更多的有关批注的知识，决定进一步给她介绍一些与批注有关的内容。

拓展1 管理批注

选择工作表中插入了批注的单元格后，可在"审阅"选项卡"批注"组中利用其中的相关按钮对批注进行各种管理工作，如图8-70所示。各按钮的作用分别如下：

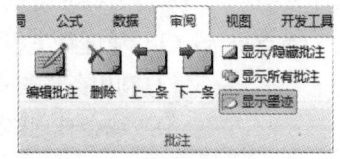

图8-70 管理批注的按钮

- "编辑批注"按钮：单击该按钮，可重新编辑当前单元格上的批注内容。
- "删除"按钮：单击该按钮可删除当前单元格上创建的批注对象。
- "上一条"按钮和"下一条"按钮：单击这两个按钮可逐一查看当前工作表中所有创建的批注内容。
- 显示/隐藏批注按钮：反复单击该按钮，可使当前所选单元格上的批注在显示与隐藏状态之间反复切换。
- 显示所有批注按钮：单击该按钮可显示工作表中所有创建的批注对象，再次单击该按钮又可隐藏所有批注。

拓展2 设置批注格式

在工作表中插入批注后，还可通过"设置批注格式"对话框进行设置，达到美化批注或突出显示批注内容的效果。其方法为：通过"编辑批注"按钮 进入到编辑批注的状态，然后在批注边框上单击鼠标右键，在弹出的快捷菜单中选择"设置批注格式"命令，打开"设置批注格式"对话框，如图 8-71 所示。利用其中的各个选项卡即可对批注的字体、边框和填充颜色、页边距等各种属性进行格式设置。

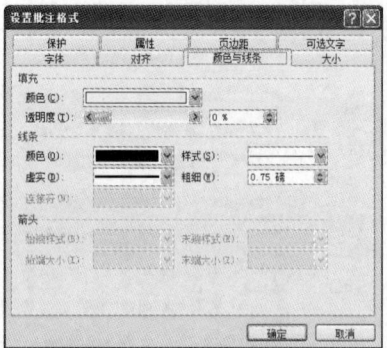

图 8-71 设置批注格式

8.6 实战演练

为了让小雯能够更加自如地在 Excel 中编制各种会计账簿，老陈又给小雯安排了两个任务，让她独立完成现金日记账和原材料明细账的编制工作。

8.6.1 制作现金日记账

根据下面提供的数据，填制公司 2012 年 4 月发生的现金日记账，效果如图 8-72 所示。
(1) 上月余额 1500 元；
(2) 1 号：提现 20000 元；
(3) 3 号：预支张明差旅费 2500 元、收回营业款 1200 元、发放工资 16800 元；
(4) 6 号：购买办公用品 1100 元、销售商品 3500 元；
(5) 18 号：卖废品收入 120 元、职工李华还款 500 元；
(6) 20 号：存入多余现金 5000 元。

效果文件：效果\第 8 章\现金日记账.xlsx

重点提示：(1) 凭证种类根据摘要和收入栏目判断。
(2) 利用条件格式体现"承上月"、"本日合计"和"本月合计"所在的数据记录格式。
(3) 现金日记账做到日清月结。

图 8-72 现金日记账最终效果

制作会计账簿

8.6.2 制作原材料明细账

公司于 2012 年 4 月 2 号、10 号和 23 号分别利用原材料用于生产,领用数量分别是 2000、1500 和 1600,原材料单价依次为 5 元、8 元和 5 元;同时于本月 5 号、18 号和 28 号购进了原材料,数量分别是 3500、2000 和 2000,单价依次为 8 元、6 元和 4 元。现需要根据这些数据编制原材料明细账,效果如图 8-73 所示。

 效果文件:效果\第 8 章\原材料明细账.xlsx

重点提示:(1)原材料明细账采用数量金额式格式。
(2)借贷双方的金额等于对应的数量 × 单价的乘积。
(3)余额栏的数量和单价利用 IF() 函数根据借方和贷方栏判断返回。
(4)余额栏的金额 = 上月余额 + 本次借方金额 − 本次贷方金额。
(5)本月合计仅统计借贷双方的数量和金额以及累计余额。

原材料明细账

2012年		凭证		摘要	对方科目	借方			贷方			余额		
月	日	种类	号数			数量	单价	金额	数量	单价	金额	数量	单价	金额
4	1			承上月										¥ 32,000.00
	2	转	001	生产领用材料	生产成本		¥ −		2000	¥ 5.00	¥ 10,000.00	2000	¥ 5.00	¥ 22,000.00
	5	付	002	购买原材料	银行存款	3500	¥ 8.00	¥ 28,000.00				3500	¥ 8.00	¥ 50,000.00
	10	转	003	生产领用材料	生产成本			¥ −	1500	¥ 8.00	¥ 12,000.00	1500	¥ 8.00	¥ 38,000.00
	18	转	004	购买原材料	应付账款	2000	¥ 6.00	¥ 12,000.00			¥ −	2000	¥ 6.00	¥ 50,000.00
	23	转	005	生产领用材料					1600	¥ 5.00	¥ 8,000.00	1600	¥ 5.00	¥ 42,000.00
	28	转	006	购买原材料	应付账款	2000	¥ 4.00	¥ 8,000.00			¥ −	2000	¥ 4.00	¥ 50,000.00
	20			本月合计		7500		¥ 48,000.00	5100		¥ 30,000.00			¥ 50,000.00

图 8-73 原材料明细账最终效果

第 4 篇 进销存管理篇

第 9 章 制作原材料采购表

公司有一批固定的原材料采购清单，是进行产品生产的重要资料，为了更好地进行原材料采购管理，上级领导讨论后决定让小雯对原材料数据进行整理，并编制成原材料采购表，一方面可以查看采购金额，另一方面可以了解原材料最近的价格波动，对公司调整采购方案能提供有力的数据支持。小雯接到任务后，第一时间找到老陈，将相关要求给老陈解释了一遍后，希望能得到他的帮助。

知识点

- 录入原材料信息
- 通过代码自动返回原材料及单价
- 计算分类账各数据项目
- 分析价格变动率
- 创建价格变动条形图

制作原材料采购表

9.1 案例目标

根据小雯描述的表格需求，老陈总结后得到了几个结论，首先表格要显示公司固定的原材料基础数据，其次表格可以查看并实现自动计算每笔采购发生额，最后表格应该提供原材料采购价格的变动数据。通过这些结论，老陈给小雯介绍了此次任务的实现目标。

素材文件： 素材\第9章\原材料采购表.xlsx
效果文件： 效果\第9章\原材料采购表.xlsx

如图9-1所示即为编制好的原材料采购表中体现采购金额的分类账效果，该表格中的大部分数据是通过引用原材料资料中相关数据以及利用公式或函数计算自动得到的，不仅能提高表格数据的录入效率，而且减少了计算错误的情况。除此以外，还将在表格中通过引用近期原材料的采购价格来分析其变动情况，并利用条形图实现直观显示各原材料价格变动差异大小的目的。

原材料采购分类账								
月	日	摘要 代码	数量	单价	采购金额	支付金额	未支付金额	余额
5	1		前期结转					¥ 58,000.00
	6	TUL-758	焊管	2.5	¥ 5,800.00	¥ 14,500.00	¥ 5,000.00	¥ 9,500.00	¥ 67,500.00
	6	TUL-347	镀锌管	2	¥ 3,000.00	¥ 6,000.00		¥ 15,500.00	¥ 73,500.00
	8	TUL-011	冷弯型钢	1.5	¥ 3,500.00	¥ 5,250.00	¥ 5,250.00	¥ 15,500.00	¥ 73,500.00
	12	TUL-018	无缝管	1.5	¥ 4,500.00	¥ 6,750.00		¥ 22,250.00	¥ 80,250.00
	15	TUL-208	异型管	3	¥ 5,800.00	¥ 17,400.00	¥ 8,000.00	¥ 31,650.00	¥ 89,650.00
	15	TUL-139	方矩管	1	¥ 4,000.00	¥ 4,000.00		¥ 35,650.00	¥ 93,650.00
	18	TUL-523	H型钢	2.5	¥ 4,200.00	¥ 10,500.00		¥ 46,150.00	¥ 104,150.00
	19	TUL-139	方矩管	1.5	¥ 4,000.00	¥ 6,000.00	¥ 5,000.00	¥ 47,150.00	¥ 105,150.00
	22	TUL-004	螺旋管	2	¥ 5,680.00	¥ 11,360.00		¥ 58,510.00	¥ 116,510.00
	22	TUL-139	方矩管	1	¥ 4,000.00	¥ 4,000.00	¥ 4,000.00	¥ 58,510.00	¥ 116,510.00
	22	TUL-025	工字钢	2.5	¥ 4,300.00	¥ 10,750.00	¥ 10,000.00	¥ 59,260.00	¥ 117,260.00
	25	TUL-058	等边角钢	1.5	¥ 3,950.00	¥ 5,925.00		¥ 60,185.00	¥ 118,185.00
	25	TUL-105	槽钢	1.5	¥ 3,650.00	¥ 5,475.00		¥ 65,660.00	¥ 123,660.00
	28	TUL-139	方矩管	2	¥ 4,000.00	¥ 8,000.00	¥ 8,000.00	¥ 65,660.00	¥ 123,660.00
	28	TUL-208	异型管	1.5	¥ 5,800.00	¥ 8,700.00		¥ 74,360.00	¥ 132,360.00

图9-1 原材料采购分类账最终效果

9.2 职场秘笈

在编制原材料采购分类账之前，老陈需要将一些有关原材料的知识重新给小雯介绍一遍，使她在编制原材料采购表时更有目的性。

9.2.1 原材料概述

原材料不是商品，要想正确对原材料进行记账，首先就应该清楚什么是原材料，哪些对象属于原材料。

原材料即原料和材料，前者一般指来自农业、林业、矿业、牧业、渔业的产品；后者一般指经过适当加工的原料，如林业生产的原木属于原料，将原木加工为木板，就变成了材料。实际生产中对原料和材料的划分不一定清晰，因此一般统称为原材料。

原材料在会计中的定义是指经过加工能构成产品主要实体的各种原料、材料及不构成产品主要实体但有助于产品形成的各种辅助材料。原材料是企业存货的重要组成部分，其品种、规格较多，为加强对原材料的管理和核算，需要对其进行科学的分类。其类别主要可以分为：原材料及主要材料、辅助材料、外购半成品、修理用备件、包装材料、燃料，如图9-2所示。

图9-2　原材料分类

9.2.2　采购价格的重要性

原材料的采购价格不仅直接决定采购的成本，也对采购战略有着重要的影响。所谓采购战略，是采购人员根据企业的经营战略需求，制定和执行采购企业的物料获得的规划，通过内部客户需求分析，外部供应市场、竞争对手、供应基础等分析，在标杆比较的基础上设定物料的长短期的采购目标，达成目标所需的采购策略及行动计划，并通过行动的实施寻找到合适的供应资源，满足企业在成本、质量、时间和技术等方面的综合指标。而原材料采购价格的变动氛围、变动频率等因素，则可以为采购战略提供有力的数据分析支持。因此，不仅要关注采购价格对成本的影响，更要透过表面看到采购价格变动所代表的潜在指标。

9.3　制作思路

老陈希望小雯这次能独立完成任务，但在这之前他将整个任务的制作思路给小雯介绍一遍，使她清楚具体的环节和涉及的操作。

原材料采购表的制作思路大致如下：

（1）按照原材料类别依次输入各材料的相关数据，然后以代码为依据对数据记录进行升序排序，如图9-3所示。

代码	品名	类别	单位	单价
		原材料信息一览		
TUL-004	螺旋管	管材	吨	￥5,680.00
TUL-011	冷弯型钢	型材	吨	￥3,500.00
TUL-018	无缝管	管材	吨	￥4,500.00
TUL-025	工字钢	型材	吨	￥4,300.00
TUL-058	等边角钢	型材	吨	￥3,950.00
TUL-105	槽钢	型材	吨	￥3,650.00
TUL-139	方矩管	管材	吨	￥4,000.00
TUL-208	异型管	管材	吨	￥5,800.00
TUL-347	镀锌管	管材	吨	￥3,000.00
TUL-523	H型钢	型材	吨	￥4,200.00
TUL-758	焊管	管材	吨	￥5,800.00

图9-3　原材料信息一览表

（2）通过数据有效性、查询函数、公式、单元格混合引用等多种方法，实现对原材料的每一笔采购业务进行记账和计算的目的，如图9-4所示。

（3）利用引用数据和公式的方法，快速录入并计算各种原材料采购价格的变动数据，如图9-5所示。

制作原材料采购表

	A	B	C	D	E	F	G	H	I	J
1				原材料采购分类账						
2	月	日	摘要代码	数量	单价	采购金额	支付金额	未支付金额	余额	
3										
4	5	1	前期结转						¥ 58,000.00	
5		6	TUL-758	焊管	2.5	¥ 5,800.00	¥ 14,500.00	¥ 5,000.00	¥ 9,500.00	¥ 67,500.00
6		6	TUL-347	镀锌管	2	¥ 3,000.00	¥ 6,000.00		¥ 15,500.00	¥ 73,500.00
7		8	TUL-011	冷弯型钢	1.5	¥ 3,500.00	¥ 5,250.00	¥ 5,250.00	¥ 15,500.00	¥ 73,500.00
8		12	TUL-018	无缝管	1.5	¥ 4,500.00	¥ 6,750.00		¥ 22,250.00	¥ 80,250.00
9		15	TUL-208	异型管	3	¥ 5,800.00	¥ 17,400.00	¥ 8,000.00	¥ 31,650.00	¥ 89,650.00
10		15	TUL-139	方矩管	1	¥ 4,000.00	¥ 4,000.00		¥ 35,650.00	¥ 93,650.00
11		18	TUL-523	H型钢	2.5	¥ 4,200.00	¥ 10,500.00		¥ 46,150.00	¥ 104,150.00
12		19	TUL-139	方矩管	1.5	¥ 4,000.00	¥ 6,000.00	¥ 5,000.00	¥ 47,150.00	¥ 105,150.00
13		22	TUL-004	螺旋管	2	¥ 5,680.00	¥ 11,360.00		¥ 58,510.00	¥ 116,510.00
14		22	TUL-139	方矩管	1	¥ 4,000.00	¥ 4,000.00	¥ 4,000.00	¥ 58,510.00	¥ 116,510.00
15		22	TUL-025	工字钢	2.5	¥ 4,300.00	¥ 10,750.00	¥ 10,000.00	¥ 59,260.00	¥ 117,260.00
16		25	TUL-058	等边角钢	1.5	¥ 3,950.00	¥ 5,925.00	¥ 5,000.00	¥ 60,185.00	¥ 118,185.00
17		25	TUL-105	槽钢	1.5	¥ 3,650.00	¥ 5,475.00		¥ 65,660.00	¥ 123,660.00
18		28	TUL-139	方矩管	2	¥ 4,000.00	¥ 8,000.00	¥ 8,000.00	¥ 65,660.00	¥ 123,660.00
19		28	TUL-208	异型管	1.5	¥ 5,800.00	¥ 8,700.00		¥ 74,360.00	¥ 132,360.00

图9-4　原材料采购分类账

	A	B	C	D	E	F	G	H	I
1				原材料采购价格变动情况					
2	代码	品名	类别	单位	本月单价	上月单价	去年同期单价	月变动率(%)	年变动率(%)
3	TUL-004	螺旋管	管材	吨	¥5,680.00	¥5,680.00	¥5,300.00	0.00	0.07
4	TUL-011	冷弯型钢	型材	吨	¥3,500.00	¥3,550.00	¥3,800.00	0.01	0.08
5	TUL-018	无缝管	管材	吨	¥4,500.00	¥4,500.00	¥4,200.00	0.00	0.07
6	TUL-025	工字钢	型材	吨	¥4,300.00	¥4,250.00	¥4,600.00	0.01	0.07
7	TUL-058	等边角钢	型材	吨	¥3,950.00	¥3,900.00	¥4,100.00	0.01	0.04
8	TUL-105	槽钢	型材	吨	¥3,650.00	¥3,500.00	¥3,800.00	0.04	0.04
9	TUL-139	方矩管	管材	吨	¥4,000.00	¥4,000.00	¥3,800.00	0.00	0.05
10	TUL-208	异型管	管材	吨	¥5,800.00	¥5,800.00	¥5,500.00	0.00	0.05
11	TUL-347	镀锌管	管材	吨	¥3,000.00	¥2,950.00	¥3,200.00	0.02	0.06
12	TUL-523	H型钢	型材	吨	¥4,200.00	¥4,200.00	¥4,100.00	0.00	0.02
13	TUL-758	焊管	管材	吨	¥5,800.00	¥5,850.00	¥6,000.00	0.01	0.03

图9-5　原材料采购价格变动表

（4）创建条形图来直观显示原材料采购价格的年变动率和月变动率情况，如图9-6所示。

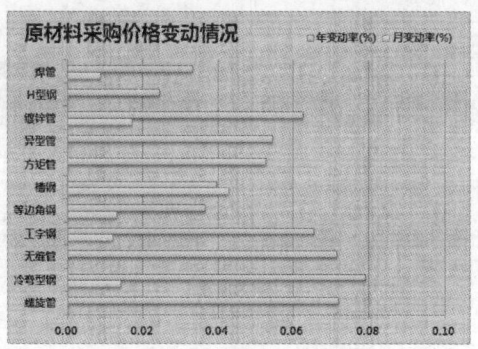

图9-6　采购价格变动条形图

▶ 9.4　操作步骤

小雯顺着老陈的思路，对整个表格的制作过程重新进行了熟悉和理解，在这之后，她就将开始完成任务了。

▶ 9.4.1　录入原材料信息

下面首先录入原材料信息表中的各种数据，包括表格标题、项目字段和数据记录等，然后对数据记录进行排序管理，具体操作如下。

动画演示：演示\第9章\录入原材料信息.swf

01 打开"原材料采购表.xlsx"工作簿，切换到"原材料信息"工作表中，在A1单元格中输入表格标题，如图9-7所示。

02 在A2:E2单元格区域中输入表格各项目字段，如图9-8所示。

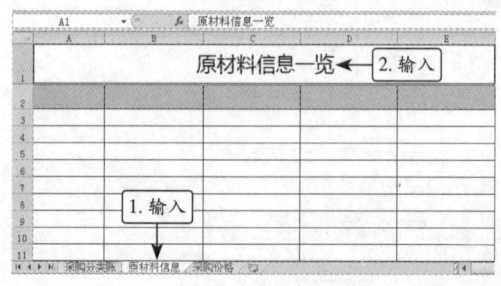

图9-7　输入标题

图9-8　输入项目字段

03 在A3:E13单元格区域中输入各条数据记录，如图9-9所示。

04 选择"代码"项目字段下的任意包含数据的单元格，单击"数据"选项卡"排序和筛选"组中的"升序"按钮，对数据记录进行排序，如图9-10所示。

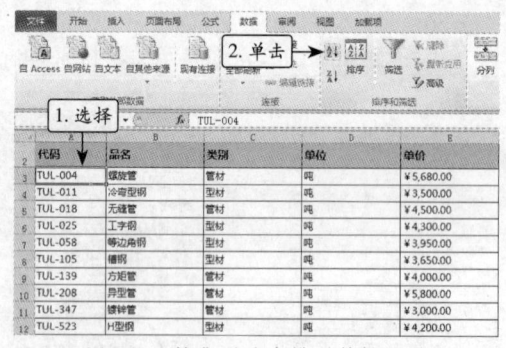

图9-9　输入数据记录　　　　　　　　　图9-10　按代码升序排列数据记录

9.4.2　编制原材料采购分类账

通过原材料采购分类账可以实现对每一笔原材料采购的具体内容和数据做到登记入账的效果，并能通过公式或函数进行自动计算。

1. 通过代码返回原材料及单价

利用数据有效性和VLOOKUP()函数来设置原材料代码、名称以及单价等项目，以便实现通过选择代码自动返回对应名称及单价的效果，其具体操作如下。

动画演示：演示\第9章\通过代码返回原材料及单价.swf

01 在"采购分类账"工作表中选择 C5:C19 单元格区域,为其设置数据有效性,其中条件设置为"序列",来源引用"原材料信息"工作表中的 A3:A13 单元格区域,单击 确定 按钮,如图 9-11 所示。

02 设置后的效果如图 9-12 所示。

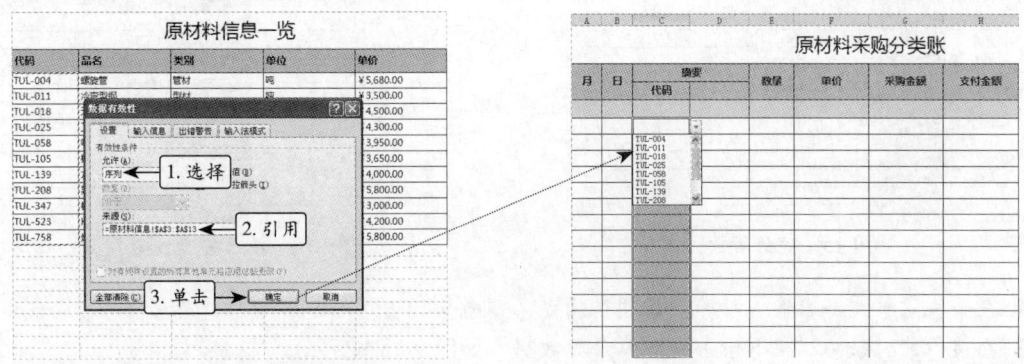

图9-11 设置数据有效性　　　　　　　　图9-12 可选的下拉列表

03 选择"采购分类账"工作表中的 D5:D19 单元格区域,在编辑栏中输入"=VLOOKUP()",并将查询目标设置为 C5 单元格,如图 9-13 所示。

04 将函数的查询区域设置为"原材料信息"工作表中的 A3:B13 单元格区域,更改为绝对引用,然后将返回数据所在列数设置为"2",如图 9-14 所示。

图9-13 输入函数　　　　　　　　　　　图9-14 设置函数参数

05 按【Ctrl+Enter】组合键确认函数的输入与设置,由于查询对象所在单元格中没有数据,此时返回"#N/A"错误信息,如图 9-15 所示。

06 按相同方法在 F5:F19 单元格区域中输入"=VLOOKUP(采购分类账!C5,原材料信息!$A$3:$E$13,5)",按【Ctrl+Enter】组合键即可,如图 9-16 所示。

2. 计算分类账各数据项目

依次输入原材料分类账中各条数据记录,并利用公式和函数实现自动计算数据的效果,具体操作如下。

动画演示:演示\第9章\计算分类账各数据项目.swf

图9-15 确认函数

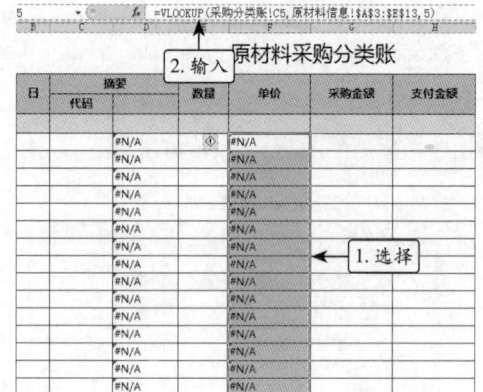
图9-16 输入并确认函数

01 在第4行单元格中输入月份、日期和摘要，如图9-17所示。
02 在该行的"余额"栏下输入具体的余额数据，如图9-18所示。

图9-17 输入基本数据

图9-18 输入余额

03 在第5行单元格中输入第1笔采购业务相关的数据，并选择采购原材料对应的代码，此时将自动录入对应的原材料名称及单价，如图9-19所示。
04 在G5单元格中输入"=E5*F5"，计算此次采购业务的采购金额，如图9-20所示。

图9-19 输入采购数据 　　　　　　　　　图9-20 计算采购金额

05 根据实际情况输入支付的采购金额数据，如图9-21所示。

06 在 I5 单元格中输入 "=SUM($G$5:$G5)-SUM($H$5:$H5)",计算累计的多笔采购业务未支付金额的总和,如图 9-22 所示。

图 9-21 输入支付金额　　　　　　　　图 9-22 计算未支付金额

07 在 J5 单元格中输入 "=IF(AND(E5="",H5=""),"",)",即当数量和支付金额同时为空时,则余额为空,如图 9-23 所示。

08 输入嵌套函数 "IF(AND(E5="",H5<>""),J4-H5,",即上一步的条件不成立时,则判断数量为空,但支付金额不为空时,余额等于上一笔业务余额与支付金额之差,如图 9-24 所示。

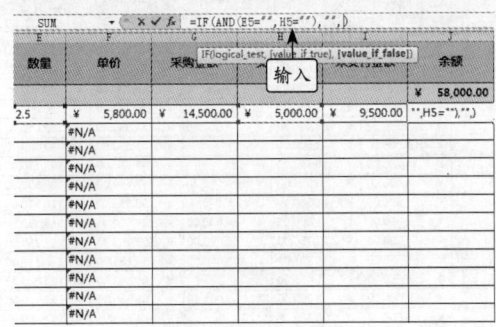

图 9-23 输入函数　　　　　　　　　　图 9-24 设置函数

09 输入嵌套函数中的 FALSE 值 "J4+G5-H5",即当"数量为空,但支付金额不为空"的条件也不成立时,余额等于上一笔业务余额与采购金额之和,再减去支付金额,如图 9-25 所示。

10 按【Ctrl+Enter】组合键返回计算的数据,如图 9-26 所示。

图 9-25 设置函数　　　　　　　　　　图 9-26 返回计算结果

11 将采购金额、未支付金额以及余额栏中的公式或函数均向下填充至第 19 行对应的单元格,如图 9-27 所示。

12 在第 6 行输入第 2 笔采购业务的相关数据，如图 9-28 所示。

图 9-27 填充公式或函数　　　　　　　　　图 9-28 输入基本数据

13 此时将自动返回对应的采购金额，累计的未支付金额和余额等数据，如图 9-29 所示。
14 输入其他采购业务的数据即可，如图 9-30 所示。

图 9-29 自动计算相关数据　　　　　　　　图 9-30 输入其他采购数据

9.4.3 编制采购价格变动情况表

为了更好地制定采购战略，需要对近期原材料采购价格进行分析，总结出各种原材料的变动情况，并通过图表直观地显示。

1. 分析价格变动率

对原材料采购价格的变动情况进行计算，具体操作如下。

动画演示：演示 \ 第 9 章 \ 分析价格变动率 .swf

01 切换到"采购价格"工作表，为 A3 单元格引用"原材料信息"工作表中的 A3 单元格的数据，如图 9-31 所示。
02 将 A3 单元格中的公式向右填充至 D3 单元格，如图 9-32 所示。

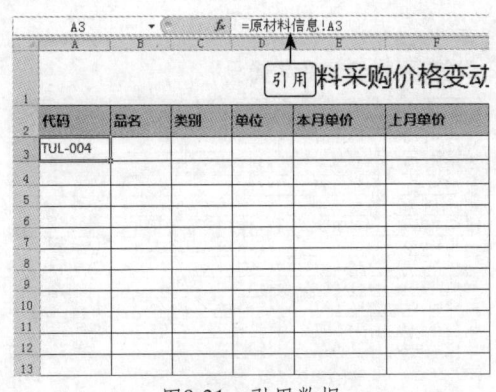

图9-31 引用数据

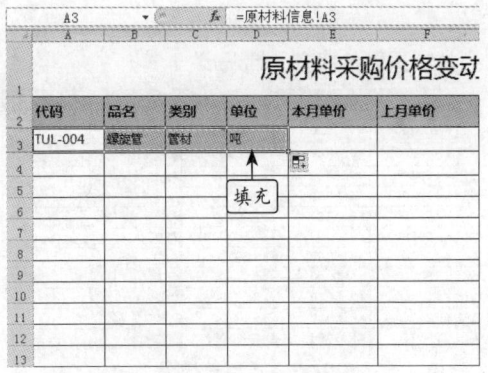

图9-32 填充公式

03 将 D3 单元格中的公式向下填充至 D13 单元格，如图 9-33 所示。

04 依次输入各原材料当月、上月以及去年同期的采购价格数据，如图 9-34 所示。

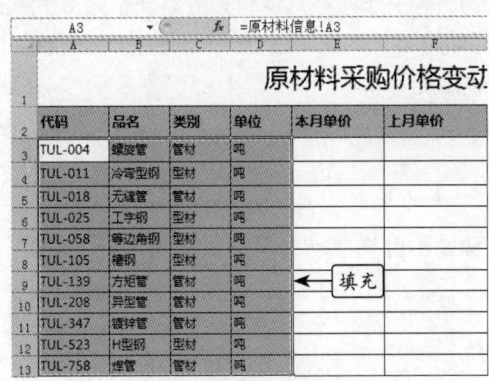

图9-33 填充公式

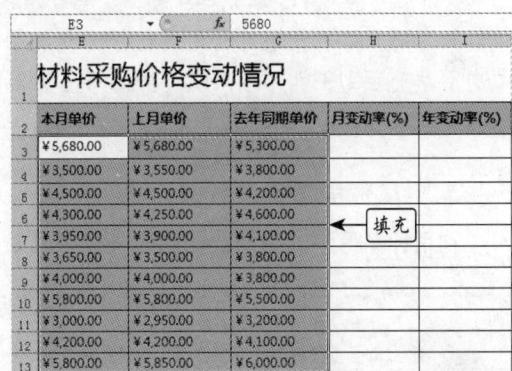

图9-34 输入价格

05 选择 H3:H13 单元格区域，在编辑栏中输入"=1-E3/F3"，计算原材料的月变动率，如图 9-35 所示。

06 在输入的公式外添加 ABS() 函数，使得到的结果不出现负值，如图 9-36 所示。

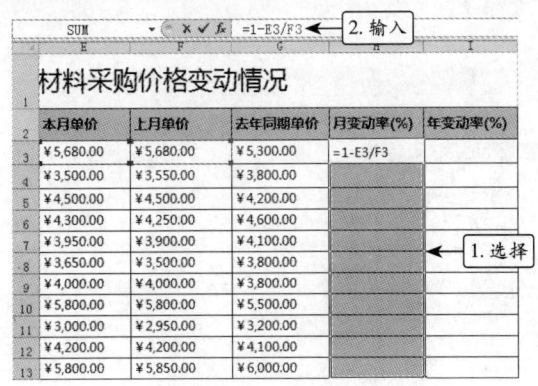

图9-35 输入公式

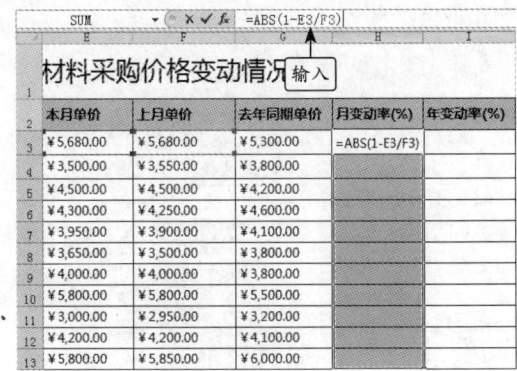

图9-36 输入函数

07 按【Ctrl+Enter】组合键得到所有原材料的月变动率数据，如图 9-37 所示。

08 用相同方法在 I3:I13 单元格区域中输入"=ABS(1-E3/G3)"，计算各原材料的年变动率数据，如图 9-38 所示。

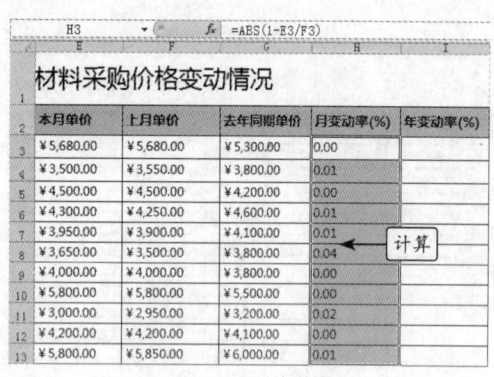

图9-37 返回计算结果　　　　　　　图9-38 计算年变动率

使用混合引用快速填充公式

若在 H3 单元格中输入"=ABS(1-$E3/G3)",即将 E3 单元格设置为混合引用方式,列标为绝对引用,行号为相对引用,此时将公式向右填充至 I3 单元格,并继续向下填充至 I13 单元格,即可得到与上例相同的结果。

2. 创建价格变动条形图

利用计算得到的变动数据创建条形图,以达到直观显示价格变动情况的目的,具体操作如下。

动画演示:演示\第9章\创建价格变动条形图.swf

01 选择 H2:I13 单元格区域,单击"插入"选项卡"图表"组中的"条形图"按钮,在弹出的下拉列表中选择如图 9-39 所示的选项。

02 创建好条形图后,在数据系列上单击鼠标右键,在弹出的快捷菜单中选择"选择数据"命令,如图 9-40 所示。

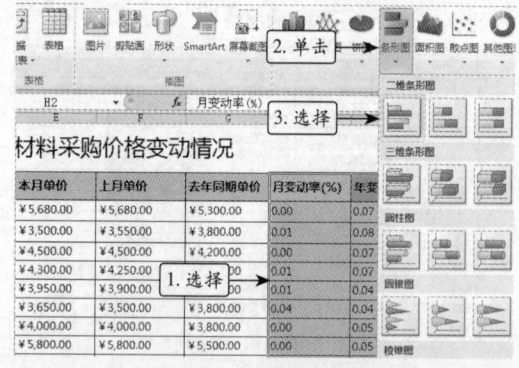
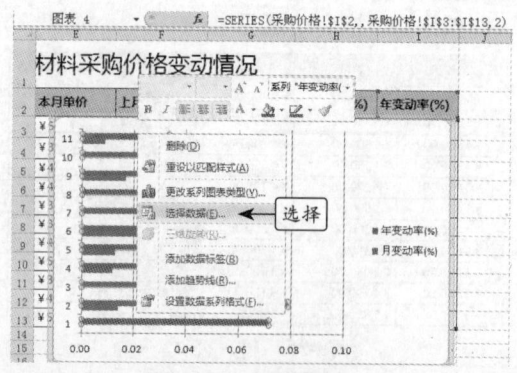

图9-39 选择图表类型　　　　　　　图9-40 设置数据系列

03 打开"选择数据源"对话框,单击"编辑"按钮,如图 9-41 所示。
04 引用 B3:B13 单元格区域作为轴标签区域,单击"确定"按钮,如图 9-42 所示。

制作原材料采购表

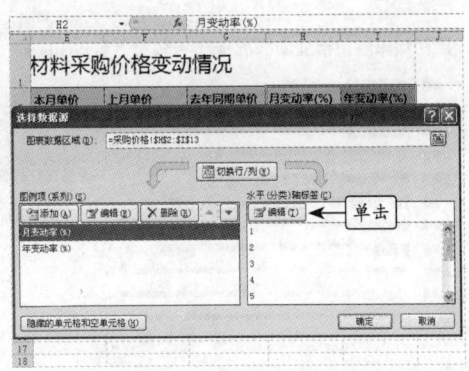
图9-41 设置水平轴标签

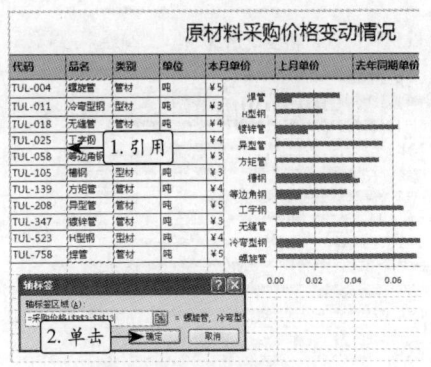
图9-42 选择轴标签区域

05 在图表区上方添加图表标题，如图 9-43 所示。
06 选择图表标题，在编辑栏中引用 A1 单元格地址，如图 9-44 所示。

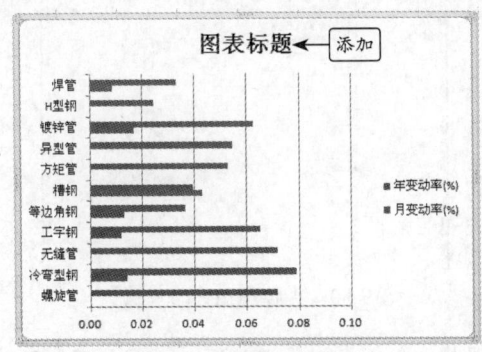
图9-43 添加图表标题

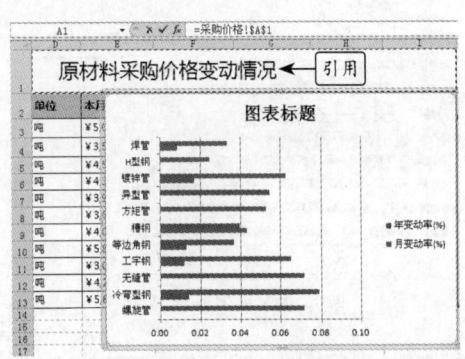
图9-44 引用单元格地址

07 按【Ctrl+Enter】组合键快速为图表标题引用数据，如图 9-45 所示。
08 调整图表标题的位置，并拖动图例至图表区右上方，然后调整其宽度，如图 9-46 所示。

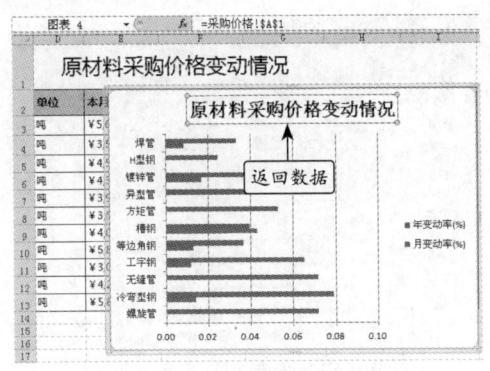
图9-45 引用数据作为图表标题

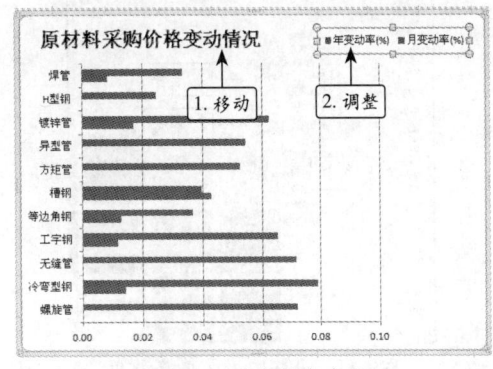
图9-46 改变图表布局

09 增加绘图区宽度，如图 9-47 所示。
10 将图表中的所有文本字体格式设置为"微软雅黑、加粗"，如图 9-48 所示。
11 适当美化两组数据系列的格式，如图 9-49 所示。
12 双击绘图区，打开"设置绘图区格式"对话框，将填充颜色设置为"无填充"，如图 9-50 所示。

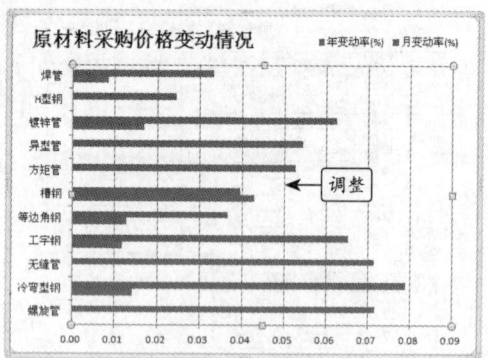

图9-47　调整绘图区

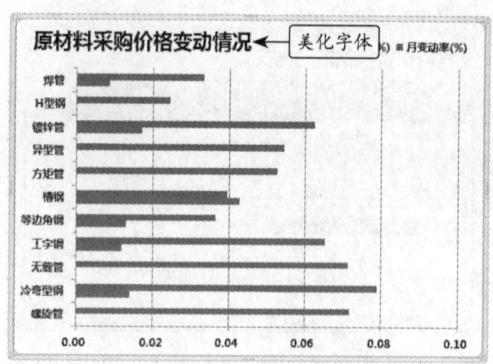

图9-48　设置字体格式

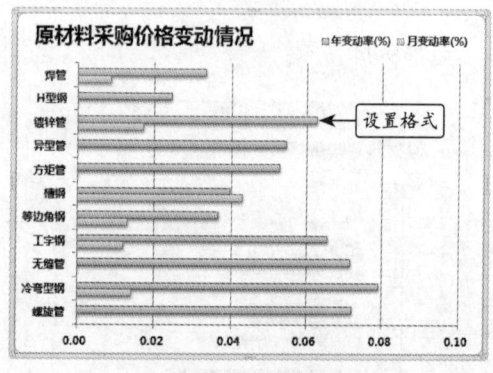

图9-49　美化数据系列

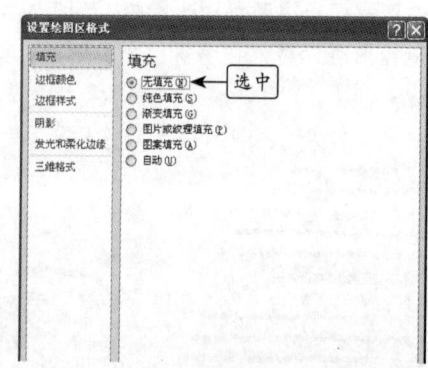

图9-50　去掉绘图区填充颜色

13 保持对话框的打开状态，选择图表区，选中"图片或纹理填充"单选项，在"纹理"下拉列表框中选择如图9-51所示的选项。

14 关闭对话框，此时条形图的效果如图9-52所示。

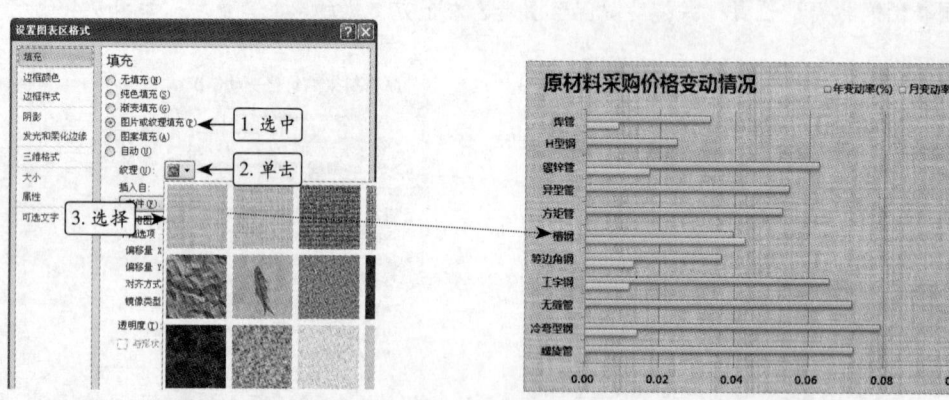

图9-51　设置图表区填充颜色　　　　　　图9-52　设置后的图表效果

9.5　知识拓展

在设置图表时，老陈告诉小雯有许多美化图表的方法和技巧，接下来就要给她介绍为图表应用渐变填充以及使用QQ表情作为数据系列填充对象的方法，从而让小雯掌握更多美化图表

制作原材料采购表

的实用且有趣的方法。

拓展1 设置渐变色填充图表

通过组合各种不同的颜色，可以设置成更多的渐变填充效果，从而使图表获得更加漂亮的外观。双击图表区，在打开的对话框左侧选择"填充"选项，并在右侧选中"渐变填充"单选项，此时在对话框下方便可设置渐变效果，如图9-53所示。下面介绍各参数的作用以及使用方法。

- "预设颜色"下拉列表框：在该下拉列表框中选择某个选项，可快速应用Excel预设的某种渐变效果。
- "类型"下拉列表框：在该下拉列表框中可选择渐变类型，包括线性、射线、矩形和路径等选项。
- "方向"下拉列表框：选择渐变类型后，可在此下拉列表框中选择渐变方向（路径渐变类型无填充方向）。
- "角度"下拉列表框：当选择线性渐变时，可在此下拉列表框中设置渐变角度。
- "渐变光圈"栏：在该栏中可自定义渐变填充的各种颜色和效果。
- 颜色滑块：选择某个滑块，可在下方设置其对应的颜色、亮度和透明度；拖动滑块可填充其在渐变填充的位置；向外拖动滑块可将其删除；在空白位置单击鼠标可添加新的滑块。

图9-53 设置渐变填充

拓展2 将数据系列设置成QQ表情图案

数据系列不仅可以通过各种颜色、图案、纹理来显示，更能使用其他Excel以外的对象来填充美化，下面介绍使用QQ表情来填充数据系列的操作。其方法如下。

01 在QQ聊天软件中选择某种表情图案，选择后按【Ctrl+C】组合键复制。

02 双击图表中需美化的数据系列，在打开的对话框左侧选择"填充"选项，并在右侧选中"图片或纹理填充"单选项，单击 剪贴板(C) 按钮，并在下方选中"层叠"单选项，如图9-54所示。

03 此时Excel会将剪贴板中复制的QQ表情填充到数据系列中，效果如图9-55所示。

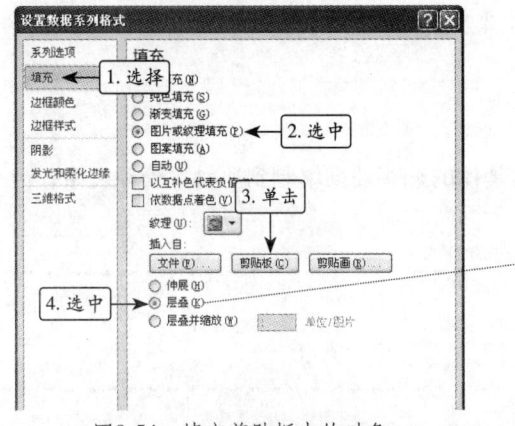

图9-54 填充剪贴板中的对象

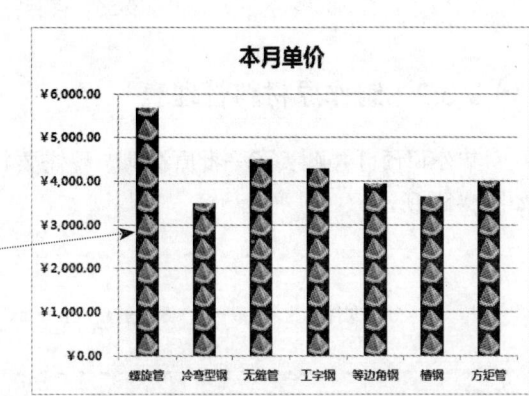

图9-55 填充后的效果

9.6 实战演练

完成任务后,老陈需要对小雯制作的表格进行检查,在这个过程中,老陈又给小雯安排了两个任务,希望她继续完成原材料盘库表和原材料管理表的制作,从而进一步熟悉与原材料相关的常用表格制作。

9.6.1 制作原材料盘库表

某工厂甲车间对当前库房中的原材料进行了盘点,现需要根据实际盘点情况将数据录入到原材料盘库表中,效果如图9-56所示。

效果文件:效果\第9章\原材料盘库表.xlsx

重点提示:(1)当账面数量小于实盘数量时,则为盘盈。
(2)当账面数量小于实盘数量时,则为盘亏。
(3)利用IF()函数计算盘盈或盘亏的具体数据(即对实盘数量和账面数量做减法)。

甲车间原材料盘库表

序号	名称	单位	实盘数量	账面数量	盘盈	盘亏	备注
1	压敏胶	千克	1566	2673	-	1107	
2	万能胶	瓶	1728	1674	54	-	
3	热熔胶	箱	2646	2646	-	-	
4	压氧胶	瓶	2349	1512	837	-	
5	复合型胶粘剂	箱	1350	2700	-	1350	
6	结构胶	瓶	2646	1566	1080	-	
7	绝缘胶	千克	1566	2592	-	1026	
8	瞬间胶	瓶	2592	2538	54	-	
9	防水胶	瓶	1944	1728	216	-	
10	导电胶	箱	1782	2376	-	594	
11	灌封胶	瓶	1512	2646	-	1134	
12	UV胶	千克	1782	1782	-	-	
13	硬化胶	箱	1971	2052	-	81	
14	特种胶	千克	2511	1944	567	-	

图9-56 原材料盘库表最终效果

9.6.2 制作原材料管理表

某公司预订并购买了一批原材料,现需要将具体的购买数据填制到原材料管理表中,效果如图9-57所示。

效果文件:效果\第9章\原材料管理表.xlsx

制作原材料采购表

重点提示：（1）实际购买的单价和单位直接引用预订购买的单价和单位。

（2）预订金额＝预订数量 × 预订单价，实际金额＝实际数量 × 实际单价。

（3）"差异"项目字段用于判断实际购买量与预订购买量的差异情况，要求实际购买量大于预订购买量时，返回"增加××＋对应单位"，实际购买量小于预订购买量时，返回"减少××＋对应单位"，相等则返回"无"。

原材料管理表

2012年 5月 25日

名称	预定				实际				差异	摘要
	数量	单价	单位	金额	数量	单价	单位	金额		
印花布	1500	¥18.00	米	¥27,000.00	1500	¥18.00	米	¥27,000.00	无	
涤棉	50	¥11.00	码	¥550.00	50	¥11.00	码	¥550.00	无	
本色印花涤麻	1000	¥15.00	米	¥15,000.00	900	¥15.00	米	¥13,500.00	减少100米	
碎花平纹棉布	50	¥9.50	码	¥475.00	35	¥9.50	码	¥332.50	减少15码	
强力布料	1400	¥18.80	米	¥26,320.00	1350	¥18.80	米	¥25,380.00	减少50米	
全棉纱卡	1550	¥14.50	米	¥22,475.00	1800	¥14.50	米	¥26,100.00	增加250米	
天丝牛仔面料	50	¥25.00	码	¥1,250.00	80	¥25.00	码	¥2,000.00	增加30码	
纯棉印花帆布	50	¥10.50	米	¥525.00	50	¥10.50	米	¥525.00	无	
春夏薄料	1000	¥9.80	米	¥9,800.00	900	¥9.80	米	¥8,820.00	减少100米	
贡缎印花	1500	¥18.00	米	¥27,000.00	1500	¥18.00	米	¥27,000.00	无	
素麻布	1000	¥12.00	米	¥12,000.00	1100	¥12.00	米	¥13,200.00	增加100米	
斜纹纯棉布	30	¥14.00	码	¥420.00	30	¥14.00	码	¥420.00	无	
全棉纱布	1250	¥6.50	米	¥8,125.00	1250	¥6.50	米	¥8,125.00	无	
全棉梭织面料	1000	¥13.50	米	¥13,500.00	1000	¥13.50	米	¥13,500.00	无	
洗水棉布	1050	¥11.50	米	¥12,075.00	1500	¥11.50	米	¥17,250.00	增加450米	
手工棉麻	1350	¥13.50	米	¥18,225.00	1350	¥13.50	米	¥18,225.00	无	

图9-57　原材料管理表最终效果

第 4 篇
进销存管理篇

第 10 章 制作进销存管理表

公司某个旗下品牌需要对当月的产品情况进行管理,通过管理后可以了解各种产品当月的进货、销量和库存等情况。老陈和小雯同时被领导任命为这次任务的执行者,要求他俩尽快完成工作,并将表格交给领导过目。老陈回到自己的办公桌后,就叫小雯过来,一起商量怎样完成此次任务,于是他俩开始认真的讨论起来……

知识点

- 录入各产品明细数据
- 统计并计算产品进货成本
- 合并计算产品销量
- 汇总各产品本月库存情况

制作进销存管理表

10.1 案例目标

商量了一会儿之后，老陈已经明确本次任务的制作目标了，他给小雯解释说，为了统计上月各个产品的进销存情况，需要依次编制产品进货表、销量表，然后结合这些数据最终制作库存月报表，通过这张表格将产品所有进销存数据统计并汇总出来即可。

素材文件：素材\第10章\进销存管理表.xlsx
效果文件：效果\第10章\进销存管理表.xlsx

如图10-1所示即为编制好的产品库存月报表，其中的部分数据是根据进销存管理表中其他工作表的数据引用所得，包括产品明细表、进货表、销量表等。通过库存月报表，便可查看各产品上月进销存的具体情况，并可根据溢短情况及时对下月产品的库存量进行调整。

产品库存月报表

编码	名称	类别	子类	男装/女装	上月结转	本月入库	本月出库	本月库存	标准库存	溢短	成本	库存金额
T-M-S024	运动青蓝	裤子	中短裤	男装	153	90	61	182	180	2	¥155.00	¥28,210.00
P-F-S518	乌羽旋	衣服	短袖Polo	女装	166	40	63	143	180	-37	¥135.00	¥19,305.00
T-M-L305	炫彩LOGO针识	裤子	长裤	男装	191	40	56	175	180	-5	¥285.00	¥49,875.00
T-M-S106	棱纹短裤	裤子	中短裤	男装	199	40	39	200	180	20	¥230.00	¥46,000.00
T-M-L112	三条校针识	衣服	长袖	男装	158	50	38	170	180	-10	¥220.00	¥37,400.00
P-M-S518	中麻灰	衣服	短袖Polo	男装	169	60	87	142	180	-38	¥165.00	¥23,430.00
C-M-2150	开衫针识	衣服	卫衣/外套	男装	194	30	47	177	180	-3	¥355.00	¥62,835.00
C-F-2205	运动生活	衣服	卫衣/外套	女装	161	40	51	150	180	-30	¥440.00	¥66,000.00
P-F-L295	无极系列	衣服	长袖Polo	女装	179	30	68	141	180	-39	¥160.00	¥22,560.00
P-M-S312	童鱼图案	衣服	短袖Polo	男装	181	30	71	140	180	-40	¥175.00	¥24,500.00
C-F-1023	三条校针识夹克	衣服	卫衣/外套	女装	182	30	22	190	180	10	¥470.00	¥89,300.00
T-F-S032	运动七分裤	裤子	中短裤	女装	165	90	6	249	180	69	¥180.00	¥44,820.00
P-F-S101	机器人图案	衣服	短袖Polo	女装	161	80	35	206	180	26	¥140.00	¥28,840.00
P-M-S084	针织短袖	衣服	短袖Polo	男装	150	80	79	151	180	-29	¥95.00	¥14,345.00
T-F-S816	针织短裤	裤子	中短裤	女装	199	30	58	171	180	-9	¥200.00	¥34,200.00
T-F-L107	邮队梭织	裤子	长裤	女装	197	40	12	225	180	45	¥150.00	¥33,750.00
T-F-S012	运动短裤	裤子	中短裤	女装	182	40	28	194	180	14	¥140.00	¥27,160.00
P-M-L116	蓬勃蓝	衣服	长袖Polo	男装	167	50	51	166	180	-14	¥195.00	¥32,370.00
P-F-L308	跑步运动	衣服	长袖Polo	女装	176	40	56	160	180	-20	¥280.00	¥44,800.00
C-M-1032	基础运动	衣服	卫衣/外套	男装	152	80	20	212	180	32	¥400.00	¥84,800.00
T-F-L401	清晨跑步	裤子	长裤	女装	177	40	53	164	180	-16	¥235.00	¥38,540.00
T-M-L091	栎木棕	裤子	长裤	男装	165	50	20	195	180	15	¥280.00	¥54,600.00
P-M-L436	徒步越野	衣服	长袖Polo	男装	174	40	24	190	180	10	¥200.00	¥38,000.00

图10-1 产品库存月报表最终效果

10.2 职场秘笈

小雯对产品进销存管理不算太熟悉，她希望老陈能给她介绍相关方面的知识。老陈思考了一会儿，决定给小雯介绍有关进销存概述以及库存溢短的内容，这些知识都与本次任务将要制作的表格相关，最终目的就是让小雯能更自如地制作表格。

10.2.1 进销存管理概述

进销存是指企业管理过程中从采购（进货）到入库（存货），再到销售（销货）的动态过程，而进销存管理则是将这些环节中涉及和产生的各种数据，通过表格等方式加以汇总、统计，最终为进销存管理各环节提供有效的数据监督以及数据支持。

进销存又称为购销链，其中包括的环节分别如下，如图10-2所示。

- 进：指询价、采购到入库与付款的过程。

167

- 销：指报价、销售到出库与收款的过程。
- 存：指出入库以外，包括领料、退货、盘点、报损报溢、借入、借出、调拨等影响库存数量的各种实际操作。

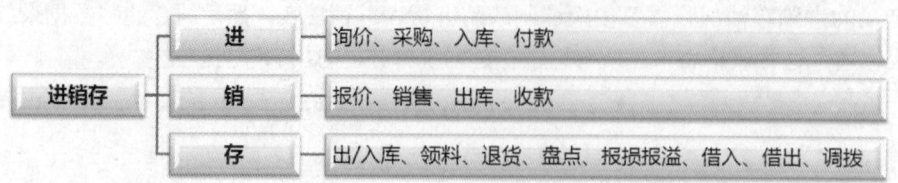

图10-2　进销存各环节与具体内容

10.2.2　库存溢短与标准库存

库存溢短是在标准库存基础上出现的，这两个名词的概念及作用分别如下。

- 库存溢短：通过与各产品的标准库存进行比较，查看当前产品库存量的情况，大于标准库存表示库存溢出、小于标准库存表示库存短缺。
- 标准库存：根据不同产品以及该产品所在市场来决定其标准库存量，并应根据不同的时期调整标准库存数据，以便为库存溢短做出准确的比较，从而更好地控制各产品的进销存环节。

10.3　制作思路

老陈知道这次任务涉及的工作表数量相对较多，因此更应该让小雯在开始制作表格之前，清楚整个表格的制作思路，于是将他设计好的整个思路给小雯进行了具体介绍。

进销存管理表的制作思路大致如下：

（1）创建产品明细清单，录入各产品的基本数据，包括编码、名称、类别、子类、成本以及各产品上月结存的数据，如图10-3所示。

	产品明细清单						
	编码	名称	类别	子类	男装/女装	成本	上月结存
3	T-M-S024	运动青蓝	裤子	中短裤	男装	￥155.00	153
4	P-F-S518	乌羽蓝	衣服	短袖Polo	女装	￥135.00	166
5	T-M-L305	炫彩LOGO针织	裤子	长裤	男装	￥285.00	191
6	T-M-S106	竣彩短裤	裤子	中短裤	男装	￥230.00	199
7	T-M-L112	三条纹针织	裤子	长裤	男装	￥220.00	158
8	P-M-S518	中麻灰	衣服	短袖Polo	男装	￥165.00	169
9	C-M-2150	开襟针织	衣服	卫衣/外套	男装	￥355.00	194
10	C-F-2205	运动生活	衣服	卫衣/外套	女装	￥440.00	161
11	P-F-L295	无极系列	衣服	长袖Polo	女装	￥160.00	179
12	P-M-S312	章鱼图案	衣服	短袖Polo	男装	￥175.00	181
13	C-F-1023	三条纹针织夹克	衣服	卫衣/外套	女装	￥470.00	182
14	T-F-S032	运动七分裤	裤子	中短裤	女装	￥180.00	165
15	P-F-S101	机器人图案	衣服	短袖Polo	女装	￥140.00	161
16	P-M-S084	针织短袖	衣服	短袖Polo	男装	￥95.00	150
17	T-F-S816	针织短裤	裤子	中短裤	女装	￥200.00	199
18	T-F-L107	团队针织	裤子	长裤	女装	￥150.00	197
19	T-F-S012	运动短裤	裤子	中短裤	女装	￥140.00	182
20	P-M-L116	尊贵蓝	衣服	短袖Polo	男装	￥195.00	167

图10-3　产品明细清单

（2）创建产品本月进货清单，汇总各产品本月进货数量及金额，如图10-4所示。

制作进销存管理表 10

图10-4　产品本月进货清单

（3）分别制作产品本月的实体店和网店销量清单，然后合计产品本月总销量，如图10-5所示。

图10-5　产品本月销量清单

（4）创建产品库存月报表，汇总各产品进销存库存量，如图10-6所示。

图10-6　产品库存月报表

10.4 操作步骤

与以往一样，老陈还是希望小雯来完成任务，自己在一旁给她进行指导。小雯也明白老陈的苦心，开始准备工作起来。

10.4.1 录入各产品明细数据

在"明细"工作表中建立产品明细清单,通过产品编号自动获取对应的类别以及男装或女装数据,并利用条件格式隔行填充数据记录,具体操作如下。

 动画演示:演示\第10章\录入各产品明细数据.swf

01 打开"进销存管理表.xlsx"工作簿,切换到"明细"工作表中,在"编码"项目字段下依次输入各产品的编码,如图10-7所示。

02 在"名称"项目字段下依次输入编码对应的产品名称,如图10-8所示。

图10-7 输入产品编码　　　图10-8 输入产品名称

03 选择C3:C26单元格区域,在编辑栏中输入"=IF(OR(LEFT(A3)="P",LEFT(A3)="C"),"衣服","裤子")",表示根据编码第1位字母来判断产品类别,即如果第1位字母是"P"或"C",则返回"衣服",否则返回"裤子",如图10-9所示。

04 在"子类"项目字段下输入产品子类数据,如图10-10所示。

图10-9 判断产品类别　　　图10-10 输入产品子类

05 选择E3:E26单元格区域,在编辑栏中输入"=IF(MID(A3,3,1)="M","男装","女装")",表示根据编码第3位字母来判断产品是男装还是女装,如图10-11所示。

制作进销存管理表

06 输入各产品的进货成本以及上月结存数据，如图10-12所示。

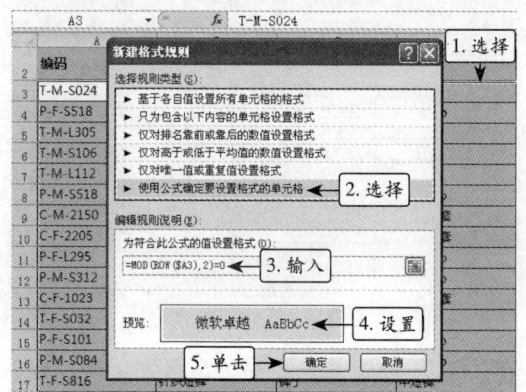

图10-11 判断男女装

图10-12 输入进货成本和上月结存数据

07 选择A3:G26单元格区域，利用条件格式功能设置条件公式"=MOD(ROW($A3),2)=0"，表示当行号除以2等于0时，将该行填充为浅蓝色，即实现隔行填充效果，如图10-13所示。

08 完成条件格式设置，效果如图10-14所示。

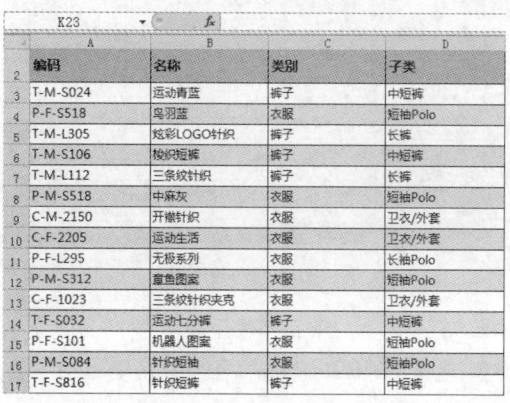

图10-13 设置条件格式

图10-14 设置格式后的效果

10.4.2 统计并计算产品进货成本

在"进货"工作表中引用"明细"工作表的数据，然后利用产品成本和进货数量来进行各产品的进货总金额，具体操作如下。

 **动画演示：** 演示\第10章\统计并计算产品进货成本.swf

01 切换到"进货"工作表，为A3单元格引用"明细"工作表中A3单元格的数据，如图10-15所示。

02 将A3单元格的公式向右填充至F3单元格，如图10-16所示。

03 将F3单元格中的公式向下填充至F26单元格，如图10-17所示。

图10-15 引用数据

图10-16 填充公式

04 将 F3:F26 单元格区域的数据类型设置为货币性数据，如图 10-18 所示。

图10-17 填充公式

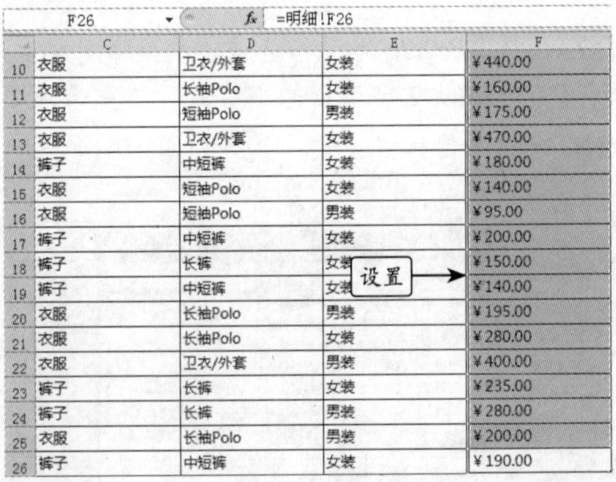

图10-18 设置数据类型

05 在"数量"项目字段下输入各产品进货的数量，如图 10-19 所示。

06 选择 H3:H26 单元格区域，在编辑栏中输入"=F3*G3"，计算各产品进货花费的金额，如图 10-20 所示。

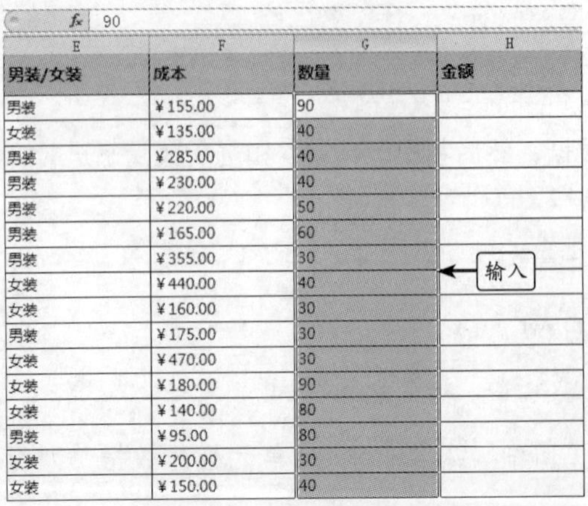

图10-19 输入产品进货数量

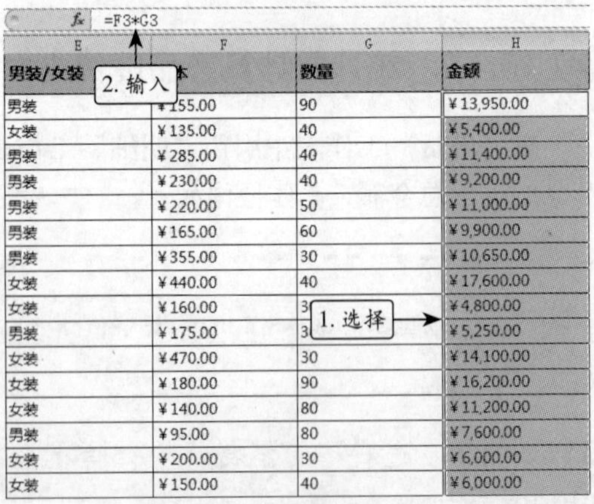

图10-20 计算进货金额

07 利用条件格式为 A3:H26 单元格区域隔行填充浅蓝色，如图 10-21 所示。

Q21 fx

	E	F	G	H
2	男装/女装	成本	数量	金额
3	男装	¥155.00	90	¥13,950.00
4	女装	¥135.00	40	¥5,400.00
5	男装	¥285.00	40	¥11,400.00
6	男装	¥230.00	40	¥9,200.00
7	男装	¥220.00	50	¥11,000.00
8	男装	¥165.00	60 ← 设置	¥9,900.00
9	男装	¥355.00	30	¥10,650.00
10	女装	¥440.00	40	¥17,600.00
11	女装	¥160.00	30	¥4,800.00
12	男装	¥175.00	30	¥5,250.00
13	女装	¥470.00	30	¥14,100.00
14	女装	¥180.00	90	¥16,200.00
15	女装	¥140.00	80	¥11,200.00
16	男装	¥95.00	80	¥7,600.00
17	女装	¥200.00	30	¥6,000.00

图10-21　设置条件格式

专家点拨　条件格式的使用

在工作表中使用条件格式主要有两种情况：一是数据量大时，若数据量小则没必要适用条件格式，另一种情况就是希望格式随数据变化而自动变化的情况，这是条件格式的特点，可以根据单元格数据是否符合条件来自动更改格式，而无需手动对格式进行调整。

10.4.3　合并计算产品销量

依次汇总实体店和网店的产品销量情况，并利用Excel提供的合并计算功能快速对产品的总销量进行汇总，具体操作如下。

动画演示： 演示\第10章\合并计算产品销量.swf

01 切换到“实体店销量”工作表，为A3:E26单元格区域引用“明细”工作表中相应单元格的数据，如图10-22所示。

02 在F3:F26单元格区域中输入各产品的实际销量数据，如图10-23所示。

A3 fx =明细!A3 ← 2.引用

	A	B	C	D
2	编码	名称	类别	子类
3	T-M-S024	运动着蓝	裤子	中短裤
4	P-F-S518	鸟羽蓝	衣服	短袖Polo
5	T-M-L305	炫彩LOGO针织	裤子	长裤
6	T-M-S106	梭织短裤	裤子	中短裤
7	T-M-L112	三条纹针织	裤子 ← 1.选择	[illegible]
8	P-M-S518	中麻灰	衣服	Polo
9	C-M-2150	开襟针织	衣服	卫衣/外套
10	C-F-2205	运动生活	衣服	卫衣/外套
11	P-F-L295	无极系列	衣服	长袖Polo
12	P-M-S312	章鱼图案	衣服	短袖Polo
13	C-F-1023	三条纹针织夹克	衣服	卫衣/外套
14	T-F-S032	运动七分裤	裤子	中短裤
15	P-F-S101	机器人图案	衣服	短袖Polo
16	P-M-S084	针织短袖	衣服	短袖Polo
17	T-F-S816	针织短裤	裤子	中短裤

图10-22　引用“明细”工作表数据

F3 fx 43

	C	D	E	F
2	类别	子类	男装/女装	数量
3	裤子	中短裤	男装	43
4	衣服	短袖Polo	女装	31
5	裤子	长裤	男装	8
6	裤子	中短裤	男装	4
7	裤子	长裤	男装	30
8	衣服	短袖Polo	男装	39 ← 输入
9	衣服	卫衣/外套	男装	40
10	衣服	卫衣/外套	女装	41
11	衣服	长袖Polo	女装	43
12	衣服	短袖Polo	男装	46
13	衣服	卫衣/外套	女装	20
14	裤子	中短裤	女装	2
15	衣服	短袖Polo	女装	17
16	衣服	短袖Polo	男装	33
17	裤子	中短裤	女装	39

图10-23　输入实体店销量

03 利用条件格式为A3:F26单元格区域隔行填充浅蓝色，如图10-24所示。

04 切换到“网店销量”工作表，按相同方法引用数据、输入销量数据，并设置条件格式，效果如图10-25所示。

05 切换到“总销量”工作表，为A3:E26单元格区域引用“明细”工作表中相应单元格的数据，如图10-26所示。

06 选择F3单元格，在“数据”选项卡“数据工具”组中单击“合并计算”按钮，如图10-27所示。

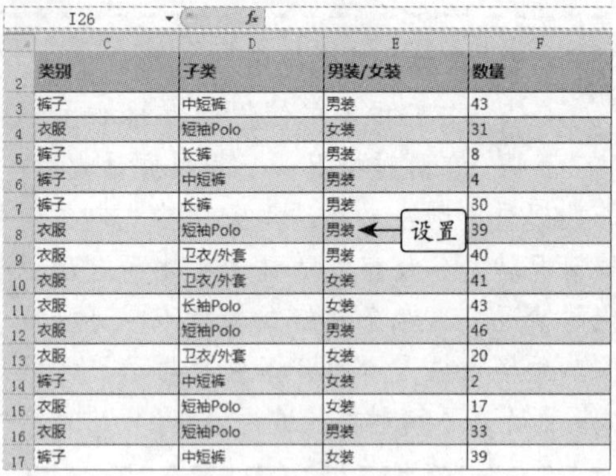

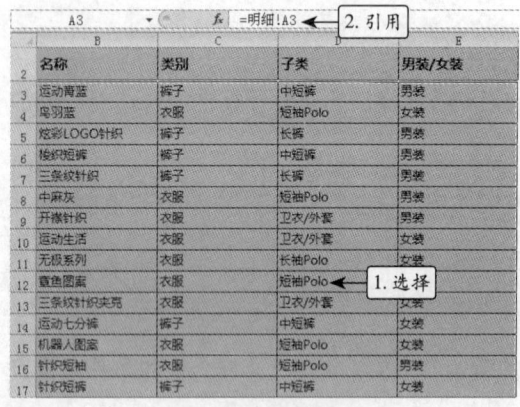

图10-24 设置条件格式

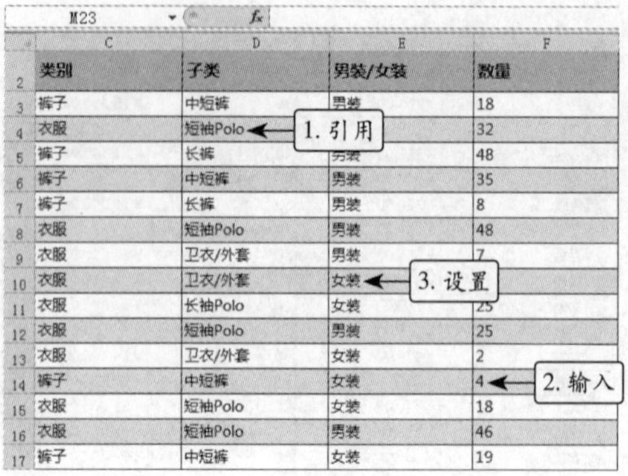

图10-25 输入并设置网店销量

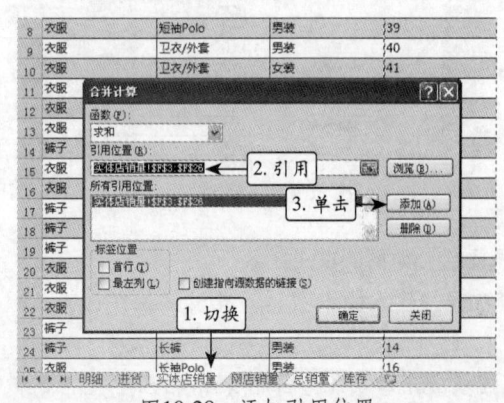

图10-26 引用数据

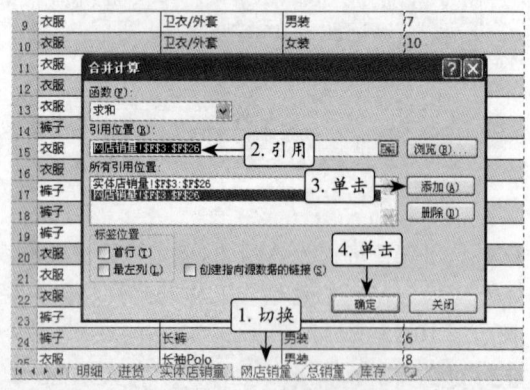

图10-27 合并数据

07 打开"合并计算"对话框，将文本插入点定位到"引用位置"文本框中。切换到"实体店销量"工作表，将F3:F26单元格区域的地址引用到文本框中，然后单击 添加(A) 按钮，如图10-28所示。

08 切换到"网店销量"工作表，将F3:F26单元格区域的地址引用到文本框中，依次单击 添加(A) 按钮和 确定 按钮，如图10-29所示。

图10-28 添加引用位置　　　　　图10-29 添加引用位置

09 此时将快速将各产品在实体店和网店的销量汇总到"总销量"工作表中，如图10-30所示。
10 利用条件格式为A3:F26单元格区域隔行填充浅蓝色，如图10-31所示。

制作进销存管理表

| | 图10-30 合并计算的结果 | | 图10-31 设置条件格式 |

更改合并计算的计算方式
在"合并计算"对话框的"函数"下拉列表框中包含多种计算方式,如计数、平均值、最大值、最小值等,选择相应的选项即可更改合并计算的计算方式。

10.4.4 汇总各产品本月库存情况

利用前面编制好的各个工作表的数据,汇总出产品的库存情况,并编制出产品库存月报表,具体操作如下。

 动画演示:演示\第10章\汇总各产品本月库存情况.swf

01 切换到"库存"工作表,为A3:E26单元格区域引用"明细"工作表中相应单元格的数据,如图10-32所示。
02 为F3:F26单元格区域引用"明细"工作表中G3:G26单元格区域的数据,如图10-33所示。

图10-32 引用基本数据   图10-33 引用上月结转

03 为G3:G26单元格区域引用"进货"工作表中G3:G26单元格区域的数据,如图10-34所示。
04 为H3:H26单元格区域引用"总销量"工作表中F3:F26单元格区域的数据,如图10-35所示。

175

图10-34 引用进货数据

图10-35 引用总销量数据

05 选择 I3:I26 单元格区域，在编辑栏中输入"=F3+G3-H3"，表示本月库存量等于上月结转与本月入库之和，再减去本月出库之差，如图 10-36 所示。

06 选择 J3:J26 单元格区域，输入"180"后按【Ctrl+Enter】组合键，得到各产品的标准库存量，如图 10-37 所示。

图10-36 计算产品本月库存量

图10-37 输入产品标准库存量

07 选择 K3:K26 单元格区域，在编辑栏中输入"=I3-J3"，表示产品库存溢短等于该产品当前库存与标准库存之差，如图 10-38 所示。

08 选择 M3:M26 单元格区域，为其引用"明细"工作表中的 F3:F26 单元格区域中的数据，如图 10-39 所示。

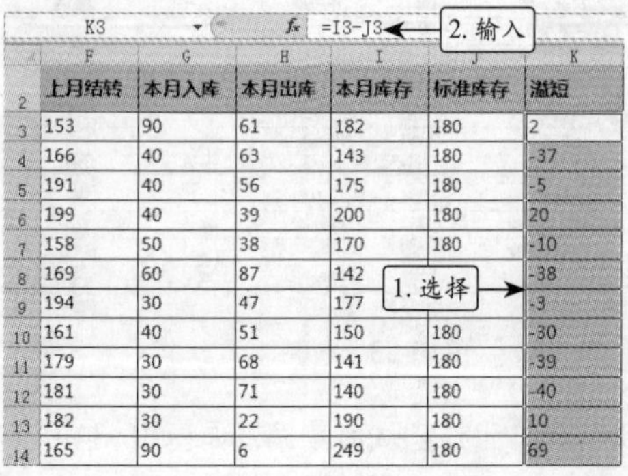

图10-38 计算产品库存溢短

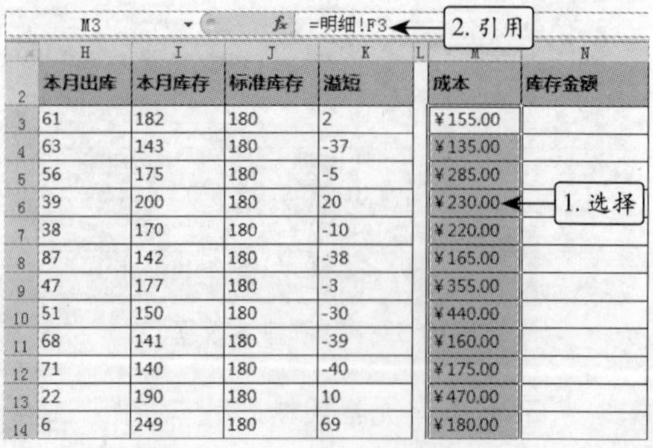

图10-39 引用产品进货成本

09 选择N3:N26单元格区域，在编辑栏中输入"=I3*M3"，表示产品的库存金额等于该产品当前库存量与进货成本的乘积，如图10-40所示。

10 单击"开始"选项卡"样式"组中的"条件格式"按钮，在弹出的下拉菜单中选择"管理规则"命令，在打开的对话框中单击 新建规则(N) 按钮，输入公式规则"=MOD(ROW($A3),2)=0"，并设置格式为"填充浅蓝色"，单击 确定 按钮，如图10-41所示。

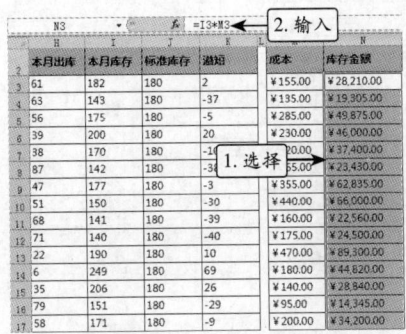
图10-40 计算库存金额

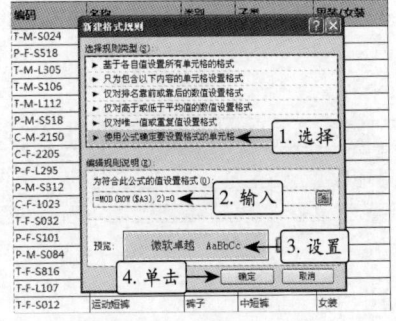
图10-41 设置公式规则

11 返回到"条件公式规则管理器"对话框，删除"应用于"下拉列表框中原有的单元格地址，重新选择A3:K26单元格区域，如图10-42所示。

12 输入","，再次选择M3:N26单元格区域，引用其地址，然后单击 应用 按钮，如图10-43所示。

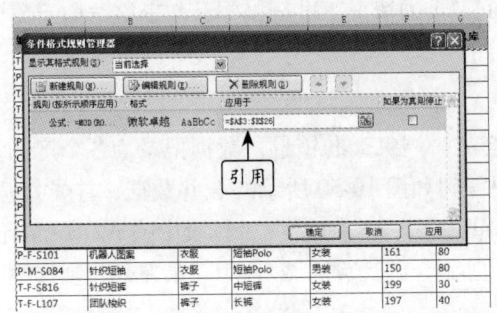
图10-42 设置应用条件格式的单元格区域

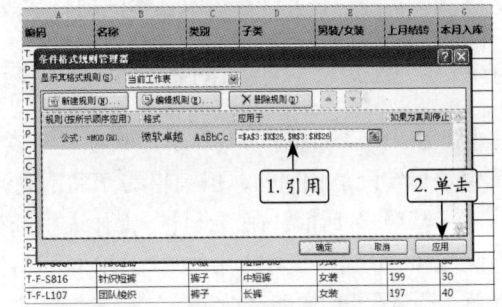
图10-43 设置应用条件格式的单元格区域

13 此时将为含有数据的单元格区域应用设置的条件格式，如图10-44所示。

14 新建规则，输入公式规则"=$K3<0"，并设置格式为"红色字体"，单击 确定 按钮，如图10-45所示。

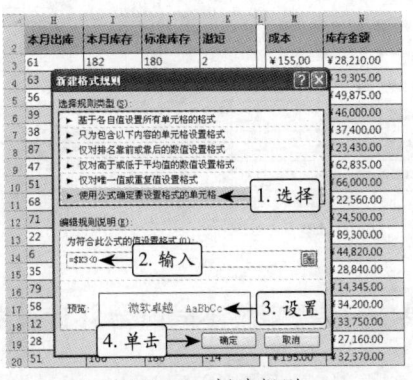
图10-44 应用设置的条件格式　　　　图10-45 新建规则

15 按相同方法设置相同的应用范围，然后单击 确定 按钮，如图 10-46 所示。

16 完成设置，此时表格将应用设置的条件格式效果，如图 10-47 所示。

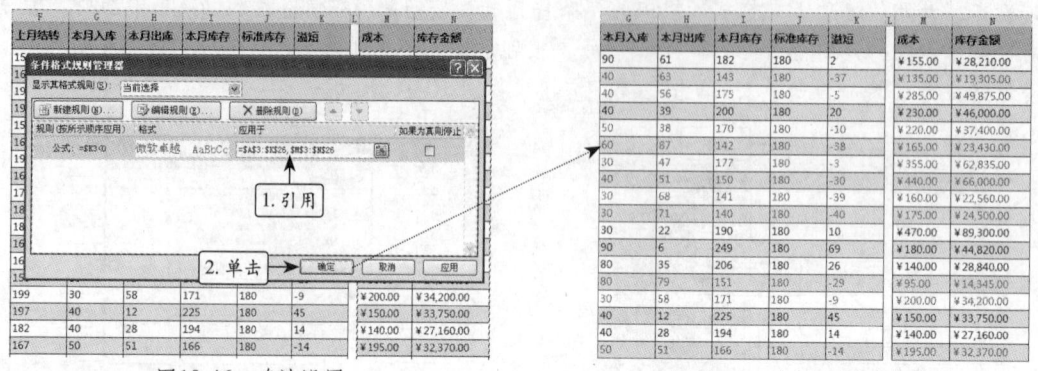

图10-46　确认设置　　　　　　　　　　　　图10-47　应用设置后的效果

10.5　知识拓展

上例中对各店产品销量进行合并计算时，其项目字段和数据记录的结构是完全相同的，小雯心想是不是进行合并计算时，必须保证表格结构相同才能操作。于是将问题向老陈提了出来，老陈却告诉她，合并计算可以在不同项目字段或数据记录的情况下进行操作，与表格结构无关。

拓展1　数据记录不同时合并计算数据

如图 10-48 和图 10-49 所示，其项目字段代表产品一周每天的销量，数据记录为各个产品，其中项目字段是相同的，但销售的产品不同，要想得到如图 10-50 所示的合并数据，首先打开"合并计算"对话框，在"合计"工作表中选择 A2 单元格，将"A 店"工作表中的 A2:H9 单元格区域和"B 店"工作表中的 A2:H12 单元格区域添加到合并计算区域，选中"最左列"复选框，并单击 确定 按钮即可。

图10-48　A店销量　　　　图10-49　B店销量　　　　图10-50　合并计算

拓展2　项目字段不同时合并计算数据

如图 10-51 和图 10-52 所示，其中销售的产品是相同的，但项目字段不同，要想得到如图

10-53 所示的合并数据，首先打开“合并计算”对话框，在“合计”工作表中选择 B1 单元格，将“A 店”工作表中的 A2:H9 单元格区域和“B 店”工作表中的 A2:F9 单元格区域添加到合并计算区域，选中“首行”复选框，并单击[确定]按钮即可。

名称	周一	周二	周三	周四	周五	周六	周日
足球	49	14	28	31	0	17	3
篮球	25	20	39	47	12	22	34
羽毛球	39	45	38	40	28	15	17
乒乓球	18	48	4	34	16	0	40
网球	44	49	14	15	2	44	32
跳绳	42	47	24	14	39	18	6
排球	29	24	41	33	19	45	26
保龄球	7	23	24	17	41	41	23

图10-51　A店销量

名称	周一	周二	周三	周四	周五
足球	20	10	46	39	14
篮球	44	38	2	28	29
羽毛球	43	21	10	14	43
乒乓球	30	1	46	0	40
网球	8	23	24	47	34
跳绳	16	11	37	47	38
排球	25	32	25	25	49
保龄球	45	40	41	46	23

图10-52　B店销量

名称	周一	周二	周三	周四	周五	周六	周日
足球	69	24	74	70	14	17	3
篮球	69	58	41	75	41	22	34
羽毛球	82	66	48	54	71	15	17
乒乓球	48	49	50	34	56	0	40
网球	52	72	38	62	36	44	32
跳绳	58	58	61	61	77	18	6
排球	54	56	66	58	68	45	26
保龄球	52	63	65	63	64	41	23

图10-53　合并计算

拓展3　数据记录和项目字段均不同时合并计算数据

如图 10-54 和图 10-55 所示，其中销售的产品以及项目字段均不相同，要想得到如图 10-56 所示的合并数据，首先打开“合并计算”对话框，在“合计”工作表中选择 A1 单元格，将“A 店”工作表中的 A1:H9 单元格区域和“B 店”工作表中的 A1:F12 单元格区域添加到合并计算区域，选中“首行”和“最左列”复选框，并单击[确定]按钮即可。

> **专家点拨　合并计算数据的关键**
>
> 合并计算数据时，首先要查看待合并计算数据所在表格的结构，然后根据不同结构选择合并计算的起始单元格，因此判断表格结构和选择合并计算起始单元格是关键的操作。

名称	周一	周二	周三	周四	周五	周六	周日
足球	49	14	28	31	0	17	3
篮球	25	20	39	47	12	22	34
羽毛球	39	45	38	40	28	15	17
乒乓球	18	48	4	34	16	0	40
网球	44	49	14	15	2	44	32
跳绳	42	47	24	14	39	18	6
排球	29	24	41	33	19	45	26
保龄球	7	23	24	17	41	41	23

图10-54　A店销量

名称	周一	周二	周三	周四	周五
足球	20	10	46	39	14
篮球	44	38	2	28	29
羽毛球拍	46	25	29	6	0
乒乓球拍	38	7	18	23	38
象棋	0	24	48	9	8
羽毛球	43	21	10	14	43
乒乓球	30	1	46	0	40
网球	8	23	24	47	34
跳绳	16	11	37	47	38
排球	25	32	25	25	49
保龄球	45	40	41	46	23

图10-55　B店销量

名称	周一	周二	周三	周四	周五	周六	周日
足球	69	24	74	70	14	17	3
篮球	69	58	41	75	41	22	34
羽毛球拍	46	25	29	6	0		
乒乓球拍	38	7	18	23	38		
象棋	0	24	48	9	8		
羽毛球	82	66	48	54	71	15	17
乒乓球	48	49	50	34	56	0	40
网球	52	72	38	62	36	44	32
跳绳	58	58	61	61	77	18	6
排球	54	56	66	58	68	45	26
保龄球	52	63	65	63	64	41	23

图10-56　合并计算

10.6　实战演练

进销存表格是企业管理商品库存的有利工具，老陈为了让小雯掌握到更多进销存表格的应用，特意为她准备了两个任务进行练习，希望她能顺利完成任务。

10.6.1 制作进销存明细表

某公司对 5 月份各系列商品进行了统计，并编制出效果如图 10-57 所示的进销存明细表。

效果文件：效果\第 10 章\进销存明细表.xlsx

重点提示：各系列本月结存＝该系列上月结存＋该系列本月进货总和－该系列本月销量总和。

图10-57　进销存明细表最终效果

10.6.2 制作进销存汇总表

为汇总公司业务涉及的各种品牌商品的进销存情况，现需要编制出效果如图 10-58 所示的进销存汇总表。

效果文件：效果\第 10 章\进销存汇总表.xlsx

重点提示：（1）分别计算各品牌商品的本月结余。

（2）本月结余＝上月库存＋本月调入－本月售出－本月调出。

（3）利用合并计算的功能将各品牌商品的进销存数据汇总到一张表格。

图10-58　进销存汇总表最终效果

第 4 篇
进销存管理篇

第 11 章　成本核算与分析

为寻求利润最大化，公司近期需要对各产品的生产成本进行核算和分析，但目前并未找到有效的实施方法。为了帮助公司解决燃眉之急，老陈提议使用Excel进行分析，并希望能让小雯来着手此项任务。领导考虑后觉得可以尝试，便安排老陈全面负责此次任务的所有内容，希望他们能交出一份满意的答卷。

知识点

- 物料、燃料和人工成本核算
- 核算其他产品成本
- 引用并分析成本控制情况
- 创建产品成本控制索引
- 利用雷达图分析产品成本

11.1 案例目标

领导同意后,老陈马上找到小雯,并告诉她任务的内容和目标,小雯听后觉得自己似乎无法完成这次的任务,心里有些忐忑不安。老陈连忙给她减压,告诉她这次任务并不算太难,关键在于如何利用图表来动态表现核算出来的产品成本情况。

素材文件:素材\第11章\产品成本核算表.xlsx
效果文件:效果\第11章\产品成本核算表.xlsx

如图 11-1 所示即为编制好的产品成本分析表,其中各产品各项成本数据是通过单独核算得到并引用出来的,成本控制评分则根据产品核算数据来划分,最后将利用雷达图关联产品评分数据,最终达到动态显示各产品成本控制的情况。

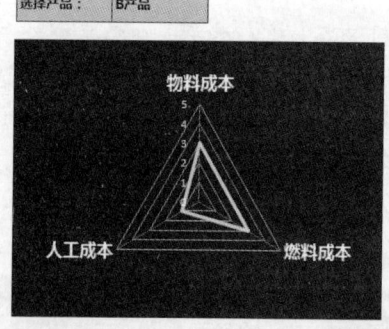

图11-1 产品成本分析最终效果

11.2 职场秘笈

老陈为了让小雯能更全面地了解有关成本核算的内容,决定给她讲讲有关成本核算的原则以及核算方法的知识。

11.2.1 成本核算的原则

成本核算的基本任务是正确、及时地核算产品单位成本,提供正确的成本数据,为企业经营决策提供科学依据,并借以考核成本计划执行情况,综合反映企业的生产经营管理水平。进行核算时,应该遵循以下几种原则。

- 合法性原则:指计入成本的费用都应符合法律法规和企业的相关规定,不合规定的费用不能计入成本。
- 可靠性原则:指所提供的成本信息与客观的经济事项相一致,不作假。
- 实际成本计价原则:生产所耗用的原材料、燃料、动力要按实际耗用数量的实际单位成本计算、完工产品成本的计算要按实际发生的成本计算。

- 一致性原则：成本核算所采用的方法，前后各期必须一致，以使各期的成本资料有统一的口径，前后连贯，互相可比。
- 重要性原则：对于成本有重大影响的项目应作为重点，力求精确，对于不太重要的琐碎项目，可以考虑从简处理。

11.2.2 成本核算的方法

不同企业根据其自身的特色，在进行成本核算时可以采用不同的方法，最主要的成本核算方法包括品种法、分批法、逐步结转分步法和平行结转分步法等，如图11-2所示。

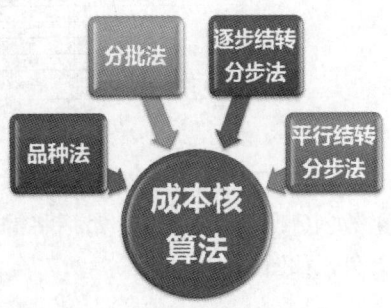

- 品种法：是以全厂或某一封闭式车间某月份生产的某品种为产品计算对象，归集生产费用，计算产品成本的一种方法。
- 分批法：是按照产品批别归集生产费用、计算产品成本的一种方法。在小批单件生产的企业中，按产品批别计算产品成本，往往与按订单计算产品成本相一致，因而分批法也叫订单法。

图11-2 成本核算的方法

- 逐步结转分步法：按产品的生产步骤先计算半成品成本，再随实物依次逐步结转，最终计算出产成品成本的方法。
- 平行结转分步法：指半成品成本并不随半成品实物的转移而结转，而是在哪一步骤发生就留在该步骤的成本明细账内，直到最后加工成产成品，才将其成本从各步骤的成本明细账转出的方法。

11.3 制作思路

在开始任务前，小雯希望老陈能提供整个任务的制作思路，以便她可以更系统了解整个任务的内容以及涉及的操作。老陈答应了她的请求，并将制作思路给她介绍了一遍。

产品成本核算表的制作思路大致如下：

(1) 对A产品的各种成本进行核算，然后汇总成本合计，如图11-3所示。

A产品成本核算				
物料成本				
物料名称	单价	单位	数量(公斤)	金额
铸铁	¥2,100.00	吨	2	¥4.20
沙石	¥230.00	吨	1	¥0.23
钢	¥4,800.00	吨	1	¥4.80
钢琴漆	¥24.00	公斤	0.5	¥12.00
物料成本合计				¥21.23

燃料成本				
燃料名称	单价	单位	数量(公斤)	金额
烟煤	¥600.00	吨	5	¥3.00
无烟煤	¥1,000.00	吨	2	¥2.00
燃料成本合计				¥5.00

人工成本				
项目	单位工资	工时	人数	金额
浇铸模具	¥5.00	1.5	2	¥15.00
焊接	¥6.00	2	1	¥12.00
加工	¥6.00	2	1	¥12.00
喷漆	¥7.00	1	1	¥7.00
人工成本合计				¥46.00

A产品成本合计
¥72.23

图11-3 核算A产品成本

(2) 通过A产品的核算结构，继续核算B产品和C产品的生产成本，如图11-4所示。

C产品成本核算

物料成本				
物料名称	单价	单位	数量(公斤)	金额
铸铁	￥2,100.00	吨	1	￥2.10
沙石	￥230.00	吨	1.2	￥0.28
钢	￥4,800.00	吨	2	￥9.60
钢琴漆	￥24.00	公斤	1	￥24.00
物料成本合计				￥35.98

燃料成本				
燃料名称	单价	单位	数量(公斤)	金额
烟煤	￥600.00	吨	5	￥3.00
无烟煤	￥1,000.00	吨	2.5	￥2.50
燃料成本合计				￥5.50

人工成本				
项目	单位工资	工时	人数	金额
流纹模具	￥5.00	1.5	2	￥15.00
焊接	￥6.00	1	1	￥6.00
加工	￥6.00	1	2	￥12.00
喷漆	￥7.00	1	2	￥14.00
人工成本合计				￥47.00

C产品成本合计
￥88.48

图11-4 核算B、C产品成本

（3）引用核算出的各产品成本，并根据数据进行评分，然后利用数据有效性、VLOOKUP()函数创建产品成本索引，最后将雷达图的数据系列链接到该索引上，动态显示不同产品成本的效果，如图11-5所示。

各产品成本分析

产品名称	物料成本	燃料成本	人工成本
A产品	￥21.23	￥5.00	￥46.00
B产品	￥32.30	￥4.20	￥50.90
C产品	￥35.98	￥4.20	￥47.00

成本控制评分	物料成本	燃料成本	人工成本
A产品	5	1	3
B产品	3	3	1
C产品	1	3	3

项目	评分
物料成本	3
燃料成本	3
人工成本	1

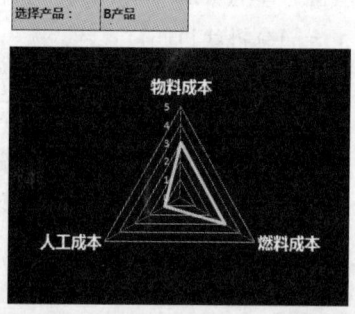

图11-5 产品成本分析

11.4 操作步骤

了解了有关成本核算的原则、方法，以及整个任务的制作思路后，小雯便在老陈的指导下，正式开始了表格的编制工作。

11.4.1 核算产品成本

为实现对各产品的成本分析，首先需要对产品的各项成本进行核算，包括物料成本、燃料成本而后人工成本的核算以及汇总。

1. 物料、燃料和人工成本核算

在"A产品"工作表中对该产品的各项成本进行核算和汇总，具体操作如下。

动画演示：演示\第11章\物料、燃料和人工成本核算.swf

01 打开"产品成本核算表.xlsx"工作簿,在A4:D7单元格区域中输入A产品物料成本中涉及的物料名称、单价、单位和数量等数据,如图11-6所示。

02 在E4单元格中输入"=B4*D4/1000",计算铸铁使用成本,如图11-7所示。

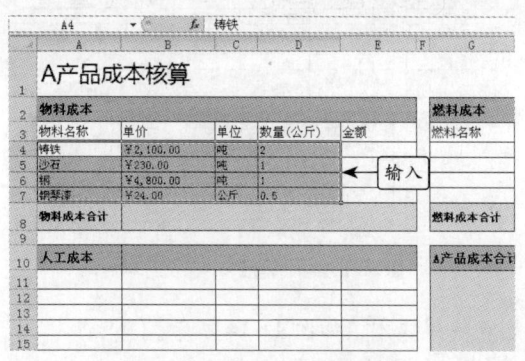
图11-6 输入物料相关数据

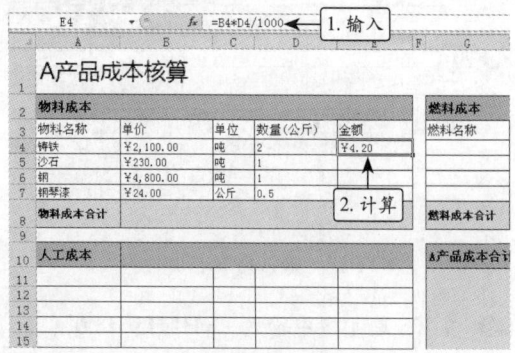
图11-7 计算铸铁使用成本

03 在E5单元格中输入"=B5*D5/1000",计算沙石使用成本,如图11-8所示。

04 在E6单元格中输入"=B6*D6/1000",计算钢材使用成本,如图11-9所示。

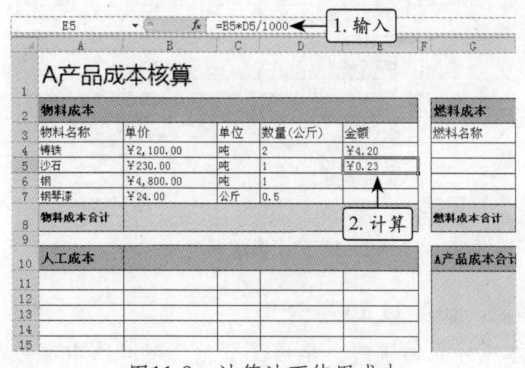
图11-8 计算沙石使用成本

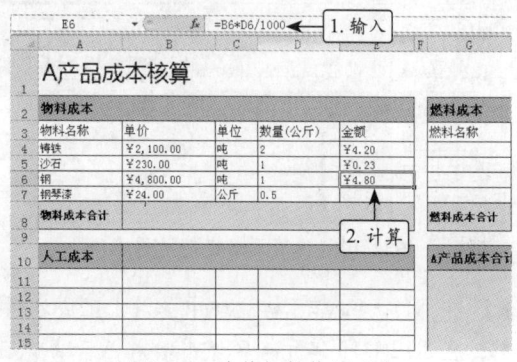
图11-9 计算钢材使用成本

05 在E7单元格中输入"=B7*D7",计算钢琴漆使用成本,如图11-10所示。

06 在B8单元格中输入"=SUM(E4:E7)",计算物料总成本,如图11-11所示。

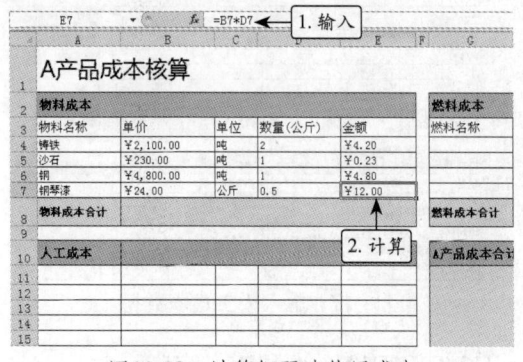
图11-10 计算钢琴漆使用成本

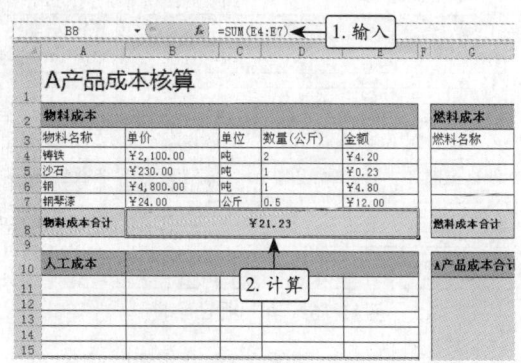
图11-11 计算A产品物料总成本

07 在C4:J5单元格区域中输入A产品燃料成本中涉及的燃料名称、单价、单位和数量等数据,如图11-12所示。

08 在 K4 单元格中输入"=H4*J4/1000",计算烟煤使用成本,如图 11-13 所示。

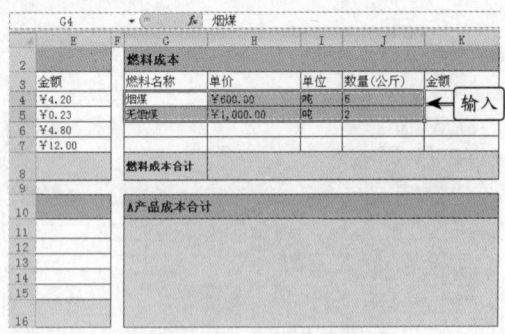

图11-12　输入燃料相关数据

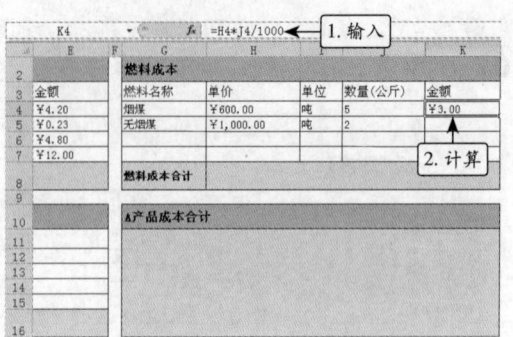

图11-13　计算烟煤使用成本

09 在 K5 单元格中输入"=H5*J5/1000",计算无烟煤使用成本,如图 11-14 所示。

10 在 H8 单元格中输入"=SUM(K4:K7)",计算燃料总成本,如图 11-15 所示。

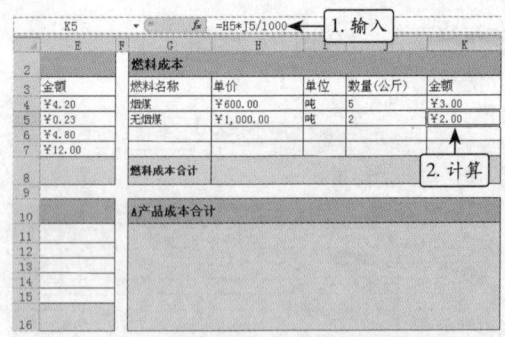

图11-14　计算无烟煤使用成本

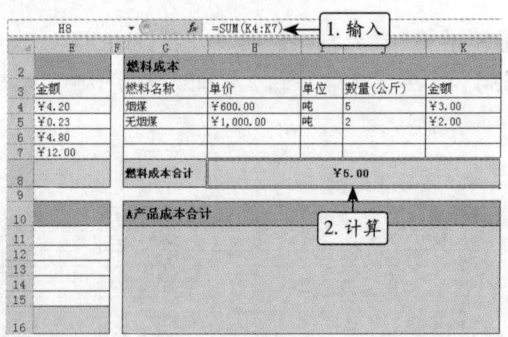

图11-15　计算燃料总成本

11 在 A11:E11 单元格区域中输入人工成本项目字段,如图 11-16 所示。

12 在 A12:D15 单元格区域中输入 A 产品人工成本中涉及的项目、单位工资、工时和人数等数据,如图 11-17 所示。

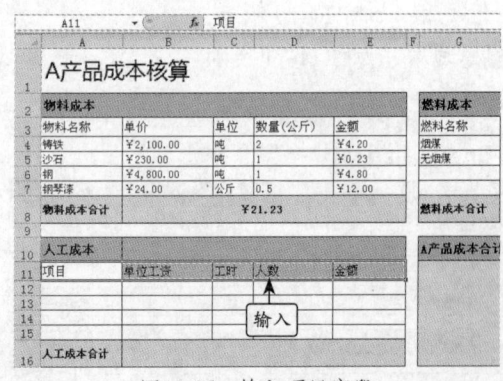

图11-16　输入项目字段

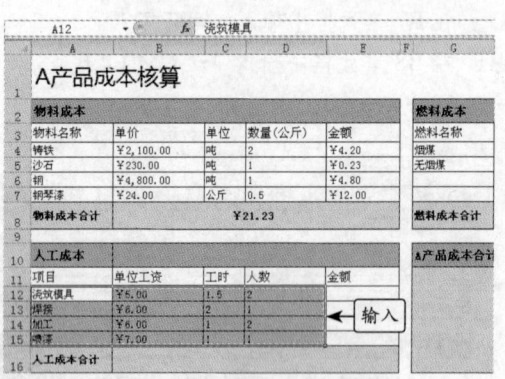

图11-17　输入人工成本数据

13 选择 E12:E15 单元格区域,在编辑栏中输入"=B12*C12*D12",如图 11-18 所示。

14 按【Ctrl+Enter】组合键计算各项人工成本,如图 11-19 所示。

15 在 B16 单元格中输入"=SUM(E12:E15)",计算人工总成本,如图 11-20 所示。

16 在 G11 单元格中输入"=B8+H8+B16",计算 A 产品成本合计,如图 11-20 所示。

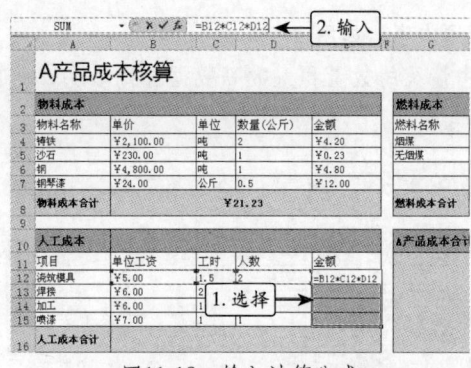

图11-18　输入计算公式

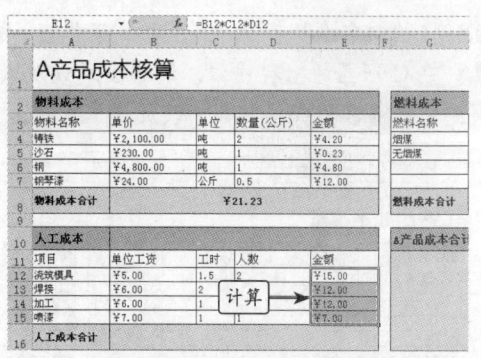

图11-19　计算各项人工成本

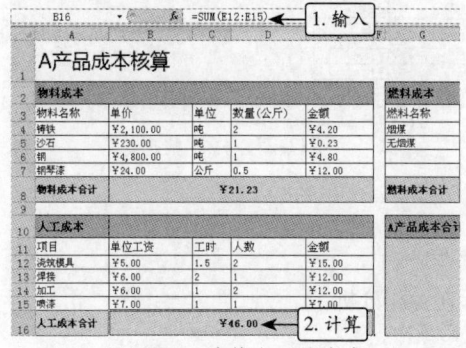

图11-20　计算人工总成本

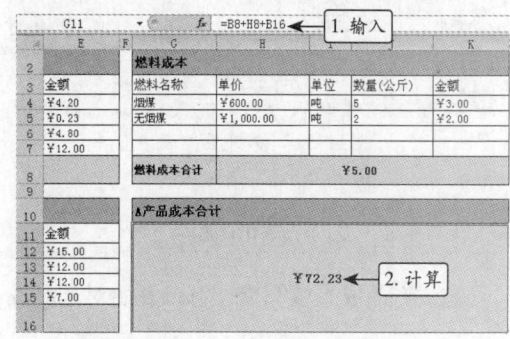

图11-21　合计A产品总成本

2. 核算其他产品成本

利用对A产品的核算方法与表格结构，快速核算B产品和C产品的成本数据，具体操作如下。

动画演示：演示\第11章\核算其他产品成本.swf

01 按住【Ctrl】键不放并在"A产品"工作表标签上向右拖动鼠标，将复制得到的工作表名称修改为"B产品"，然后将A1单元格中的数据"A"修改为"B"，如图11-22所示。

02 将B产品的物料成本、燃料成本以及人工成本中涉及的数量和人数等数据进行修改，快速得到该产品各项成本的合计以及成本总计，如图11-23所示。

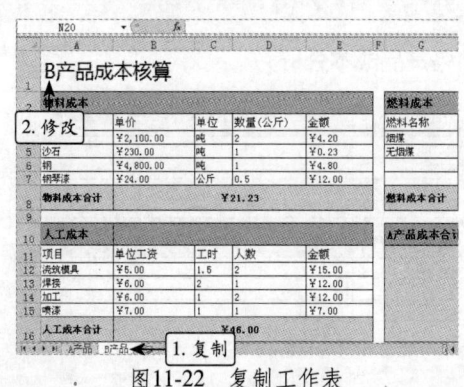

图11-22　复制工作表

图11-23　修改数据

03 按相同方法复制出"C产品"工作表,并修改标题内容,如图11-24所示。

04 将C产品的物料成本、燃料成本以及人工成本中涉及的数量和人数等数据进行修改,快速得到该产品各项成本的合计以及成本总计,如图11-25所示。

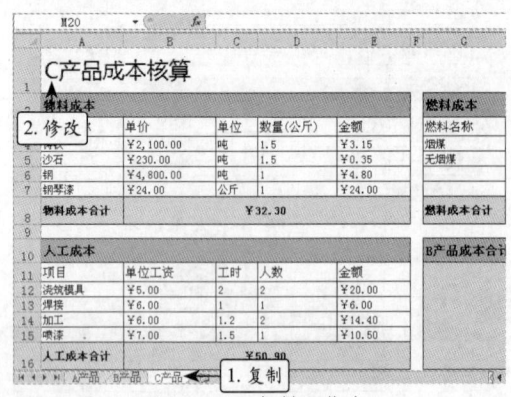

图11-24 复制工作表

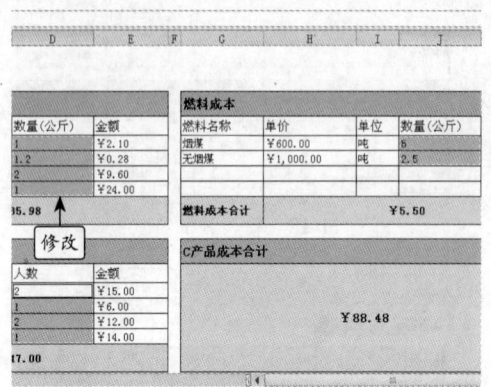

图11-25 修改数据

 11.4.2 分析产品成本

完成产品成本核算后,可以开始对产品成本进行查看和分析了。

1. 引用并分析成本控制情况

引用核算到的各产品成本数据,然后通过IF()函数对各产品各项成本数据进行评分,具体操作如下。

> 动画演示:演示\第11章\引用并分析成本控制情况.swf

01 在"C产品"工作表右侧新建工作表,并命名为"成本分析",在A1单元格中输入"该产品成本分析",然后取消网格线,如图11-26所示。

02 依次在A2:D5单元格区域和A7:D10单元格区域创建用于引用产品成本和评分的表格数据区域,如图11-27所示。

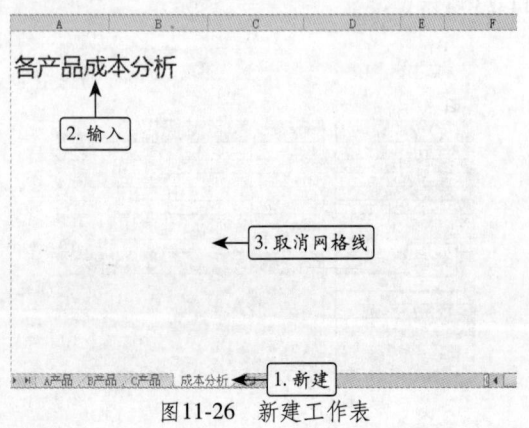

图11-26 新建工作表

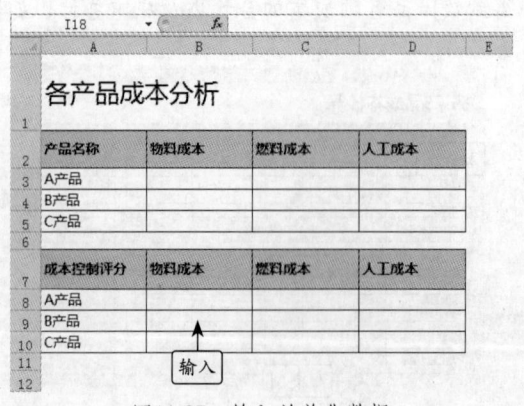

图11-27 输入并美化数据

03 在 B3:D7 单元格区域中引用各产品计算出来的各项成本合计数据，如图 11-28 所示。

04 选择 B8:B10 单元格区域，在编辑栏中输入"=IF(B3<25,"5",IF(B3<35,"3","1"))"，表示将物料成本数据划分为 3 个等级，小于 25 元评分为"5"、在 25 元至 35 元之间评分为"3"、大于 35 元评分为"1"，如图 11-29 所示。

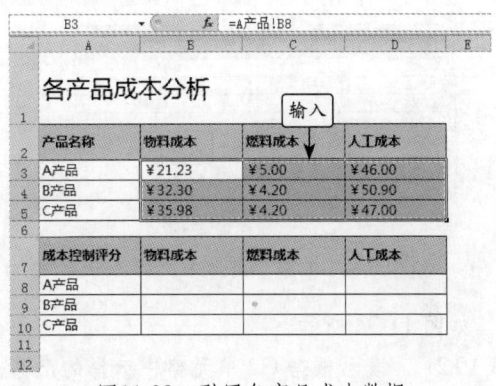

图11-28　引用各产品成本数据

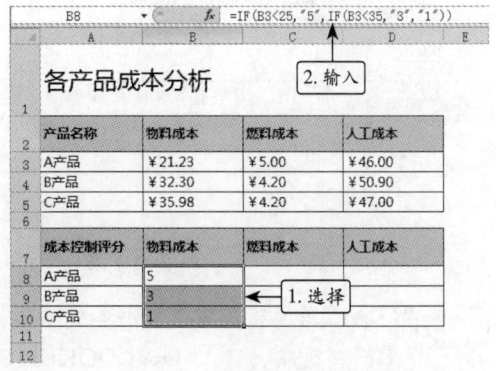

图11-29　物料成本控制评分

05 选择 C8:C10 单元格区域，在编辑栏中输入"=IF(C3<4,"5",IF(C3<4.5,"3","1"))"，表示将燃料成本数据划分为 3 个等级，小于 4 元评分为"5"、在 4 元至 4.5 元之间评分为"3"、大于 4.5 元评分为"1"，如图 11-30 所示。

06 选择 D8:D10 单元格区域，在编辑栏中输入"=IF(D3<45,"5",IF(D3<50,"3","1"))"，表示将人工成本数据划分为 3 个等级，小于 45 元评分为"5"、在 45 元至 50 元之间评分为"3"、大于 50 元评分为"1"，如图 11-31 所示。

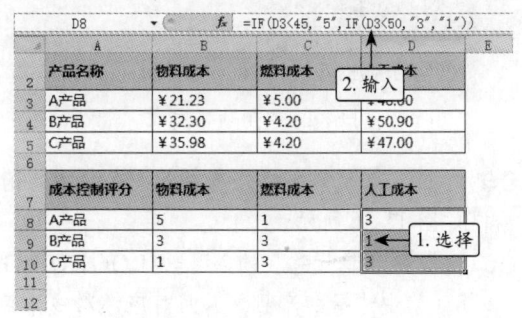

图11-30　燃料成本控制评分　　　　　　　　图11-31　人工成本控制评分

2. 创建产品成本控制索引

利用数据有效性、VLOOKUP() 函数和 VALUE() 函数来创建产品成本索引，为链接后面的图表做好准备，具体操作如下。

动画演示：演示 \ 第 11 章 \ 创建产品成本控制索引 .swf

01 在"成本分析"工作表的 F2:G2 单元格区域中利用数据有效性创建可选产品的数据区域，如图 11-32 所示。

02 在 A12:B15 单元格区域中输入项目评分数据区域，如图 11-33 所示。

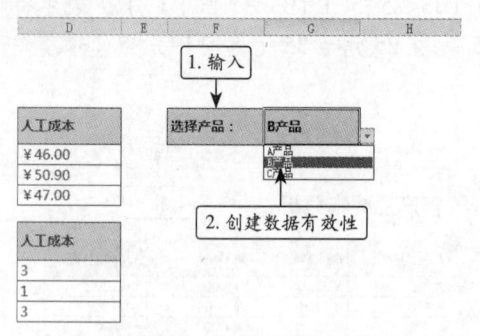

图11-32 创建可选产品数据区域

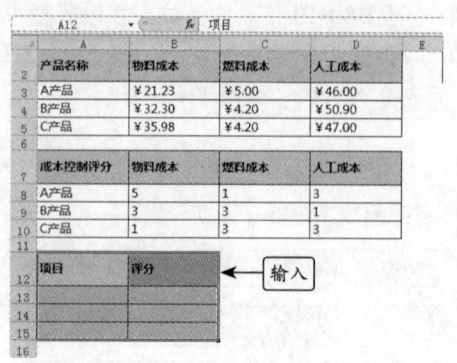

图11-33 创建项目评分数据区域

03 在 A13:A15 单元格区域中引用各成本项目名称，如图 11-34 所示。

04 选择 B13 单元格，输入"=VLOOKUP(G2,A8:B10,2)"，表示根据 G2 单元格中选择的产品，返回对应物料成本评分结果，如图 11-35 所示。

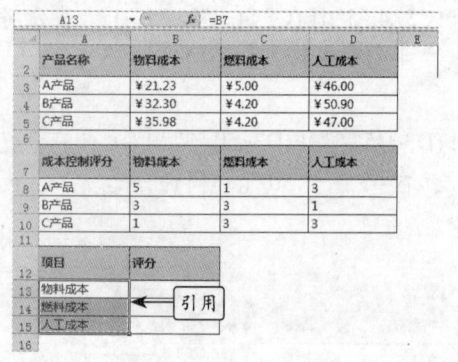

图11-34 引用项目成本

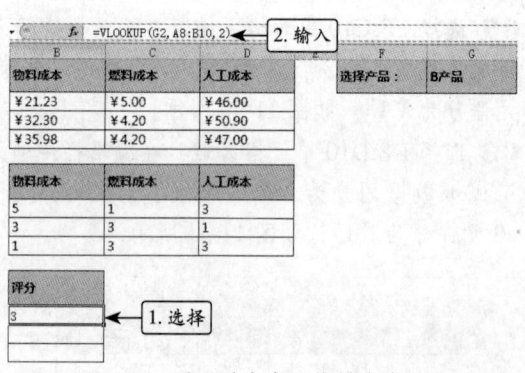

图11-35 返回对应产品物料成本评分

05 在 B13 单元格函数外侧套入 VALUE() 函数，以使后面关联的图表可以识别函数返回的数据，如图 11-36 所示。

06 选择 B14 单元格，输入"=VLOOKUP(G2,A8:C10,3)"，并套入 VALUE() 函数，表示根据 G2 单元格中选择的产品，返回对应燃料成本评分结果，如图 11-37 所示。

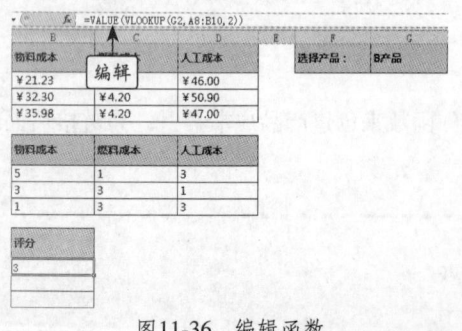

图11-36 编辑函数

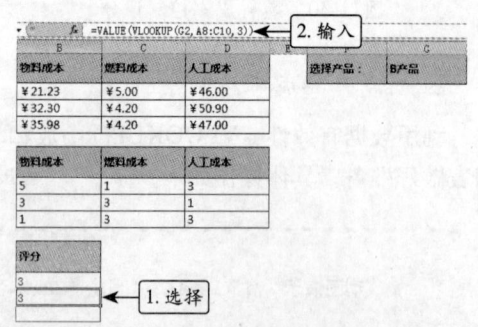

图11-37 返回对应产品燃料成本评分

07 选择 B15 单元格，输入"=VLOOKUP(G2,A8:D10,4)"，并套入 VALUE() 函数，表示根据 G2 单元格中选择的产品，返回对应人工成本评分结果，如图 11-38 所示。

成本核算与分析

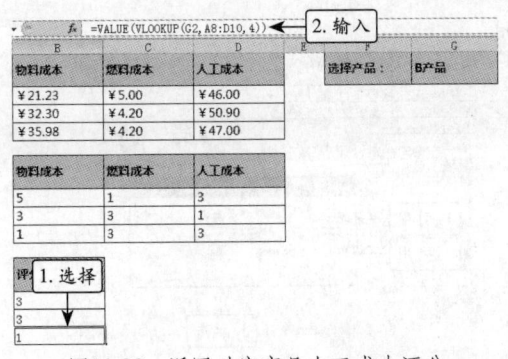

图11-38 返回对应产品人工成本评分

> **专家点拨 认识 VALUE() 函数**
> VALUE() 函数可以将代表数字的文本字符串转换成数字，其语法结构为：=VALUE(text)。"text" 可以是 Excel 识别的任意常数、日期或时间格式。如果不属于这些格式，则 VALUE() 函数将返回错误值 "#VALUE!"。

3. 利用雷达图分析产品成本

创建雷达图，通过将数据系列链接到前面创建的成本索引和美化操作，实现动态查看不同产品成本控制情况的效果，具体操作如下。

 动画演示：演示\第11章\利用雷达图分析产品成本.swf

01 在"成本分析"工作表的"插入"选项卡"图表"组中单击"其他图表"按钮，在弹出的下拉列表中选择"雷达图"栏下的第1种选项，如图11-39所示。

02 在创建的空白雷达图图表区单击鼠标右键，在弹出的快捷菜单中选择"选择数据"命令，如图11-40所示。

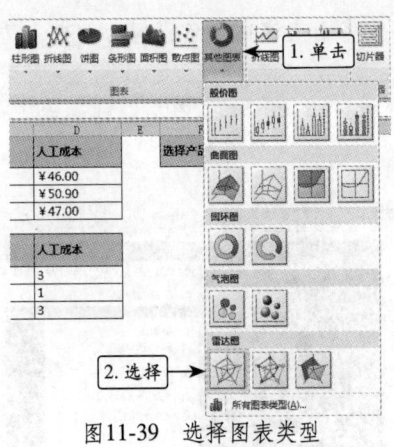

图11-39 选择图表类型

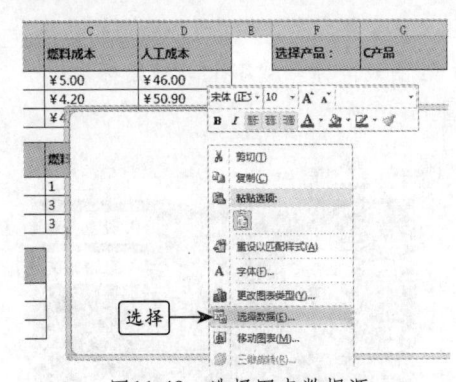

图11-40 选择图表数据源

> **方法技巧 选择更多图表类型**
> 在"插入"选项卡"图表"组中单击"其他图表"按钮，在弹出的下拉列表中选择"所有图表类型"命令，可在打开的对话框中选择更多的 Excel 图表进行创建。

03 打开"选择数据源"对话框，单击对话框左侧的 按钮，如图11-41所示。

04 打开"编辑数据系列"对话框，为系列名称引用B12单元格，为系列值引用B13:B15单元格区域，单击 确定 按钮，如图 11-42 所示。

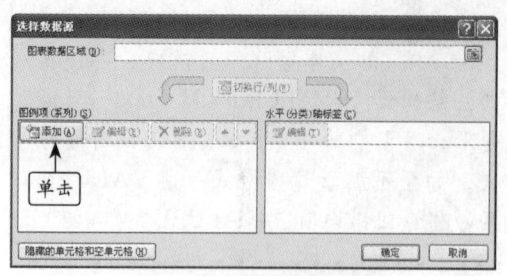

图11-41　添加图例项

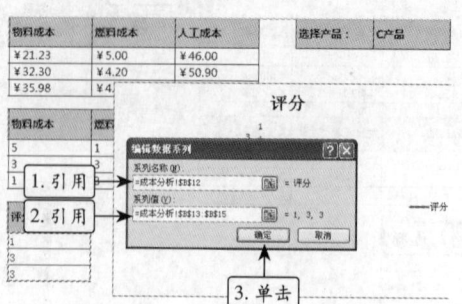

图11-42　引用系列名称和系列值

05 返回"选择数据源"对话框，利用右侧列表框中的 编辑 按钮将水平轴标签区域引用为 A13:A15 单元格区域，单击 确定 按钮，如图 11-43 所示。

06 删除雷达图中的图表标题和图例对象，并适当调整图表大小，如图 11-44 所示。

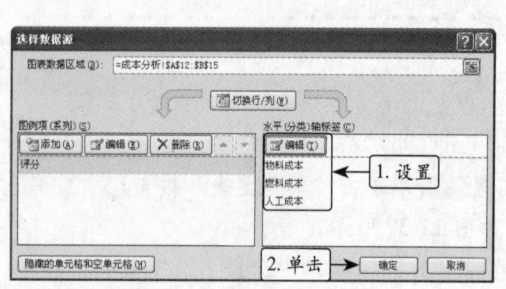

图11-43　编辑水平轴标签区域

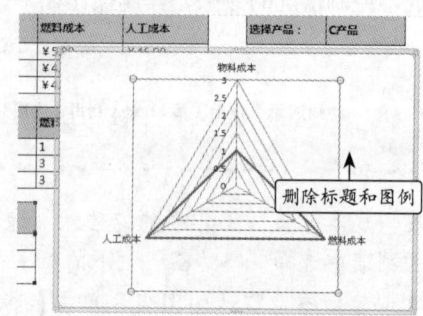

图11-44　调整图表布局

07 将图表背景填充为深蓝色，取消绘图区填充颜色，并将图表字体颜色设置为白色，适当放大轴坐标字体大小，如图 11-45 所示。

08 在图表坐标轴数字上单击鼠标右键，在弹出的快捷菜单中选择"设置坐标轴格式"命令，如图 11-46 所示。

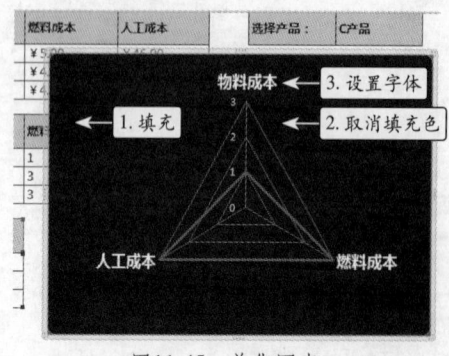

图11-45　美化图表

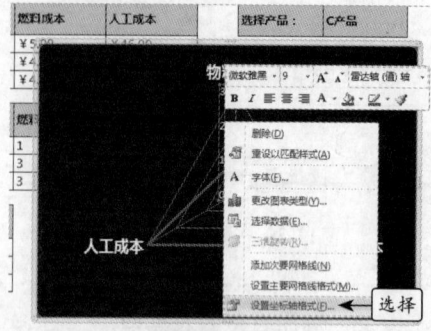

图11-46　设置坐标轴

09 在打开的对话框中将坐标轴的最小值、最大值、主要刻度单位和次要刻度单位设置为如图 11-47 所示的效果。

10 保持对话框的打开状态，选择雷达图上的数据系列对象，在对话框左侧选择"线条颜色"选项，选中右侧的"实线"单选项，并将颜色设置为"黄色"，如图 11-48 所示。

成本核算与分析

图11-47 设置坐标轴刻度

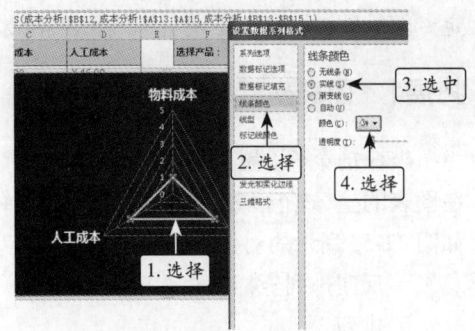

图11-48 设置数据系列颜色

11 在对话框左侧选择"线型"选项,将右侧"宽度"数值框中的数字设置为"3磅",如图11-49所示,然后关闭对话框。

12 完成雷达图的创建和设置,此时在工作表的G2单元格中选择"A产品"选项,如图11-50所示。

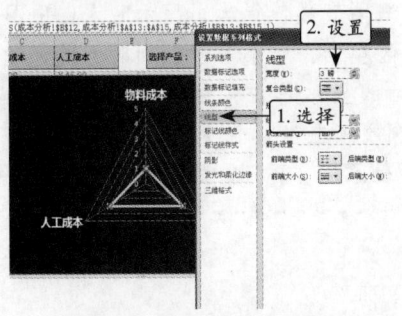

图11-49 设置数据系列线型

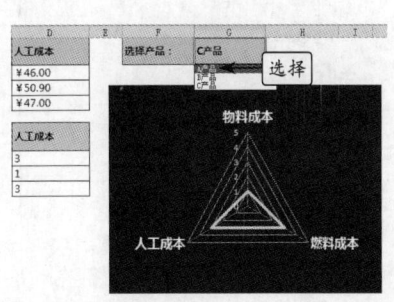

图11-50 选择产品

13 此时雷达图上将同步显示A产品的成本控制评分情况,如图11-51所示。

14 在G2单元格中选择"B产品"选项,此时雷达图又将同步显示该产品的成本控制评分情况,如图11-52所示。

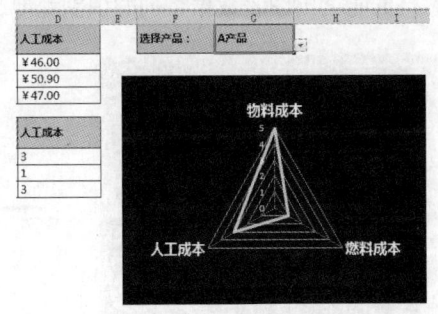

图11-51 显示A产品评分情况

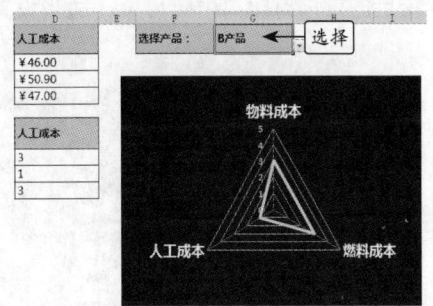

图11-52 显示B产品评分情况

11.5 知识拓展

完成任务后,小雯对图表的用法有了新的认识,不仅了解到图表可以和表格数据关联使用,而且能对图表中的各个对象进行不同需要的美化和设置。老陈看出了小雯对这方面的兴趣,决定专门给她讲讲有关图表坐标轴和网格线的设置技巧。

拓展1 图表坐标轴的设置

坐标轴除了设置刻度大小外，还可对坐标轴的显示顺序、单位和显示位置等属性进行设置。在图表的坐标轴区域单击鼠标右键，在弹出的快捷菜单中选择"设置坐标轴格式"命令，打开如图11-53所示的对话框，通过其中的某些参数便可对坐标轴进行多种属性设置。

- 反向排列坐标轴：选中其中的"逆序刻度值"复选框便可按当前坐标轴的数值顺序反向排列。
- 添加坐标轴单位：在"显示单位"下拉列表框中可以为坐标轴添加中文或数字类型的单位。
- 设置刻度线和坐标轴位置：在"主要刻度线类型"、"次要刻度线类型"和"坐标轴标签"下拉列表框中可分别设置主要刻度线、次要刻度线以及坐标轴数值标签的显示位置。

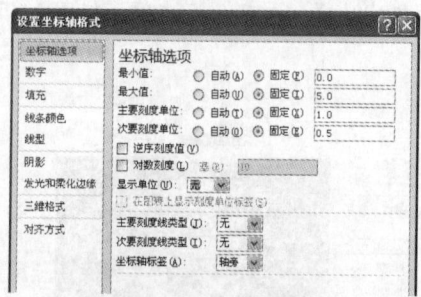

图11-53 设置坐标轴选项

> **操作提示　坐标轴单位的适用环境**
> 当图表数值很大，显示时太占用图表区空间，且不易于识别时，便可考虑更改坐标轴的显示单位。如要想将1000000～50000000的数值在坐标轴上显示为1～50，则可为该坐标轴添加"百万"的单位进行处理。

拓展2 图表网格线的设置

图表网格线包括主要网格线和次要网格线，对网格线的设置主要针对线条颜色、线型、阴影、发光和柔化边缘等属性设置。在图表的网格线区域单击鼠标右键，在弹出的快捷菜单中选择"设置网格线格式"命令，在打开的对话框中即可对网格线进行设置。如图11-54所示即为网格线设置前后的效果对比，由此可见，适当设置网格线格式，更能突出图表数据系列的识别程度。

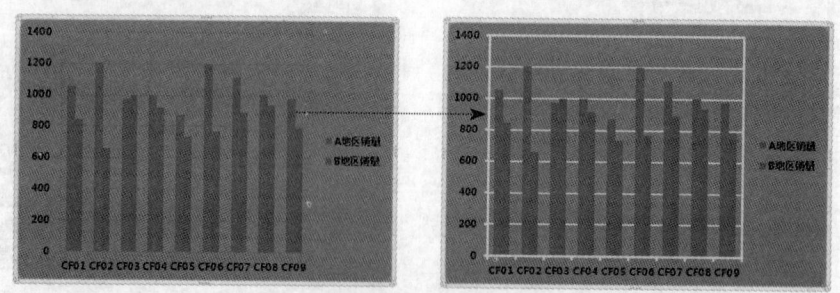

图11-54 网格线设置前后的效果

11.6 实战演练

学会了产品成本核算的表格编制操作后，小雯还想再接再厉，学习有关销售数据的核算与分析，老陈想了想，挑选了两个极具代表性的表格让小雯来尝试制作。

成本核算与分析

▶ 11.6.1 制作销售数据核算表

某公司对本年度和上年度的各项销售数据进行归纳并核算,以便了解两年来公司的销售情况,现需要编制相应的核算表,以清晰显示各项销售数据的变化情况,效果如图 11-55 所示。

 效果文件:效果\第 11 章\销售数据核算表 .xlsx

重点提示:(1)销售成本率、销售费用率和销售税金率分别由相应销售数据项目除以销售收入所得。
(2)小于 0 的货币型数据以红色字体加括号的形式体现;小于 0 的百分比数据利用条件格式,填充浅红色样式体现。

××公司年度销售数据核算与分析

项目	本年度	上年度	增减金额	增减比率
销售收入	¥1,850,000.00	¥2,034,000.00	(¥184,000.00)	-9.0%
销售成本	¥450,000.00	¥482,000.00	(¥32,000.00)	-6.6%
销售费用	¥120,000.00	¥139,000.00	(¥19,000.00)	-13.7%
销售税金	¥22,100.00	¥29,300.00	(¥7,200.00)	-24.6%
销售成本率	24.3%	23.7%	0.6%	2.6%
销售费用率	6.5%	6.8%	-0.3%	-5.1%
销售税金率	1.2%	1.4%	-0.2%	-17.1%

图 11-55 销售数据核算表

▶ 11.6.2 制作销售数据分析表

为直观简洁地显示该公司两年来的销售数据情况,现需要将各项销售数据整理到图表中,通过图形清晰地显示出来,效果如图 11-56 所示。

 效果文件:效果\第 11 章\销售数据分析表 .xlsx

重点提示:利用销售收入、成本、费用和税金数据创建柱形图,并添加销售收入线性趋势线,最后适当美化图标。

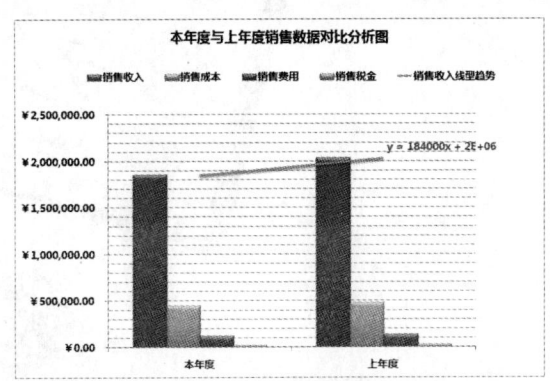

图 11-56 销售数据分析对比图

第 5 篇 资产管理篇

第 12 章 制作固定资产记录表

▶ 公司需要对一批办公设备进行清理,要求汇总这些固定资产的各项基本数据,并计提各设备的折旧情况。经大家推荐后,决定让小雯来完成这项任务,一方面是因为小雯对固定资产管理方面的知识有一定程度的了解,另一方面是由于这段时间她使用Excel的水平有了明显提高,这样便能很好地通过Excel表格,并结合专业知识来完成本次固定资产的清理任务。

知识点

- 输入固定资产基本资料
- 计算预计净残值和已使用月份
- 固定资产计提折旧
- 判断截止日期和累计折旧计算值
- 计算月折旧、累计折旧和净值
- 合计固定资产数据

制作固定资产记录表

12.1 案例目标

小雯接到任务后，第一时间找到老陈，希望他能给自己提供有力的帮助，老陈也不推辞，认真给小雯解释本次任务的具体内容。

素材文件：素材\第12章\固定资产记录表.xlsx
效果文件：效果\第12章\固定资产记录表.xlsx

如图 12-1 所示即为编制好的固定资产记录表，其中汇总了公司各种办公设备的名称、入账日期、单位、数量、金额等基本数据，并记录了相关设备的各项折旧数据，可以为公司查看、清理这些固定资产提供数据支持。

××公司固定资产记录汇总表														
类别	办公设备													
折旧方法	平均年限法													
日期	2012年5月30日													
名称	入账日期	单位	数量	资产单价	购进原值	使用年限	残值率	预计净残值	已使用月份	本月折旧	累计折旧	净值	月折旧额	实际计算截止日期	累计折旧计算值	上月累计折旧计算值
台式电脑	2009-2-10	台	10	￥5,300.0	￥53,000.0	5	5%	￥2,650.0	39	￥839.2	￥32,727.5	￥20,272.5	￥839.2	2012-5-30	￥32,727.5	￥31,888.3
笔记本电脑	2009-8-15	台	5	￥7,700.0	￥38,500.0	5	5%	￥1,925.0	33	￥609.6	￥20,115.3	￥18,383.8	￥609.6	2012-5-30	￥20,115.3	￥19,506.7
服务器	2008-5-26	台	1	￥22,800.0	￥22,800.0	5	5%	￥1,140.0	48	￥361.0	￥17,328.0	￥5,472.0	￥361.0	2012-5-30	￥17,328.0	￥16,967.0
数码相机	2010-6-10	台	1	￥7,800.0	￥7,800.0	5	5%	￥390.0	23	￥123.5	￥2,840.5	￥4,959.5	￥123.5	2012-5-30	￥2,840.5	￥2,717.0
摄像机	2009-11-5	台	1	￥4,500.0	￥4,500.0	5	5%	￥225.0	30	￥71.3	￥2,137.5	￥2,362.5	￥71.3	2012-5-30	￥2,137.5	￥2,066.3
空调	2009-4-5	台	4	￥2,225.0	￥8,900.0	5	5%	￥445.0	37	￥140.9	￥5,213.9	￥3,686.1	￥140.9	2012-5-30	￥5,213.9	￥5,073.0
冰柜	2011-6-8	台	1	￥2,300.0	￥2,300.0	5	5%	￥115.0	11	￥36.4	￥400.5	￥1,899.4	￥36.4	2012-5-30	￥400.6	￥364.2
打印机	2009-3-9	台	2	￥1,280.0	￥2,560.0	5	5%	￥128.0	38	￥40.5	￥1,540.3	￥1,019.7	￥40.5	2012-5-30	￥1,540.3	￥1,499.7
传真机	2009-6-8	台	2	￥840.0	￥1,680.0	5	5%	￥84.0	35	￥26.8	￥931.0	￥749.0	￥26.8	2012-5-30	￥931.0	￥904.4
传真柜	2011-12-5	台	1	￥1,200.0	￥1,200.0	5	5%	￥60.0	5	￥19.0	￥95.0	￥1,105.0	￥19.0	2012-5-30	￥95.0	￥76.0
电视	2010-8-6	台	1	￥3,400.0	￥3,400.0	5	5%	￥170.0	21	￥53.8	￥1,130.5	￥2,269.5	￥53.8	2012-5-30	￥1,130.5	￥1,076.7
电风扇	2008-5-26	台	4	￥275.0	￥1,100.0	5	5%	￥55.0	48	￥17.4	￥836.0	￥264.0	￥17.4	2012-5-30	￥836.0	￥818.6
办公设备合计				￥59,620.0	￥147,740.0			￥7,387.0		￥2,339.2	￥85,297.0	￥62,443.0	￥2,339.2		￥85,297.0	￥82,957.8

图12-1　固定资产记录表最终效果

12.2 职场秘笈

为了确保小雯掌握的所有关于固定资产管理的知识正确无误，在进行任务之前，老陈希望小雯将固定资产的确认、分类和折旧方法等内容重新思考一遍，这样不仅可以巩固所掌握的知识，也能对后面表格的制作打下基础。

12.2.1 固定资产确认

固定资产是指企业使用期限超过 1 年的房屋、建筑物、机器、机械、运输工具以及其他与生产、经营有关的设备、器具、工具等。固定资产是企业的劳动手段，也是企业赖以生产经营的主要资产。

专家点拨　非生产经营设备
不属于生产经营主要设备的物品，单位价值在 2000 元以上，并且使用年限超过两年的，也应当作固定资产进行处理。

一项资产要作为固定资产加以确认，首先需要符合固定资产的定义，其次还要符合以下两

197

种确认条件。
- 与该固定资产有关的经济利益很可能流入企业。
- 该固定资产的成本能够可靠地计量。

12.2.2 固定资产分类

固定资产可以按其经济用途、使用情况、产权归属、实物形态和使用期限进行分类核算。

- 按经济用途可以将固定资产分为生产经营用和非生产经营用两类。生产经营用固定资产即指直接服务于生产经营全过程的固定资产，如厂房、机器设备、仓库、运输车辆等。非生产经营用固定资产是指不直接服务于生产经营的固定资产，如职工宿舍、食堂等。
- 按使用情况可以将固定资产分为使用中、未使用、不需用 3 类。使用中的固定资产是指企业正在使用的各种固定资产，包括因修理等各种情况暂时停用以及存放在使用部门以备替换使用的机器设备。未使用的固定资产是指尚未投入使用的新增固定资产和经批准停止使用的固定资产。不需用的固定资产是指企业不需用、准备处理的固定资产。
- 按产权归属可将固定资产分为自有、接受投资和租入 3 类。自有资产是指企业拥有所有权的各种固定资产。租入固定资产是指企业从外部租赁来的固定资产，这类固定资产又可分为经营租赁资产以及融资租赁固定资产。
- 按实物形态可将固定资产分为房屋及建筑物、机器设备、电子设备、运输设备及其他设备五大类。
- 按使用期限可将固定资产分为 5 年、10 年、20 年使用期的固定资产。

常见固定资产的使用期限

使用期为 5 年的固定资产包括电子设备和火车、轮船以外的运输工具，以及与生产经营有关的器具、工具、家具等，使用期为 10 年的固定资产包括火车、轮船、机器、机械和其他生产设备；使用期为 20 年的固定资产包括房屋、建筑物等。

12.2.3 固定资产折旧方法

企业计提固定资产折旧的方法有多种，一般可分为直线法和加速折旧法。不同企业可以根据固定资产所含经济利益预期实现方式选择不同的折旧方法。企业应当按月计提固定资产折旧，当月增加的固定资产，当月不计提折旧，从下月起计提折旧；当月减少的固定资产，当月仍计提折旧，从下月起停止计提折旧。提足折旧后，不管能否继续使用，均不再提取折旧；提前报废的固定资产，也不再补提折旧。

下面介绍几种常见的固定资产折旧方法。

- 平均年限法：又称直线法，是指将固定资产的应计折旧额均衡地分摊到固定资产预订使用寿命内的一种方法。其计算公式为：年折旧率＝（1－预计净残值率)/预计使用寿命(年)×100%；月折旧率＝年折旧率/12；月折旧额＝固定资产原价 × 月折旧率。
- 工作量法：根据实际工作量计算每期应提折旧额的一种方法。其计算公式为：单位工作量折旧额＝固定资产原价 ×（1－预计净残值率）/预计总工作量；某项固定资产月折旧额＝该项固定资产当月工作量 × 单位工作量折旧额。

- 年数总和法：这种折旧方法是假设设备入账价值为 A，预计使用 B 年，残值为 Z，则第 X 年计提折旧为的公式为：$(A - Z) \times (B - X + 1)/[(B + 1) \times B/2]$。

12.3 制作思路

老陈将自己对本次任务制作思路的理解给小雯解释了一遍，希望小雯熟悉整个思路的制作环节和涉及的知识点，从而在完成任务时更加游刃有余。

固定资产记录表的制作思路大致如下：

(1) 录入各设备的基本数据，并计算资产单价、预计净残值和已使用月份等项目，如图12-2 所示。

名称	入账日期	单位	数量	资产单价	购进原值	使用年限	残值率	预计净残值	已使用月份
台式电脑	2009-2-10	台	10	￥5,300.0	￥53,000.0	5	5%	￥2,650.0	39
笔记本电脑	2009-8-15	台	5	￥7,700.0	￥38,500.0	5	5%	￥1,925.0	33
服务器	2008-5-26	台	1	￥22,800.0	￥22,800.0	5	5%	￥1,140.0	48
数码相机	2010-6-10	台	1	￥7,800.0	￥7,800.0	5	5%	￥390.0	23
摄像机	2009-11-5	台	1	￥4,500.0	￥4,500.0	5	5%	￥225.0	30
空调	2009-4-5	台	4	￥2,225.0	￥8,900.0	5	5%	￥445.0	37
冰柜	2011-6-8	台	1	￥2,300.0	￥2,300.0	5	5%	￥115.0	11
打印机	2009-3-9	台	2	￥1,280.0	￥2,560.0	5	5%	￥128.0	38
传真机	2009-6-8	台	2	￥840.0	￥1,680.0	5	5%	￥84.0	35
消毒柜	2011-12-5	台	1	￥1,200.0	￥1,200.0	5	5%	￥60.0	5
电视	2010-8-6	台	1	￥3,400.0	￥3,400.0	5	5%	￥170.0	21
电风扇	2008-5-26	台	4	￥275.0	￥1,100.0	5	5%	￥55.0	48

图12-2 录入并计算固定资产基本数据

(2) 利用平均年限法对各项设备进行折旧计算，并合计各项目数据总和，如图12-3 所示。

	名称	本月折旧	累计折旧	净值	月折旧额	实际计算截止日期	累计折旧计算值	上月累计折旧计算值
6								
7	台式电脑	￥839.2	￥32,727.5	￥20,272.5	￥839.2	2012-5-30	￥32,727.5	￥31,888.3
8	笔记本电脑	￥609.6	￥20,116.3	￥18,383.8	￥609.6	2012-5-30	￥20,116.3	￥19,506.7
9	服务器	￥361.0	￥17,328.0	￥5,472.0	￥361.0	2012-5-30	￥17,328.0	￥16,967.0
10	数码相机	￥123.5	￥2,840.5	￥4,959.5	￥123.5	2012-5-30	￥2,840.5	￥2,717.0
11	摄像机	￥71.3	￥2,137.5	￥2,362.5	￥71.3	2012-5-30	￥2,137.5	￥2,066.3
12	空调	￥140.9	￥5,213.9	￥3,686.1	￥140.9	2012-5-30	￥5,213.9	￥5,073.0
13	冰柜	￥36.4	￥400.6	￥1,899.4	￥36.4	2012-5-30	￥400.6	￥364.2
14	打印机	￥40.5	￥1,540.3	￥1,019.7	￥40.5	2012-5-30	￥1,540.3	￥1,499.7
15	传真机	￥26.6	￥931.0	￥749.0	￥26.6	2012-5-30	￥931.0	￥904.4
16	消毒柜	￥19.0	￥95.0	￥1,105.0	￥19.0	2012-5-30	￥95.0	￥76.0
17	电视	￥53.8	￥1,130.5	￥2,269.5	￥53.8	2012-5-30	￥1,130.5	￥1,076.7
18	电风扇	￥17.4	￥836.0	￥264.0	￥17.4	2012-5-30	￥836.0	￥818.6
19		￥2,339.2	￥85,297.0	￥62,443.0	￥2,339.2		￥85,297.0	￥82,957.8

图12-3 对固定资产进行折旧计算

12.4 操作步骤

准备充分后，小雯在老陈的指导下，开始完成本次任务了。

12.4.1 汇总固定资产数据

将需要进行管理的固定资产的基本数据汇总到表格中，不仅便于日后查看和处理，也能为计提折旧提供方便。

1. 输入固定资产基本资料

通过数据的录入、计算以及单元格的填充等操作完成固定资产基本数据的输入，具体操作如下。

动画演示：演示 \ 第 12 章 \ 输入固定资产基本资料.swf

01 打开"固定资产记录表.xlsx"工作簿，在 B2:B4 单元格区域中输入固定资产的类别、采用的折旧方法和记录日期等数据，如图 12-4 所示。

02 将 A2:B4 单元格区域填充为黄色，并将第 6 行所在的项目字段单元格区域填充为如图 12-5 所示的颜色。

图12-4　输入数据

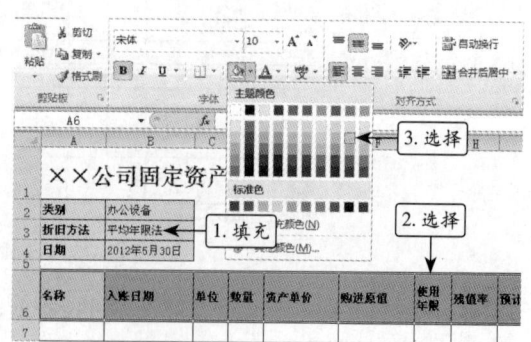

图12-5　填充单元格颜色

03 在 A7:A18 单元格区域中输入办公设备的名称，如图 12-6 所示。

04 在 B7:B18 单元格区域中输入办公设备的入账日期，如图 12-7 所示。

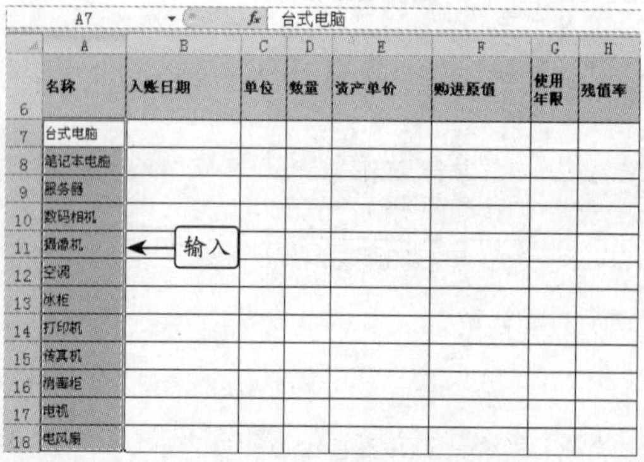

图12-6　输入设备名称

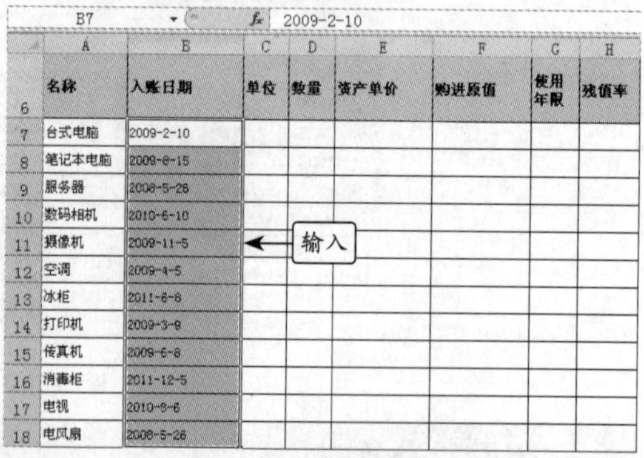

图12-7　输入入账日期

05 在 C7:D18 单元格区域中依次输入各办公设备的计量单位和数量，如图 12-8 所示。

06 在 F7:F18 单元格区域中输入各办公设备的购进金额，如图 12-9 所示。

07 选择 E7:E18 单元格区域，在编辑栏中输入"=F7/D7"，按【Ctrl+Enter】组合键计算各设备的单价，如图 12-10 所示。

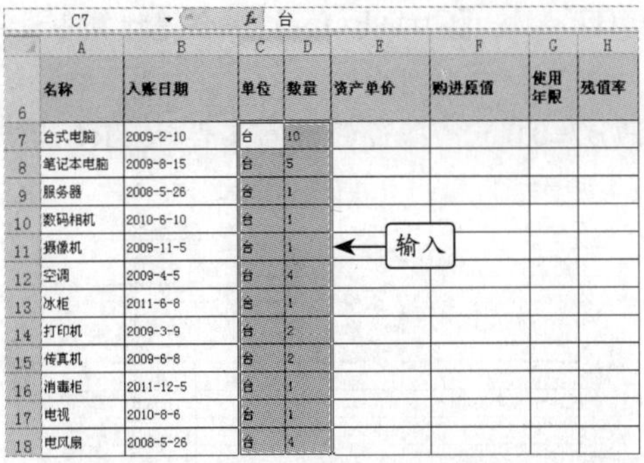

6	名称	入账日期	单位	数量	资产单价	购进原值	使用年限	残值率
7	台式电脑	2009-2-10	台	10				
8	笔记本电脑	2009-8-15	台	5				
9	服务器	2008-5-26	台	1				
10	数码相机	2010-6-10	台	1				
11	摄像机	2009-11-5	台	1				
12	空调	2009-4-5	台	4				
13	冰柜	2011-6-8	台	1				
14	打印机	2009-3-9	台	2				
15	传真机	2009-6-8	台	2				
16	消毒柜	2011-12-5	台	1				
17	电视	2010-8-6	台	1				
18	电风扇	2008-5-26	台	4				

图12-8　输入设备单位和数量

6	名称	入账日期	单位	数量	资产单价	购进原值	使用年限	残值率
7	台式电脑	2009-2-10	台	10		¥53,000.0		
8	笔记本电脑	2009-8-15	台	5		¥38,500.0		
9	服务器	2008-5-26	台	1		¥22,800.0		
10	数码相机	2010-6-10	台	1		¥7,800.0		
11	摄像机	2009-11-5	台	1		¥4,500.0		
12	空调	2009-4-5	台	4		¥8,900.0		
13	冰柜	2011-6-8	台	1		¥2,300.0		
14	打印机	2009-3-9	台	2		¥2,560.0		
15	传真机	2009-6-8	台	2		¥1,680.0		
16	消毒柜	2011-12-5	台	1		¥1,200.0		
17	电视	2010-8-6	台	1		¥3,400.0		
18	电风扇	2008-5-26	台	4		¥1,100.0		

图12-9　输入设备金额

6	名称	入账日期	单位	数量	资产单价	购进原值	使用年限	残值率
7	台式电脑	2009-2-10	台	10	¥5,300.0	¥53,000.0		
8	笔记本电脑	2009-8-15	台	5	¥7,700.0	¥38,500.0		
9	服务器	2008-5-26	台	1	¥22,800.0	¥22,800.0		
10	数码相机	2010-6-10	台	1	¥7,800.0	¥7,800.0		
11	摄像机	2009-11-5	台	1	¥4,500.0	¥4,500.0		
12	空调	2009-4-5	台	4	¥2,225.0	¥8,900.0		
13	冰柜	2011-6-8	台	1	¥2,300.0	¥2,300.0		
14	打印机	2009-3-9	台	2	¥1,280.0	¥2,560.0		
15	传真机	2009-6-8	台	2	¥840.0	¥1,680.0		
16	消毒柜	2011-12-5	台	1	¥1,200.0	¥1,200.0		
17	电视	2010-8-6	台	1	¥3,400.0	¥3,400.0		
18	电风扇	2008-5-26	台	4	¥275.0	¥1,100.0		

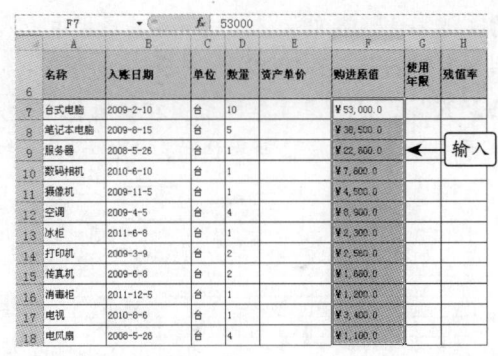

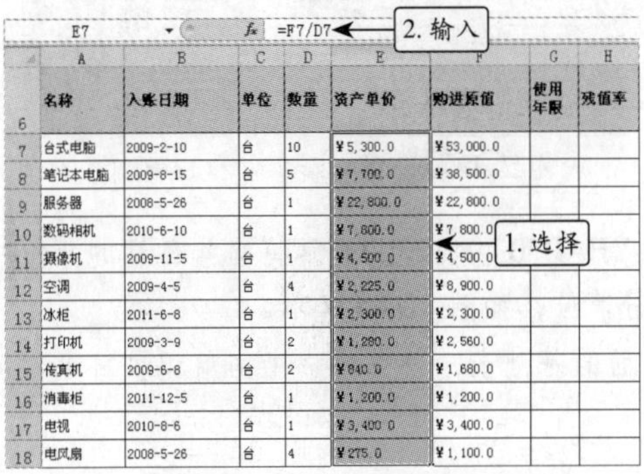

图12-10　计算设备单价

> **方法技巧　利用【Tab】键选择单元格**
>
> 除了方向键以外，利用【Tab】键也可选择单元格。其中按【Tab】键可选择当前单元格右侧相邻的单元格，按【Shift+Tab】组合键可选择当前单元格左侧相邻的单元格。

2. 计算预计净残值和已使用月份

利用公式、YEAR() 函数和 MONTH() 函数完成净残值和已使用月份的计算，具体操作如下。

> **动画演示：** 演示 \ 第 12 章 \ 计算预计净残值和已使用月份 .swf

01 选择 G7:G18 单元格区域，输入“5”后按【Ctrl+Enter】组合键，快速输入各设备的使用年限，如图 12-11 所示。

02 选择 H7:H18 单元格区域，输入“5%”后按【Ctrl+Enter】组合键，快速输入各设备的残值率，如图 12-12 所示。

6	单位	数量	资产单价	购进原值	使用年限	残值率	预计净残值	已使用月份
7	台	10	¥5,300.0	¥53,000.0	5			
8	台	5	¥7,700.0	¥38,500.0	5			
9	台	1	¥22,800.0	¥22,800.0	5			
10	台	1	¥7,800.0	¥7,800.0	5			
11	台	1	¥4,500.0	¥4,500.0	5			
12	台	4	¥2,225.0	¥8,900.0	5			
13	台	1	¥2,300.0	¥2,300.0	5			
14	台	2	¥1,280.0	¥2,560.0	5			
15	台	2	¥840.0	¥1,680.0	5			
16	台	1	¥1,200.0	¥1,200.0	5			
17	台	1	¥3,400.0	¥3,400.0	5			
18	台	4	¥275.0	¥1,100.0	5			

图12-11　输入设备使用年限

6	单位	数量	资产单价	购进原值	使用年限	残值率	预计净残值	已使用月份
7	台	10	¥5,300.0	¥53,000.0	5	5%		
8	台	5	¥7,700.0	¥38,500.0	5	5%		
9	台	1	¥22,800.0	¥22,800.0	5	5%		
10	台	1	¥7,800.0	¥7,800.0	5	5%		
11	台	1	¥4,500.0	¥4,500.0	5	5%		
12	台	4	¥2,225.0	¥8,900.0	5	5%		
13	台	1	¥2,300.0	¥2,300.0	5	5%		
14	台	2	¥1,280.0	¥2,560.0	5	5%		
15	台	2	¥840.0	¥1,680.0	5	5%		
16	台	1	¥1,200.0	¥1,200.0	5	5%		
17	台	1	¥3,400.0	¥3,400.0	5	5%		
18	台	4	¥275.0	¥1,100.0	5	5%		

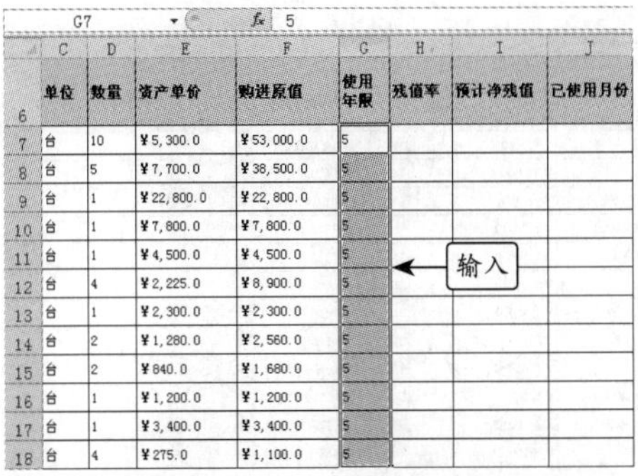

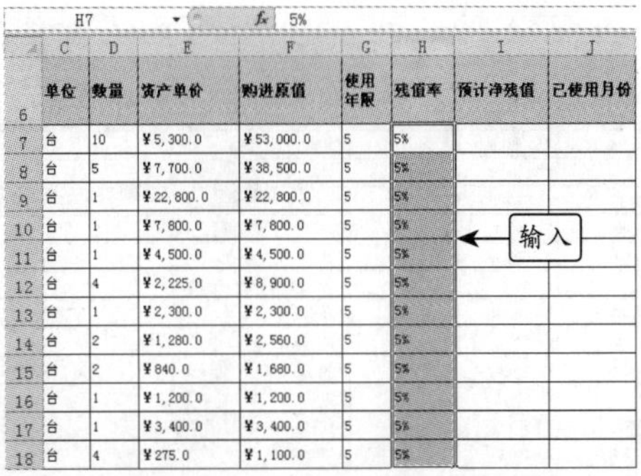

图12-12　输入设备残值率

03 选择 I7:I18 单元格区域，在编辑栏中输入"=F7*H7"，按【Ctrl+Enter】组合键计算各设备的预计净残值，如图 12-13 所示。

04 选择 J7:J18 单元格区域，在编辑栏中输入"=IF(B7=0,0,)"，即设置判断条件和 TRUE 值，表示当设备的入账日期为 0 时，返回"0"，如图 12-14 所示。

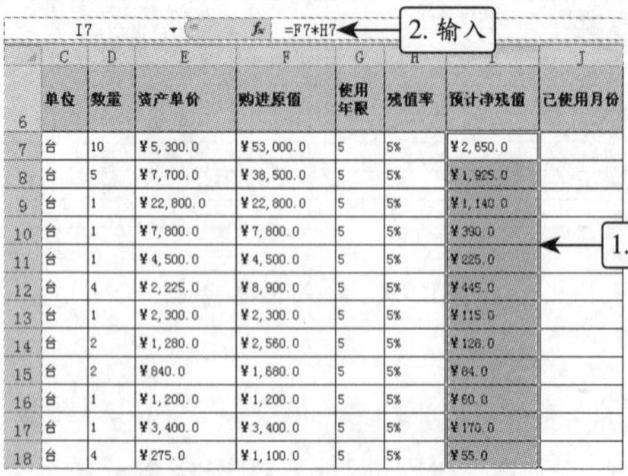

图12-13　计算设备预计净残值 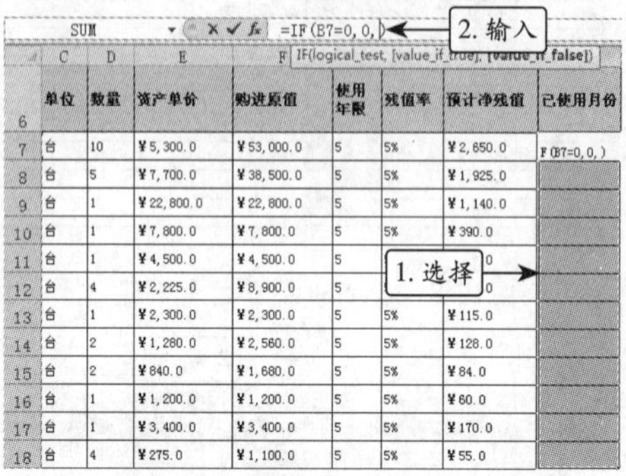　　　　　图12-14　设置判断条件和TURE值

05 在编辑栏中输入 FALSE 值内容"(YEAR($B$4)-YEAR(B7))*12"，表示将当前日期的年份减去对应设备入账日期的年份并乘以 12，以转换为月份单位，如图 12-15 所示。

06 在编辑栏中输入"+MONTH($B$4)"，表示在前面的基础上，还需要加上当前记录日期对应的月份数，如图 12-16 所示。

图12-15　将年转换为月份 　　　　　　图12-16　加上当前记录日期对应的月份

07 在编辑栏中输入"-MONTH(B7)"，表示在前面的基础上，进一步减去设备入账日期对应的月份数，如图 12-17 所示。

08 按【Ctrl+Enter】组合键得到所有设备的已使用月份，如图 12-18 所示。

图12-17　减去入账日期中的月份 　　　　图12-18　得到设备已使用月份数据

12.4.2 固定资产计提折旧

通过对固定资产计提折旧，可以实时查看各设备的使用情况和折旧数据。完成基本资料的整理后就可以对各项设备进行折旧处理了。

1. 判断截止日期和累计折旧计算值

对各项设备的实际计算截止日期、累计折旧计算值和上月累计折旧计算值进行计算，具体操作如下。

> 动画演示：演示\第12章\判断截止日期和累计折旧计算值.swf

01 选择 K7:Q18 单元格区域，为其填充如图 12-19 所示的颜色。
02 选择 O7:O18 单元格区域，在编辑栏中输入"=MIN($B$4,)"，表示将对多个日期进行判断，并返回最小值来确定实际计算的截止日期，如图 12-20 所示。

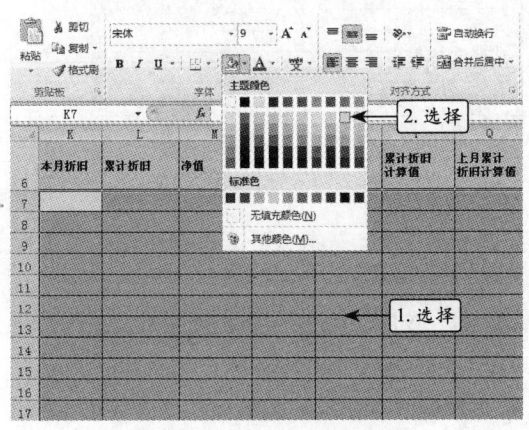
图12-19 填充单元格区域

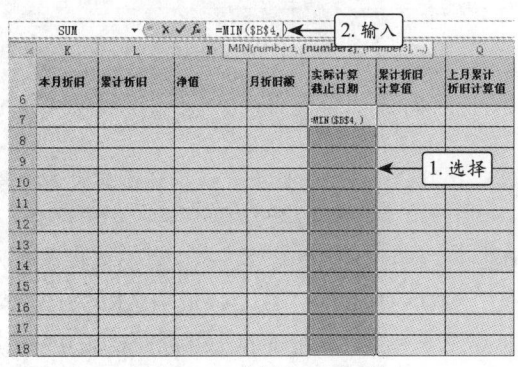
图12-20 使用MIN()函数

03 在编辑栏中输入 MIN() 函数的另一个参数"DATE(YEAR(B7)+G7,MONTH(B7),DAY(B7))"，表示对应设备使用年限后的日期，以此和记录日期进行比较，如图 12-21 所示。
04 按【Ctrl+Enter】组合键得到实际计算截止日期的最小值，如图 12-22 所示。

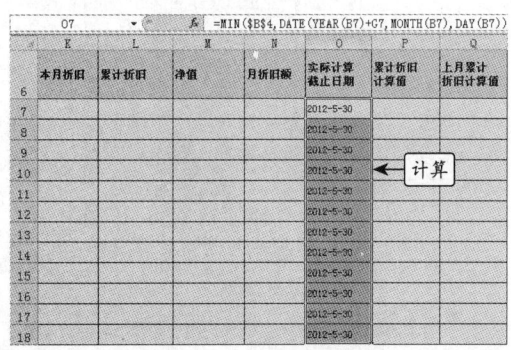

图12-21 使用DATE()嵌套函数　　　　　图12-22 判断截止日期

> **专家点拨　认识DATE()函数**
> DATE()函数的语法结构为：DATE(year,month,day)，当单元格的数据类型为日期型时，该函数将返回对应的日期数据，否则将返回日期对应的序列号。

05 选择P7:P19单元格区域，在编辑栏中输入"=IF(N7*((YEAR(O7)-YEAR(B7))*12+MONTH(O7)-MONTH(B7))<0,)"，其中N7代表设备月折旧额，后面的函数代表已折旧月份，表示当设备已折旧额小于0时，返回0，如图12-23所示。

06 在编辑栏中输入FALSE值"N7*((YEAR(O7)-YEAR(B7))*12+MONTH(O7)-MONTH(B7))"，表示当已折旧额大于等于0时，返回对应的已折旧额，即累计折旧计算值，如图12-24所示。

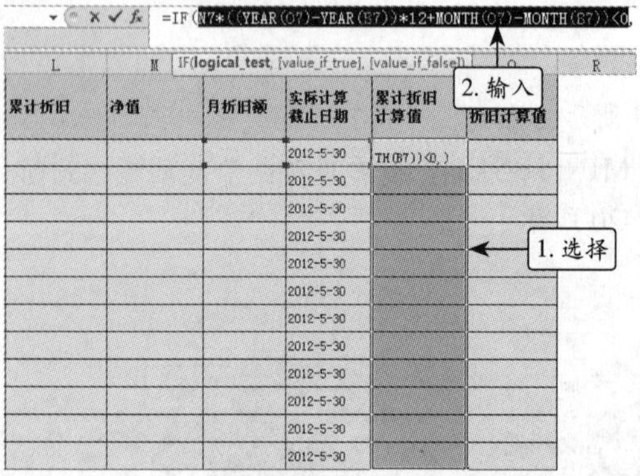

图12-23　设置判断条件和TRUE值 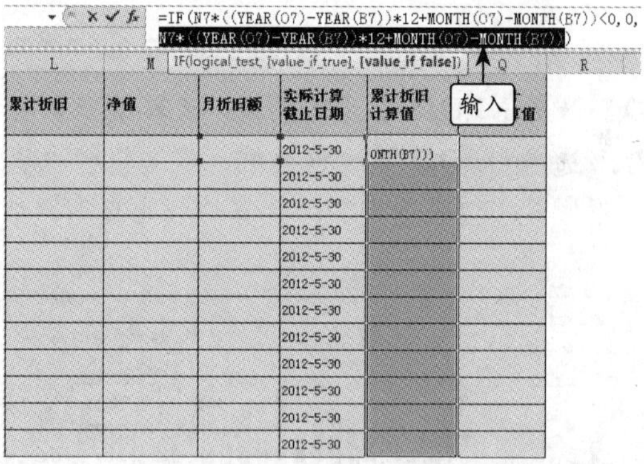　　　　图12-24　设置FALSE值

07 按【Ctrl+Enter】组合键得到所有设备的累计折旧计算值（由于暂未计算月折旧额，因此均返回0值），如图12-25所示。

08 选择Q7:Q19单元格区域，在编辑栏中输入"=IF(N7*((YEAR(O7)-YEAR(B7))*12+MONTH(O7)-MONTH(B7)-1)<0,0,N7*((YEAR(O7)-YEAR(B7))*12+MONTH(O7)-MONTH(B7)-1))"，即当设备上个月的已折旧额小于0时，返回0，否则返回已折旧额，即累计折旧计算值，如图12-26所示。

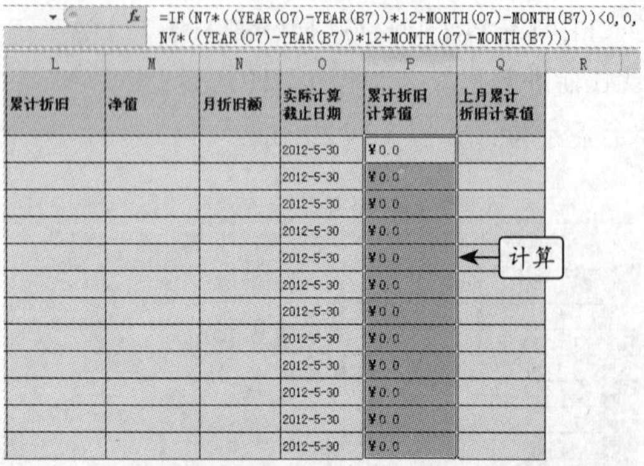

图12-25　返回累计折旧计算值 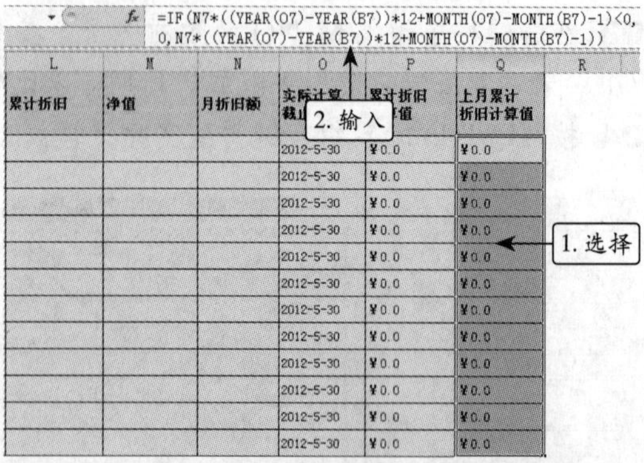　　　　图12-26　计算上月累计折旧计算值

2. 计算月折旧、累计折旧和净值

对固定资产的月折旧额、本月折旧、累计折旧和净值等项目进行计算，具体操作如下。

 动画演示：演示\第12章\计算月折旧、累计折旧和净值.swf

01 选择 N7:N19 单元格区域，在编辑栏中输入"=IF(G7="",0,)"，表示当设备的使用年限为空时返回 0，如图 12-27 所示。

02 在编辑栏中输入 FALSE 值"F7*(1-H7)/(G7*12)"，即月折旧额对应的计算公式，如图 12-28 所示。

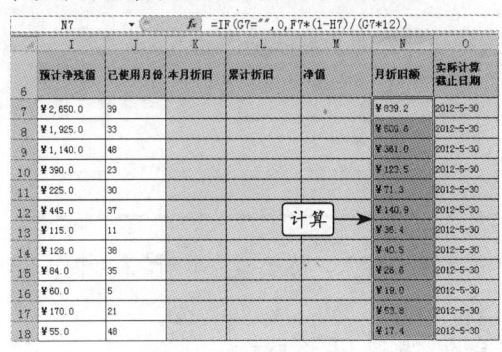

图12-27　设置判断条件和TURE值

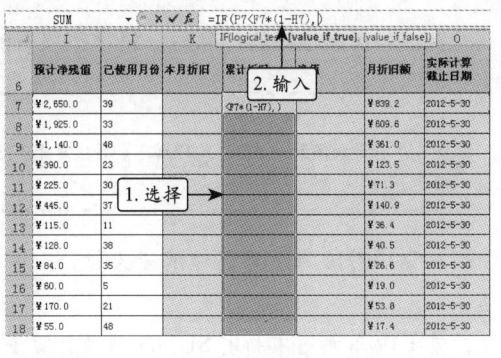

图12-28　设置FALSE值

03 按【Ctrl+Enter】组合键得到所有设备的月折旧额，如图 12-29 所示。

04 选择 L7:L19 单元格区域，在编辑栏中输入"=IF(P7<F7*(1-H7),)"，表示将累计折旧计算值与累计折旧额相比，如图 12-30 所示。

图12-29　计算月折旧额　　　　　　　　　图12-30　设置判断条件

05 在编辑栏中输入 TURE 值和 FALSE 值"P7,F7*(1-H7)"，表示当累计折旧计算值小于累计折旧额时，返回累计折旧计算值，否则返回累计折旧额。然后按【Ctrl+Enter】组合键返回结果，如图 12-31 所示。

06 选择 K7:K19 单元格区域，在编辑栏中输入"=IF(J7>G7*12)"，表示将已使用月份与使用年限相比，如图 12-31 所示。

07 在编辑栏中输入 TURE 值和 FALSE 值"0,L7-Q7"，表示当已使用月份大于使用年限时，返回 0，否则返回本月折旧。然后按【Ctrl+Enter】组合键返回结果，如图 12-33 所示。

08 选择 M7:M18 单元格区域，在编辑栏中输入"=F7-L7"，按【Ctrl+Enter】组合键得到各设备的净值，如图 12-34 所示。

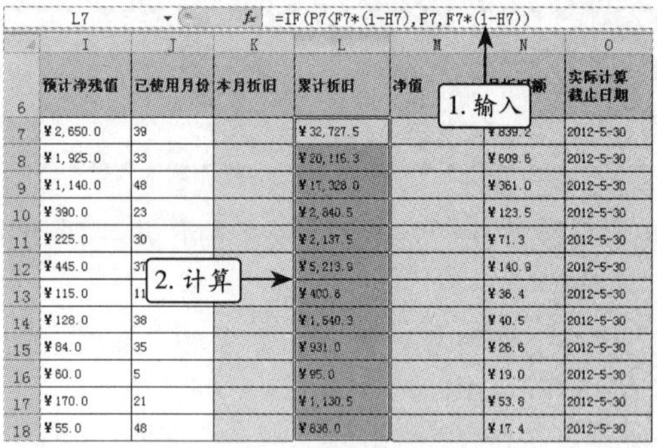

图12-31 计算累计折旧额

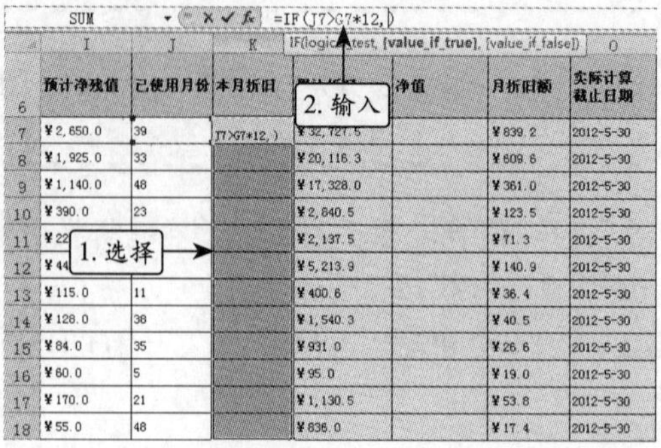

图12-32 设置判断条件

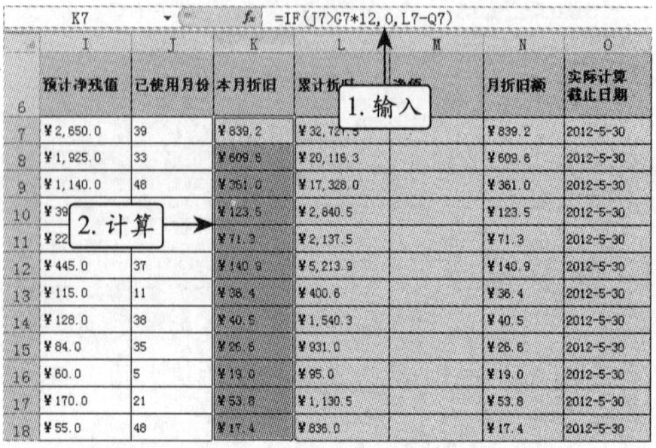

图12-33 计算设备本月折旧

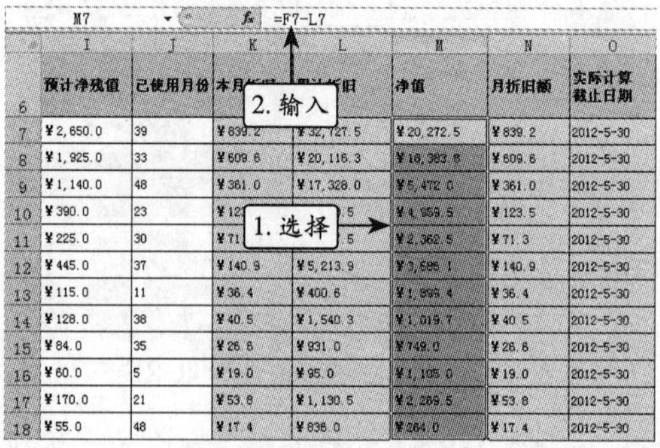

图12-34 计算设备净值

3. 合计固定资产数据

完成各折旧项目的计算后，将这些项目的数据进行合计处理，具体操作如下。

> 动画演示：演示\第12章\合计固定资产数据.swf

01 将A19:Q19单元格区域填充为黄色，并在A19单元格中输入"办公设备合计"，如图12-35所示。

02 在E19单元格中利用SUM()函数计算资产单价合计，如图12-36所示。

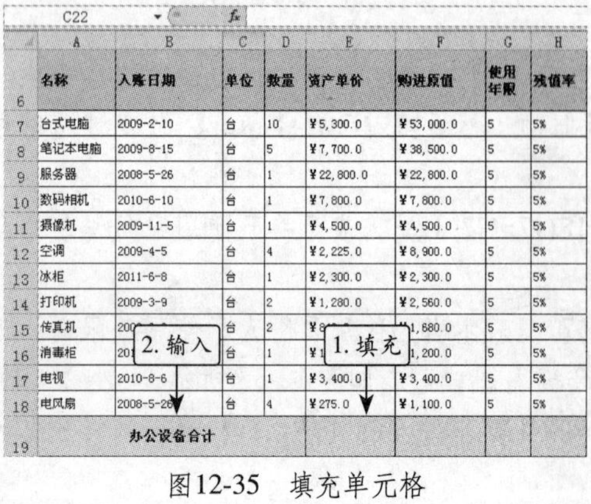

图12-35 填充单元格

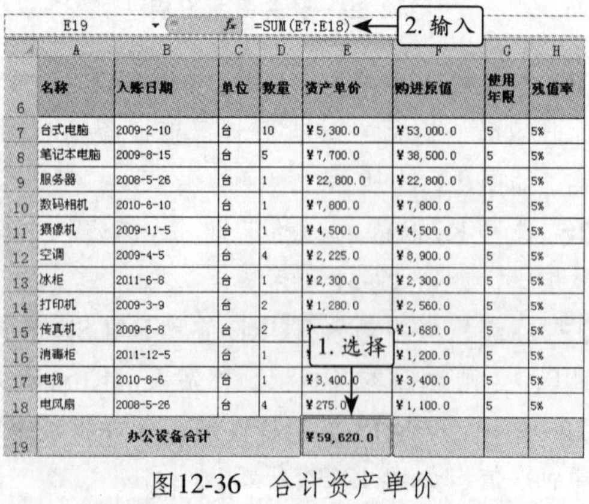

图12-36 合计资产单价

03 将 E19 单元格中的函数向右填充至 Q19 单元格，如图 12-37 所示。

04 删除 G19、H19、J19 和 019 单元格中的函数即可，如图 12-38 所示。

E19 =SUM(E7:E18)

	K	L	M	N	O	P	Q
6	本月折旧	累计折旧	净值	月折旧额	实际计算截止日期	累计折旧计算值	上月累计折旧计算值
7	¥839.2	¥32,727.5	¥20,272.5	¥839.2	2012-5-30	¥32,727.5	¥31,888.3
8	¥609.6	¥20,116.3	¥18,383.8	¥609.6	2012-5-30	¥20,116.3	¥19,506.7
9	¥361.0	¥17,328.0	¥5,472.0	¥361.0	2012-5-30	¥17,328.0	¥16,967.0
10	¥123.5	¥2,840.5	¥4,959.5	¥123.5	2012-5-30	¥2,840.5	¥2,717.0
11	¥71.3	¥2,137.5	¥2,362.5	¥71.3	2012-5-30	¥2,137.5	¥2,066.3
12	¥140.9	¥5,213.9	¥3,686.1	¥140.9	2012-5-30	¥5,213.9	¥5,073.0
13	¥36.4	¥400.6	¥1,899.4	¥36.4	2012-5-30	¥400.6	¥364.2
14	¥40.5	¥1,540.3	¥1,019.7	¥40.5	2012-5-30	¥1,540.3	¥1,499.7
15	¥26.6	¥931.0	¥749.0	¥26.6	2012-5-30	¥931.0	¥904.4
16	¥19.0	¥95.0	¥1,105.0	¥19.0	201	¥95.0	¥76.0
17	¥53.8	¥1,130.5	¥2,269.5	¥53.8	2012-5-3	¥1,130.5	¥1,076.7
18	¥17.4	¥836.0	¥264.0	¥17.4	2012-5-3	¥836.0	¥818.6
19	¥2,339.2	¥85,297.0	¥62,443.0	¥2,339.2	##########	¥85,297.0	¥82,957.8

图12-37 填充函数

019

	K	L	M	N	O	P	Q
6	本月折旧	累计折旧	净值	月折旧额	实际计算截止日期	累计折旧计算值	上月累计折旧计算值
7	¥839.2	¥32,727.5	¥20,272.5	¥839.2	2012-5-30	¥32,727.5	¥31,888.3
8	¥609.6	¥20,116.3	¥18,383.8	¥609.6	2012-5-30	¥20,116.3	¥19,506.7
9	¥361.0	¥17,328.0	¥5,472.0	¥361.0	2012-5-30	¥17,328.0	¥16,967.0
10	¥123.5	¥2,840.5	¥4,959.5	¥123.5	2012-5-30	¥2,840.5	¥2,717.0
11	¥71.3	¥2,137.5	¥2,362.5	¥71.3	2012-5-30	¥2,137.5	¥2,066.3
12	¥140.9	¥5,213.9	¥3,686.1	¥140.9	2012-5-30	¥5,213.9	¥5,073.0
13	¥36.4	¥400.6	¥1,899.4	¥36.4	2012-5-30	¥400.6	¥364.2
14	¥40.5	¥1,540.3	¥1,019.7	¥40.5	2012-5-30	¥1,540.3	¥1,499.7
15	¥26.6	¥931.0	¥749.0	¥26.6	2012-5-30	¥931.0	¥904.4
16	¥19.0	¥95.0	¥1,105.0	¥19.0	2	¥95.0	¥76.0
17	¥53.8	¥1,130.5	¥2,269.5	¥53.8	2012-5-30	¥1,130.5	¥1,076.7
18	¥17.4	¥836.0	¥264.0	¥17.4	2012-5-30	¥836.0	¥818.6
19	¥2,339.2	¥85,297.0	¥62,443.0	¥2,339.2		¥85,297.0	¥82,957.8

图12-38 删除函数

12.5 知识拓展

小雯顺利完成了任务后，老陈继续给小雯介绍了一些知识，包括窗口的拆分、冻结以及 Excel 自带的几种固定资产折旧函数的使用方法等内容。

拓展1 窗口的拆分与冻结

当工作表中的项目字段或数据记录太多时，可通过拆分或冻结窗口的方法，自主地查看各项字段或各条数据记录。

- 拆分窗口：在“视图”选项卡“窗口”组中单击“拆分”按钮，将以当前所选单元格上方和左侧为边界，将工作表窗口拆分为独立的 4 个窗口，如图 12-39 所示，此时可分别在这 4 个窗口中对工作表进行处理。再次单击“拆分”按钮可取消拆分。
- 冻结窗口：在“视图”选项卡“窗口”组中单击“冻结窗口”按钮，在弹出的下拉菜单中选择“冻结拆分窗口”命令，将当前所选单元格上方和左侧固定，从而在同一个工作表中实现部分数据固定，部分数据活动显示的效果，以便在保证项目字段显示的前提下，可以浏览其他数据记录，如图 12-40 所示。再次单击“冻结窗口”按钮，在弹出的下拉菜单中选择“取消冻结拆分窗口”命令可取消冻结状态。

	A	B	C	D	E	F	G
5							
6	名称	入账日期	单位	数量	资产单价	购进原值	使用年限
7	台式电脑	2009-2-10	台	10	¥5,300.0	¥53,000.0	5
8	笔记本电脑	2009-8-15	台	5	¥7,700.0	¥38,500.0	5
9	服务器	2008-5-26	台	1	¥22,800.0	¥22,800.0	5
10	数码相机	2010-6-10	台	1	¥7,800.0	¥7,800.0	5
11	摄像机	2009-11-5	台	1	¥4,500.0	¥4,500.0	5
12	空调	2009-4-5	台	4	¥2,225.0	¥8,900.0	5
13	冰柜	2011-6-8	台	1	¥2,300.0	¥2,300.0	5
14	打印机	2009-3-9	台	2	¥1,280.0	¥2,560.0	5
15	传真机	2009-6-8	台	2	¥840.0	¥1,680.0	5

图12-39 窗口拆分后的效果

A7 台式电脑

	A	B	C	D	E	F	G
5							
6	名称	入账日期	单位	数量	资产单价	购进原值	使用年限
13	冰柜	2011-6-8	台	1	¥2,300.0	¥2,300.0	5
14	打印机	2009-3-9	台	2	¥1,280.0	¥2,560.0	5
15	传真机	2009			¥840.0	¥1,680.0	5
16	消毒柜	2011-12-5	台	1	¥1,200.0	¥1,200.0	5
17	电视	2010-8-6	台	1	¥3,400.0	¥3,400.0	5
18	电风扇	2008-5-26	台	4	¥275.0	¥1,100.0	5
19	办公设备合计				¥59,620.0	¥147,740.0	

图12-40 冻结窗口

拓展2　Excel预设折旧函数

Excel预设了几种固定资产折旧函数，使用它们可以快速对固定资产进行折旧计提处理，下面将主要介绍DB()函数、DDB()函数和VDB()函数的作用和使用方法。

DB()函数：此函数的语法结构为DB(cost,salvage,life,period,month)，作用是使用固定余额递减法计算固定资产在一定期限内的折旧值。其中cost表示原值；salvage表示残值；life表示使用年限；period表示需计算折旧值的期限，单位必须与life一致；month表示第1年的月份数，忽略时Excel判断为"12"。

DDB()函数：此函数的语法结构为DB(cost,salvage,life,period,factor)，作用是使用双倍余额递减法或其他指定方法计算固定资产在一定期限内的折旧值。其中factor表示余额递减率，忽略时Excel判断为"2"。

VDB()函数：此函数的语法结构为DB(cost,salvage,life,start_period,end_period, factor,no_switch)，作用是使用余额递减法或其他指定方法计算固定资产在特定或部分期限内的折旧值。其中start_period表示需计算折旧值的开始期限；end_period表示需计算折旧值的结束期限；no_switch表示逻辑值，判断当折旧值大于余额递减法计算出的值时，是否使用直线折旧法进行计算。

12.6　实战演练

老陈为小雯准备了另外两个与固定资产相关的表格，让她尝试独立完成。

12.6.1　制作固定资产变动表

现需要将公司所有变动的固定资产汇总起来，并制作出如图12-41所示的固定资产变动表效果。

效果文件：效果\第12章\固定资产变动表.xlsx

重点提示：（1）资产编号为文本型数据。
　　　　　（2）变动项目中的符号通过插入特殊符号的方式实现。

固定资产变动表

部门：行政部　　　　　　　　　　　　　　　　　　　　　　　　　　　　　填制日期：2012-5-30

资产编号	资产名称	规格型号	资产单价	数量	变动项目				变动日期	原保管人	现保管人	备注
					购入	调拨	盘盈盘亏	报废				
001	笔记本电脑	SQ300	¥5,400.0	1	√				2011-5-18		陈华	
002	空调	LS9800	¥1,920.0	1		√			2011-10-25	刘勤	陈华	
003	传真机	DH100	¥1,100.0	1	√				2012-2-20		陈华	
004	电脑显示器	XMS200	¥900.0	1				√	2012-4-10		陈华	
005	电脑硬盘	MQ4000	¥360.0	1				√	2012-3-16		陈华	

图12-41　固定资产变动表

12.6.2 编制固定资产卡片

固定资产卡片是特殊的一种账簿格式，现需要将办公楼编制到固定资产卡片中，效果如图 12-42 所示。

效果文件：效果\第12章\固定资产卡片.xlsx

重点提示：（1）净残值＝原值 × 净残值率。
（2）折旧年限利用 YEAR() 函数计算录入日期与使用日期之差得到。
（3）折旧值利用 DB() 函数计算，函数为：=DB(E9,E10,C8,C11)。

固定资产卡片

卡片编号：002

固定资产名称	行政办公楼	固定资产编号	13
类别	建筑物	类别编号	A101
规格型号	-	增加方式	购入
使用部门	总部	责任人	汪文建
存放地点	人民南路5号	使用状况	在用
预计使用年限	20	开始使用日期	2004-10-20
折旧方法	固定余额递减法	原值	￥2,880,000.00
净残值率	5%	净残值	￥144,000.00
折旧年限	8	折旧值	￥140,420.12
录入人	张伟	录入日期	2012-5-30

图12-42　固定资产卡片

第 5 篇
资产管理篇

第 13 章 制作应收账款管理表

> 应收账款是企业通过销售、经营或管理等服务而形成的应收款项,公司为了掌握应收账款的实际情况,控制管理成本、防止坏账等情况的发生,要求财务部门制作应收账款管理表,小雯自然成为了完成任务的最佳人选。不过对于应收账款的管理,小雯觉得自己还欠缺不少知识,因此希望老陈能帮忙完成任务的制作。经过一段时间的讨论后,他俩便开始准备起本次任务来……

知识点

- 输入并计算应收账款数据
- 应收账款账龄分析
- 合计应收账款项目数据
- 利用饼图分析账龄比例
- 使用柱形图查看未收账款

制作应收账款管理表

13.1 案例目标

老陈将此次任务的目标规划好以后，便向小雯解释起来，告诉她应收账款管理表的重点是如何进行账龄分析，以便为公司提供准确的数据来影响各种经营管理的决策问题，不仅能控制运营成本，还能减少坏账的发生。

素材文件：素材\第13章\应收账款管理表.xlsx
效果文件：效果\第13章\应收账款管理表.xlsx

如图13-1所示即为编制好的应收账款管理表，其中对未收账款涉及的客户公司、具体账款数量和账龄数据等都进行了计算和汇总。除此以外，还将利用这些数据制作饼图和柱形图直观显示账龄比例以及未收账款的情况。

对方名称	应收账款	已收账款	未收账款	账款到期日	账龄			
					1年以内	1-2年	2-3年	3年以上
A公司	¥ 50,000.00	¥ 20,000.00	¥ 30,000.00	2011-5-30	-	¥ 30,000.00	-	-
B公司	¥ 38,000.00	¥ 15,000.00	¥ 23,000.00	2010-1-15	-	-	¥ 23,000.00	-
C公司	¥ 22,000.00	¥ 8,000.00	¥ 14,000.00	2011-9-8	¥ 14,000.00	-	-	-
D公司	¥ 46,000.00	¥ 26,000.00	¥ 20,000.00	2011-7-25	¥ 20,000.00	-	-	-
E公司	¥ 60,000.00	¥ 30,000.00	¥ 30,000.00	2010-3-19	-	-	¥ 30,000.00	-
F公司	¥ 23,000.00	¥ 13,000.00	¥ 10,000.00	2009-2-20	-	-	-	¥ 10,000.00
合计	¥ 239,000.00	¥ 112,000.00	¥ 127,000.00		¥ 34,000.00	¥ 30,000.00	¥ 53,000.00	¥ 10,000.00

××公司应收账款汇总管理表　今日：2012-6-8

图13-1　应收账款管理表最终效果

13.2 职场秘笈

小雯告诉老陈，自己对应收账款管理的知识相对薄弱，希望能得到他的指点。老陈想了后，决定给小雯讲讲有关应收账款范围以及账龄的知识，这不仅可以短时间内提高对应收账款的了解，而且能对表格的制作打下基础。

13.2.1 应收账款的范围

应收账款是有特定范围的，具体如下。

（1）应收账款是指因销售活动或提供劳务而形成的债权，不包括应收职工欠款、应收债务人的利息等其他应收款。

（2）应收账款是指流动资产性质债权，不包括长期的债权，如购买长期债券等。

（3）应收账款是指本公司应收客户的款项，不包括本公司付出的各类存出保证金，如投标保证金和租入包装物等保证金等。

13.2.2 账龄概述

账龄指公司尚未收回的应收账款的时间长度，通常按照各自企业合理的周转天数将其划分

211

为 4 个级别，如周转期为 30 天，则可划分为 30 天以内、30-60 天、60-120 天以及 120 天以上；若周转期为 1 年，则可划分为 1 年以内、1-2 年、2-3 年以及 3 年以上等。

账龄是在分析应收账款时最为重要的信息，由于应收账款属于流动资产，所以所有账龄在合理周转天数以上的应收账款都会给公司运营造成负面影响，而且账龄越高，资金效率越低，发生坏账的风险越大，财务成本也就越高。

13.3 制作思路

老陈将整个任务的想法与小雯沟通后，要求小雯将制作思路清理一遍，这样更有利于表格的编制和任务的完成。

应收账款管理表的制作思路大致如下：

（1）建立应收账款汇总管理表，输入计算各账款项目，并分析账龄情况，如图 13-2 所示。

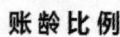

对方名称	应收账款	已收账款	未收账款	账款到期日	账龄			
					1年以内	1-2年	2-3年	3年以上
A公司	¥ 50,000.00	¥ 20,000.00	¥ 30,000.00	2011-5-30	-	¥ 30,000.00	-	-
B公司	¥ 38,000.00	¥ 15,000.00	¥ 23,000.00	2010-1-15	-	-	¥ 23,000.00	-
C公司	¥ 22,000.00	¥ 8,000.00	¥ 14,000.00	2011-9-8	¥ 14,000.00	-	-	-
D公司	¥ 46,000.00	¥ 26,000.00	¥ 20,000.00	2011-7-25	¥ 20,000.00	-	-	-
E公司	¥ 60,000.00	¥ 30,000.00	¥ 30,000.00	2010-3-19	-	-	¥ 30,000.00	-
F公司	¥ 23,000.00	¥ 13,000.00	¥ 10,000.00	2009-2-20	-	-	-	¥ 10,000.00
合计	¥ 239,000.00	¥ 112,000.00	¥ 127,000.00		¥ 34,000.00	¥ 30,000.00	¥ 53,000.00	¥ 10,000.00

图13-2 录入并计算应收账款各项数据

（2）建立饼图查看账龄比例，如图 13-3 所示。
（3）建立柱形图查看未收账款数据，如图 13-4 所示。

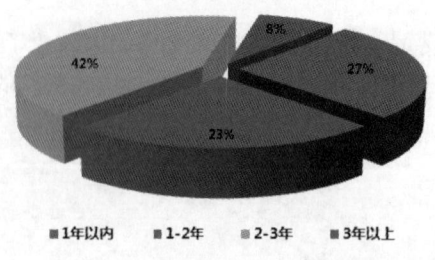

图13-3 利用饼图分析账龄比例

图13-4 利用柱形图查看未收账款数据

13.4 操作步骤

接下来小雯就要开始完成应收账款管理表的制作了，希望她能顺利完成任务。

13.4.1 汇总应收账款数据

分析应收账款数据之前，首先应汇总出所有未收到款项的客户公司、具体数额等数据，然后划分账龄后进行计算和合计。

1. 输入并计算应收账款数据

通过 TODAY() 函数返回当前日期,然后依次录入并计算应收账款、已收账款、未收账款和账款到期日等数据,具体操作如下。

动画演示:演示\第13章\输入并计算应收账款数据.swf

01 打开"应收账款管理表.xlsx"工作簿,在A2单元格中输入"今日:",如图13-5所示。

02 在B2单元格中输入"=TODAY()",按【Ctrl+Enter】组合键返回当前日期,如图13-6所示。

图13-5　输入文本　　　　　　　　　图13-6　返回当前日期

03 依次在A4:E5单元格区域中输入表格各项目字段,如图13-7所示。

04 在A6:A11单元格区域中输入各客户公司名称,如图13-8所示。

图13-7　输入项目字段　　　　　　　图13-8　输入客户公司名称

05 在B6:C11单元格区域中输入各客户公司的应收账款和已收账款数据,如图13-9所示。

06 选择D6:D11单元格区域,在编辑栏中输入"=B6-C6",按【Ctrl+Enter】组合键返回各客户公司的未收账款数据,如图13-10所示。

07 依次在E6:E11单元格区域中输入各欠款的到期日,如图13-11所示。

图13-9 输入应收账款和已收账款

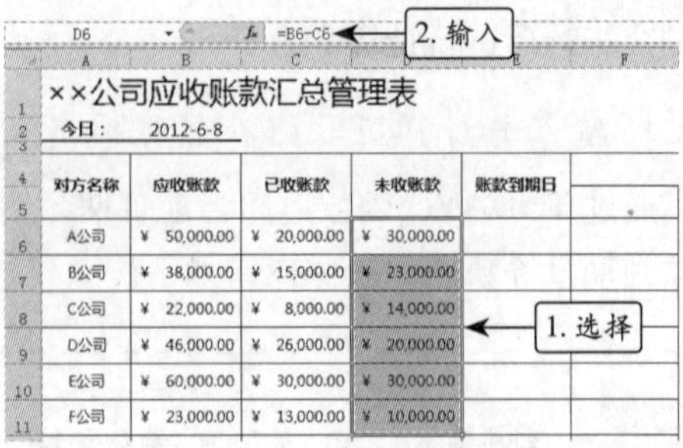

图13-10 计算未收账款

图13-11 输入欠款到期日

 专家点拨　应收账款周转率
应收账款周转率是反映企业应收账款周转速度的比率，它说明一定期间内企业应收账款转为现金的平均次数，表示公司从获得应收账款的权利到收回款项、变成现金所需要的时间。

2. 应收账款账龄分析

首先划分账龄，然后利用函数判断未收账款的账龄情况，其具体操作如下。

动画演示：演示\第13章\应收账款账龄分析.swf

01 在F4:I5单元格区域中输入表格项目字段，然后为其填充"橄榄色，强调文字颜色3，淡色60%"，效果如图13-12所示。

02 为F6:I11单元格区域填充，"橄榄色，强调文字颜色3，淡色80%"，如图13-13所示。

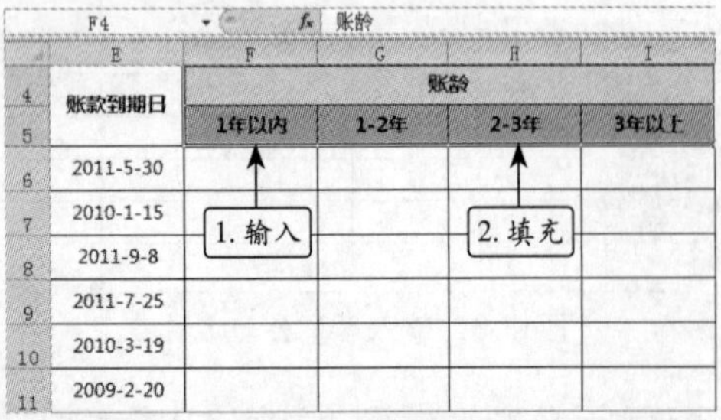

图13-12 输入并填充单元格

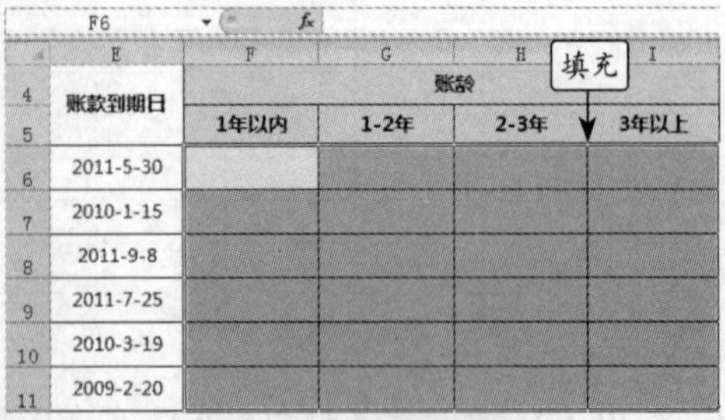

图13-13 填充单元格区域

03 选择F6单元格，在编辑栏中输入"=IF($B$2-E6<365,)"，表示判断当前日期与账款到期日中间是否相差1年，如图13-14所示。

04 继续在编辑栏中输入"D6,"-""，表示当小于1年时，返回对应的未收账款，否则返回"-"，如图 13-15 所示。

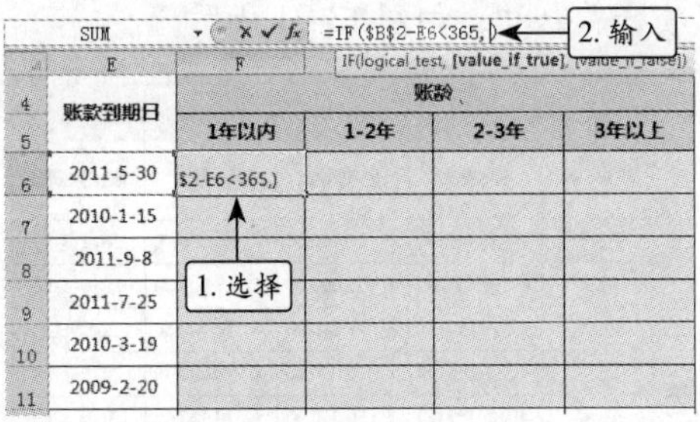

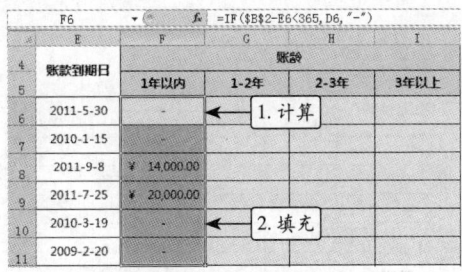

图13-14　输入判断条件

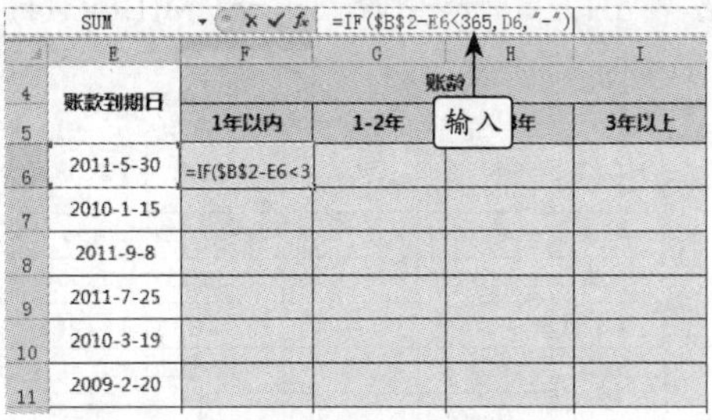

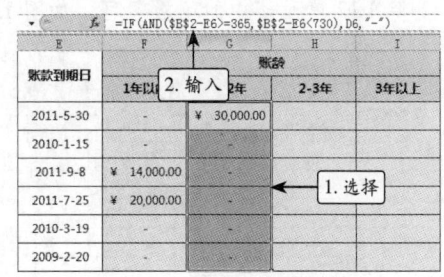

图13-15　输入TRUE值和FALSE值

05 按【Ctrl+Enter】组合键，并将函数向下填充至 F11 单元格，如图 13-16 所示。
06 选择 G6:G11 单元格区域，在编辑栏中输入 "=IF(AND($B$2-E6>=365,$B$2-E6<730),D6,"-")"，按【Ctrl+Enter】组合键返回结果，如图 13-17 所示。

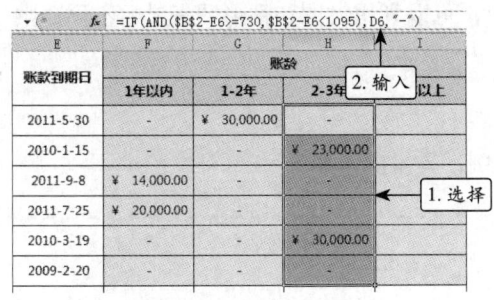

图13-16　计算并填充函数

图13-17　输入并返回函数

07 选择 H6:H11 单元格区域，在编辑栏中输入 "=IF(AND($B$2-E6>=730,$B$2-E6<1095),D6,"-")"，按【Ctrl+Enter】组合键返回结果，如图 13-18 所示。
08 选择 I6:I11 单元格区域，在编辑栏中输入 "=IF($B$2-E7>=1095,D6,"-")"，按【Ctrl+Enter】组合键返回结果，如图 13-19 所示。

图13-18　输入并返回函数

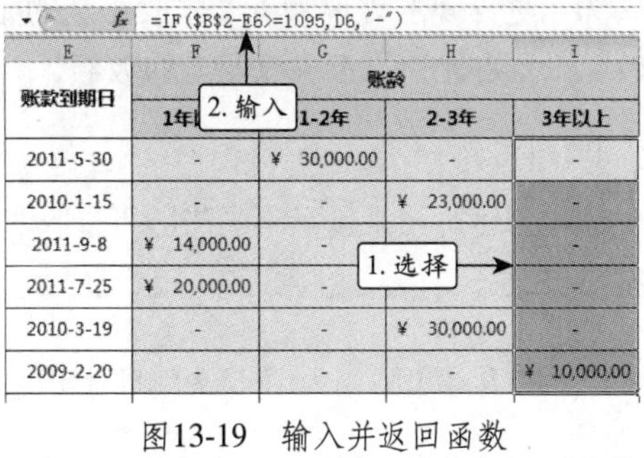

图13-19　输入并返回函数

3. 合计应收账款项目数据

将应收账款各项目以及不同账龄的未收账款进行汇总合计，具体操作如下。

 动画演示：演示\第13章\合计应收账款项目数据.swf

01 为 A12:I12 单元格区域填充"黄色",并在 A12 单元格中输入"合计",如图 13-20 所示。
02 在 B12 单元格中输入"=SUM(B6:B11)",计算应收账款总和,如图 13-21 所示。

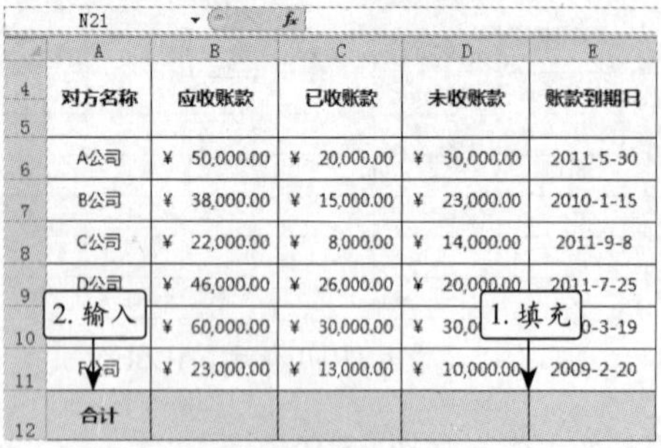

图 13-20　输入并填充单元格　　　图 13-21　汇总应收账款

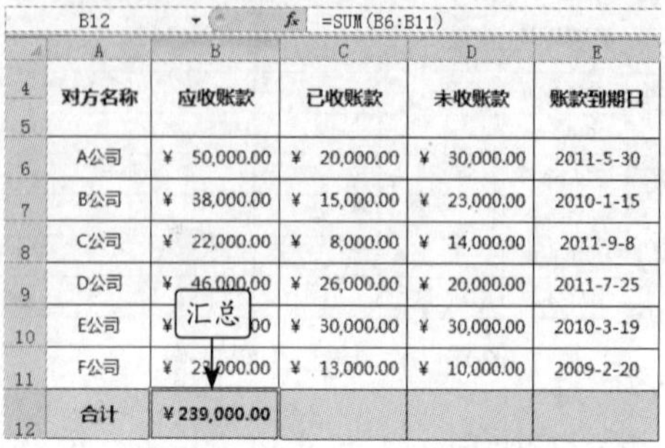

03 将 B12 单元格中的函数向右填充至 I12 单元格,如图 13-22 所示。
04 删除 E12 单元格中的函数即可,如图 13-23 所示。

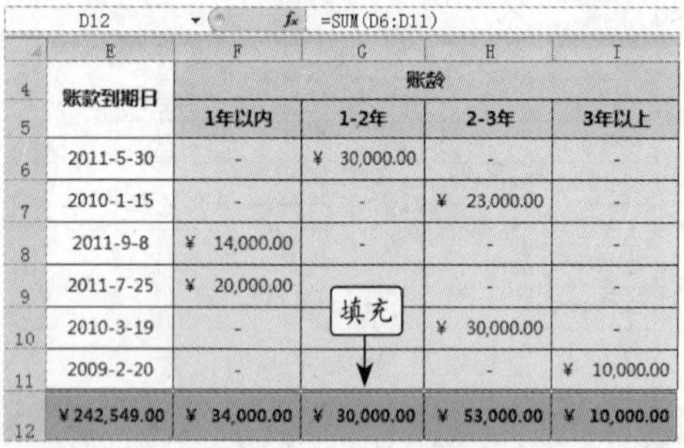

图 13-22　填充函数　　　图 13-23　删除函数

13.4.2　使用图表分析应收账款

为了更直观的表现和查看未收账款的账龄情况,可以利用饼图和柱形图来显示不同账龄下未收账款所占比例以及未收账款的数额。

1. 利用饼图分析账龄比例

通过创建饼图来显示不同账龄下未收账款的比例,具体操作如下。

> 动画演示:演示\第 13 章\利用饼图分析账龄比例.swf

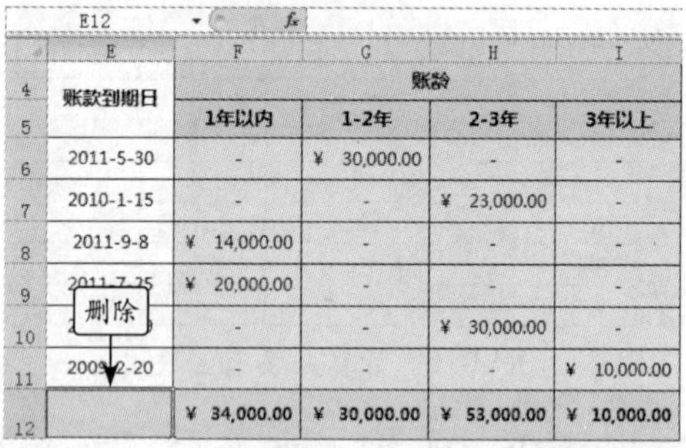

01 同时选择 F5:I5 单元格区域,然后通过"插入"选项卡"图表"组创建如图 13-24 所示的饼图类型。
02 为创建的饼图添加标题,内容为"账龄比例",如图 13-25 所示。
03 调整图例的位置和宽度,然后将整个图表的字体设置为"微软雅黑、加粗",如图 13-26 所示。
04 为数据系列添加数据标签,如图 13-27 所示。

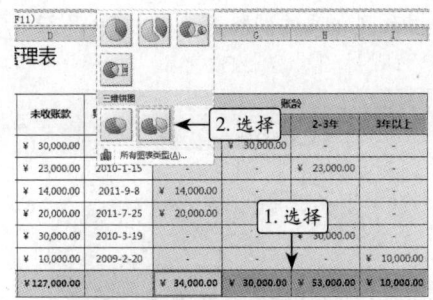

图13-24　选择图表类型

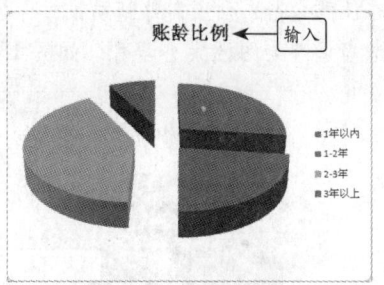

图13-25　添加图表标题

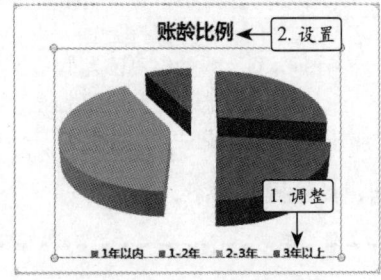

图13-26　调整图例和字体

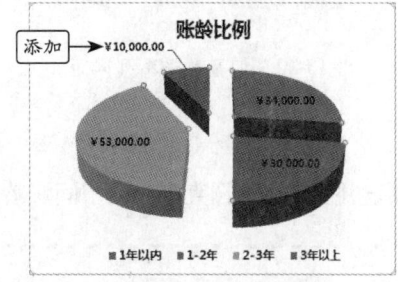

图13-27　添加数据标签

05 在添加的数据标签上单击鼠标右键，在弹出的快捷菜单中选择"设置数据标签格式"命令，如图13-28所示。

06 在打开的对话框中仅选中"百分比"复选框，如图13-29所示。

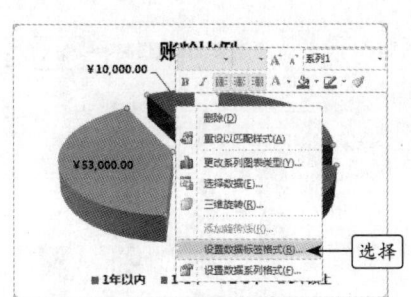

图13-28　设置数据标签格式

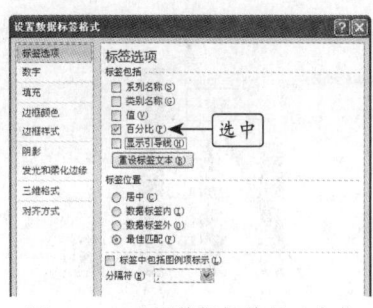

图13-29　设置数据标签显示内容

07 在数据系列上单击鼠标右键，在弹出的快捷菜单中选择"三维旋转"命令，如图13-30所示。

08 在打开的对话框中将X、Y和Z数值框中的数字分别设置为"40"、"20"和"15"，如图13-31所示。

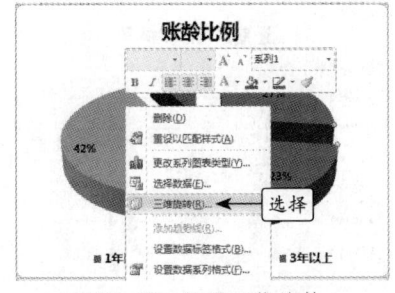

图13-30　设置三维旋转

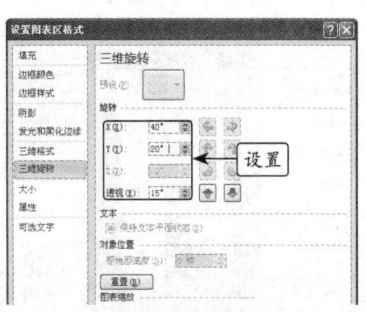

图13-31　设置旋转角度

09 在任意数据系列上向外拖动鼠标,调整饼图中各数据系列之间的间隔距离,如图 13-32 所示。

10 适当调整绘图区大小即可,如图 13-33 所示。

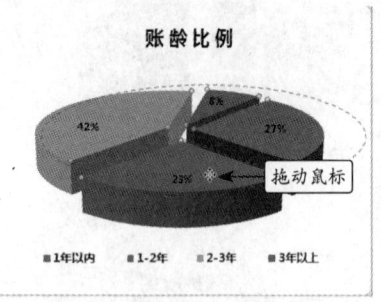
图13-32　调整数据系列间距

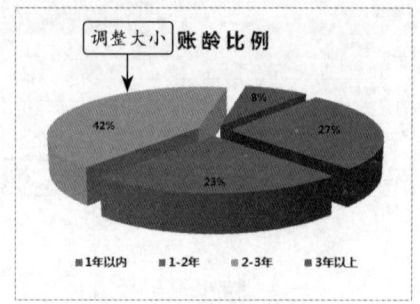
图13-33　调整绘图区大小

2. 使用柱形图查看未收账款

创建并编辑柱形图直观对比不同账龄的未收账款数据,具体操作如下。

动画演示:演示\第13章\使用柱形图查看未收账款.swf

01 同时选择 F5:I5 单元格区域,为其创建二维柱形图栏下的第 1 种选项,如图 13-34 所示。

02 为创建的柱形图添加标题,内容为"逾期未收账款情况",如图 13-35 所示。

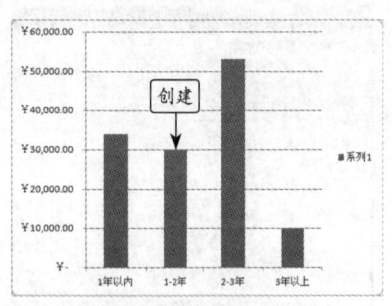
图13-34　创建二维柱形图

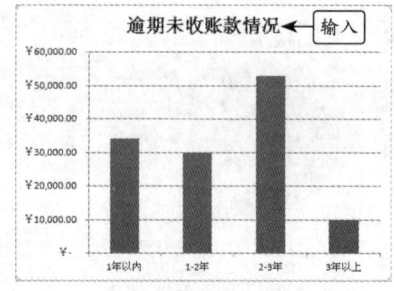
图13-35　添加图表标题

03 将图表文本的字体设置为"微软雅黑、加粗",如图 13-36 所示。

04 利用"图表工具 格式"选项卡"形状样式"组将数据系列格式设置为"强调效果 - 水绿色,强调颜色 5",如图 13-37 所示。

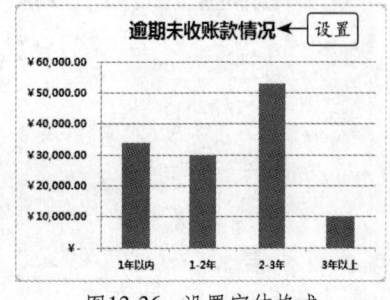
图13-36　设置字体格式

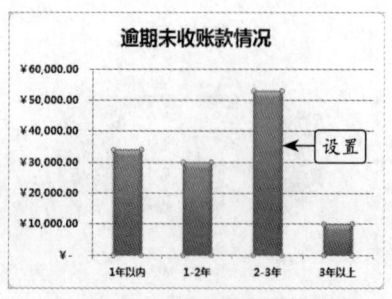
图13-37　设置数据系列格式

05 为数据系列添加数据标签即可，如图 13-38 所示。

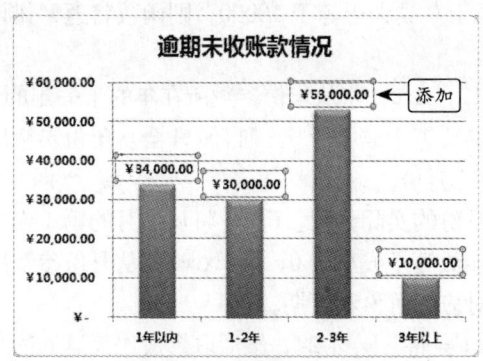

图13-38　添加数据标签

> **方法技巧　设置数据标签显示位置**
> 选择数据系列后，在"图表工具 布局"选项卡"标签"组中单击"数据标签"按钮，可在弹出的下拉菜单中选择数据标签显示在数据系列上的位置。

13.5　知识拓展

在编制应收账款管理表的过程中，小雯对 TODAY() 函数产生了兴趣，希望老陈能给她补补有关这类日期和时间函数的知识，老陈对她说，日期和时间函数的使用很简单，只要掌握了 Excel 日期系统的规则以及日期和时间函数的溢出等内容，就能得心应手。

拓展1　Excel日期系统

Excel 支持 1900 和 1904 两种日期系统，这两种日期系统使用了不同的日期作为参照基础，分别如下。

- 1900 日期系统：规定 1900 年的 1 月 1 日为第一天，其存储的日期序列号为 1，最后一天是 9999 年 12 月 31 日，对应日期序列号为 2958465。
- 1904 日期系统：规定 1904 年的 1 月 1 日为第一天，其存储的日期序列号为 0，最后一天是 9999 年 12 月 31 日，对应日期序列号为 2957003。

> **方法技巧　更改日期系统**
> 在"文件"选项卡中单击"选项"按钮，在打开的对话框左侧选择"高级"选项，并在右侧的"计算此工作簿时"栏下选中"使用 1904 日期系统"复选框，可将 1900 日期系统更改为 1904 日期系统，如图 13-39 所示。

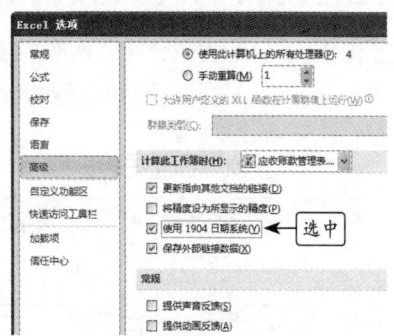

图13-39　更改日期系统

拓展2　日期与时间的溢出

使用日期与时间函数时，当引用的数据处于某种范围，Excel 会通过溢出处理的方式自动修正，其规则分别如下。

- 年份溢出：如果输入或引用的年份参数值位于 0～1899 年之间，则 Excel 会自动在年份上加上 1900 再进行计算；如果年份参数值小于 0 或大于等于 10000，则函数将返回错误值"#NUM！"。
- 月份溢出：如果输入或引用的月份参数大于 12，Excel 将从年份参数所在年的下一年的 1 月份往上加，推算出对应的月份；如果月份参数等于或小于 0，则 Excel 会从年份参数所在年的上一年的 12 月开始往下减，得到对应的月份。
- 日期溢出：如果日期参数大于月份参数所在月份的实际天数，Excel 将从该月的第 1 天往上加，推算出对应的月份和日期；如果日期参数等于或小于 0，则 Excel 将从月份参数所在月的前一月的最后一天开始往下减，得到对应的月份和日期。
- 时溢出：如果时参数大于或等于 24，则 Excel 会将其除以 24，然后取余数作为返回的小时数。
- 分溢出：如果分参数大于或等于 60，则 Excel 会将其除以 60，将商取整添加到时参数上，然后取余数作为返回的分钟数。
- 秒溢出：如果秒参数大于或等于 60，则 Excel 会将其除以 60，将商取整添加到分参数上，然后取余数作为返回的秒钟数。

13.6 实战演练

完成任务后，老陈继续为小雯安排了两个任务，要求她尝试独立完成任务内容。

13.6.1 制作应收账款汇总表

为统计出公司应收账款情况，现需要制作如图 13-40 所示的应收账款汇总表。

效果文件：效果\第 13 章\应收账款汇总表.xlsx

重点提示：（1）首先计算"余额"项目。
（2）利用 SUM() 函数计算累计项目，按数据记录逐条累加项目数据。

××公司应收账款汇总表

客户	全部货款	已收款	余额	累计收款	累计全部货款	累计余额
公司1	￥9,828.00	￥7,623.00	￥2,205.00	￥7,623.00	￥9,828.00	￥2,205.00
公司2	￥6,786.00	￥5,005.00	￥1,781.00	￥12,628.00	￥16,614.00	￥3,986.00
公司3	￥11,349.00	￥4,774.00	￥6,575.00	￥17,402.00	￥27,963.00	￥10,561.00
公司4	￥9,594.00	￥5,082.00	￥4,512.00	￥22,484.00	￥37,557.00	￥15,073.00
公司5	￥9,360.00	￥7,546.00	￥1,814.00	￥30,030.00	￥46,917.00	￥16,887.00
公司6	￥9,243.00	￥4,004.00	￥5,239.00	￥34,034.00	￥56,160.00	￥22,126.00
公司7	￥10,881.00	￥3,850.00	￥7,031.00	￥37,884.00	￥67,041.00	￥29,157.00
公司8	￥8,084.00	￥5,852.00	￥2,232.00	￥43,736.00	￥75,125.00	￥31,389.00
公司9	￥11,115.00	￥6,237.00	￥4,878.00	￥49,973.00	￥86,240.00	￥36,267.00
公司10	￥10,998.00	￥4,697.00	￥6,301.00	￥54,670.00	￥97,238.00	￥42,568.00
公司11	￥9,020.00	￥6,776.00	￥2,244.00	￥61,446.00	￥106,258.00	￥44,812.00
公司12	￥5,850.00	￥3,850.00	￥2,000.00	￥65,296.00	￥112,108.00	￥46,812.00

图 13-40　应收账款汇总表

13.6.2 制作应收账款明细表

现需要将公司所有应收账款的收款明细汇总起来，制作出如图13-41所示的应收账款明细表效果。

效果文件：效果\第13章\应收账款明细表.xlsx

重点提示：（1）收款日期利用账期和开票日期得到。
（2）超期天数利用实收款日期和应收款日期得到。

××公司应收账款明细表

客户	业务员	账期（天）	销售金额	开票日期	应收款日期	实收款日期	收款金额	欠款金额	超过时间（天）
公司1	赵梅	60	¥110,900.00	2012-2-2	2012-4-2	2012-4-5	¥100,000.00	¥10,900.00	3
公司2	王军	30	¥9,906.00	2012-3-15	2012-4-14	2012-4-6	¥9,906.00	-	-
公司3	黄俊	45	¥8,890.00	2012-2-20	2012-4-5	2012-7-7	¥8,890.00	-	93
公司4	罗晓兰	30	¥10,668.00	2012-2-15	2012-3-16	2012-3-8	¥5,000.00	¥5,668.00	-
公司5	张明	60	¥10,033.00	2012-4-6	2012-6-5	2012-5-9	¥10,033.00	-	-
公司6	朱涛	45	¥11,684.00	2012-6-18	2012-8-2	2012-10-10	¥6,000.00	¥5,684.00	69
公司7	万方	60	¥6,350.00	2012-5-8	2012-7-7	2012-7-11	¥6,350.00	-	4
公司8	李建华	30	¥6,350.00	2012-4-25	2012-5-25	2012-6-12	¥6,350.00	-	18
公司9	赵瑞	45	¥10,922.00	2012-3-19	2012-5-3	2012-4-13	¥8,000.00	¥2,922.00	-
公司10	郭涛	30	¥6,604.00	2012-2-25	2012-3-26	2012-3-14	¥5,000.00	¥1,604.00	-

图13-41 应收账款明细表

第 6 篇 会计报表篇

第 14 章　创建资产负债表

▶ 刚到公司，小雯就被通知到会议室召开紧急会议，原来财务部正在讨论资产负债表的有关事项，希望通过研究，将资产负债表的编制变得更加严谨、可靠、高效。会议结束后，小雯的任务是与老陈一起利用Excel编制资产负债表，一方面可以对人工编制的表格进行核准和监管，另一方面则希望将这种编制方法成熟化，为提高表格编制效率打下基础。

知识点

- 绘制表格边框并填充单元格
- 输入标题和项目字段
- 查找并替换空白单元格
- 输入计算公式
- 以模板类型保存表格
- 通过模板创建资产负债表
- 输入资产负债表数据

创建资产负债表 14

▶ 14.1 案例目标

会议完成后，小雯与老陈便开始着手本次任务了，他们需要达到高效、准确地完成资产负债表的编制过程，实现会议的最终目标。

素材文件：素材\第14章\资产负债表.xlsx
效果文件：效果\第14章\资产负债表.xltx、资产负债表.xlsx

如图 14-1 所示即为编制好的资产负债表，该表是通过制作的模板进行创建的，其中清晰地显示了资产负债表的各个项目以及合计栏目，不仅方便数据的输入，而且通过公式的应用，达到自动计算的目的。

	资产负债表					
	2012年6月30日					
编制单位：××公司						单位：元
资　产	期末余额	年初余额	负债和所有者权益	期末余额	年初余额
流动资产：			流动负债：		
货币资金	12,984,682.61	13,185,565.52	短期借款	208,257.00	304,825.00
交易性金融资产	-	-	交易性金融负债	-	-
应收票据	68,546.56	87,195.25	应付票据	-	-
应收账款	145,626.15	182,954.58	应付账款	183,814.55	284,526.00
预付款项	86,532.14	62,587.73	预收款项	583,720.00	467,283.57
应收利息	-	-	应付职工薪酬	153,746.52	38,457.84
应收股利	-	-	应交税费	86,715.47	105,625.78
其他应收款	12,745.52	15,198.31	应付利息	-	-
存货	-	-	应付股利	-	-
一年内到期的非流动资产	-	-	其他应付款	-	-
其他流动资产	-	-	一年内到期的非流动负债	-	-
流动资产合计	13,298,132.98	13,533,501.39	其他流动负债	-	-
非流动资产：			流动负债合计	1,216,253.54	1,200,718.19
可供出售金融资产	-	-	非流动负债：		
持有至到期投资	-	-	长期借款	1,034,675.78	1,287,354.85
长期应收款	58,000.00	58,000.00	应付债券	-	-
长期股权投资	-	-	长期应付款	-	-
投资性房地产	-	-	预计负债	-	-
固定资产	1,258,775.54	1,258,775.54	其他非流动负债	-	-
在建工程	808,524.85	808,524.85	非流动负债合计	1,034,675.78	1,287,354.85
工程物资	-	-	负债合计	2,250,929.32	2,488,073.04
固定资产清理	-	-	所有者权益：		
无形资产	350,000.00	350,000.00	实收资本	13,522,504.05	13,520,728.74
开发支出	-	-	资本公积	-	-
商誉	-	-	减：库存股	-	-
长期待摊费用	-	-	盈余公积	-	-
其他非流动资产	-	-	未分配利润	-	-
非流动资产合计	2,475,300.39	2,475,300.39	所有者权益合计	13,522,504.05	13,520,728.74
资产总计	15,773,433.37	16,008,801.78	负债和所有者权益总计	15,773,433.37	16,008,801.78

图14-1　资产负债表最终效果

▶ 14.2 职场秘笈

在进行任务之前，老陈希望小雯能对资产负债表的格式以及编制方法加以熟悉和巩固，以便在编制表格时避免出现错误。

▶ 14.2.1 资产负债表的格式

资产负债表一般有表首、正表两部分。其中，表首概括地说明报表名称、编制单位、编制日期、

223

报表编号、货币名称、计量单位等。正表是资产负债表的主体，列示了用以说明企业财务状况的各个项目。正表的格式一般也有两种，即报告式资产负债表和账户式资产负债表。

- 报告式资产负债表：报告式资产负债表是上下结构，上半部列示资产，下半部列示负债和所有者权益，如图14-2所示。具体排列形式又有两种：一是按"资产＝负债＋所有者权益"的原理排列，二是按"资产－负债＝所有者权益"的原理排列。

报告式资产负债表	
项目	金额
资产	
流动资产	—
长期资产	—
固定资产	—
无形资产	—
其他资产	—
资产合计	—
负债	
流动负债	—
长期负债	—
负债合计	—
所有者权益	
实收资本	—
资本公积	—
盈余公积	—
未分配利润	—
所有者权益合计	—

图14-2 报告式资产负债表

- 账户式资产负债表：账户式资产负债表是左右结构，左边列示资产，右边列示负债和所有者权益，本章将要制作的便是这种类型的表格。

14.2.2 资产负债表的编制方法

会计报表的编制，基本都是通过对日常会计核算记录的数据加以归集、整理，使其成为有用的财务信息。企业资产负债表各项目的数据来源，主要有以下几种方式：

- 根据总账科目余额直接填列。如"应收票据"项目，根据"应收票据"总账科目的期末余额直接填列；"短期借款"项目，根据"短期借款"总账科目的期末余额直接填列。
- 根据总账科目余额计算填列。如"货币资金"项目，根据"库存现金"、"银行存款"、"其他货币资金"科目的期末余额合计数计算填列。
- 根据明细科目余额计算填列。如"应付账款"项目，根据"应付账款"、"预付账款"科目所属相关明细科目的期末贷方余额计算填列。
- 根据总账科目和明细科目余额分析计算填列。如"长期借款"项目，根据"长期借款"总账科目期末余额，扣除"长期借款"科目所属明细科目中反映的、将于一年内到期的长期借款部分，分析计算填列。
- 根据科目余额减去其备抵项目后的净额填列。如"存货"项目，根据"存货"科目的期末余额，减去"存货跌价准备"备抵科目余额后的净额填列；又如，"无形资产"项目，根据"无形资产"科目的期末余额，减去"无形资产减值准备"与"累计摊销"备抵科目余额后的净额填列。
- 年初数与期末数的填列：资产负债表的"年初数"栏内各项数字，根据上年末资产负债表"期末数"栏内各项数字填列，"期末数"栏内各项数字根据会计期末各总账账户及所属明细账户的余额填列。

专家点拨 处理不同项目的情况

如果当年度资产负债表规定的各个项目的名称和内容同上年度不相一致，则按编报当年的口径对上年年末资产负债表各项目的名称和数字进行调整，填入本表年初数中。

14.3 制作思路

为了让小雯能够更加顺利地完成资产负债表的整个编制任务，老陈将大致的制作思路给她介绍了一遍。

资产负债表的制作思路大致如下：

（1）通过绘制表格边框，填充单元格颜色等操作，创建资产负债表框架，如图 14-3 所示。

长期应收款			应付债券		
长期股权投资			长期应付款		
投资性房地产			预计负债		
固定资产			其他非流动负债		
在建工程			非流动负债合计		
工程物资			负债合计		
固定资产清理			所有者权益：		
无形资产			实收资本		
开发支出			资本公积		
商誉			减：库存股		
长期待摊费用			盈余公积		
其他非流动资产			未分配利润		
非流动资产合计			所有者权益合计		
资产总计			负债和所有者权益总计		

图14-3　创建资产负债表框架

（2）设置数据类型和公式，然后将表格保存成模板，如图 14-4 所示。

资　产	期末余额	年初余额	负债和所有者权益	期末余额	年初余额
流动资产：			流动负债：		
货币资金	-	-	短期借款	-	-
交易性金融资产	-	-	交易性金融负债	-	-
应收票据	-	-	应付票据	-	-
应收账款	-	-	应付账款	-	-
预付款项	-	-	预收款项	-	-
应收利息	-	-	应付职工薪酬	-	-
应收股利	-	-	应交税费	-	-
其他应收款	-	-	应付利息	-	-
存货	-	-	应付股利	-	-
一年内到期的非流动资产	-	-	其他应付款	-	-
其他流动资产	-	-	一年内到期的非流动负债	-	-
流动资产合计	-	-	其他流动负债	-	-
非流动资产：			流动负债合计	-	-
可供出售金融资产	-	-	非流动负债：		
持有至到期投资	-	-	长期借款	-	-

图14-4　将表格保存成模板

（3）通过模板创建工作表，然后输入各项目数据，如图 14-5 所示。

存货	-	-	应付股利	-	-
一年内到期的非流动资产	-	-	其他应付款	-	-
其他流动资产	-	-	一年内到期的非流动负债	-	-
流动资产合计	13,298,132.98	13,533,501.39	其他流动负债	-	-
非流动资产：			流动负债合计	1,216,253.54	1,200,718.19
可供出售金融资产	-	-	非流动负债：		
持有至到期投资	-	-	长期借款	1,034,675.78	1,287,354.85
长期应收款	58,000.00	58,000.00	应付债券	-	-
长期股权投资	-	-	长期应付款	-	-
投资性房地产	-	-	预计负债	-	-
固定资产	1,258,775.54	1,258,775.54	其他非流动负债	-	-
在建工程	808,524.85	808,524.85	非流动负债合计	1,034,675.78	1,287,354.85
工程物资	-	-	负债合计	2,250,929.32	2,488,073.04
固定资产清理	-	-	所有者权益：		
无形资产	350,000.00	350,000.00	实收资本	13,522,504.05	13,520,728.74
开发支出	-	-	资本公积	-	-

图14-5　输入资产负债表数据

14.4 操作步骤

熟悉了制作思路后，小雯便在老陈的指导下，着手完成资产负债表的编制任务了。

14.4.1 创建资产负债表框架

为了资产负债表各项目数据的准确输入,应对资产负债表的框架数据区域进行创建和处理。

1. 输入标题和项目字段

结合单元格合并等操作,逐一输入资产负债表的标题、表头和项目字段等数据,具体操作如下。

 动画演示:演示\第14章\输入标题和项目字段.swf

01 打开"资产负债表.xlsx"工作簿,合并 B1:G1 单元格区域,输入"资产负债表",将字体格式设置为"微软雅黑、20、加粗、居中对齐",如图 14-6 所示。

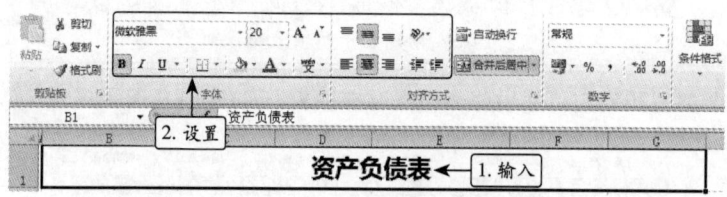

图14-6 输入并设置表格标题

02 合并 B2:G2 单元格区域,输入表格编制日期,并将字体格式设置为"微软雅黑、加粗、居中对齐",如图 14-7 所示。

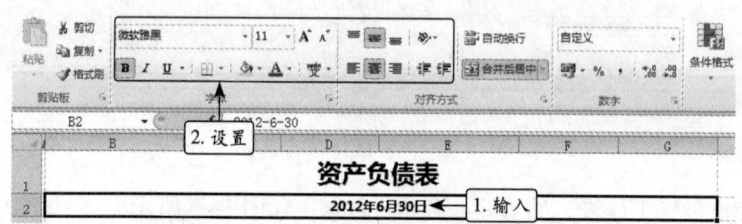

图14-7 输入并设置表格编制日期

03 依次在 B3 和 G3 单元格中输入公司名称和货币单位,字体格式同样设置为"微软雅黑、加粗、居中对齐",如图 14-8 所示。

图14-8 输入并设置公司名称和货币单位

04 在 B4:G4 单元格区域中输入表格的项目字段,字体格式设置为"微软雅黑、加粗、居中对齐",如图 14-9 所示。

创建资产负债表

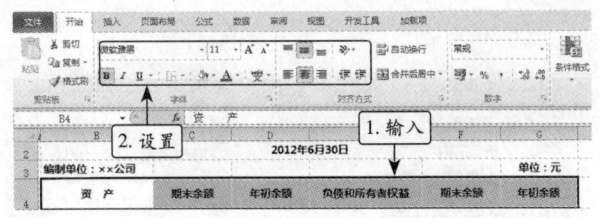

图14-9 输入并设置表格项目字段

05 分别合并 B5:D5 单元格区域和 E5:G5 单元格区域，并在合并后的单元格中输入"流动资产："和"流动负债："，字体格式设置为"微软雅黑、10、加粗"，如图14-10所示。

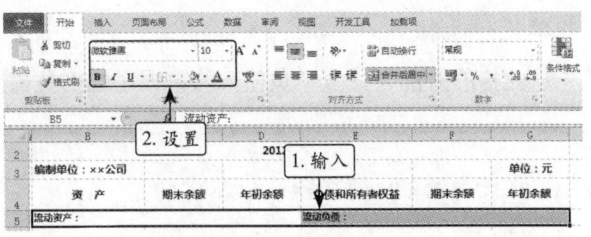

图14-10 输入并设置资产负债项目

06 分别在 B6:B16 单元格区域和 E6:E17 单元格区域输入流动资产和流动负债的具体项目，并将字体格式设置为"微软雅黑、10"，如图14-11所示。

07 在 B17 和 E18 单元格中输入"流动资产合计"和"流动负债合计"，用于存放相应项目的合计数据，将字体格式设置为"微软雅黑、10、加粗"，如图14-12所示。

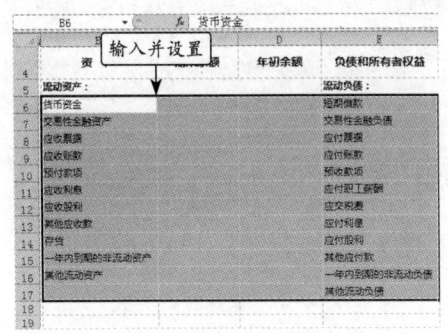

图14-11 输入具体项目

图14-12 输入项目合计

08 按照相同的方法继续输入并设置资产负债表中的非流动资产、非流动负债以及所有者权益的相关内容，效果如图14-13所示。

09 在 B34 和 E34 单元格中分别输入"资产总计"和"负债和所有者权益总计"，用于存放最终的数据结果，如图14-14所示。

> **专家点拨　资产负债表中项目的排列**
>
> 在资产负债表中，资产按流动性大小进行列示，具体分为流动资产、长期投资、固定资产、无形资产及其他资产；负债也按流动性大小进行列示，具体分为流动负债、长期负债等；所有者权益则按实收资本、资本公积、盈余公积、未分配利润等项目分项列示。

图14-13 输入其他项目

图14-14 输入最终合计文本

2. 绘制表格边框并填充单元格

通过添加边框和填充单元格的方法，使资产负债表的数据区域更具层次，具体操作如下。

动画演示：演示\第14章\绘制表格边框并填充单元格.swf

01 在"视图"选项卡"显示"组中取消选中"网格线"复选框，隐藏工作表中的网格线，如图14-15所示。

02 选择B4:G34单元格区域，在"开始"选项卡"字体"组中单击"边框"按钮田右侧的下拉按钮，在弹出的下拉列表中选择"所有框线"选项，如图14-16所示。

图14-15 取消网格线

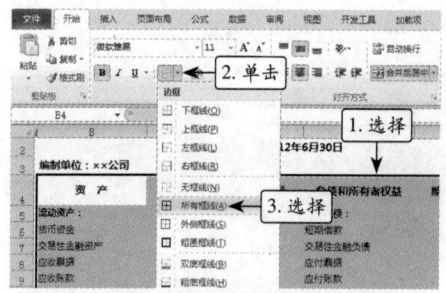
图14-16 选择边框样式

03 保持单元格区域的选择状态，再次单击"边框"按钮田右侧的下拉按钮，在弹出的下拉列表中选择"粗匣框线"选项，如图14-17所示。

04 重新选择B4:D34单元格区域，为所选区域再次添加"粗匣框线"边框，效果如图14-18所示。

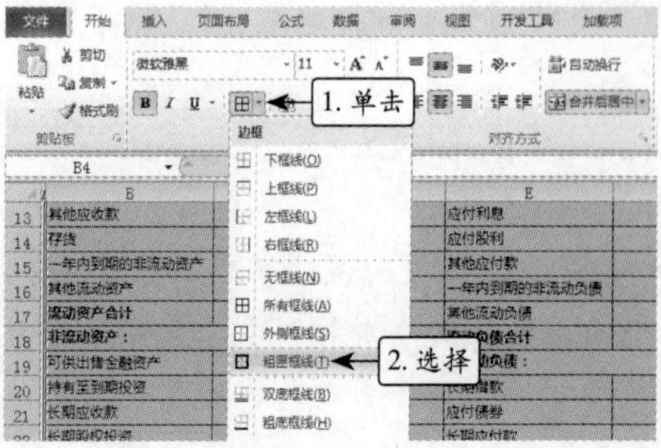

图14-17 添加边框 　　　　　图14-18 添加边框

创建资产负债表

05 同时选择 B5、E5、B18、E19 和 E27 单元格，为其填充如图 14-19 所示的蓝色。

06 同时选择 B17:D17 单元格区域、E18:G18 单元格区域、E25:G26 单元格区域和 B33:G33 单元格区域，为其填充如图 14-19 所示的黄色。

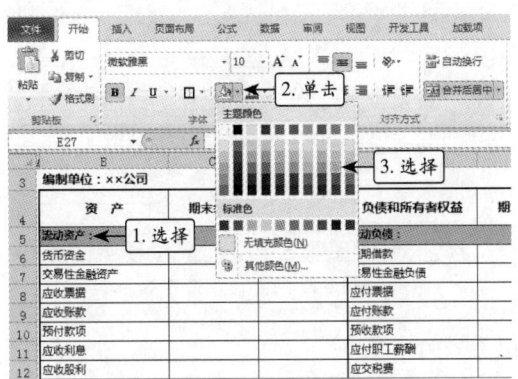
图14-19　填充单元格颜色

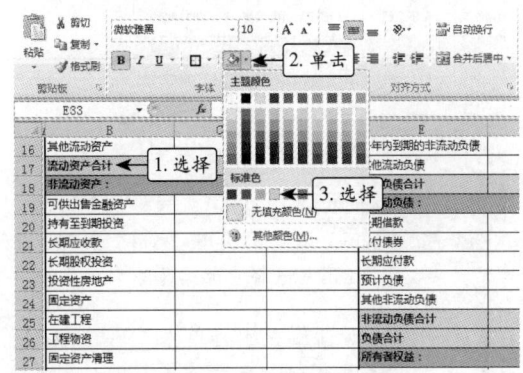
图14-20　填充单元格颜色

07 为 B34:G34 单元格区域填充如图 14-19 所示的橙色。

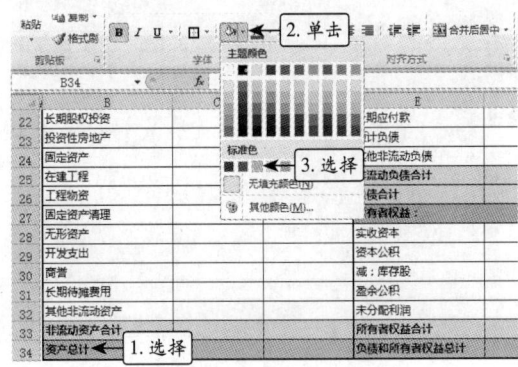
图14-21　填充单元格颜色

> **方法技巧　删除不同的对象**
> 在"开始"选项卡"编辑"组中单击 清除·按钮，在弹出的下拉菜单中选择"清除格式"命令可删除单元格的颜色、边框以及字体格式，但保留数据内容；选择"清除内容"命令可清除单元格中的数据。

14.4.2　将表格保存为模板

资产负债表的结构是固定的，因此可以考虑将其保存成模板，以便日后使用。

1. 查找并替换空白单元格

在保存模板之前，需要通过查找和替换的方法将空白单元格进行处理，具体操作如下。

 动画演示：演示 \ 第 14 章 \ 查找并替换空白单元格 .swf

01 同时选择 B4:G34 单元格区域中未填充颜色的空白单元格区域，单击"开始"选项卡"编辑"组中的"查找和替换"按钮，在弹出的下拉菜单中选择"替换"命令，如图 14-22 所示。

02 打开"查找和替换"对话框，在"替换为"下拉列表框中输入"-"，并单击 全部替换(A) 按钮，如图 14-23 所示。

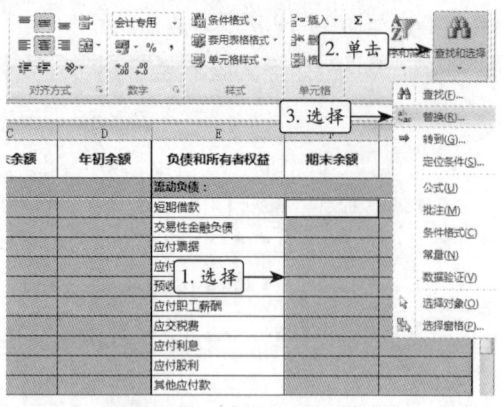

图14-22 选择单元格区域　　　　　图14-23 输入替换内容

03 打开提示对话框，直接单击 确定 按钮，如图14-24所示。
04 关闭对话框，完成单元格的查找和替换操作，效果如图14-24所示。

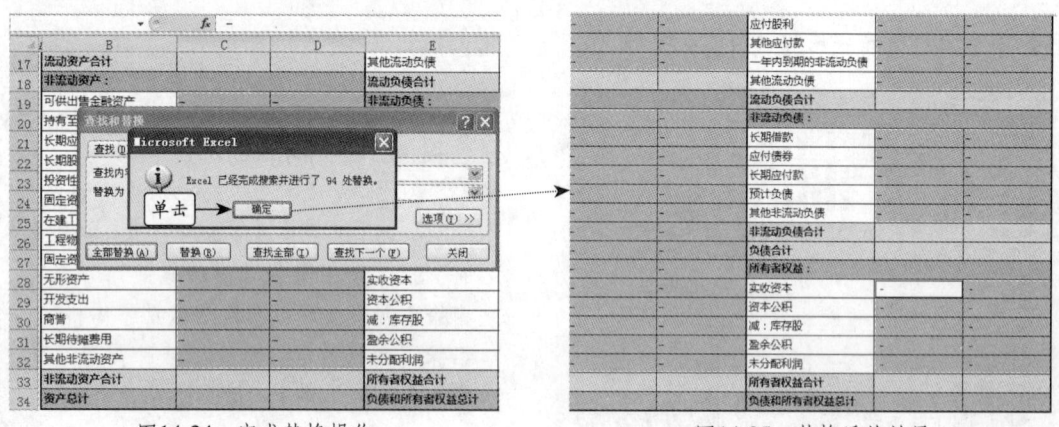

图14-24 完成替换操作　　　　　图14-25 替换后的效果

2. 输入计算公式

首先设置单元格格式，然后通过输入公式和函数，自动完成部分项目的计算，具体操作如下。

 动画演示：演示\第14章\输入计算公式.swf

01 选择资产、负债和所有者权益中期末余额及年初余额栏目下所有需要存放数据的单元格区域，将字体格式设置为"微软雅黑、10、居中对齐"，然后单击"开始"选项卡"数字"组中的"千位分隔样式"按钮，，数据类型自动转换为"会计专用"样式，如图14-26所示。
02 选择C17:D17单元格区域，在编辑栏中输入"=SUM(C6:C16)"，如图14-27所示。
03 选择F18:G18单元格区域，在编辑栏中输入"=SUM(F6:F17)"，如图14-28所示。
04 选择C33:D33单元格区域，在编辑栏中输入"=SUM(C19:C32)"，如图14-29所示。
05 选择F25:G25单元格区域，在编辑栏中输入"=SUM(F20:F24)"，如图14-30所示。
06 选择F26:G26单元格区域，在编辑栏中输入"=F18+F25"，如图14-31所示。

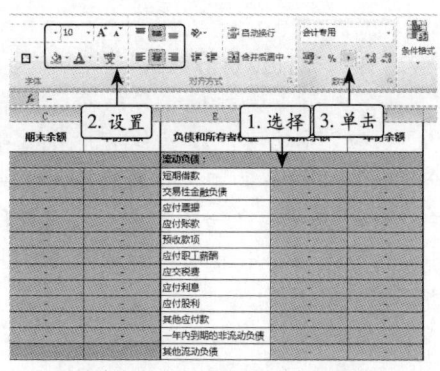

图14-26 设置数据格式和类型

图14-27 合计流动资产

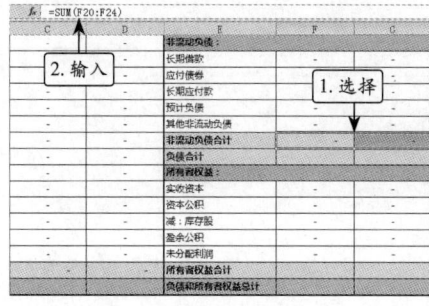

图14-28 合计流动负债

图14-29 合计非流动资产

图14-30 合计非流动负债

图14-31 合计负债

07 选择 F33:G33 单元格区域，在编辑栏中输入"=SUM(F28:F32)"，如图 14-32 所示。

08 选择 C34:D34 单元格区域，在编辑栏中输入"=C17+C33"，如图 14-33 所示。

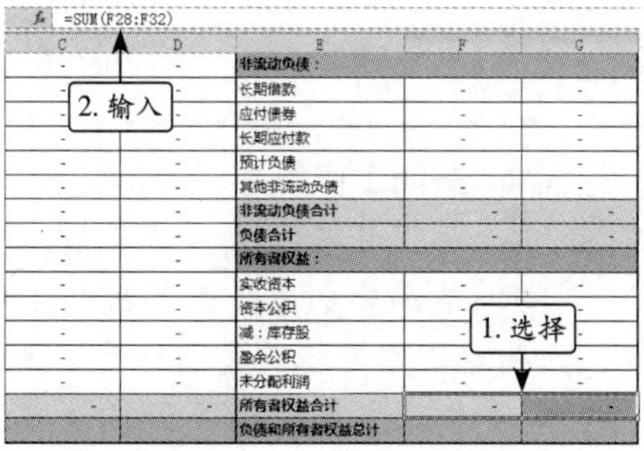

图14-32 合计所有者权益

图14-33 合计资产

09 选择 F34:G34 单元格区域，在编辑栏中输入"=F26+F33"，如图 14-34 所示。

图14-34 合计负债和所有者权益

> **专家点拨** 会计报告的构成
>
> 财务会计报告包括会计报表及其附注和其他应当在财务会计报告中披露的相关信息和资料。其中会计报表包括资产负债表、利润表和现金流量表。会计报表附注是对会计报表的进一步说明。

3. 以模板类型保存表格

将表格以模板类型进行保存，以便后面通过该模板创建工作表，具体操作如下。

> 动画演示：演示\第14章\以模板类型保存表格.swf

01 在"文件"选项卡中单击 另存为 按钮，如图14-35所示。
02 打开"另存为"对话框，在"保存类型"下拉列表框中选择"Excel模板(*.xltx)"选项，单击 保存(S) 按钮，如图14-36所示。

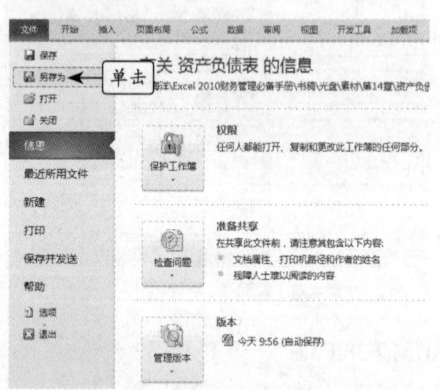

图14-35 另存工作簿

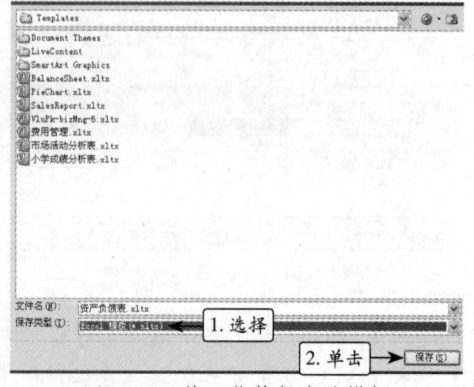

图14-36 将工作簿保存为模板

03 完成保存后，单击功能区右上角的"关闭"按钮 ，如图14-37所示。

图14-37 关闭模板工作表

> **操作提示** 关闭工作表
>
> 将工作表保存成模板后，当前编辑的工作表为模板工作表，因此这里需要将其关闭，然后通过此模板新建工作表才能得到扩展名为".xlsx"的Excel文件。

14.4.3 输入并计算资产负债项目

通过前面的所有准备工作后，下面创建资产负债表就变得非常轻松和简单了，只需利用模板创建工作表并输入项目和数据即可。

1. 通过模板创建资产负债表

下面将首先通过制作的模板创建工作表，具体操作如下。

动画演示：演示\第14章\通过模板创建资产负债表.swf

01 在"文件"选项卡中选择"新建"选项，在界面右侧单击"我的模板"按钮，如图14-38所示。

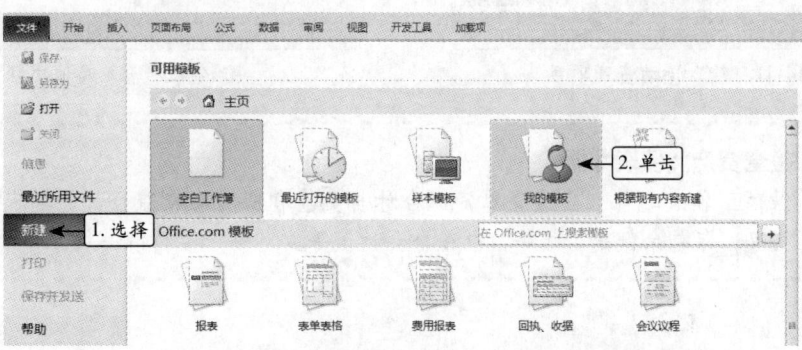

图14-38 根据模板创建工作表

02 在打开的对话框中选择"资产负债表.xltx"选项，单击 确定 按钮，如图14-39所示。

03 此时将创建如图14-40所示的表格。

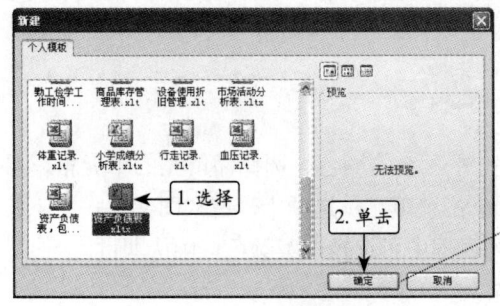

图14-39 选择模板

图14-40 创建的工作表效果

2. 输入资产负债表数据

在对应的项目字段右侧输入期末余额和年初余额的相关数据，具体操作如下。

动画演示：演示\第14章\输入资产负债表数据.swf

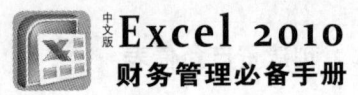

01 将表格第2行中的日期进行修改，这里默认原有的内容，然后依次输入流动资产栏目下的期末余额和年初余额数据，此时将同步计算流动资产总和数据，如图14-41所示。

02 按相同方法输入负债和所有者权益各项目中的内容，然后保存创建的工作表即可，如图14-42所示。

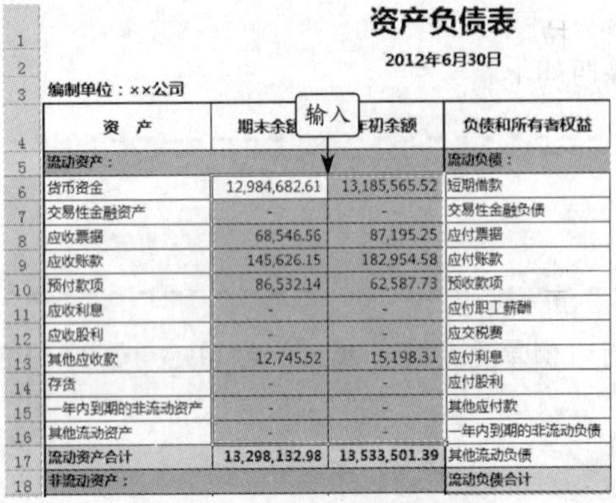

资产负债表

2012年6月30日

编制单位：××公司

资　产	期末余额	年初余额	负债和所有者权益
流动资产：			流动负债：
货币资金	12,984,682.61	13,185,565.52	短期借款
交易性金融资产	-	-	交易性金融负债
应收票据	68,546.56	87,195.25	应付票据
应收账款	145,626.15	182,954.58	应付账款
预付款项	86,532.14	62,587.73	预收款项
应收利息	-	-	应付职工薪酬
应收股利	-	-	应交税费
其他应收款	12,745.52	15,198.31	应付利息
存货	-	-	应付股利
一年内到期的非流动资产	-	-	其他应付款
其他流动资产	-	-	一年内到期的非流动负债
流动资产合计	13,298,132.98	13,533,501.39	其他流动负债
非流动资产：			流动负债合计

图14-41　输入流动资产项目

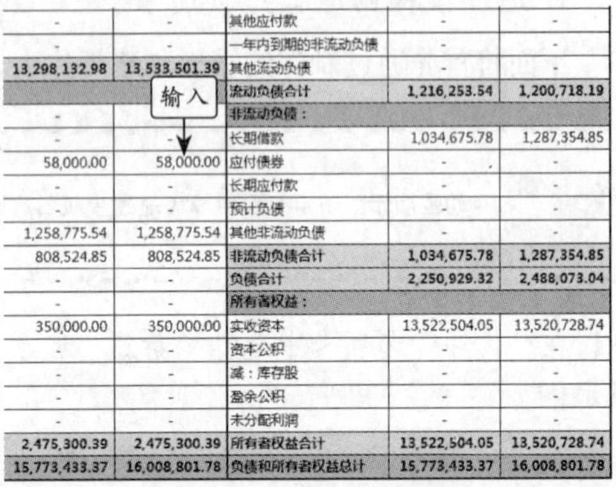

-	-	其他应付款	-	-
-	-	一年内到期的非流动负债	-	-
13,298,132.98	13,533,501.39	其他流动负债	-	-
		流动负债合计	1,216,253.54	1,200,718.19
-		非流动负债：		
-	-	长期借款	1,034,675.78	1,287,354.85
58,000.00	58,000.00	应付债券	-	-
-	-	长期应付款	-	-
-	-	预计负债	-	-
1,258,775.54	1,258,775.54	其他非流动负债	-	-
808,524.85	808,524.85	非流动负债合计	1,034,675.78	1,287,354.85
-	-	负债合计	2,250,929.32	2,488,073.04
-	-	所有者权益：		
350,000.00	350,000.00	实收资本	13,522,504.05	13,520,728.74
-	-	资本公积	-	-
-	-	减：库存股	-	-
-	-	盈余公积	-	-
-	-	未分配利润	-	-
2,475,300.39	2,475,300.39	所有者权益合计	13,522,504.05	13,520,728.74
15,773,433.37	16,008,801.78	负债和所有者权益总计	15,773,433.37	16,008,801.78

图14-42　输入其他项目

专家点拨

检查资产负债表数据

保存工作表之前，应该查看资产合计与负债和所有者权益合计的期末余额是否相等，年初余额是否相等，以符合会计恒等式“资产＝负债＋所有者权益”

14.5 知识拓展

小雯希望能让自己编织的工作表更具个性，便向老陈请求，有没有什么填充特殊单元格效果的技巧，老陈看到小雯对这方面知识很有兴趣，便给她介绍了有关填充单元格图案和渐变色的方法。

拓展1　填充单元格图案

Excel不仅允许为单元格填充图案，而且还可设置图案的颜色。选择需填充的单元格，按【Ctrl+1】组合键打开“设置单元格格式”对话框，单击“填充”选项卡，在“图案样式”下拉列表框中可选择图案，在上方的“图案颜色”下拉列表框中可选择图案颜色，确认即可。

如图14-43所示即为填充单元格图案的整个过程。

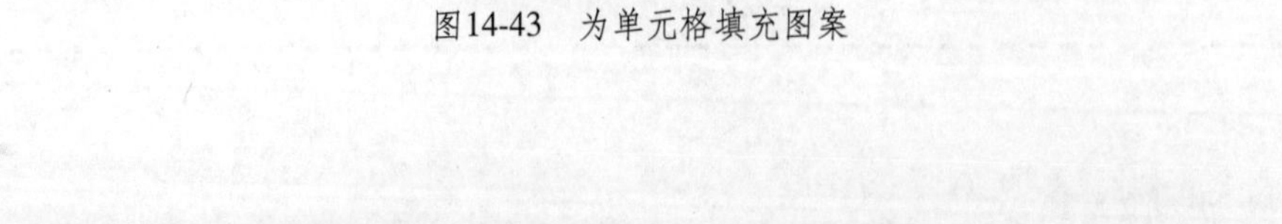

图14-43　为单元格填充图案

拓展2　填充单元格渐变色

为单元格填充渐变色，可以得到更加漂亮的效果，如图 14-44 所示。选择单元格并打开"设置单元格格式"对话框，在"填充"选项卡中单击 填充效果(I)... 按钮，打开"填充效果"对话框，如图 14-45 所示。其中各参数的作用和用法分别如下。

- "颜色1"和"颜色2"下拉列表框：在这两个下拉列表框中可选择渐变色的两种颜色。
- "底纹样式"栏：在其中可选中渐变样式对应的单选项。
- "变形"栏：设置底纹样式后，可在此栏中进一步选择该底纹样式中的某一种渐变效果。

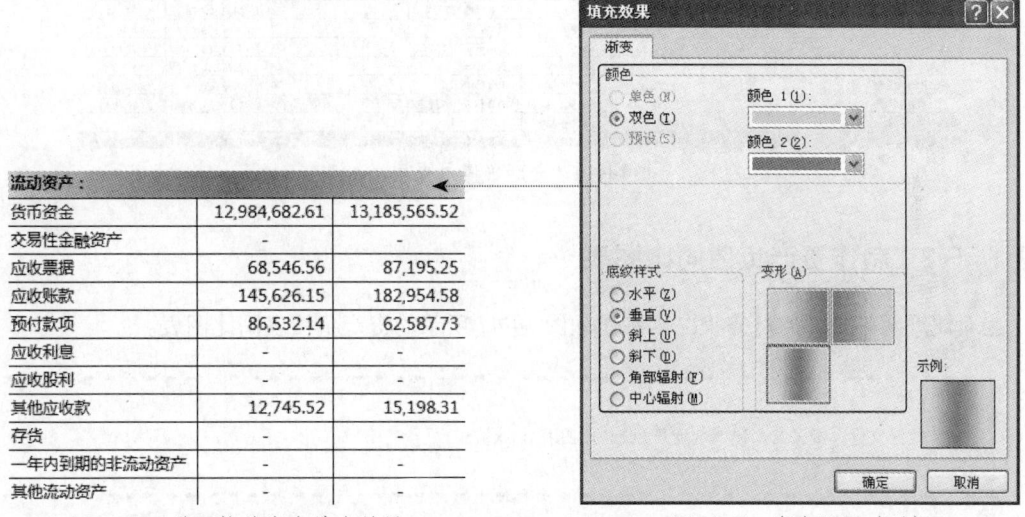

图 14-44　单元格的渐变填充效果　　　　　图 14-45　渐变设置对话框

14.6　实战演练

资产负债表也叫财务状况表，可以体现企业在一定期间内的财务状况。老陈为了锻炼小雯利用 Excel 编制资产负债表的能力，给她安排了两个案例，要求她独立完成资产负债月报表和资产负债同比图表的编制工作。

14.6.1　制作资产负债月报表

编制公司 2012 年 5 月的资产负债月报表，效果如图 14-46 所示。

效果文件：效果\第 14 章\资产负债月报表.xlsx

重点提示：（1）行次栏通过填充数据快速输入。

（2）部分单元格通过填充渐变色的方式进行美化。

（3）完成数据输入和计算后，冻结标题、表头和项目字段，以便更好地查看各个项目。

2012年05月资产负债表（月报）

单位名称：××企业　　　　　　　　　　　　　　　　　　　　　　　　　　金额单位：元至角分

资　产	行次	年初数	期末数	负债和所有者权益（或股东权益）	行次	年初数	期末数
流动资产合计	13	3,293,893.74	3,438,151.86	其他流动负债	13	49,180.77	60,109.83
非流动资产：	14			流动负债合计	14	601,705.47	554,346.21
可供出售金融资产	15	61,344.92	71,030.96	非流动负债：	15		
持有至到期投资	16	43,587.18	60,537.75	长期借款	16	41,587.94	28,908.69
长期应收款	17	69,416.62	80,717.00	应付债券	17	41,080.77	45,645.30
长期股权投资	18	67,802.29	49,237.37	长期应付款	18	48,688.32	33,980.39
投资性房地产	19	60,537.75	55,694.73	专项应付款	19	43,616.62	40,573.60
固定资产	20	42,780.01	44,394.35	预计负债	20	28,401.52	46,659.64
在建工程	21	48,430.20	56,501.90	递延所得税负债	21	36,009.07	32,458.88
工程物资	22	51,658.88	67,802.28	其他非流动负债	22	29,923.03	42,095.11
固定资产清理	23	46,815.86	41,165.67	非流动负债合计	23	269,307.27	270,321.61
生产性生物资产	24	46,815.86	66,995.11	负债合计	24	871,012.74	824,667.82
油气资产	25	63,766.43	73,452.47	所有者权益（或股东权益）：	25		
无形资产	26	63,766.43	66,187.94	实收资本（或股本）	26	803,974.74	1,708,054.80
开发支出	27	41,165.67	74,259.64	资本公积	27	624,559.26	504,451.71
商誉	28	41,972.84	49,237.37	减：库存股	28	744,666.81	448,401.52
长期待摊费用	29	61,344.92	62,959.26	盈余公积	29	576,516.24	416,372.84
递延所得税资产	30	41,972.84	59,730.58	未分配利润	30	592,530.58	560,501.90
其他非流动资产	31	66,187.94	44,394.35	所有者权益（或股东权益）合计	31	3,342,247.63	3,637,782.77
非流动资产合计	32	919,366.63	1,024,298.73		32		
资产总计	33	4,213,260.37	4,462,450.59	负债和所有者权益（或股东权益）总计	33	4,213,260.37	4,462,450.59

图14-46　资产负债月报表

14.6.2　制作资产负债同比图表

为对比近两年公司的财务状况，制作如图14-47所示的资产负债表同比图表。

效果文件：效果\第14章\资产负债同比图表.xlsx

重点提示：（1）依次输入并计算2011年和2012年同期的资产负债项目数据。
　　　　　（2）以两年的总资产、总固定资产、其他总资产、总流动负债、长期总负债和所有者权益的数据，创建柱形图进行对比查看。

××公司资产负债同比表

资产			负债和所有者权益		
当前资产：	2011	2012	流动负债：	2011	2012
现金	15,673,783.75	20,537,864.54	应付款	58,415.86	62,444.54
投资	1,083,452.47	1,537,864.71	应付工资	61,437.37	72,516.24
存货	568,734.74	452,138.75	应付租金	92,659.64	87,623.79
应收款	253,787.75	837,547.74	应付所得税	89,638.13	97,695.49
待摊费用	237,537.74	408,374.71	预收收入	53,380.01	88,630.96
其他	53,721.74	39,278.05	其他	65,466.05	84,602.28
当前总资产	17,871,018.19	23,813,068.50	总流动负债	420,997.06	493,513.30
固定资产：	2011	2012	长期负债：	2011	2012
资产和设备	790,566.43	970,695.49	应付抵押款	434,737.18	473,754.71
租赁资产改良投资	650,466.05	770,552.09	长期总负债	434,737.18	473,754.71
版权和投资	500,358.50	630,451.71	所有者权益：	2011	2012
累计折旧减值	920,659.64	710,509.07	投资资本	19,110,273.34	24,565,082.34
总固定资产	2,862,050.62	3,082,208.36	累积收益	1,427,534.45	2,083,442.75
其他资产：	2011	2012	所有者权益总计	20,537,807.79	26,648,525.09
信誉	660,473.22	720,516.24			
其他总资产	660,473.22	720,516.24			
总资产	21,393,542.03	27,615,793.10	负债和所有者权益总计	21,393,542.03	27,615,793.10

图14-47　资产负债同比图表

第6篇 会计报表篇

第15章 创建利润表

有了资产负债表的编制经验,公司继续委派小雯利用Excel来编制利润表,希望她能尽快编制出当月的利润表以及利润环比增长表。同时老陈由于其他安排外出公干,因此此次任务只能由小雯独自完成了。由于利润表是会计报表中相对简单的一种,小雯稍微思考后,便接受了公司安排的任务,并承诺会在最短的时间内完成表格的编制工作。

知识点

- 建立利润表项目
- 输入数据并计算利润表
- 引用利润表数据
- 计算环比增长额和增长率
- 创建利润环比图

15.1 案例目标

根据公司领导的要求，此次任务不仅是要完成利润表的编制，同时还要利用利润表完成环比增长表的制作，因此表格既要体现当月公司的经营成果，又要体现当月与上月相比，经营成果的增减情况。

> 素材文件：素材\第15章\利润表.xlsx
> 效果文件：效果\第15章\利润表.xlsx

如图15-1所示即为编制好的利润表，其中涉及项目、本期和上期3个栏目，通过对营业收入、成本、税金等数据的输入，得到营业利润、利润总额、净利润等数据，从而实现报告公司当月经营成果的目的。除此以外，还将进一步利用这些数据和图表，计算并分析利润环比增长的情况。

利 润 表

2012-5-31　　　　　　　　　　　　　　　　　　　会企02表

编制单位：××公司　　　　　　　　　　　　　　　　　单位：元

项　目	本期	上期
一、营业收入	1,200,000.00	1,020,000.00
减：营业成本	780,000.00	680,000.00
营业税金及附加	54,000.00	46,000.00
销售费用	55,000.00	50,000.00
管理费用	45,000.00	42,000.00
财务费用	8,000.00	7,500.00
资产减值损失	-	-
加：公允价值变动收益	-	-
投资收益	120,000.00	135,000.00
其中：对联营企业和合营企业的投资收益	-	-
二、营业利润	378,000.00	329,500.00
加：营业外收入	-	2,500.00
减：营业外支出	-	-
非流动资产处置损失	-	-
三、利润总额（亏损总额以"-"号填列）	378,000.00	332,000.00
减：所得税费用	94,500.00	83,000.00
四、净利润（净亏损以"-"号填列）	283,500.00	249,000.00
归属于母公司所有者的净利润	-	-
少数股东损益	-	-
五、每股收益		
基本每股收益	-	-
稀释每股收益	-	-

图15-1　利润表最终效果

15.2 职场秘笈

利润表也称损益表、收益表，是反映企业在一定会计期间经营成果的报表，小雯查阅了相关资料后，对利润表的一些基本知识进行了丰富并巩固，以便更顺利和准确地完成表格的编制操作。

15.2.1 利润表的格式

利润表的格式主要分为多步式和单步式两种。

- 多步式利润表：通过对当期的收入和费用按性质加以归类，按利润形成的主要环节列出一些中间性利润指标，分步计算当期净利润。这种格式是常用的利润表编制格式，其优点在于可以揭示不同性质的收入与费用之间的配比关系，不仅反映企业最终的经营成果，还能提供不同业务的盈亏水平，反映企业经营成果的不同来源和形成过程，从而便于报表使用者分析企业净利润增加变动的原因，评价企业净利润的质量和风险，并能预测企业未来的盈利能力。

- 单步式利润表：将当期所有收入列在一起，然后将所有的费用列在一起，两者相减得出当期净利润，如图 15-2 所示。这种格式的利润表直观、简单，避免了项目分类上的困难，但同时提供的信息量相对于多步式利润表而言就更少，不利于报表使用者分析企业经营业绩的主要来源，不利于预测企业未来的盈利能力。

利　润　表

会企02表

编制单位：　　　　年　　月　　日　　　　单位：元

项目	本月数	本年累计
一，收入		
营业收入		
公允价值变动损益		
投资收益		
营业外收入		
收入小计		
二，费用		
营业成本		
营业税及及附加		
销售费用		
管理费用		
财务费用		
资产减值损失		
营业外支出		
所得税费用		
费用合计		
三，净利润		

图 15-2 单步式利润表

15.2.2 利润表的计算步骤

本例编制的利润表为多步式利润表，这种格式的利润表可以分为 3 个计算步骤。

- 第一步：以营业收入为基础，计算营业利润。

营业利润＝营业收入－营业成本－营业税金及附加－销售费用－管理费用－财务费用－资产减值损失＋公允价值变动收益（－公允价值变动损失）＋投资收益（－投资损失）

- 第二步：以营业利润为基础，计算利润总额。

利润总额＝营业利润＋营业外收入－营业外支出

- 第三步：以利润总额为基础，计算净利润（或净亏损）。

净利润＝利润总额－所得税费用

专家点拨

利润表的形式

利润表在形式上分为表头和表体两部分。其中表头部分反映报表名称、编制单位、编制日期、报表编号、货币名称、计量单位等，表体是利润表的主体，反映形成经营成果的各个项目和计算过程。

15.3 制作思路

受到老陈的影响，小雯现在也习惯在开始工作之前，分析整个工作的制作思路，让自己在编制表格时思路更加清晰，操作更加准确。

利润表的制作思路大致如下：

（1）创建利润表项目、输入数据并计算利润表，如图 15-3 所示。

（2）引用利润表数据，计算利润环比增长情况，并通过条件格式显示负增长数据区域，如图 15-4 所示。

项目	本期	上期
编制单位：××公司		单位：元
一、营业收入	1,200,000.00	1,020,000.00
减：营业成本	780,000.00	680,000.00
营业税金及附加	54,000.00	46,000.00
销售费用	55,000.00	50,000.00
管理费用	45,000.00	42,000.00
财务费用	8,000.00	7,500.00
资产减值损失		
加：公允价值变动收益	-	-
投资收益	120,000.00	135,000.00
其中：对联营企业和合营企业的投资收益		
二、营业利润	378,000.00	329,500.00
加：营业外收入		2,500.00
减：营业外支出		
非流动资产处置损失		
三、利润总额（亏损总额以"-"号填列）	378,000.00	332,000.00
减：所得税费用	94,500.00	83,000.00
四、净利润（净亏损以"-"号填列）	283,500.00	249,000.00
归属于母公司所有者的净利润	-	-
少数股东损益	-	-
五、每股收益		
基本每股收益	-	-
稀释每股收益	-	-

图15-3　创建利润表

项目	本期	上期	环比增长额	环比增长率
一、营业收入	1,200,000.00	1,020,000.00	180,000.00	18%
减：营业成本	780,000.00	680,000.00	100,000.00	15%
营业税金及附加	54,000.00	46,000.00	8,000.00	17%
销售费用	55,000.00	50,000.00	5,000.00	10%
管理费用	45,000.00	42,000.00	3,000.00	7%
财务费用	8,000.00	7,500.00	500.00	7%
资产减值损失				
加：公允价值变动收益	-	-		
投资收益	120,000.00	135,000.00	-15,000.00	-11%
其中：对联营企业和合营企业的投资收益				
二、营业利润	378,000.00	329,500.00	48,500.00	15%
加：营业外收入		2,500.00	-2,500.00	-100%
减：营业外支出				
非流动资产处置损失				
三、利润总额（亏损总额以"-"号填列）	378,000.00	332,000.00	46,000.00	14%
减：所得税费用	94,500.00	83,000.00	11,500.00	14%
四、净利润（净亏损以"-"号填列）	283,500.00	249,000.00	34,500.00	14%
归属于母公司所有者的净利润	-	-		
少数股东损益				
五、每股收益				
基本每股收益	-	-		
稀释每股收益	-	-		

图15-4　创建利润环比增长表

（3）利用利润环比增长数据创建环比柱形图，如图15-5所示。

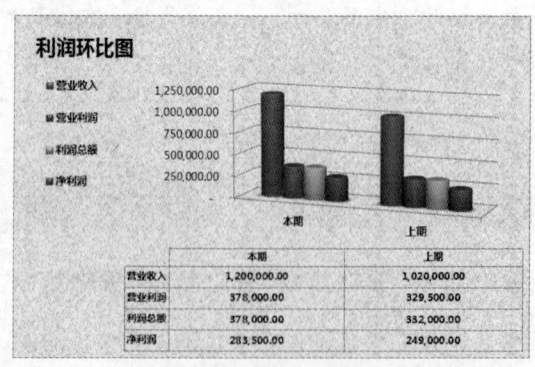

图15-5　创建利润环比增长柱形图

15.4　操作步骤

清楚整个表格的编制思路和过程后，小雯便马上开始着手完成此次任务了。

15.4.1 创建利润表

利润表的编制相对简单，只需依次输入表格项目和数据，然后根据利润表的计算步骤，逐步计算各项目即可。

1. 建立利润表项目

在提供的素材文件中输入利润表的各个项目文本，具体操作如下。

动画演示：演示\第15章\建立利润表项目.swf

01 打开"利润表.xlsx"工作簿，在"视图"选项卡"显示"组中取消选中"网格线"复选框，如图15-6所示。

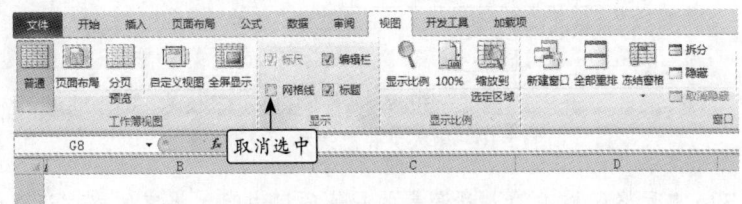

图15-6　隐藏工作表网格线

02 合并B1:D1单元格区域，输入"利润表"，将字体格式设置为"微软雅黑、20、居中对齐"，如图15-7所示。

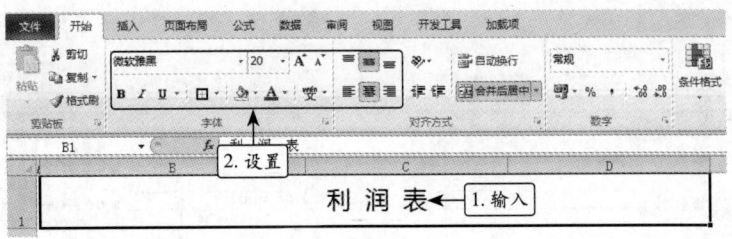

图15-7　输入并设置标题

03 合并B2:D2单元格区域，输入日期，将字体格式设置为"微软雅黑、加粗"，并利用空格键将文本调整到标题正下方，如图15-8所示。

图15-8　输入并设置日期

04 依次在D2、B3和D3单元格中输入表格编号、编制单位和货币单位，将字体格式设置为"微软雅黑、加粗"，如图15-9所示。

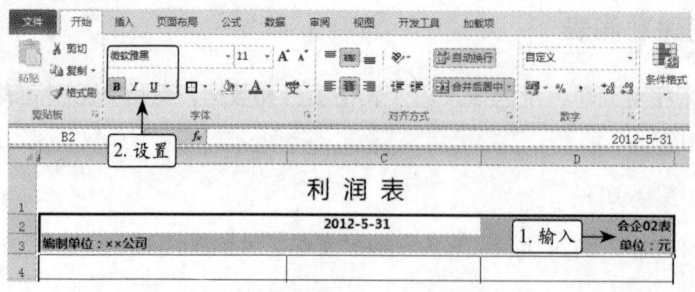

图15-9 输入并设置表格编号、编制单位和货币单位

05 在 B4:D4 单元格区域中输入表格各项目文本,将字体格式设置为"微软雅黑、加粗",并将"项目"字段设置为"居中对齐",如图 15-10 所示。

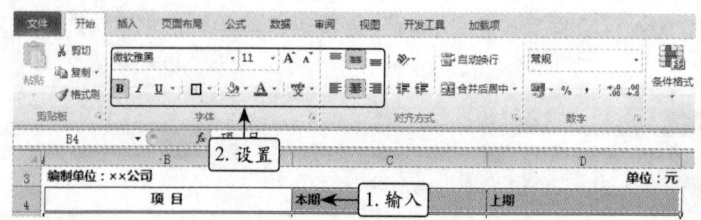

图15-10 输入并设置表格项目字段

06 依次在 B5:B26 单元格区域中输入利润表的具体项目内容,将字体格式设置为"微软雅黑、10",部分项目需要利用空格键调整缩进距离,如图 15-11 所示。

07 同时选择 B5:D5 单元格区域、B15:D15 单元格区域、B19:D19 单元格区域、B21:D21 单元格区域和 B24:D24 单元格区域,为所选单元格区域填充黄色,如图 15-12 所示。

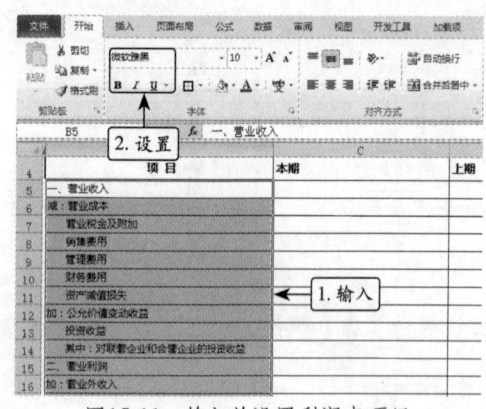

图15-11 输入并设置利润表项目

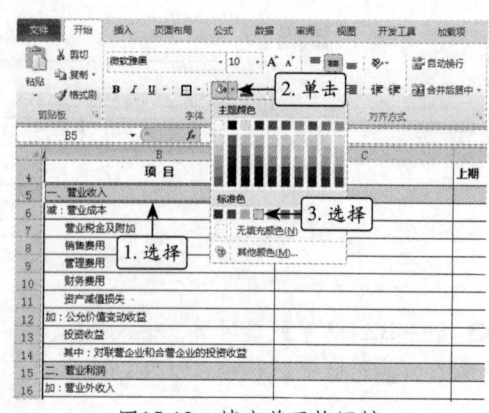

图15-12 填充单元格区域

2. 输入数据并计算利润表

依次输入利润表中涉及的各项目数据,并利用公式计算营业利润、利润总额和净利润等项目,具体操作如下。

动画演示:演示\第15章\输入数据并计算利润表.swf

01 选择 C5:D26 单元格区域,单击"开始"选项卡"数字"组中的"千位分隔样式"按钮,如图 15-13 所示。

02 在"本期"项目下输入各利润项目的具体数据,如图 15-14 所示。

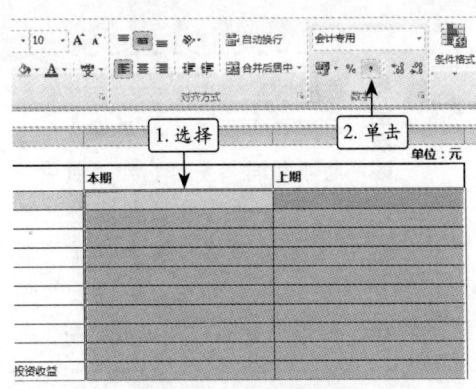

图15-13 设置数据类型

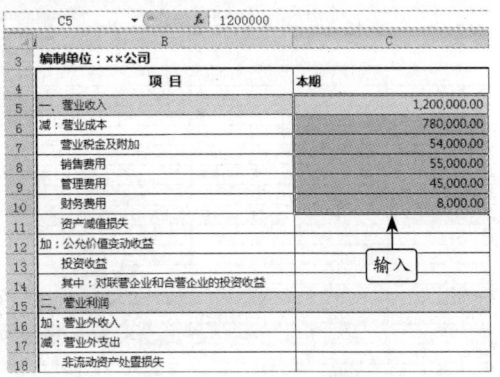

图15-14 输入项目数据

03 若某些项目中不存在数据,则输入"0",确认后将自动返回"-"符号,如图 15-15 所示。

04 按相同方法依次输入"本期"项目和"上期"项目下除营业利润、利润总额和净利润以外的数据,如图 15-16 所示。

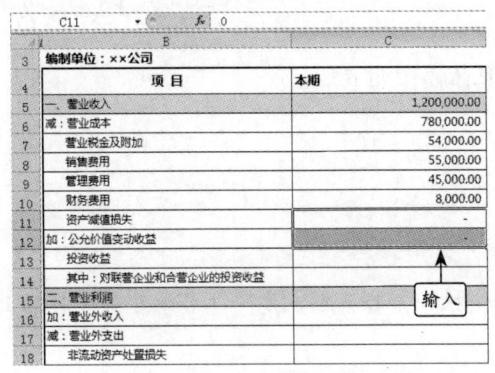

图15-15 输入数据"0"

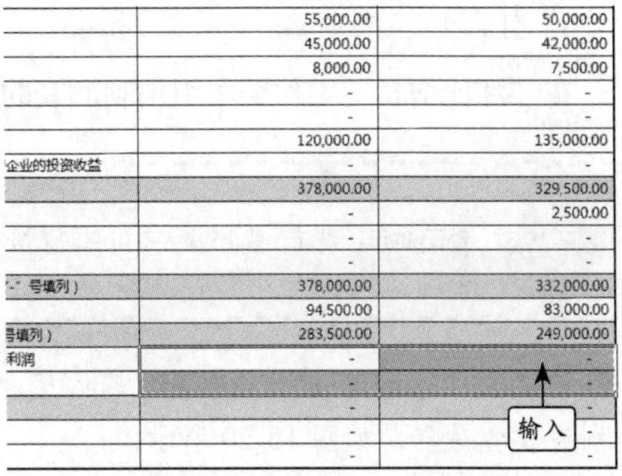

图15-16 输入其他项目数据

05 选择 C15:D15 单元格区域,在编辑栏中输入"=C5-SUM(C6:C11)+SUM (C12:C14)",按【Ctrl+Enter】组合键得到上期和本期的营业利润,如图 15-17 所示。

06 选择 C19:D19 单元格区域,在编辑栏中输入"=C15+C16-C17-C18",按【Ctrl+Enter】组合键得到上期和本期的利润总额,如图 15-18 所示。

图15-17 计算营业利润

图15-18 计算利润总额

07 选择 C21:D21 单元格区域，在编辑栏中输入"=C19-C20"，按【Ctrl+Enter】组合键得到上期和本期的净利润，如图 15-19 所示。

图15-19　计算净利润

> **专家点拨　每股收益**
> 利润表中的基本每股收益＝当期净利润／发行在外普通股的加权平均数；若企业存在稀释性潜在普通股，则应当分别调整归属于普通股股东的当期净利润和发行在外普通股的加权平均数，并据以计算稀释每股收益。

15.4.2　创建利润环比增长表

完成利润表的编制后，便可以计算和分析利润环比增长表了。

1. 引用利润表数据

在"环比增长"工作表中引用利润表的数据，具体操作如下。

　动画演示：演示\第15章\引用利润表数据.swf

01 切换到"环比增长"工作表，输入标题和项目字段，并按"利润表"工作表中的字体格式分别设置各对象，如图 15-20 所示。

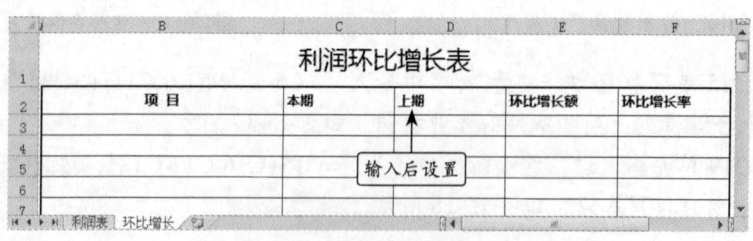

图15-20　输入并设置标题和项目字段

02 选择 B3:D24 单元格区域，在编辑栏中输入"="，然后切换到"利润表"工作表，引用其中的 B5 单元格，按【Ctrl+Enter】组合键引用对应的数据，如图 15-21 所示。

03 为"环比增长"工作表中对应利润表的单元格区域填充黄色，效果如图 15-22 所示。

2. 计算环比增长额和增长率

分别计算利润的环比增长额和增长率，然后利用条件格式突出显示负增长的数据区域，具体操作如下。

创建利润表 15

图15-21　引用单元格区域

图15-22　填充单元格区域

 动画演示：演示\第15章\计算环比增长额和增长率.swf

01 在E3单元格中输入"=C3-D3"，计算对应项目的环比增长额，如图15-23所示。

02 在F3单元格中输入"=IF(D3=0,"-",(C3-D3)/D3)"，计算对应项目的环比增长率，其中当上期项目数据为0时，则返回"-"，如图15-24所示。

图15-23　计算环比增长额

图15-24　计算环比增长率

03 分别填充环比增长额和增长率的公式或函数至E24和F24单元格，计算其他利润表项目的环比增长数据，如图15-25所示。

04 选择E3:F24单元格区域，单击"开始"选项卡"样式"组中的"条件格式"按钮，在弹出的下拉菜单中选择"突出显示单元格规则"命令，在弹出的子菜单中选择"小于"命令，如图15-26所示。

05 打开"小于"对话框，在左侧的文本框中输入"0"，单击 确定 按钮，如图15-27所示。

06 此时所选单元格区域中数据小于0的单元格将应用设置的样式，效果如图15-28所示。

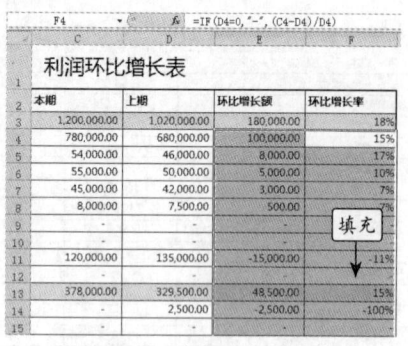
图15-25　填充公式或函数

图15-26　选择条件格式方式

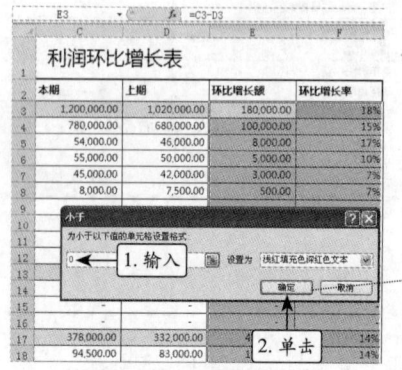
图15-27　设置条件

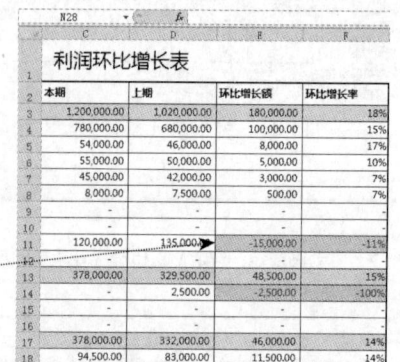
图15-28　应用条件后的效果

3. 创建利润环比图

通过柱形图直观显示利润的环比增长情况，具体操作如下。

动画演示：演示\第15章\创建利润环比图.swf

01 选择任意空白单元格，在"插入"选项卡"图表"组中单击"柱形图"按钮，在弹出的下拉列表中选择"圆柱图"栏中如图15-29所示的选项。

02 在创建的空白图表上单击鼠标右键，在弹出的快捷菜单中选择"选择数据"命令，如图15-30所示。

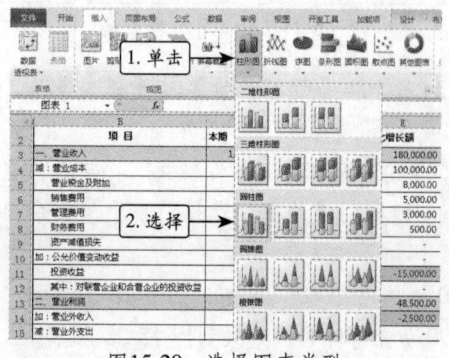
图15-29　选择图表类型

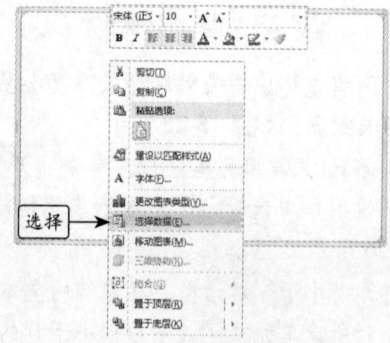
图15-30　设置图表数据

03 打开"选择数据源"对话框，单击 添加(A) 按钮，如图 15-31 所示。

04 打开"编辑数据系列"对话框，在"系列名称"文本框中输入"营业收入"，在"系列值"文本框中引用 C3:D3 单元格区域的地址，然后单击 确定 按钮，如图 15-32 所示。

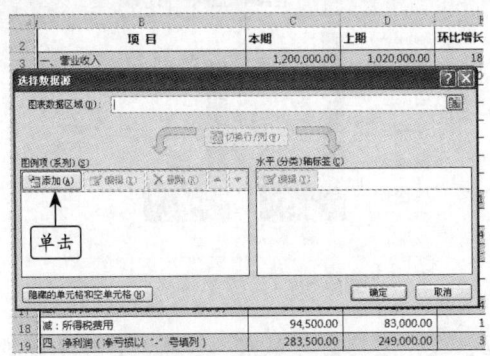
图15-31　添加图例项

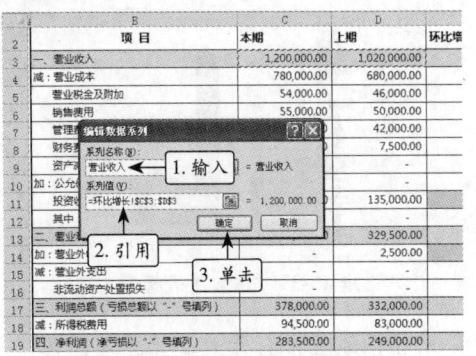
图15-32　设置系列名称和系列值

05 返回"选择数据源"对话框，单击右侧列表框上方的 编辑(T) 按钮，如图 15-33 所示。

06 打开"轴标签"对话框，在"轴标签区域"文本框中引用 C2:D2 单元格区域，然后单击 确定 按钮，如图 15-34 所示。

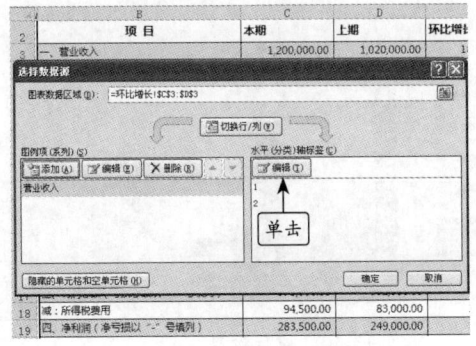
图15-33　编辑轴标签

图15-34　设置轴标签区域

07 返回"选择数据源"对话框，完成第 1 个图例项的添加和设置，继续单击 添加(A) 按钮，如图 15-35 所示。

08 按照相同的方法依次添加"营业利润"、"利润总额"和"净利润"图例项，并将轴标签均设置为"本期、上期"，然后单击 确定 按钮，如图 15-36 所示。

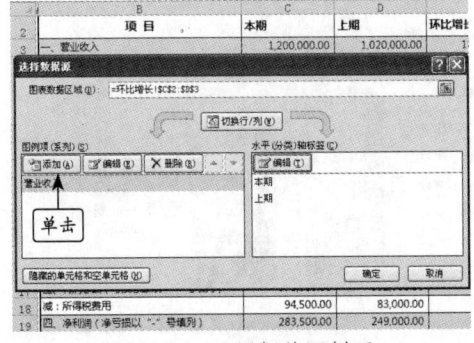
图15-35　设置好的图例项

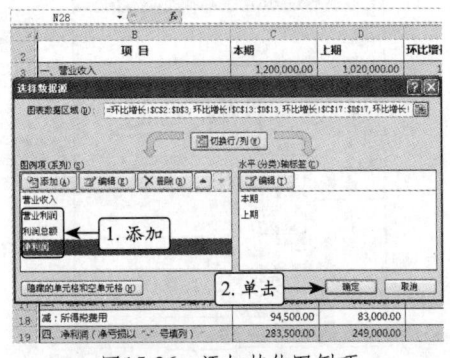
图15-36　添加其他图例项

247

09 在图表上方添加标题，并输入标题内容，如图15-37所示。

10 将图表中的所有文本的字体格式设置为"微软雅黑、加粗"，如图15-38所示。

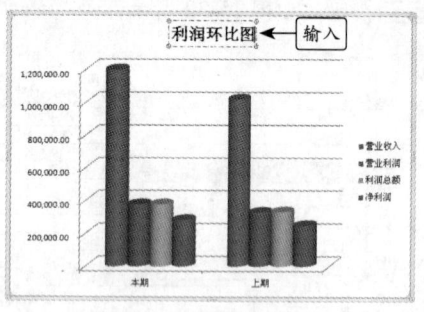
图15-37　添加图表标题

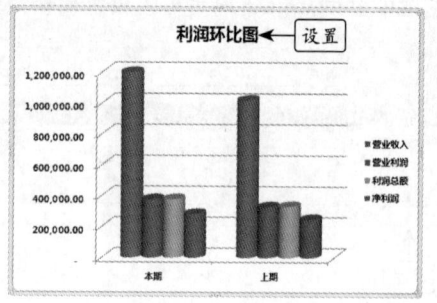
图15-38　设置字体格式

11 双击图表区，打开"设置图表区格式"对话框，选择左侧的"填充"选项，选中右侧的"图片或纹理填充"单选项，然后单击"纹理"下拉按钮，在弹出的下拉列表中选择如图15-39所示的选项。

12 此时图表背景将应用选择的纹理效果，如图15-40所示。

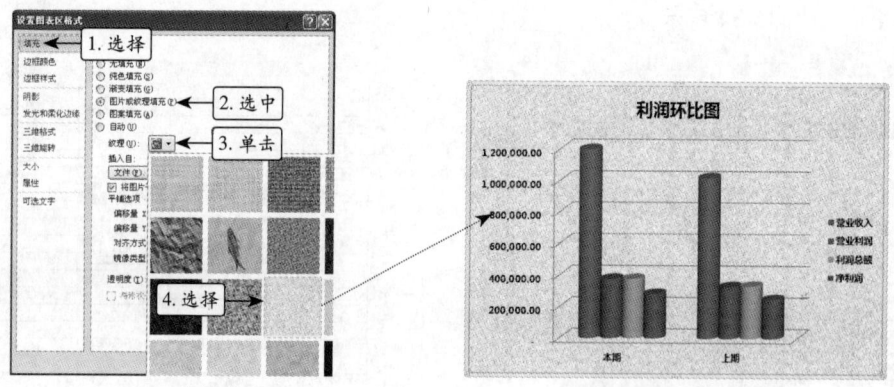
图15-39　选择纹理　　　　　　　图15-40　应用纹理

13 在"设置图表区格式"对话框左侧选择"三维旋转"选项，取消选中右侧下方的"直角坐标轴"复选框，然后依次将X轴、Y轴和透视角度分别设置为"20°"、"15°"和"5°"，单击 关闭 按钮，如图15-41所示。

14 此时三维圆柱体将按照设置的参数调整方向和透视角度，如图15-42所示。

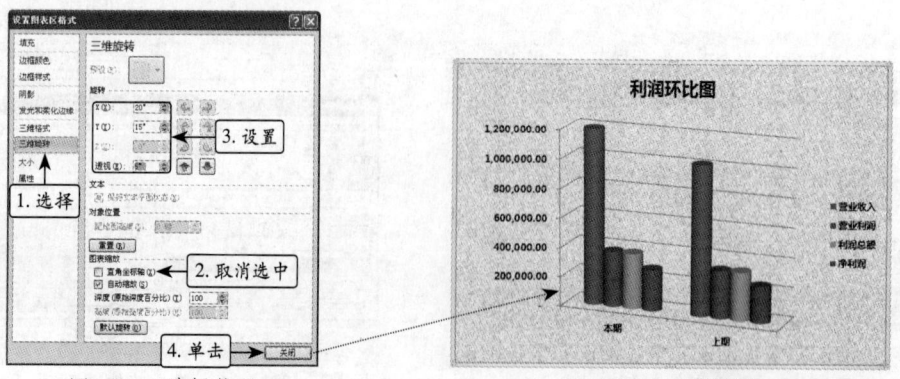
图15-41　选择纹理　　　　　　　图15-42　应用纹理

创建利润表

15 调整图表标题、图例和绘图区的位置以及绘图区的大小，如图15-43所示。

16 在"图表工具 布局"选项卡"标签"组中单击"模拟运算表"按钮，在弹出的下拉菜单中选择"显示模拟运算表和图例项标示"命令，如图15-44所示。

17 在绘图区的数值轴上单击鼠标右键，在弹出的快捷菜单中选择"设置坐标轴格式"命令，如图15-45所示。

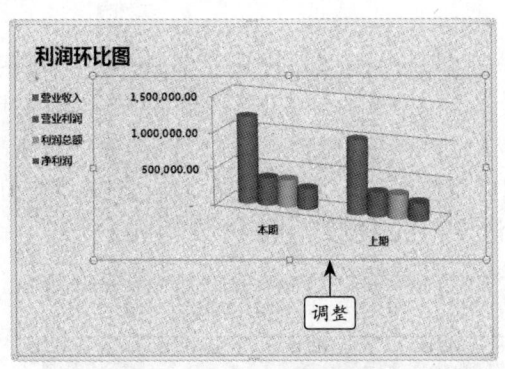

图15-43　调整图表布局

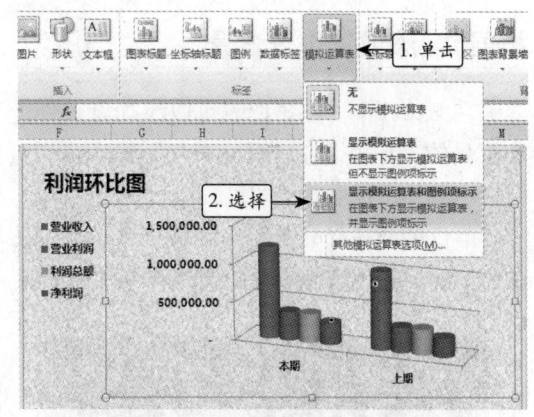

图15-44　添加模拟运算表

18 在打开的对话框中选中"主要刻度单位"栏右侧的"固定"单选项，并在文本框中将数字设置为"250000.0"，然后关闭对话框，如图15-46所示。

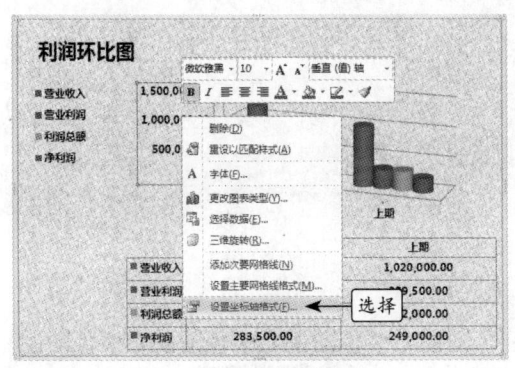

图15-45　设置数值轴

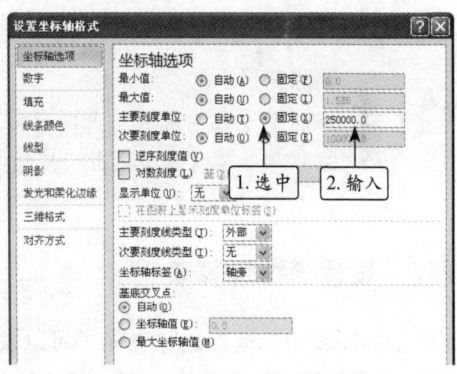

图15-46　调整坐标轴刻度

19 取消绘图区文本的加粗状态，并将模拟运算表的字号缩小为"9"即可，效果如图15-47所示。

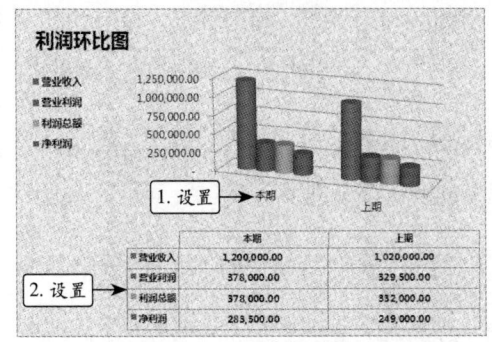

图15-47　调整字体格式

> **方法技巧　删除模拟运算表**
> 在"图表工具 布局"选项卡"标签"组中单击"模拟运算表"按钮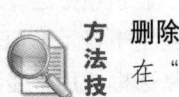，在弹出的下拉菜单中选择"无"命令可删除添加的模拟运算表。

249

15.5 知识拓展

小雯完成任务后,老陈也回公司报到了,得知小雯独立完成任务后,老陈对小雯好好夸奖了一番,同时为了让小雯学到更多的知识,老陈马上给她介绍了一些在编制利润表时涉及的相关知识。

拓展1 添加工作表背景

在 Excel 中,除了图表可以添加背景外,工作表也可添加背景,其方法为:切换到需要添加背景的工作表,在"页面布局"选项卡"页面设置"组中单击"背景"按钮,在打开的对话框中选择图片后确认即可。

当仅需要在部分单元格区域上显示背景图片时,可首先选择所有单元格区域,将其填充为白色,然后选择需显示背景图片的单元格区域,取消其填充色即可,如图 15-48 所示。

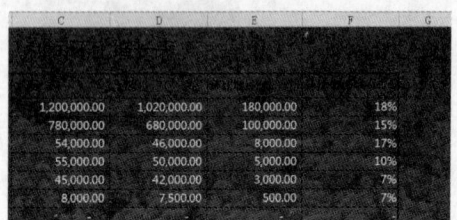

图15-48 控制工作表背景的显示范围

> **方法技巧 删除背景**
> 添加工作表背景后,"页面布局"选项卡"页面设置"组中的"背景"按钮将变为"删除背景"按钮,单击该按钮即可将背景删除。

拓展2 设置模拟运算表

添加到图表中的模拟运算表除了可以设置字体格式外,还可以设置边框以及显示的内容,其方法为:双击图表中的模拟运算表,在打开的对话框左侧选择"模拟运算表选项"选项,在右侧界面即可进行设置,如图 15-49 所示。

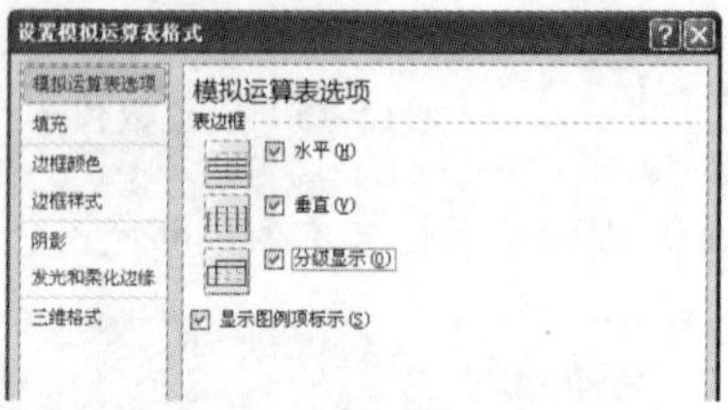

- "水平"复选框:用于显示模拟运算表中水平方向的边框。

图15-49 设置模拟运算表

- "垂直"复选框:用于显示模拟运算表中垂直方向的边框。
- "分级显示"复选框:用于显示模拟运算表项目字段的边框。
- "显示图例项标示"复选框:用于显示图例项对应的数据系列标示。

15.6 实战演练

小雯顺利完成了利润表的编制,不过她可不满足于此,希望老陈能给她再安排几个任务,

创建利润表

让她进一步锻炼利润表相关内容的编制方法。

15.6.1 制作利润分配表

利润分配表与利润表类似，也是经常使用到的会计报表，现需要编制出效果如图 15-50 所示的利润分配表。

效果文件：效果\第 15 章\利润分配表.xlsx

重点提示：按照利润表的编制思路编制此表，并根据具体项目计算出主营业务利润、营业利润、利润总额和净利润。

二、主营业务利润（亏损以"-"号填列）	4	124,000.00	22,000.00	114,500.00
加：其他业务利润	5	6,800.00	3,500.00	3,800.00
减：销售费用	6	6,300.00	1,200.00	6,000.00
管理费用	7	11,500.00	2,000.00	10,000.00
财务费用	8	5,900.00	1,000.00	5,500.00
三、营业利润（亏损以"-"号填列）	9	107,100.00	21,300.00	96,800.00
加：投资收益（亏损以"-"号填列）	10	5,000.00	-	3,000.00
补贴收入	11	-	-	-
营业外收入	12	2,000.00	-	800.00
减：营业外支出	13	5,800.00	1,200.00	2,800.00
四、利润总额（亏损总额以"-"号填列）	14	108,300.00	20,100.00	97,800.00
减：所得税费用	15	27,000.00	5,000.00	24,500.00
五、净利润（净亏损以"-"号填列）	16	81,300.00	15,100.00	73,300.00

图 15-50 利润分配表

15.6.2 制作利润明细表

利润明细表是一种针对产品的利润汇总表格，现需要编制出效果如图 15-51 所示的利润明细表。

效果文件：效果\第 15 章\利润明细表.xlsx

重点提示：(1) 管理费用和财务费用按产品销售收入占总收入比例进行分摊。
(2) "单位金额"栏下的项目按"总金额"对应项目除以销售数量计算，注意转换货币单位。

产品销售利润明细表

填报单位：××企业

产品	销售数量（吨）	总金额（万元）							单位金额（元/吨）			
		销售收入	销售成本	销售税金	销售费用	销售利润	分摊管理费用	分摊财务费用	主营产品营业利润	收入	税金	成本加利	主营产品营业利润
铁矿石	¥802.94	¥74.99	¥20.31	¥21.89	¥16.51	¥15.78	¥3.76	¥2.24	¥10.18	¥934.08	¥272.68	¥807.90	¥126.76
生铁	¥621.29	¥77.66	¥26.90	¥22.08	¥17.47	¥11.23	¥3.48	¥2.32	¥5.43	¥1,249.98	¥355.07	¥1,162.62	¥87.36
铜旺	¥418.16	¥62.16	¥17.58	¥17.39	¥13.96	¥2.79	¥1.86	¥8.59	¥1,486.85	¥415.93	¥1,281.23	¥205.32
铜材	¥402.84	¥94.99	¥38.50	¥18.94	¥16.49	¥21.06	¥4.26	¥2.84	¥13.96	¥2,358.01	¥470.16	¥2,011.41	¥346.60
铸材	¥294.03	¥51.56	¥16.87	¥11.01	¥1.54	¥22.14	¥2.31	¥1.54	¥18.29	¥1,753.56	¥374.45	¥1,131.60	¥621.28
钢锭	¥378.87	¥84.52	¥25.60	¥15.52	¥21.85	¥21.55	¥3.79	¥2.53	¥15.23	¥2,230.84	¥409.64	¥1,828.73	¥402.11
铣材	¥221.31	¥46.51	¥16.22	¥10.97	¥11.85	¥18.22	¥2.76	¥1.84	¥17.86	¥2,101.45	¥535.43	¥1,071.68	¥807.23
铜板	¥353.60	¥61.49	¥22.82	¥17.45	¥10.12	¥11.10	¥2.76	¥1.84	¥6.51	¥1,738.97	¥493.60	¥1,554.99	¥183.98
铜管	¥549.01	¥100.31	¥36.34	¥32.05	¥17.70	¥12.22	¥4.50	¥3.00	¥4.73	¥1,827.11	¥583.78	¥1,741.04	¥86.08

图 15-51 利润明细表

第6篇
会计报表篇

第16章 创建现金流量表

> 小雯今天刚到公司,就被老陈叫进了办公室,并严肃地告诉她,接下来将有一个相对困难的任务等待完成。原来小雯需要利用Excel进行现金流量表的编制,这个会计报表是十分令人头疼的,怪不得老陈的表情这么严肃。老陈继续给她解释,现金流量表相比资产负债表和利润表而言,确实难度更大,但如果合理地使用资产负债表和利润表的数据,并结合Excel的数据计算和管理功能,同样是可以轻松完成任务的。

知识点

- 计算资产项目变动
- 计算负债及所有者权益项目变动
- 调节经营活动现金流量
- 调节投资活动现金流量
- 调节筹资活动现金流量
- 创建现金流量调整和平衡表
- 编制现金流量表主表
- 编制现金流量表补充资料

创建现金流量表 16

16.1 案例目标

小雯听完老陈介绍的任务内容后,知道此次的目标就是使用 Excel 成功编制出现金流量表,用以体现公司在一定会计期间现金和现金等价物流入流出的情况。

素材文件:素材\第 16 章\现金流量表.xlsx
效果文件:效果\第 16 章\现金流量表.xlsx

如图 16-1 所示即为编制好的现金流量表,其中清楚地显示了不同性质的现金流入和流出的具体情况。除图中所示以外,还会体现出现金流量表补充资料的现金流量情况,从而可以更全面地显示企业现金流入流出和资金周转的数据,为投资和评估企业提供了有力的数据支持。

现金流量表	
2012-5-31	会企03表
编制单位:××公司	单位:元
项目	金额
一、经营活动产生的现金流量:	
销售商品、提供劳务收到的现金	133,748,937.48
收到的税费返还	-
收到的其他与经营活动有关的现金	3,875,412.64
现金流入小计	137,624,350.12
购买商品接受劳务支付的现金	126,665,082.33
支付给职工以及为职工支付的现金	12,000.00
支付的各项税费	1,476,169.21
支付的其他与经营活动有关的现金	13,600,110.93
现金流出小计	141,753,362.47
经营活动产生的现金流量净额	-4,129,012.35
二、投资活动产生的现金流量:	
收回投资所收到的现金	-
取得投资收益所收到的现金	-
处置固定资产、无形资产和其他长期资产所收回的现金净额	-
收到的其他与投资活动有关的现金	-
现金流入小计	-
购建固定资产、无形资产和其他长期资产所支付的现金	1,971,501.64
投资所支付的现金	-
支付的其他与投资活动有关的现金	-
现金流出小计	1,971,501.64
投资活动产生的现金流量净额	-1,971,501.64
三、筹资活动产生的现金流量:	
吸收投资所收到的现金	5,350,000.00
取得借款所收到的现金	713,333.34
收到的其他与筹资活动有关的现金	-
现金流入小计	6,063,333.34
偿还债务所支付的现金	-
分配股利、利润和偿付利息所支付的现金	1,169,839.71
支付的其他与筹资活动有关的现金	-
现金流出小计	1,169,839.71
筹资活动产生的现金流量净额	4,893,493.63
四、汇率变动对现金的影响	-
五、现金及现金等价物净增加额	-1,207,020.37

图16-1 现金流量表最终效果

16.2 职场秘笈

现金流量表的编制过程相对复杂,为了保证小雯能顺利完成任务,老陈决定先给小雯讲讲有关现金流量表的结构以及编制原则等知识。

16.2.1 现金流量表结构

现金流量表由正表和补充资料两部分组成。其中正表是现金流量表的主体,它按照现金流量的性质,反映经营活动、投资活动和筹资活动所产生的现金流量进行分类,最后汇总反映企业现金及等价物的净增加额。

- 经营活动产生的现金流量:经营活动指企业投资活动和筹资活动以外的所有交易和事项,其现金流入主要指销售商品、提供劳务或税费返还等所收到的现金等,现金流出则主要指购买货物、接受劳务、推销产品、广告宣传和交纳税款等所支出的现金等。
- 投资活动产生的现金流量:投资活动是指企业固定资产、无形资产和其他长期资产的购建和处置,以及不包括在现金等价物范围内的投资和处置活动。其现金流入主要包括收

253

回现金、分得股利、利润或取得债券利息收入所收到的现金，以及处置固定资产、无形资产和其他长期资产所获得的现金等。现金流出则主要包括购置固定资产、无形资产和其他长期资产所支付的现金，以及进行债权性和权益性投资等所支付的现金等。

- 筹资活动产生的现金流量：筹资活动是指导致企业资本及债务规模和构成发生变化的活动。其现金流入主要包括发行债券、借款以及吸收权益性投资所收到的现金，现金流出则主要包括偿还债务或减少资本所支付的现金，支付股利、利润或利息所支付的现金，以及发生筹资费用所支付的现金等。通过对筹资活动产生的现金流量的计算，可以了解企业筹资能力及筹资活动对现金流量净额的影响程度。

- 补充资料：补充资料是现金流量表不可或缺的组成部分，能更加全面地反映现金流量表数据，它主要包括将净利润调节为经营活动的现金流量、不涉及现金收支的投资和筹资活动以及现金及现金等价物净增加情况等项目。

16.2.2 现金流量表编制原则

编制现金流量表时，需要遵循一定的原则。

（1）现金流量表一般情况下应以总额反映现金的流入和流出状况，但以下情况可用净额反映：周转快、金额大、期限短的项目；金额不大的项目或不反映企业自身交易或事项的现金流量项目。

（2）合理划分经营活动、投资活动和筹资活动。

（3）不涉及现金流量的投资活动和筹资活动，在补充资料中适当反映。

16.3 制作思路

老陈在小雯着手完成任务之前，将现金流量表的制作思路给她简要介绍了一遍。

现金流量表的制作思路大致如下：

（1）利用资产负债表和利润表数据计算资产、负债及所有者权益的差额，并进一步利用计算的数据创建现金流量调节表，如图 16-2 所示。

图16-2 创建现金流量调节表

（2）创建现金流量调整表和平衡测试表，并利用现金流量调节表中的数据编制现金流量表，如图 16-3 所示。

创建现金流量表 16

图16-3 创建现金流量表

16.4 操作步骤

准备就绪后，小雯在老陈的帮助下，开始现金流量表的编制工作。

16.4.1 编制现金流量调节表

现金流量调节表的编制是为了方便最终现金流量表各项目的填列和计算，其数据的准确性直接决定现金流量表的正确与否，因此需要十分重视此表的编制过程。

1. 计算资产项目变动

利用资产负债表中各资产项目的期初和期末数据，计算现金流量调节表中资产项目的差额，具体操作如下。

 动画演示：演示\第16章\计算资产项目变动.swf

01 打开"现金流量表.xlsx"工作簿，切换到"现金流量调节表"工作表，选择C3单元格，在编辑栏中输入"=资产负债表!D6-资产负债表!C6"，表示货币资金的差额为资产负债表中货币资产的期末数－年初数，如图16-4所示。

02 将C3单元格中的公式向下填充至C6单元格，快速计算短期投资、应收票据和应收账款的差额，如图16-5所示。

03 选择C7单元格，在编辑栏中输入"=资产负债表!D12-资产负债表!C12"，表示预付账款的差额为资产负债表中预付账款的期末数－年初数，如图16-6所示。

04 将C7单元格中的公式向下填充至C14单元格，快速计算其他应收款、存货、代转其他业务支出、待摊费用、待处理流动资产净损失、一内到期的长期债券投资和其他流动资产的差额，如图16-7所示。

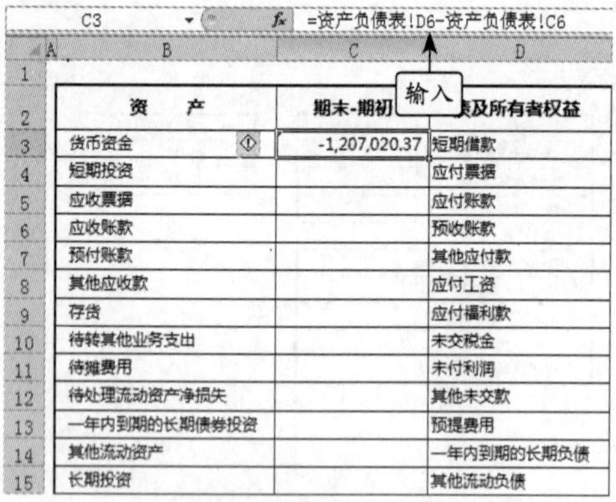

图16-4 计算货币资金差额

图16-5 填充公式

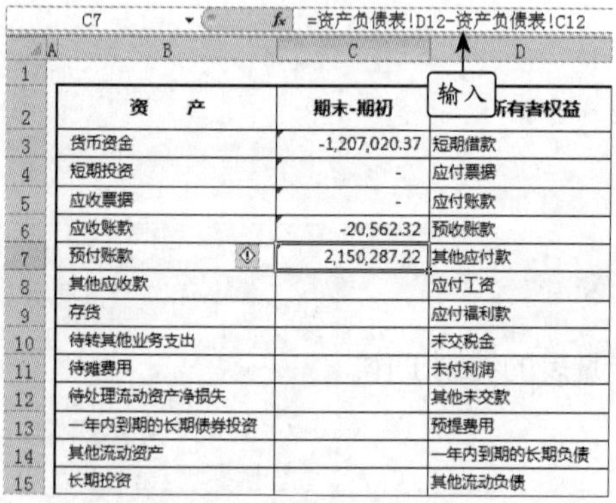

图16-6 计算预付账款差额

图16-7 填充公式

05 按相同方法通过"资产负债表"工作表中的数据，计算现金流量调节表中各资产项目的差额，如图16-8所示。

06 选择C24单元格，在编辑栏中输入"=SUM(C3:C23)"，汇总所有资产项目的差额，如图16-9所示。

图16-8 计算其他资产项目差额

图16-9 汇总资产项目差额

2. 计算负债及所有者权益项目变动

利用资产负债表中各负债及所有者权益项目的期初和期末数据，以及利润表中的数据，计算现金流量调节表中负债及所有者权益项目的差额，具体操作如下。

创建现金流量表

动画演示：演示\第16章\计算负债及所有者权益项目变动.swf

01 选择 E3 单元格，在编辑栏中输入"=资产负债表!G6-资产负债表!F6"，表示短期借款的差额为资产负债表中短期借款的期末数－年初数，如图 16-10 所示。

02 将 E3 单元格中的公式向下填充至 E15 单元格，快速应付票据、应付账款、预收账款、其他应付款、应付工资、应付福利款、未交税金、未付利润、其他未交款、预提费用、一年内到期的长期负债和其他流动负债的差额，如图 16-11 所示。

图16-10　计算短期借款差额

图16-11　填充公式

03 按相同方法通过"资产负债表"工作表中的数据，计算现金流量调节表中各负债及所有者权益项目的差额，如图 16-12 所示。

04 选择 E24 单元格，在编辑栏中输入"=利润表!D5"，引用"利润表"工作表中的产品销售收入数据，如图 16-13 所示。

图16-12　计算其他负债及所有者权益项目差额

图16-13　引用产品销售收入数据

05 选择 E25 单元格，在编辑栏中输入"=-利润表!D8"，引用"利润表"工作表中的产品销售成本数据，由于该项目为应减去的项目，所以在公式前加以"-"符号进行负数处理，如图 16-14 所示。

06 将 E25 单元格中的公式向下填充至 E27 单元格，得到经营费用和商品销售税金及附加项目的数据，如图 16-15 所示。

257

图16-14　引用商品销售成本数据　　　　　图16-15　填充公式

07 按相同方法利用"利润表"工作表中的数据得到现金流量调节表中所需项目的数据，其中应减去的项目进行负数处理，如图16-16所示。

08 选择C35单元格，在编辑栏中输入"=SUM(E3:E34)"，汇总所有负债及所有者权益项目和利润表项目的差额，其结果应与资产项目的数据平衡，如图16-17所示。

图16-16　引用其他利润表项目数据

图16-17　汇总项目数据

3. 调节经营活动现金流量

下面将计算经营活动产生的现金流量数据，具体操作如下。

 **动画演示：**演示\第16章\调节经营活动现金流量.swf

01 选择I5单元格，在编辑栏中输入"=E24"，引用现金流量调节表中"加：产品销售收入"项目的数据，如图16-18所示。

02 选择I6单元格，在编辑栏中输入"=-C5"，引用现金流量调节表中"应收票据"项目的数据，由于是资产项目，这里做负数处理，如图16-18所示。

03 选择I7单元格，在编辑栏中输入"=-C6"，引用现金流量调节表中"应收账款"项目的数据，同样对此资产项目做负数处理，如图16-20所示。

创建现金流量表

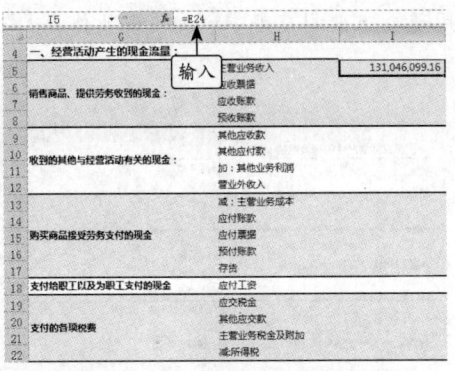

图16-18　得到主营业务收入数据　　　　图16-19　得到应收票据数据

04 选择 I8 单元格，在编辑栏中输入"=E6"，引用现金流量调节表中"预收账款"项目的数据，如图 16-21 所示。

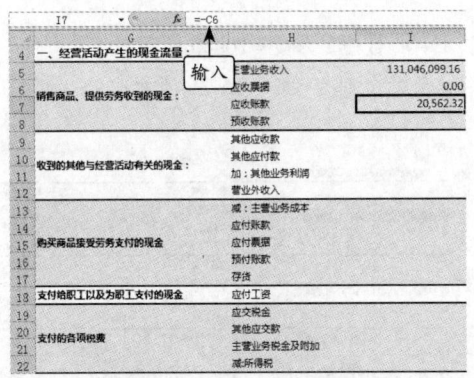
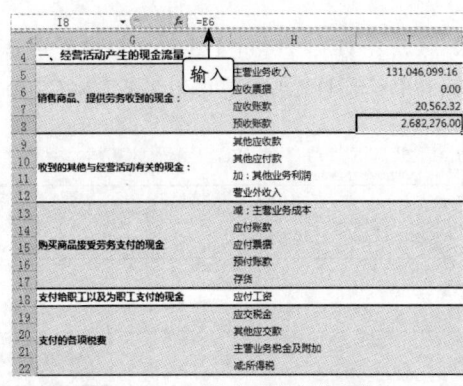

图16-20　得到应收账款数据　　　　图16-21　得到预收账款数据

05 选择 I9 单元格，在编辑栏中输入"=IF(C8<0,-C8,0)"，表示当"其他应收款"项目的数据小于 0 时，引用该数据并做负数处理，否则返回"0"，如图 16-22 所示。

06 选择 I10 单元格，在编辑栏中输入"=IF(E7>0,E7,0)"，表示当"其他应付款"项目的数据大于 0 时，引用该数据，否则返回"0"，如图 16-23 所示。

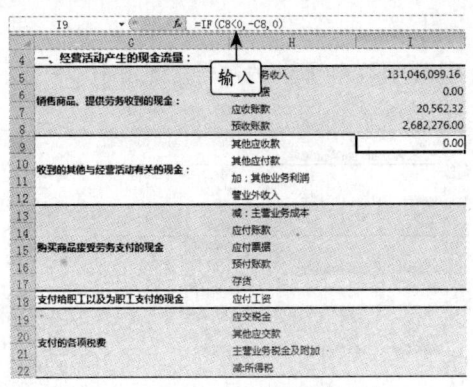
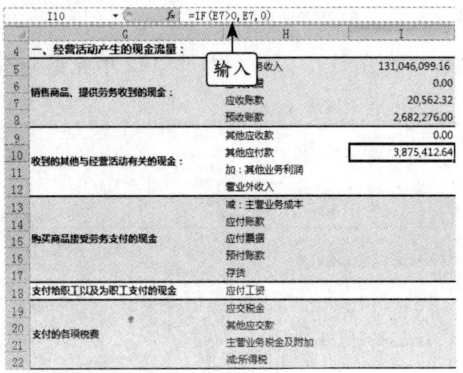

图16-22　得到其他应收款数据　　　　图16-23　得到其他应付款数据

07 选择 I11 单元格，在编辑栏中输入"=E28"，引用现金流量调节表中"加：其他业务利润"项目的数据，如图 16-24 所示。

08 选择I12单元格,在编辑栏中输入"=E32",引用现金流量调节表中"加:营业外收入"项目的数据,如图16-25所示。

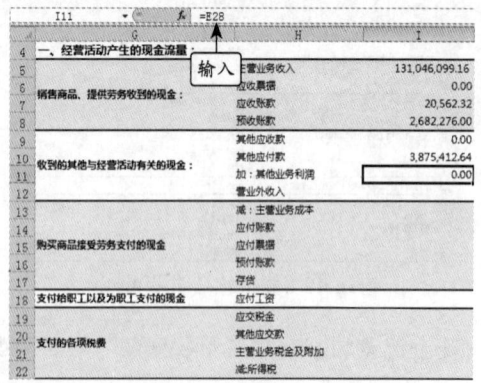
图16-24 得到其他业务利润数据

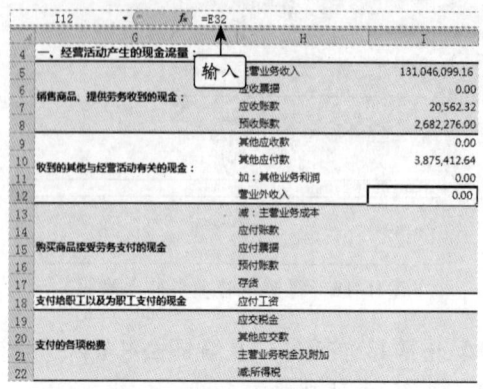
图16-25 得到营业外收入数据

09 依次在I13、I14和I15单元格中引用E25、E5和E4的数据,如图16-26所示。

10 在I16和I17单元格中引用C7和C9的数据,并做负数处理,如图16-26所示。

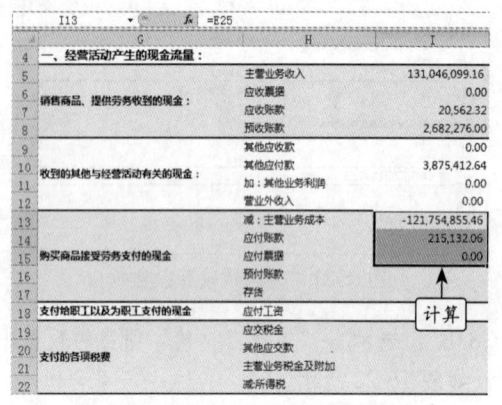
图16-26 得到主营业务成本等数据

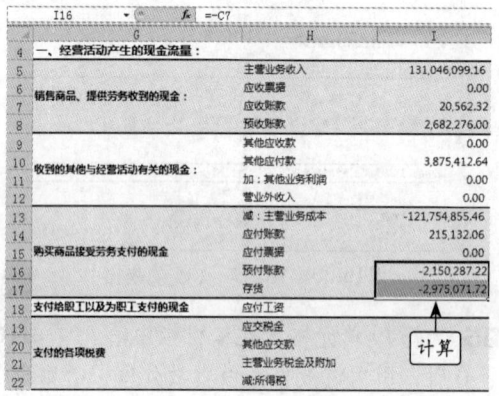
图16-27 得到预付账款和存货数据

11 选择I18单元格,在编辑栏中输入"=E8",引用现金流量调节表中"应付工资"项目的数据,如图16-28所示。

12 依次在I19、I20、I21和I22单元格中引用E10、E12、E27和E34的数据,如图16-29所示。

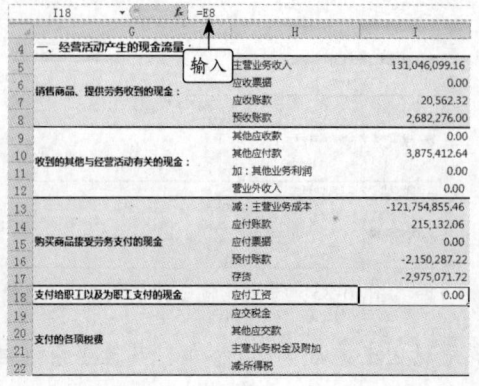
图16-28 得到应付工资数据

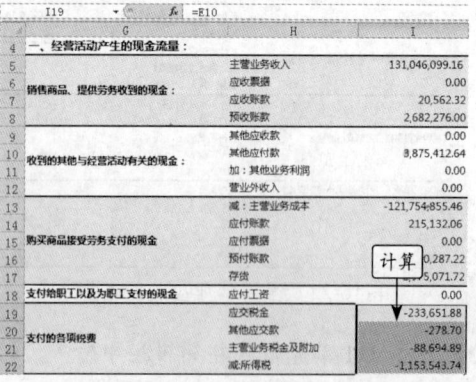
图16-29 得到应交税金等数据

13 依次在 I23 和 I24 单元格中引用 E26 和 E29 的数据，如图 16-30 所示。

14 选择 I25 单元格，在编辑栏中输入"=IF(C8<0,0,-C8)"，表示当"其他应收款"项目的数据小于 0 时，返回"0"，否则引用该数据并做负数处理，如图 16-31 所示。

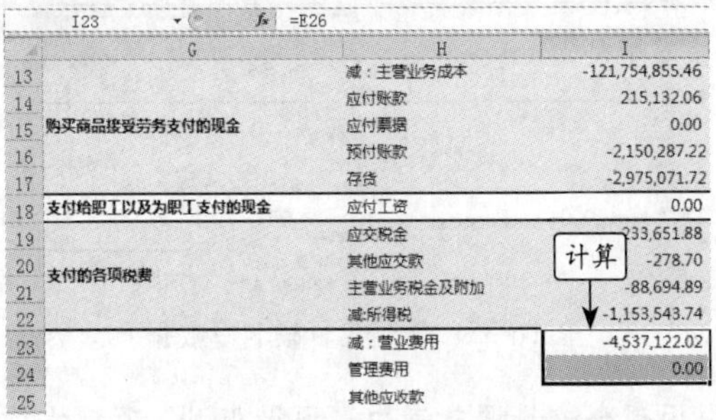

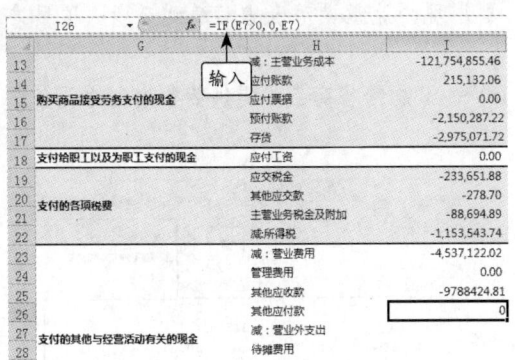

图16-30　得到营业费用和管理费用数据

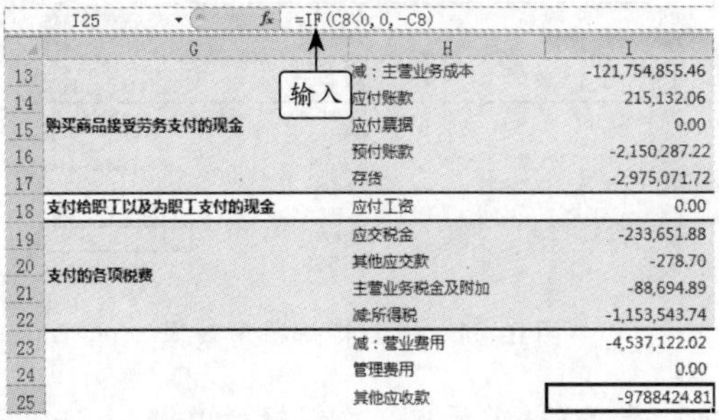

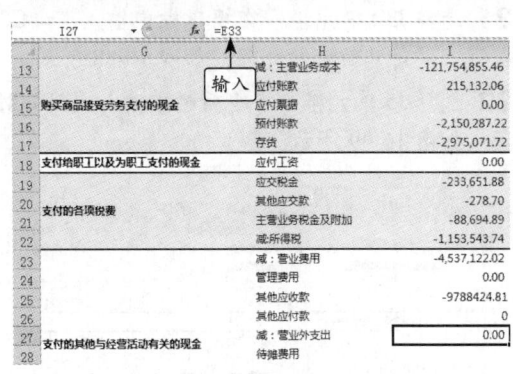

图16-31　得到其他应收款数据

> **操作提示**　**区别现金流量调节表中其他应收款和其他应付款的数据**
>
> 在"收到的其他与经营活动有关的现金"栏和"支付的其他与经营活动有关的现金"栏中，都包含其他应收款和其他应付款项目，但前者是当数据小于 0 时，才返回对应的数据并做负数处理，后者是当数据大于或等于 0 时，才返回对应的数据并做负数处理。

15 选择 I26 单元格，在编辑栏中输入"=IF(E7>0,0,E7)"，表示当"其他应付款"项目的数据大于 0 时，返回"0"，否则引用该数据，如图 16-32 所示。

16 选择 I27 单元格，在编辑栏中输入"=E33"，引用现金流量调节表中"减：营业外支出"项目的数据，如图 16-33 所示。

图16-32　得到其他应付款数据

图16-33　得到营业外支出数据

17 选择 I28 单元格，在编辑栏中输入"=-C11"，引用现金流量调节表中"待摊费用"项目的数据，并对其做负数处理，如图 16-34 所示。

18 选择 I29 单元格，在编辑栏中输入"=E9"，引用现金流量调节表中"应付福利费"项目的数据，如图 16-35 所示。

19 选择 I30 单元格，在编辑栏中输入"=-C17"，引用现金流量调节表中"减：累计折旧"项目的数据，并对其做负数处理，如图 16-36 所示。

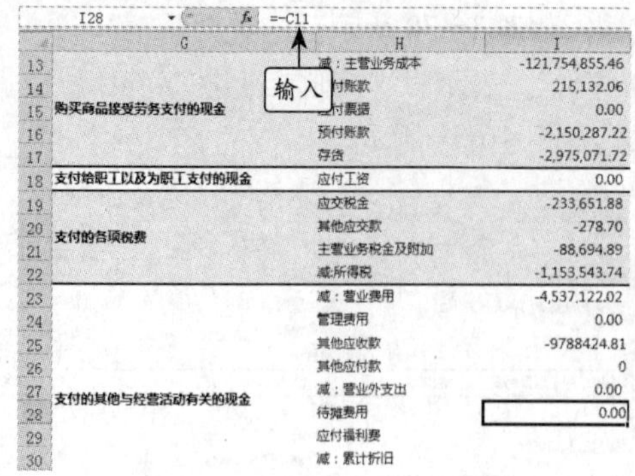

图16-34 得到待摊费用数据

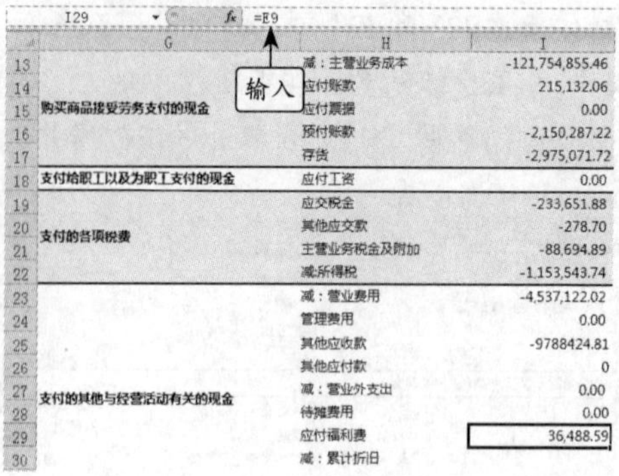

图16-35 得到应付福利费数据

20 选择 I31 单元格，在编辑栏中输入"=E13"，引用现金流量调节表中"预提费用"项目的数据，如图16-37 所示。

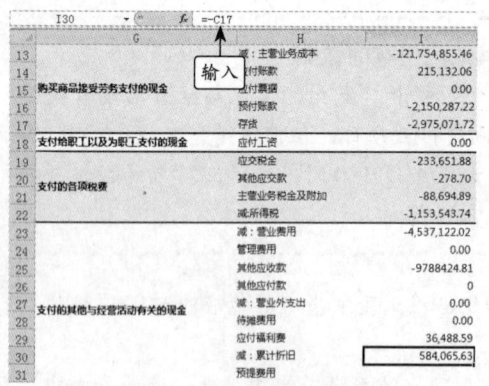

图16-36 得到累计折旧数据

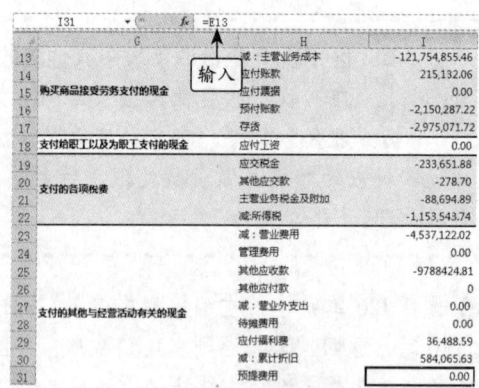

图16-37 得到预提费用数据

21 选择 I32 单元格，在编辑栏中输入"=-C22"，引用现金流量调节表中"递延资产"项目的数据，并对其做负数处理，如图16-38 所示。

22 选择 J5 单元格，在编辑栏中输入"=SUM(I5:I8)"，汇总销售商品、提供劳务收到的现金总额，如图16-39 所示。

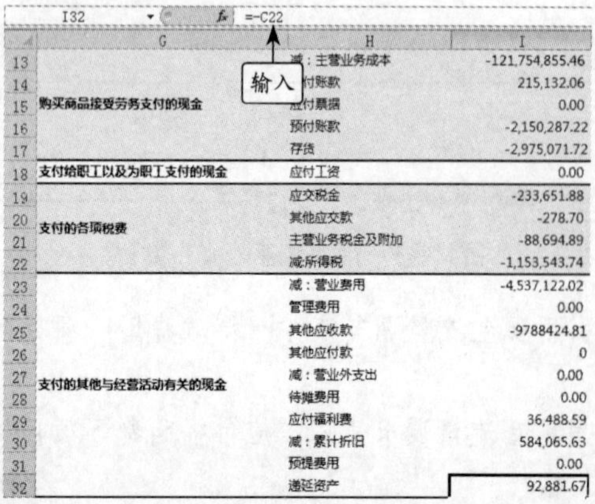

图16-38 得到递延资产数据

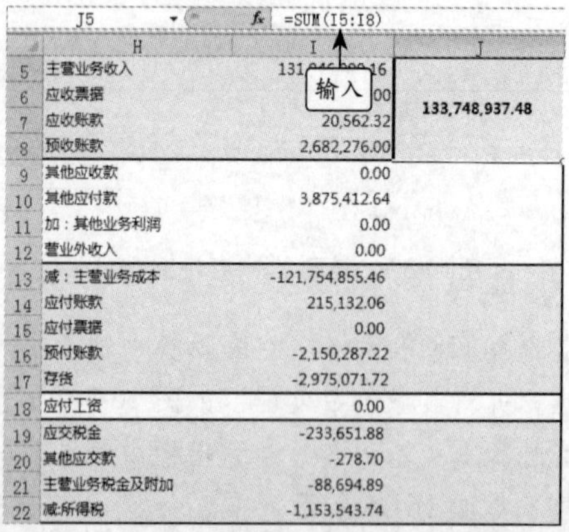

图16-39 汇总销售商品、提供劳务收到的现金

23 按相同方法汇总经营活动产生的现金流量中各栏目涉及的现金总额，如图16-40 所示。

图16-40 汇总其他类型的经营活动产生的现金流量金额

4．调节投资活动现金流量

下面将计算投资活动产生的现金流量数据，具体操作如下。

 动画演示：演示\第16章\调节投资活动现金流量.swf

01 选择I35单元格，在编辑栏中输入"=IF(C15>0,0,-C15)"，表示当"长期投资"项目的数据大于0时，返回"0"，否则引用该数据并做负数处理，如图16-41所示。

02 选择I36单元格，在编辑栏中输入"=IF(C4<0,-C4,0)"，表示当"短期投资"项目的数据小于0时，引用该数据并做负数处理，否则返回"0"，如图16-42所示。

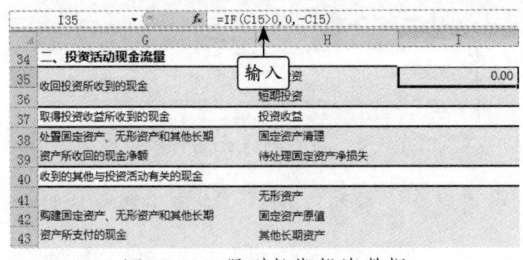

图16-41 得到长期投资数据

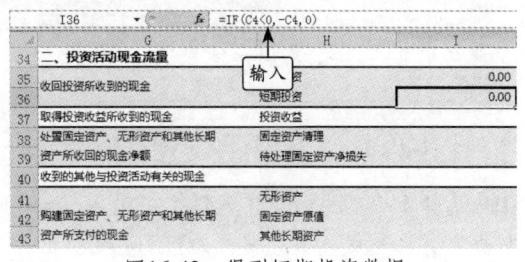

图16-42 得到短期投资数据

03 选择I37单元格，在编辑栏中输入"=E31"，引用现金流量调节表中"加：投资收益"项目的数据，如图16-43所示。

04 选择I38单元格，在编辑栏中输入"=-C18"，引用现金流量调节表中"固定资产清理"项目的数据，并对其做负数处理，如图16-44所示。

05 选择I39单元格，在编辑栏中输入"=-C20"，引用现金流量调节表中"待处理固定资产净损失"项目的数据，并对其做负数处理，如图16-45所示。

06 选择I41单元格，在编辑栏中输入"=-C21"，引用现金流量调节表中"无形资产"项目的数据，并对其做负数处理，如图16-46所示。

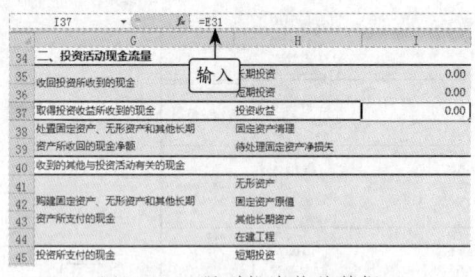
图16-43　得到投资收益数据

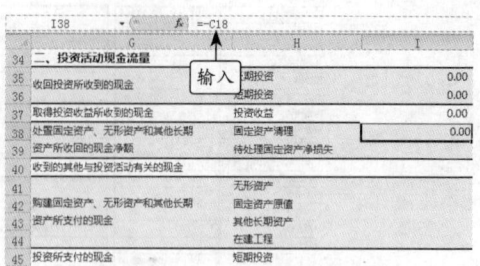
图16-44　得到固定资产清理数据

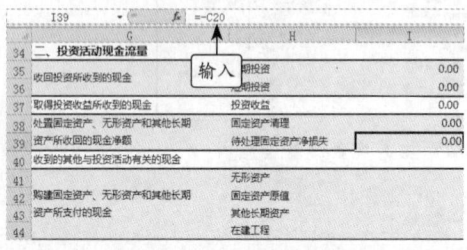
图16-45　得到待处理固定资产净损失数据

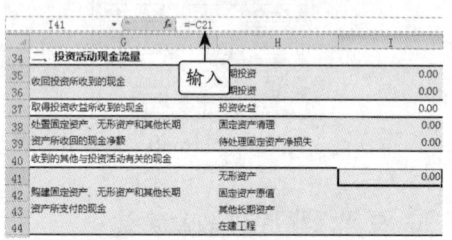
图16-46　得到无形资产数据

07 选择 I42 单元格，在编辑栏中输入"=-C16"，引用现金流量调节表中"固定资产原价"项目的数据，并对其做负数处理，如图 16-47 所示。

08 选择 I43 单元格，在编辑栏中输入"=-C23"，引用现金流量调节表中"其他长期资产"项目的数据，并对其做负数处理，如图 16-48 所示。

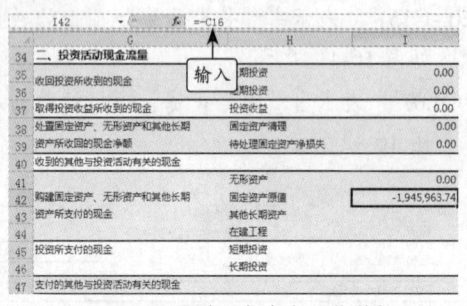
图16-47　得到固定资产原值数据

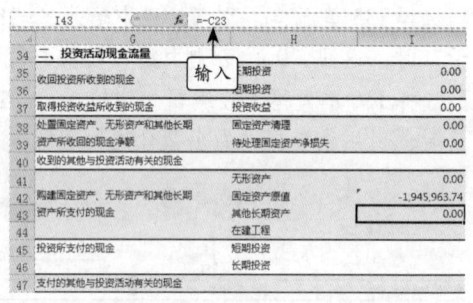
图16-48　得到其他长期资产数据

09 选择 I44 单元格，在编辑栏中输入"=-C19"，引用现金流量调节表中"在建工程"项目的数据，并对其做负数处理，如图 16-49 所示。

10 选择 I45 单元格，在编辑栏中输入"=IF(C4>0,0,-C4)"，表示当"短期投资"项目的数据小于 0 时，返回"0"，否则引用该数据并做负数处理，如图 16-50 所示。

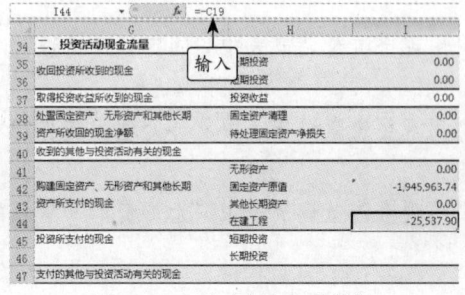
图16-49　得到在建工程数据

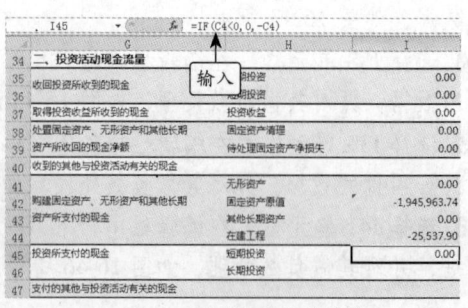
图16-50　得到短期投资数据

11 选择 I46 单元格，在编辑栏中输入"=IF(C15>0,-C15,0)"，表示当"长期投资"项目的数据大于 0 时，引用该数据并做负数处理，否则返回"0"，如图 16-51 所示。

12 利用 SUM() 函数依次汇总投资活动现金流量中各类现金的金额总和，如图 16-52 所示。

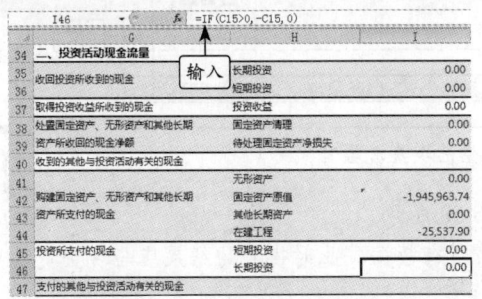
图16-51　得到长期投资数据

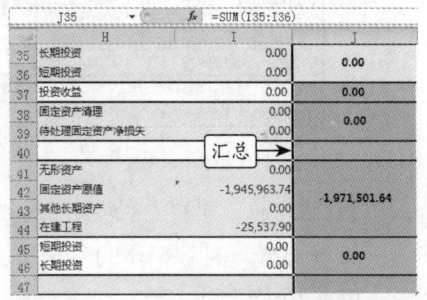
图16-52　汇总投资活动各类现金流量

5. 调节筹资活动现金流量

计算筹资活动产生的现金流量数据，并利用得到的数据检查现金变动数据与调节表数据是否平衡，具体操作如下。

动画演示：演示\第 16 章\调节筹资活动现金流量.swf

01 选择 I50 单元格，在编辑栏中输入"=E20"，引用现金流量调节表中"实收资本"项目的数据，如图 16-53 所示。

02 选择 I51 单元格，在编辑栏中输入"=E3"，引用现金流量调节表中"短期借款"项目的数据，如图 16-54 所示。

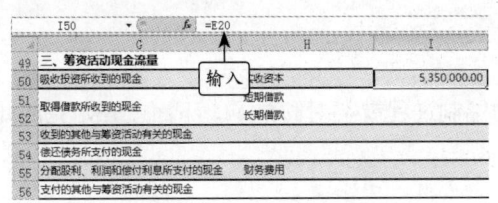
图16-53　得到实收资本数据

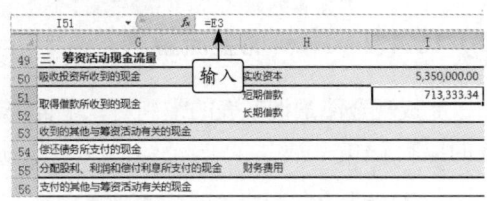
图16-54　得到短期借款数据

03 选择 I52 单元格，在编辑栏中输入"=E16"，引用现金流量调节表中"长期借款"项目的数据，如图 16-55 所示。

04 选择 I55 单元格，在编辑栏中输入"=E30"，引用现金流量调节表中"减：财务费用"项目的数据，如图 16-56 所示。

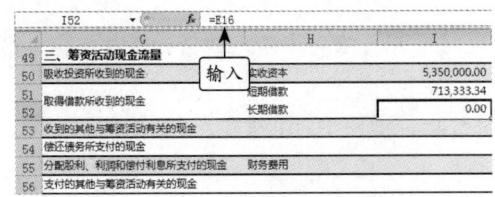
图16-55　得到长期借款数据

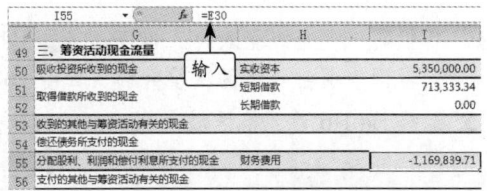
图16-56　得到财务费用数据

05 利用 SUM() 函数依次汇总筹资活动现金流量中各类现金的金额总和，如图 16-57 所示。

三、筹资活动现金流量

吸收投资所收到的现金	实收资本	5,350,000.00	5,350,000.00
取得借款所收到的现金	短期借款	713,333.34	713,333.34
	长期借款	0.00	
收到的其他与筹资活动有关的现金			
偿还债务所支付的现金			
分配股利、利润和偿付利息所支付的现金	财务费用	-1,169,839.71	-1,169,839.71
支付的其他与筹资活动有关的现金			

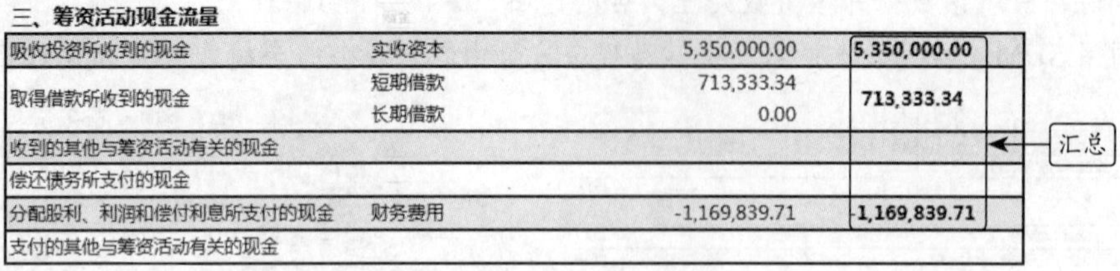

图16-57　汇总筹资活动产生的现金流量金额

06 选择 H2 单元格，引用 C3 单元格数据，如图 16-58 所示。

07 选择 I2 单元格，利用 SUM() 函数汇总 J 列中的所有数据，此时得到的结果应与现金变动数据相等，如图 16-59 所示。

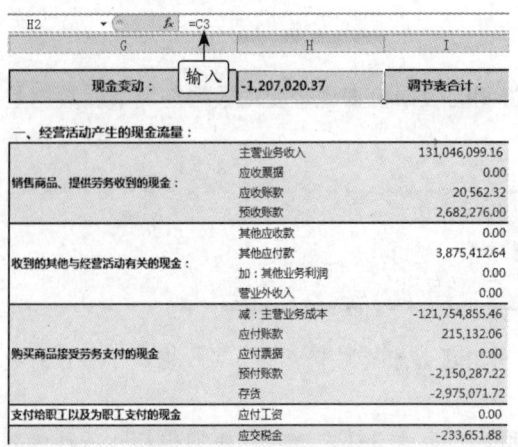

现金变动：	-1,207,020.37	调节表合计：

一、经营活动产生的现金流量：

销售商品、提供劳务收到的现金：	主营业务收入	131,046,099.16
	应收票据	0.00
	应收账款	20,562.32
	预收账款	2,682,276.00
收到的其他与经营活动有关的现金：	其他应收款	0.00
	其他应付款	3,875,412.64
	加：其他业务利润	0.00
	营业外收入	0.00
购买商品接受劳务支付的现金	减：主营业务成本	-121,754,855.46
	应付账款	215,132.06
	应付票据	0.00
	预付账款	-2,150,287.22
	存货	-2,975,071.72
支付给职工以及为职工支付的现金	应付工资	0.00
	应交税金	-233,651.88

图16-58　计算现金变动数据

现金变动：	-1,207,020.37	调节表合计：

一、经营活动产生的现金流量：

销售商品、提供劳务收到的现金：	主营业务收入	131,046,099.16
	应收票据	0.00
	应收账款	20,562.32
	预收账款	2,682,276.00
收到的其他与经营活动有关的现金：	其他应收款	0.00
	其他应付款	3,875,412.64
	加：其他业务利润	0.00
	营业外收入	0.00
购买商品接受劳务支付的现金	减：主营业务成本	-121,754,855.46
	应付账款	215,132.06
	应付票据	0.00
	预付账款	-2,150,287.22
	存货	-2,975,071.72
支付给职工以及为职工支付的现金	应付工资	0.00
	应交税金	-233,651.88

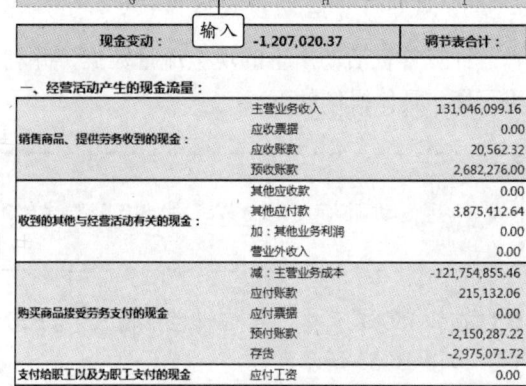

图16-59　计算调节表合计数据

16.4.2　编制现金流量表

完成现金流量调节表的编制后，现金流量表的编制过程就相对简单了，下面就开始完成此表的编制工作。

1. 创建现金流量调整和平衡表

创建用于部分项目调整的表格以及检查数据是否平衡的表格，具体操作如下。

动画演示：演示 \ 第 16 章 \ 创建现金流量调整和平衡表 .swf

01 切换到“现金流量表”工作表，选择 E4:F13 单元格区域，在其中输入数据并添加边框，然后输入各调整项目具体的调整金额，如图 16-60 所示。

02 选择 H4:H6 单元格区域，在其中输入数据并添加边框，如图 16-61 所示。

创建现金流量表 16

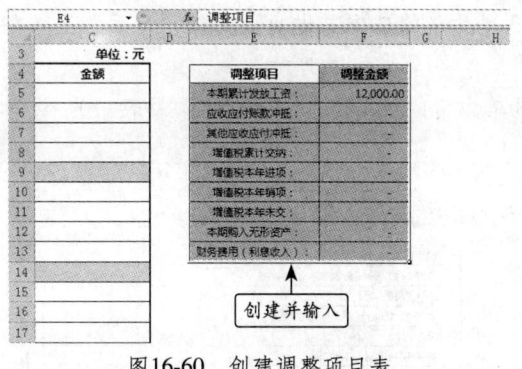

图16-60 创建调整项目表

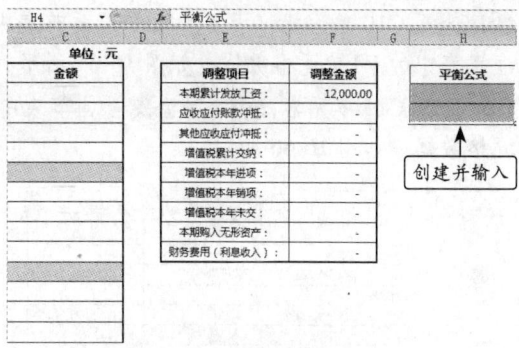

图16-61 调整平衡公式表

2. 编制现金流量表主表

利用现金流量调节表并结合前面创建的项目调整表，完成现金流量表主表的填列工作，具体操作如下。

 动画演示：演示\第16章\编制现金流量表主表.swf

01 选择C6单元格，引用现金流量调节表中J5单元格的数据，并加上调整项目表中的F10单元格数据，如图16-62所示。

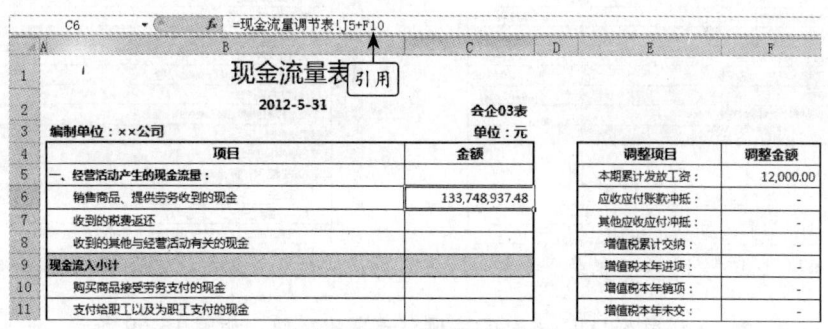

图16-62 计算销售商品、提供劳务收到的现金数据

02 选择C8单元格，引用现金流量调节表中J9单元格的数据，如图16-63所示。

03 选择C9单元格，利用SUM()函数汇总现金流入的金额，如图16-64所示。

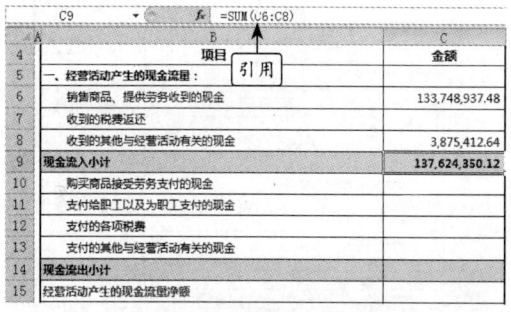

图16-63 计算收到的税费返还金额　　　　　图16-64 现金流入小计

267

04 选择 C10 单元格，引用现金流量调节表中 J13 单元格的数据并做负数处理，然后加上调整项目表中的 F9 单元格数据，如图 16-65 所示。

05 选择 C11 单元格，引用现金流量调节表中 J18 单元格的数据，并加上调整项目表中的 F5 单元格数据，如图 16-66 所示。

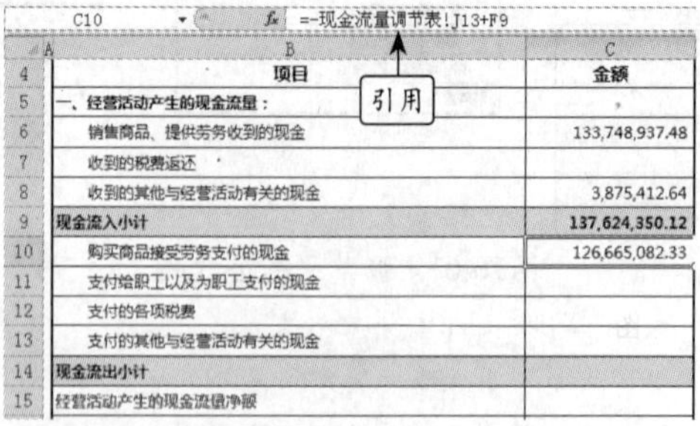

图16-65　计算购买商品接受劳务支付的金额 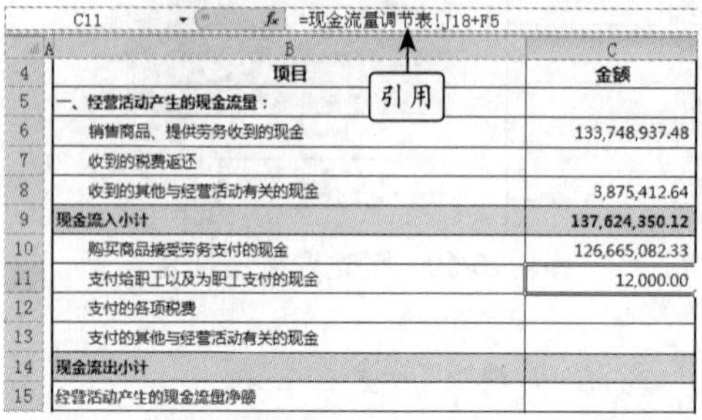　　　图16-66　计算支付给职工以及为职工支付的金额

06 选择 C12 单元格，引用现金流量调节表中 J19 单元格的数据并做负数处理，然后加上调整项目表中的 F8 单元格和 F11 单元格的数据，如图 16-67 所示。

07 选择 C13 单元格，引用现金流量调节表中 J23 单元格的数据并做负数处理，然后减去调整项目表中的 F5 单元格和 F12 单元格的数据，如图 16-68 所示。

图16-67　计算支付的各项税费金额 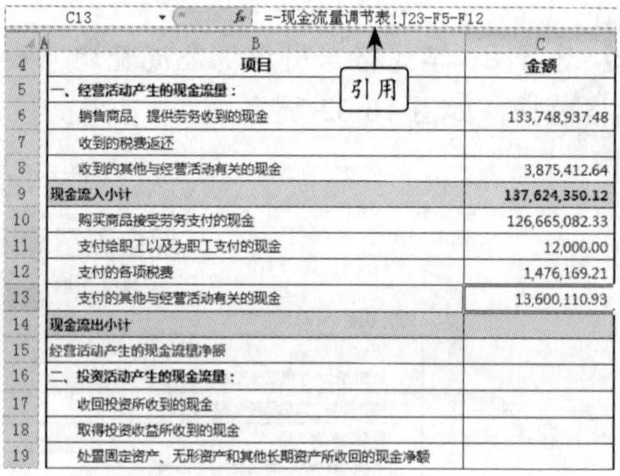　　　图16-68　计算支付其他与经营活动有关的金额

08 选择 C14 单元格，利用 SUM() 函数汇总现金流出的金额，如图 16-69 所示。

09 选择 C15 单元格，通过现金流入与流出的差值得到经营活动产生的现金流量净额，如图 16-70 所示。

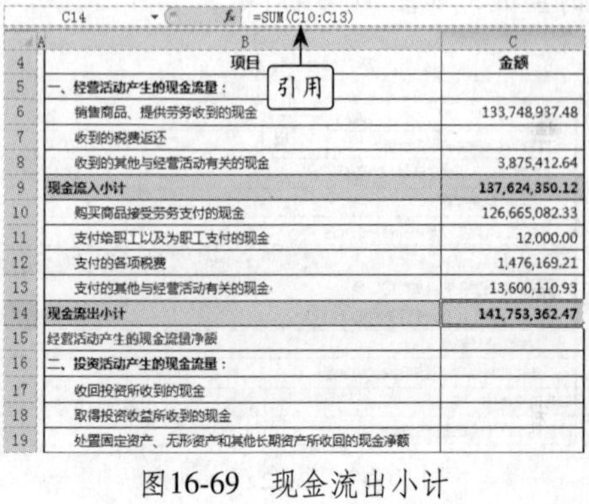

图16-69　现金流出小计　　　图16-70　计算经营活动现金流量净额

10 选择 C17 单元格，引用现金流量调节表中 J35 单元格的数据，如图 16-71 所示。

11 选择 C18 单元格，引用现金流量调节表中 J37 单元格的数据，如图 16-72 所示。

图 16-71 计算收回投资所收到的现金　　　图 16-72 计算取得投资收益收到的现金

12 选择 C19 单元格，引用现金流量调节表中 J38 单元格的数据，如图 16-73 所示。

13 选择 C20 单元格，引用现金流量调节表中 J40 单元格的数据，如图 16-74 所示。

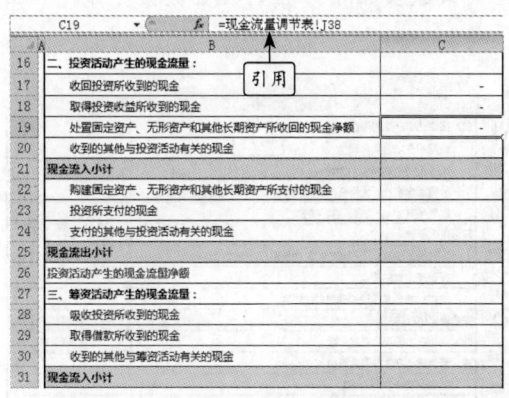
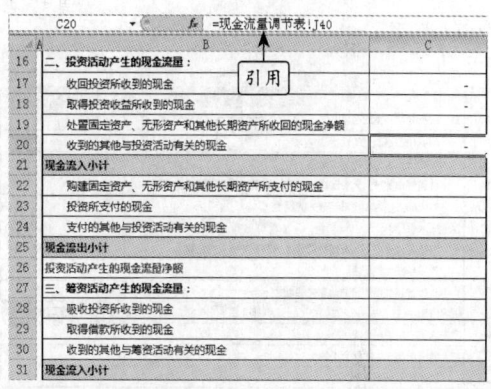

图16-73 计算处置固定资产等收回的现金　　图16-74 计算收到的其他与投资活动有关的现金

14 选择 C21 单元格，利用 SUM() 函数汇总现金流入的金额，如图 16-75 所示。

15 选择 C22 单元格，引用现金流量调节表中 J41 单元格的数据，并做负数处理，如图 16-76 所示。

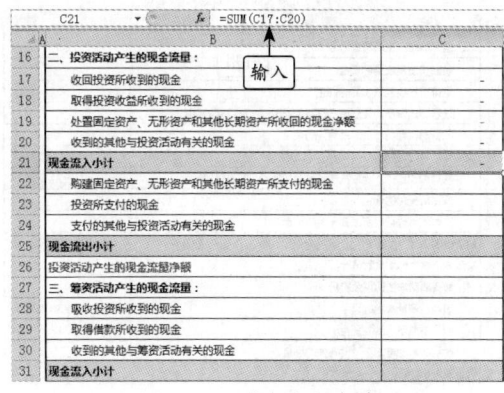
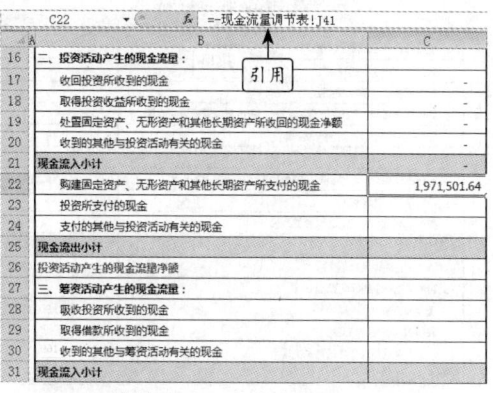

图 16-75 现金流入小计　　　　　图 16-76 计算购进固定资产等项目支付的现金

16 选择 C23 单元格，引用现金流量调节表中 J46 单元格的数据，如图 16-77 所示。

17 选择 C24 单元格，引用现金流量调节表中 J47 单元格的数据，如图 16-78 所示。

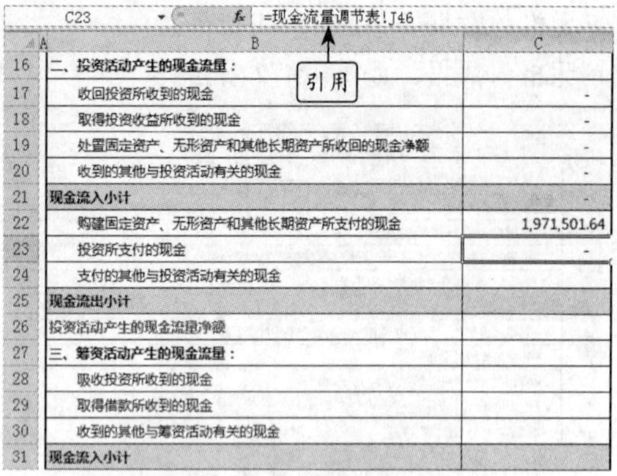

图16-77　计算投资所支付的现金

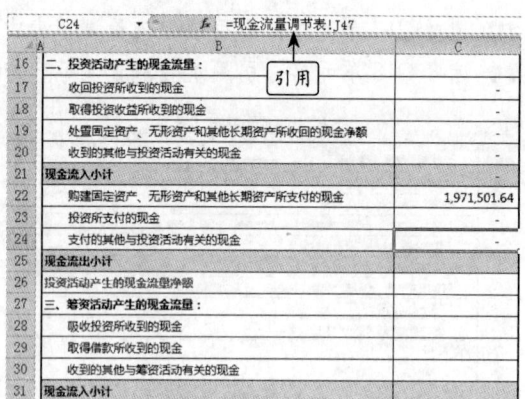

图16-78　计算支付的其他与投资活动有关的现金

18 选择 C25 单元格，利用 SUM() 函数汇总现金流出的金额，如图 16-79 所示。

19 选择 C26 单元格，通过现金流入与流出的差值得到投资活动产生的现金流量净额，如图 16-80 所示。

图16-79　现金流出小计

图16-80　计算投资活动产生的现金净额

20 选择 C28 单元格，引用现金流量调节表中 J50 单元格的数据，如图 16-81 所示。

21 选择 C29 单元格，引用现金流量调节表中 J51 单元格的数据，如图 16-82 所示。

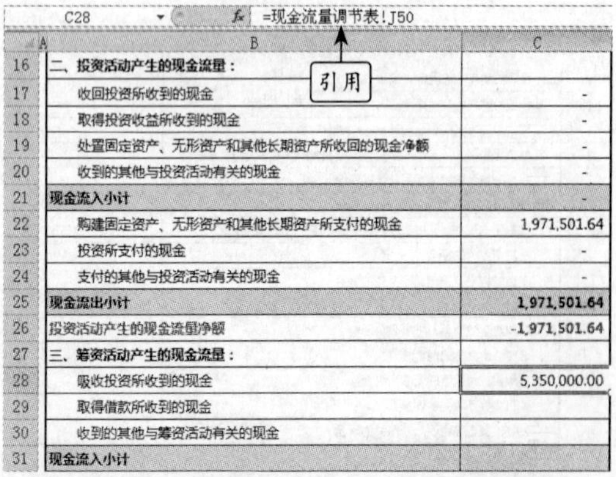

图16-81　计算吸收投资所收到的现金 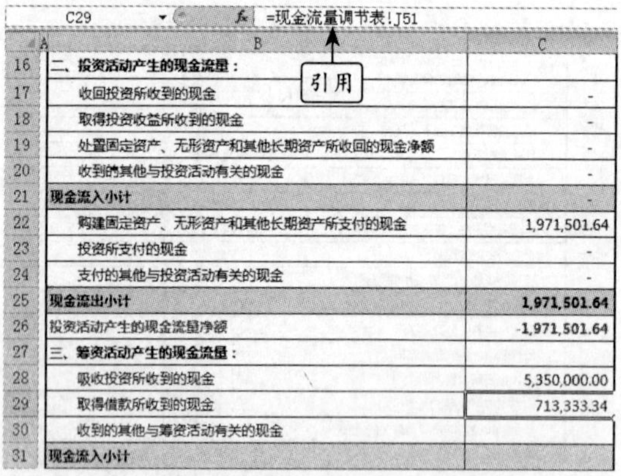　　图16-82　计算取得借款所收到的现金

22 选择 C30 单元格，引用调整项目表中 F13 单元格的数据，如图 16-83 所示。

23 选择 C31 单元格，利用 SUM() 函数汇总现金流入的金额，如图 16-84 所示。

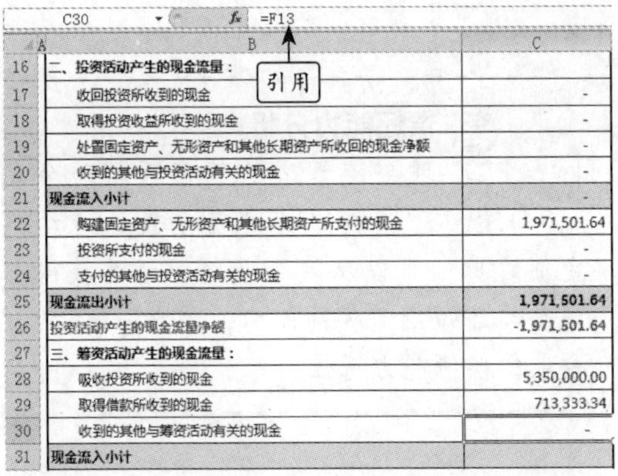

图16-83 计算收到的其他与筹资活动有关的现金

图16-84 现金流入小计

24 选择 C32 单元格，引用现金流量调节表中 J54 单元格的数据，如图 16-85 所示。

25 选择 C33 单元格，引用现金流量调节表中 J54 单元格的数据并做负数处理，然后加上调整项目表中 F13 单元格的数据，如图 16-86 所示。

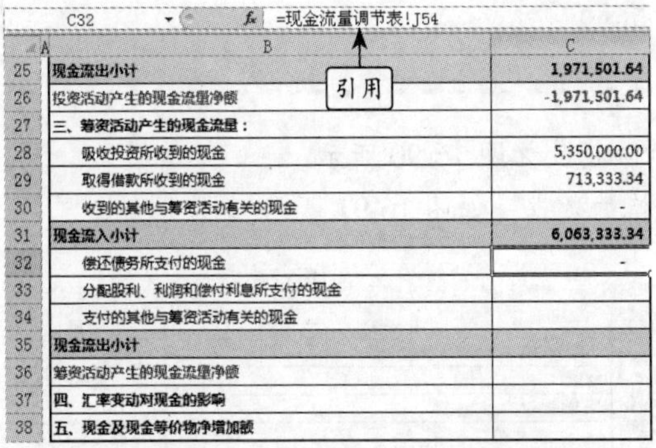

图16-85 计算偿还债务所支付的现金

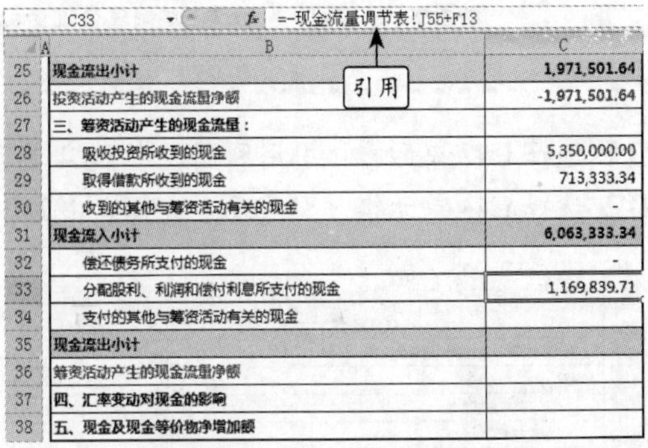

图16-86 计算分配投利、利润等项目所支付的现金

26 选择 C35 单元格，利用 SUM() 函数汇总现金流出的金额，如图 16-87 所示。

27 选择 C36 单元格，通过现金流入与流出的差值得到筹资活动产生的现金流量净额，如图 16-88 所示。

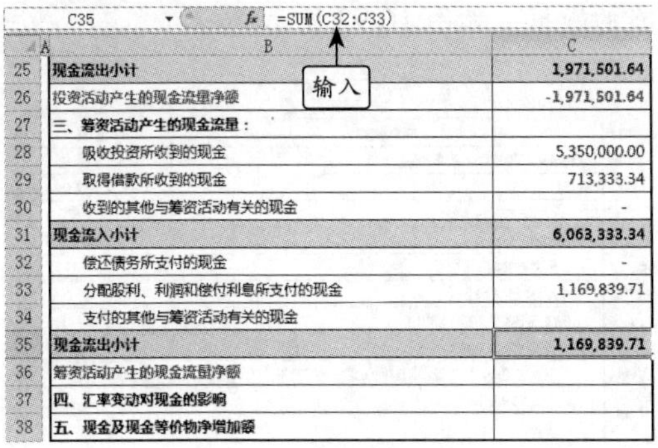

图16-87 现金流出小计

图16-88 计算筹资活动产生的现金流量净额

28 选择 C38 单元格，通过经营活动、投资活动和筹资活动产生的现金流量净额之和，得到现金及现金等价物净增加额的数据，如图 16-89 所示。

C38 =C15+C26+C36 （输入）

	B	C
25	现金流出小计	1,971,501.64
26	投资活动产生的现金流量净额	-1,971,501.64
27	三、筹资活动产生的现金流量：	
28	吸收投资所收到的现金	5,350,000.00
29	取得借款所收到的现金	713,333.34
30	收到的其他与筹资活动有关的现金	-
31	现金流入小计	6,063,333.34
32	偿还债务所支付的现金	-
33	分配股利、利润和偿付利息所支付的现金	1,169,839.71
34	支付的其他与筹资活动有关的现金	-
35	现金流出小计	1,169,839.71
36	筹资活动产生的现金流量净额	4,893,493.63
37	四、汇率变动对现金的影响	-
38	五、现金及现金等价物净增加额	-1,207,020.37

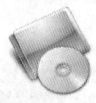

图16-89 计算现金及现金等价物净增加额

专家点拨 **偿还能力分析**

现金流量表的经营活动现金净流量与资产负债表的流动负债之比，可以反映企业经营活动获得现金偿还短期债务的能力，该比率越大，企业的偿债能力越强。

3. 编制现金流量表补充资料

利用现金流量调节表数据填列现金流量表补充资料中的数据，具体操作如下。

动画演示： 演示 \ 第 16 章 \ 编制现金流量表补充资料 .swf

01 选择 C42 单元格，引用利润表中 D24 单元格的数据，如图 16-90 所示。

02 选择 C44 单元格，引用现金流量表中 I30 单元格的数据，如图 16-91 所示。

C42 =利润表!D24 （引用）

	B	C
40	补充资料	金额
41	1、将净利润调节为经营活动现金流量：	
42	净利润	2,342,043.35
43	加：计提的资产减值准备	
44	固定资产折旧	
45	无形资产摊销	
46	长期待摊费用摊销	
47	待摊费用减少（减：增加）	
48	预提费用增加（减：减少）	

图16-90 计算净利润

C44 =现金流量调节表!I30 （引用）

	B	C
40	补充资料	金额
41	1、将净利润调节为经营活动现金流量：	
42	净利润	2,342,043.35
43	加：计提的资产减值准备	
44	固定资产折旧	584,065.63
45	无形资产摊销	
46	长期待摊费用摊销	
47	待摊费用减少（减：增加）	
48	预提费用增加（减：减少）	

图16-91 计算固定资产折旧

03 选择 C47 单元格，引用现金流量表中 I28 单元格的数据，如图 16-92 所示。

04 选择 C48 单元格，引用现金流量表中 I31 单元格的数据，如图 16-93 所示。

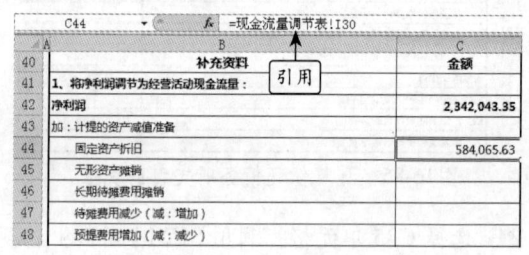

C47 =现金流量调节表!I28 （引用）

	B	C
40	补充资料	金额
41	1、将净利润调节为经营活动现金流量：	
42	净利润	2,342,043.35
43	加：计提的资产减值准备	
44	固定资产折旧	584,065.63
45	无形资产摊销	
46	长期待摊费用摊销	
47	待摊费用减少（减：增加）	-
48	预提费用增加（减：减少）	
49	处置固定资产、无形资产和其他长期资产的损失（减：收益）	
50	固定资产报废损失	
51	财务费用	
52	投资损失（减：收益）	

图16-92 计算减少的待摊费用

C48 =现金流量调节表!I31 （引用）

	B	C
40	补充资料	金额
41	1、将净利润调节为经营活动现金流量：	
42	净利润	2,342,043.35
43	加：计提的资产减值准备	
44	固定资产折旧	584,065.63
45	无形资产摊销	
46	长期待摊费用摊销	
47	待摊费用减少（减：增加）	-
48	预提费用增加（减：减少）	-
49	处置固定资产、无形资产和其他长期资产的损失（减：收益）	
50	固定资产报废损失	
51	财务费用	
52	投资损失（减：收益）	

图16-93 计算增加的预提费用

05 选择 C49 单元格，引用现金流量表中 I39 单元格的数据，如图 16-94 所示。

06 选择 C51 单元格，引用现金流量表中 I55 单元格的数据并做负数处理，如图 16-95 所示。

创建现金流量表

图16-94 计算处置固定资产等项目的损失	图16-95 计算财务费用

07 选择 C52 单元格,引用现金流量表中 I37 单元格的数据,如图 16-96 所示。

08 选择 C53 单元格,引用现金流量表中 I32 单元格的数据,如图 16-97 所示。

图16-96 计算投资损失　　　　图16-97 计算递延税款贷项

09 选择 C54 单元格,引用现金流量表中 I17 单元格的数据,如图 16-98 所示。

10 选择 C55 单元格,引用现金流量表中 I6、I7、I9、I16 和 I25 单元格的数据之和,如图 16-99 所示。

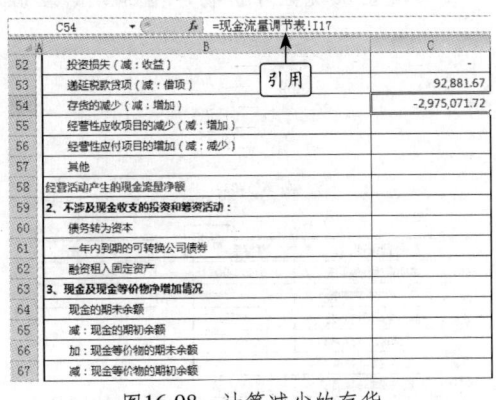 

图16-98 计算减少的存货　　　　图16-99 计算减少的经营性应收项目

11 选择 C56 单元格,引用现金流量表中 I8、I10、I14、I15、I18、I19、I20、I26 和 I29 单元格的数据之和,如图 16-100 所示。

12 选择 C58 单元格,利用 SUM() 函数计算经营活动产生的现金流量净额,如图 16-101 所示。

13 选择 C64 单元格,引用资产负债表中 D6 单元格的数据,如图 16-102 所示。

14 选择 C65 单元格,引用资产负债表中 C6 单元格的数据,如图 16-103 所示。

273

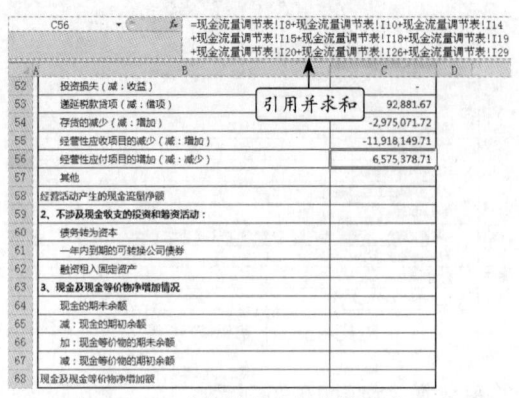

图16-100 计算增加的经营性应付项目

图16-101 计算经营活动产生的现金流量净额

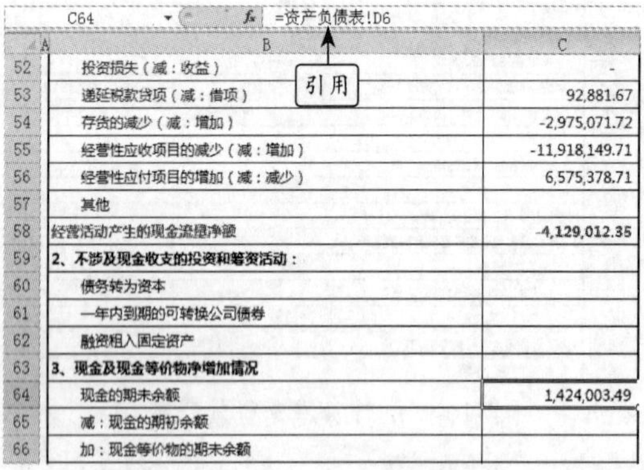

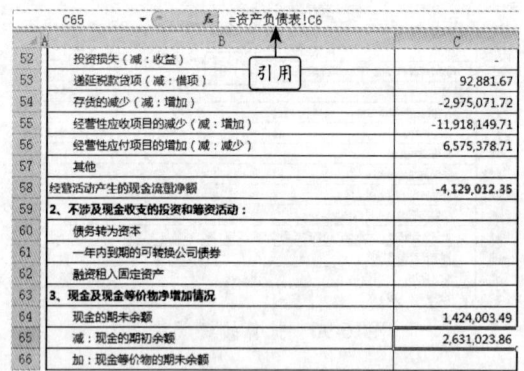

图16-102 计算现金的期末余额

图16-103 计算应减去的现金期初余额

15 选择 C68 单元格，计算现金的期末余额与期初余额的差值，如图 16-104 所示。

16 选择 H5 单元格，计算现金及现金等价物净增加额与现金及现金等价物净增加额的差值，若结果为 0，则表示平衡，如图 16-105 所示。

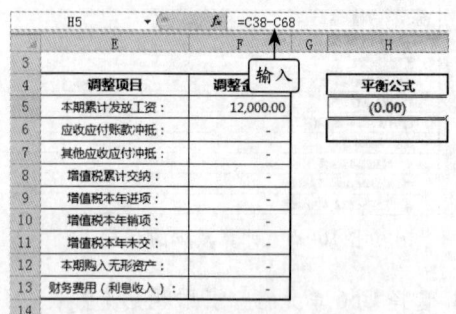

图16-104 计算现金及现金等价物净增加额

图16-105 检验现金增加额是否平衡

17 选择 H6 单元格，计算经营活动产生的现金流量净额与经营活动产生的现金流量净额的差值，若结果为 0，则表示平衡，如图 16-106 所示。

创建现金流量表 16

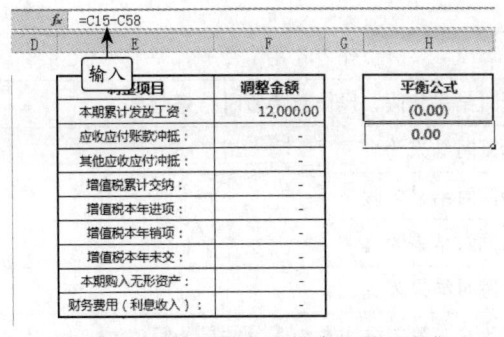

图16-106 　检验现金流量净额是否平衡

> **专家点拨　现金的界定**
> 现金流量表的编制基础是现金及现金等价物，包括库存现金、银行存款（不能随时支付的定期存款除外）、其他货币资金、现金等价物等，但现金等价物不包括准备3个月内出售的短期股票投资。

▶ 16.5　知识拓展

在老陈的指点下，小雯顺利地完成了现金流量调节表和现金流量表的编制工作，老陈告诉她，还将给她介绍一些Excel的高级应用知识，学会后可以自行编制适合工作中使用的Excel函数。小雯的好奇心马上被吸引起来，央求老陈赶快给她讲讲具体的内容。

拓展1　认识Visual Basic

Visual Basic 简称 VB，是一种强大的通用编程语言，在 Excel 中可以使用此工具自定义函数、公式、图表或创建窗体等，从而实现更多高级或交互的操作。

VB 中包含多种运算符，如算术运算符、比较运算符、连接运算符和逻辑运算符等，具体含义和表达方式如表 16-1 所示。

表 16–1　VB 中的运算符

运算符	类　型	含　义	作　用
+	算术运算符	加	两数相加，如 5+8，结果为 13
–	算术运算符	减	两数相减，如 10-5，结果为 5
*	算术运算符	乘	两数相乘，如 5*10，结果为 50
/	算术运算符	浮点除法	两数相除，如 10/4，结果为 2.5
\	算术运算符	整数除法	两数相除，取整数部分，如 10\4，结果为 2
^	算术运算符	乘方	某数乘方，如 10^2，表示求 10 的平方，结果为 100
=	比较运算符	等于	判断两个表达式是否相等
>	比较运算符	大于	判断表达式 1 是否大于表达式 2
<	比较运算符	小于	判断表达式 1 是否小于表达式 2
>=	比较运算符	不小于	判断表达式 1 是否不小于表达式 2
<=	比较运算符	不大于	判断表达式 1 是否不大于表达式 2
<> 或 ><	比较运算符	不等于	判断两个表达式是否不相等
&	连接运算符	连接	连接前后两个字符串，如 Ex & cel，结果为 Excel

续表

运算符	类型	含义	作用
Not	逻辑运算符	非	操作数为真时结果为假，操作数为假时结果为真
And	逻辑运算符	与	操作数都为真时结果为真
Or	逻辑运算符	或	操作数都为假时结果为假
Xor	逻辑运算符	异或	操作数不相同时结果为真
Eqv	逻辑运算符	等价	操作数都为假时结果为真
Imp	逻辑运算符	蕴含	第一操作数为真，第二操作数为假时结果为假

拓展2　自定义函数

使用VB来自定义函数，可以针对不同行业常用的计算公式来完成对数据的计算，假如某企业对产品的制造成本计算为：=长 * 宽 *2.5/ 高，则可将其自定义为函数，通过输入函数名和3个参数便能完成计算，其具体操作如下。

01 新建工作表并输入数据，然后在"开发工具"选项卡"代码"组中单击"Visual Basic"按钮，如图16-107所示。

02 在打开的窗口中选择"插入"菜单，在弹出的下拉菜单中选择"模块"命令，如图16-108所示。

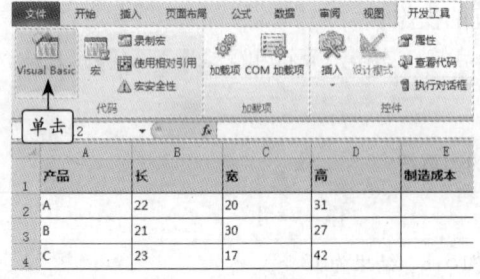

图16-107　输入数据

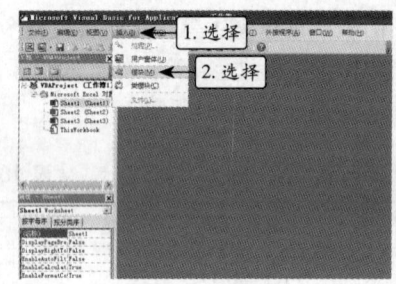

图16-108　选择命令

03 打开模块窗口，输入"function"命令，表示将进行自定义函数操作，如图16-109所示。

04 输入需要定义的函数名称和语法结构，这里将函数名称定义为"cost"，其中包含"length"、"width"和"height"3个参数，如图16-110所示。

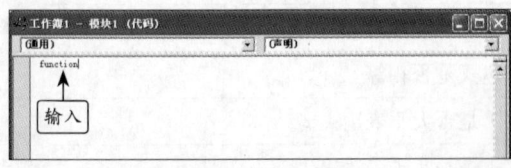

图16-109　输入命令

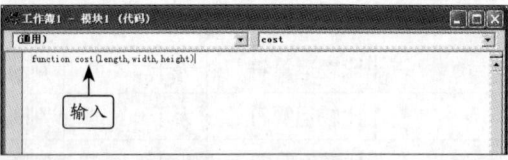

图16-110　输入函数

05 按【Enter】键，此时Excel将自动调整输入的代码格式，并在后面自动插入Function命令的结束代码"End Function"，如图16-111所示。

06 在中间的空行中输入该函数具体的计算方法，其中等号左侧的内容与自定义的函数名称应一致，等号右侧涉及的参数名称与上方自定义的参数名称应一致，如图16-112所示。

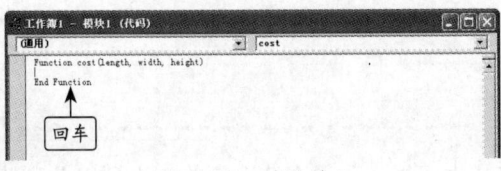

图16-111 确认输入

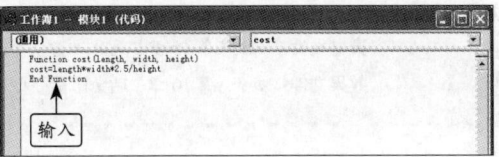

图16-112 输入计算规则

07 单击窗口下方的空白区域，确认规则的输入，然后关闭模块窗口和VB窗口，如图16-113所示。

08 选择工作表中需输入函数的单元格区域，在编辑栏中输入"=cost()"，即自定义的函数名，如图16-114所示。

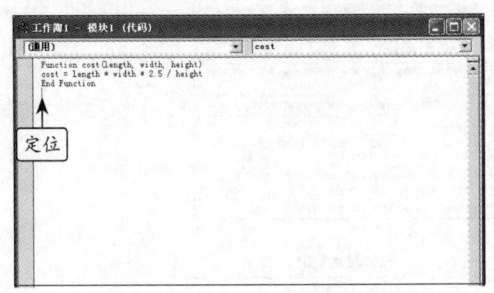

图16-113 完成自定义函数

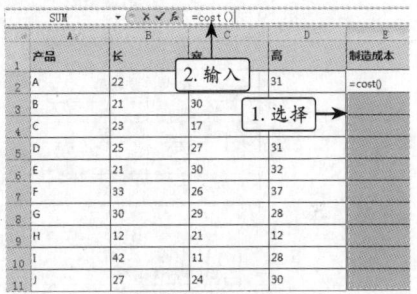

图16-114 输入函数名

09 在函数名的括号中依次引用代表参数"length"、"width"和"height"的单元格地址，在如图16-115所示。

10 按【Ctrl+Enter】组合键便得到产品的制作成本，而避免了输入公式"长*宽*2.5/高"的繁琐，如图16-116所示。

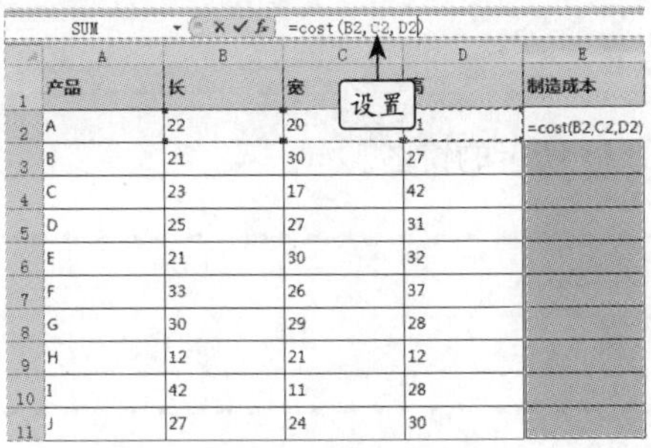

图16-115 设置函数参数

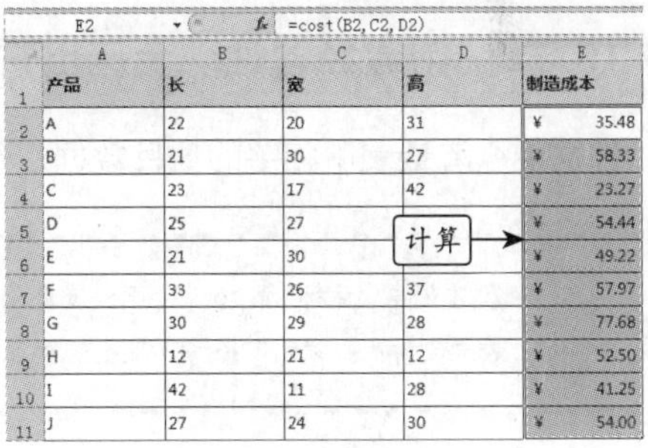

图16-116 完成计算

16.6 实战演练

为了锻炼小雯使用表格分析数据的能力，老陈给她安排了两个任务，要求她利用现金流量分析公司现金流量的现状，然后根据其中的数据创建经营性现金流出饼图。

16.6.1 现金流量分析

根据现金流量表中投资活动产生的现金流量、投资活动产生的现金流量净额和筹资活动产生的现金流量净额来分析企业目前的现状，如图16-117所示。

素材文件：素材\第16章\现金流量分析.xlsx
效果文件：效果\第16章\现金流量分析.xlsx

重点提示：（1）创建"状况分析"工作表，在其中根据3项现金流净额的大小列出各种情况对应的状况总结分析。

（2）在"现金流量表"工作表中利用IF()函数返回3项现金流净额对应的正负数据，然后利用VLOOKUP()函数查找并返回对应的总结分析。

图16-117　现金流量分析

16.6.2　创建经营性现金流出饼图

根据现金流量表中相关的项目数据，创建如图16-118所示的饼图。

素材文件：素材\第16章\现金流量表1.xlsx
效果文件：效果\第16章\现金流量表1.xlsx

重点提示：（1）选择经营性现金流出涉及的若干项目及对应的数据创建。

（2）对创建的饼图进行美化和设置，其中需要旋转饼图角度并适当进行分离。

（3）将图表背景填充为渐变效果。

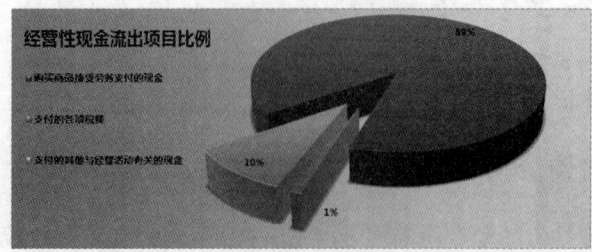

图16-118　经营性现金流出饼图

第 7 篇
预测投资篇

第 17 章　制作收益预测表

> 财务部今天召开了紧急会议,希望大家能提供简单有效地预测公司收益的方法,老陈推荐使用Excel的数据预测功能到达到预期要求,并希望领导让小雯来着手完成任务。经过老陈的努力,领导最终决定同意老陈的要求,让小雯尽快制作出公司今年的收益预测表。小雯看着老陈信心满满的样子,也十分放心地接下了这个任务,她相信在老陈的帮助下,自己肯定不会让领导失望。

知识点

- 输入并计算各项目数据
- 计算各项目所占比例
- 创建往年销售额柱形图
- 通过趋势线公式预测今年销售额
- 预测其他项目数据

17.1 案例目标

会议结束后小雯忙找到老陈,希望尽快从他那里得到任务的相关目标,老陈整理了一些资料后,就给小雯介绍起来。

效果文件:效果\第17章\收益预测表.xlsx

如图17-1所示即为制作的收益预测表,其中包含2009年~2011年公司销售、成本费用和利润等具体数据和所占比例,并通过这些数据对2012年的项目数据进行了预测,通过预测到的数据,便能对公司的整体运营做出针对性的决策。

××公司收益预测表(万元)								
	2009年	比例	2010年	比例	2011年	比例	2012年	比例
销售额	¥1,875.0	100.00%	¥2,381.3	100.00%	¥3,024.2	100.00%	¥3,576.0	100.00%
成本费用	¥1,520.3	81.08%	¥1,825.3	76.65%	¥2,345.1	77.55%	¥2,721.7	76.11%
毛利	¥354.7	18.92%	¥555.9	23.35%	¥679.1	22.45%	¥854.3	23.89%
工资	¥389.5	25.62%	¥494.0	27.07%	¥627.4	26.75%	¥741.6	27.25%
津贴	¥258.1	16.98%	¥327.7	17.95%	¥416.1	17.74%	¥492.0	18.08%
劳务费	¥42.4	2.79%	¥53.3	2.92%	¥67.7	2.89%	¥79.8	2.93%
差旅费	¥37.5	2.47%	¥47.0	2.57%	¥59.7	2.54%	¥70.2	2.58%
广告	¥268.3	17.65%	¥240.4	13.17%	¥332.3	14.17%	¥344.3	12.65%
租金	¥183.3	12.06%	¥232.4	12.73%	¥295.2	12.59%	¥348.8	12.82%
保险	¥159.7	10.50%	¥201.9	11.06%	¥256.5	10.94%	¥302.8	11.12%
税金	¥43.2	2.84%	¥54.6	2.99%	¥69.4	2.96%	¥81.9	3.01%
折旧	¥84.8	5.58%	¥106.7	5.84%	¥135.5	5.78%	¥159.7	5.87%
维修	¥53.5	3.52%	¥67.3	3.69%	¥85.5	3.65%	¥100.7	3.70%
费用合计	¥1,520.3		¥1,825.3		¥2,345.1		¥2,721.7	
税前利润	¥354.7		¥555.9		¥679.1		¥854.3	
所得税	¥88.7		¥139.0		¥169.77		¥213.57	
税后利润	¥266.0		¥416.9		¥509.3		¥640.7	

图17-1 收益预测表最终效果

17.2 职场秘笈

财务预测是工作中非常重要的环节,为了让小雯更加系统地掌握有关财务预测的内容,老陈决定将财务预测的种类和程序给她进行简要地介绍。

17.2.1 财务预测的种类

财务预测是根据企业财务活动的往期资料,并根据目前的要求和条件,对企业未来的财务活动和财务成果作出科学地预计和测算,是财务管理的环节之一。进行预测的目的是为了体现财务管理的事先性,即帮助财务人员认识和控制未来的财务预算不确定性。根据不同的对象,可以将财务预测分成多种类型,如图17-2所示。

专家点拨 财务预测的具体作用

财务预测的作用具体体现为:财务预测是进行经营决策的重要依据,财务预测可以使公司合理安排收支,提高资金使用效益,财务预测是提高公司管理水平的重要手段。

制作收益预测表

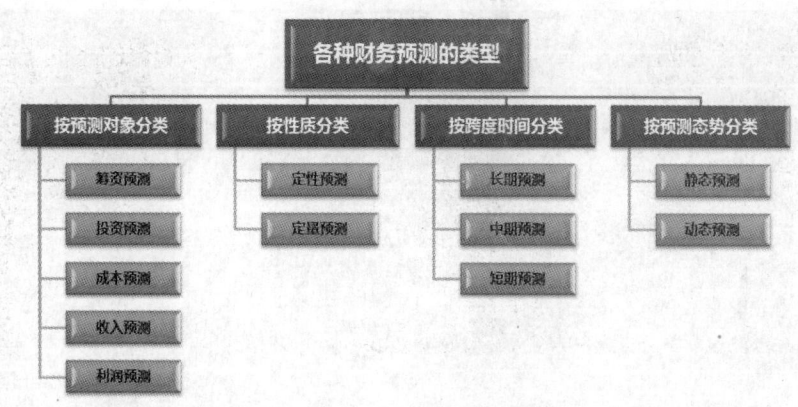

图17-2 财务预测的种类

17.2.2 财务预测的程序

不同类型的财务预测工作,执行的程序也不完全相同。但总体来讲,任何财务预测都或多或少包括如图 17-3 所示的程序。

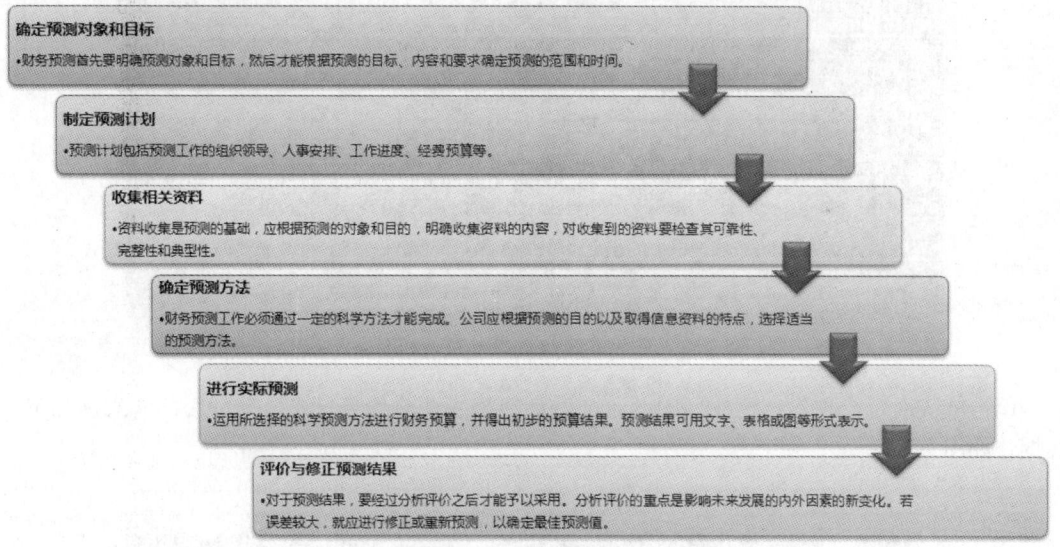

图17-3 财务预测的程序

17.3 制作思路

老陈将收益预测表的制作思路归纳了一下,把各个环节的制作关键和涉及的操作给小雯进行了介绍,让她在开始制作之前,熟悉整个制作思路。

收益预测表的制作思路大致如下:

(1)通过单元格颜色的填充、边框的绘制以及字体格式的设置等操作,创建预测表数据框架,如图 17-4 所示。

××公司收益预测表（万元）								
	2009年	比例	2010年	比例	2011年	比例	2012年	比例
销售额								
成本费用								
毛利								
工资								
津贴								
劳务费								
差旅费								
广告								
租金								
保险								
税金								
折旧								
维修								
费用合计								
税前利润								
所得税								
税后利润								

图17-4　创建预测表数据框架

（2）通过数据的输入和计算，得到各项目具体数据和比例，如图 17-5 所示。

××公司收益预测表（万元）								
	2009年	比例	2010年	比例	2011年	比例	2012年	比例
销售额	¥1,875.0	100.00%	¥2,381.3	100.00%	¥3,024.2	100.00%		
成本费用	¥1,520.3	81.08%	¥1,825.3	76.65%	¥2,345.1	77.55%		
毛利	¥354.7	18.92%	¥555.9	23.35%	¥679.1	22.45%		
工资	¥389.5	25.62%	¥494.0	20.75%	¥627.4	20.75%		
津贴	¥258.1	16.98%	¥327.7	13.76%	¥416.1	13.76%		
劳务费	¥42.4	2.79%	¥53.3	2.24%	¥67.7	2.24%		
差旅费	¥37.5	2.47%	¥47.0	1.97%	¥59.7	1.97%		
广告	¥268.3	17.65%	¥240.4	10.09%	¥332.3	10.99%		
租金	¥183.3	12.06%	¥232.4	9.76%	¥295.2	9.76%		
保险	¥159.7	10.50%	¥201.9	8.48%	¥256.5	8.48%		
税金	¥43.2	2.84%	¥54.6	2.29%	¥69.4	2.29%		
折旧	¥84.8	5.58%	¥106.7	4.48%	¥135.5	4.48%		
维修	¥53.5	3.52%	¥67.3	2.83%	¥85.5	2.83%		
费用合计	¥1,520.3		¥1,825.3		¥2,345.1			
税前利润	¥354.7		¥555.9		¥679.1			
所得税	¥88.7		¥139.0		¥169.8			
税后利润	¥266.0		¥416.9		¥509.3			

图17-5　输入并计算销售、成本费用和利润等数据

（3）依次对每个项目创建柱形图，通过添加趋势线获取趋势公式，并利用该公式预测本年数据，如图 17-6 所示。

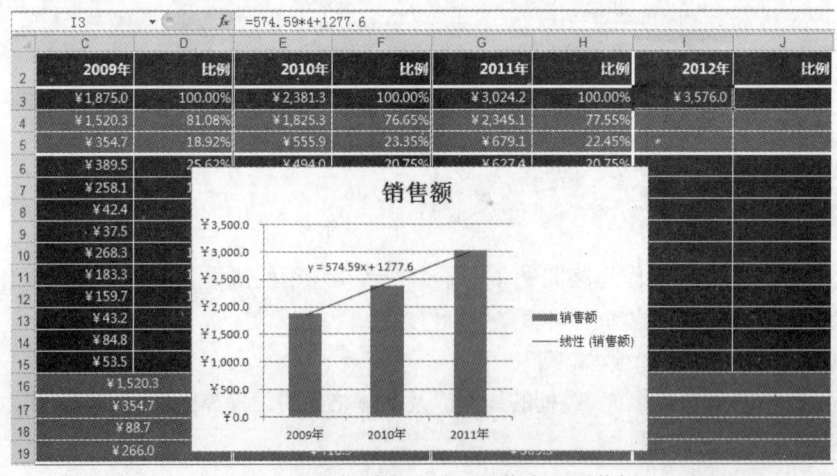

图17-6　创建柱形图并利用趋势线预测数据

制作收益预测表

17.4 操作步骤

完成所有准备工作后,小雯现在就要开始制作收益预测表了。

17.4.1 打造预测表数据环境

进行数据预测之前,将首先对数据所在的单元格区域进行设置,以便美化工作表的同时,提高数据的可读性。

1. 填充单元格并绘制边框

通过填充工作表所有单元格颜色和手动汇总边框的方法,美化数据所在的单元格区域,具体操作如下。

 动画演示: 演示\第17章\填充单元格并绘制边框.swf

01 创建空白工作簿,命名为"收益预测表",删除多余的两个工作表,将剩余工作表的名称重命名为"收益预测",如图17-7所示。

02 在"视图"选项卡"显示"组中取消选中"网格线"复选框,隐藏工作表中的网格线,如图17-8所示。

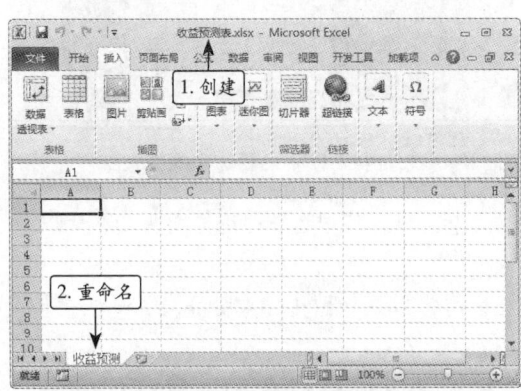
图17-7　创建工作簿

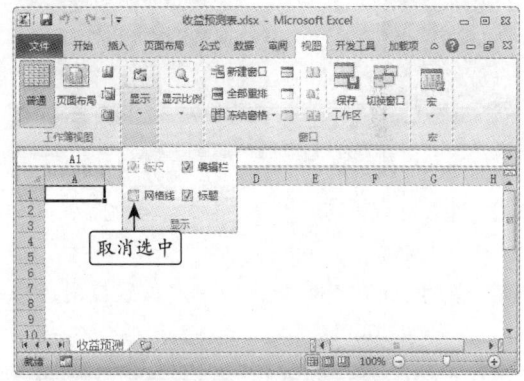
图17-8　隐藏网格线

03 单击"全选"按钮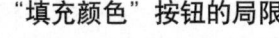,然后利用"填充颜色"按钮为所有单元格填充"深蓝色",如图17-9所示。

04 选择B2:J19单元格区域,利用"边框"按钮将边框颜色设置为"白色",如图17-10所示。

> **操作提示　"填充颜色"按钮的局限**
> 使用"填充颜色"按钮可以快速为所选单元格填充不同的颜色,但如果想为单元格填充渐变颜色或图案,则只能在"设置单元格格式"对话框的"填充"选项卡中进行设置。

283

图17-9 填充单元格

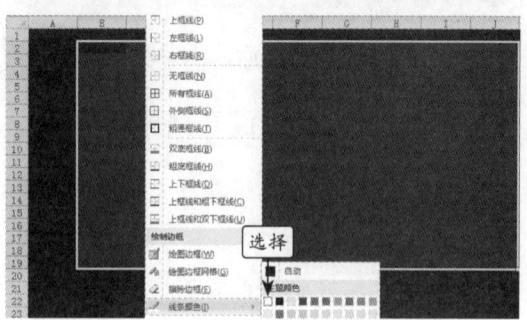
图17-10 设置边框颜色

05 单击"边框"按钮田右侧的下拉按钮,在弹出的下拉列表中选择"所有框线"选项,如图17-11所示。

06 为所选单元格区域添加白色边框后,再次利用"边框"按钮田选择最粗的边框线型,如图17-12所示。

图17-11 选择边框样式

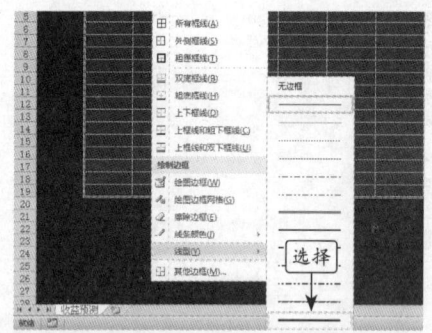
图17-12 设置边框线型

07 进入到绘制边框状态,将所选单元格区域的外边框重新绘制,应用选择的边框线型,如图17-13所示。

08 继续绘制内部边框,为指定位置应用选择的边框线型,效果如图17-14所示。

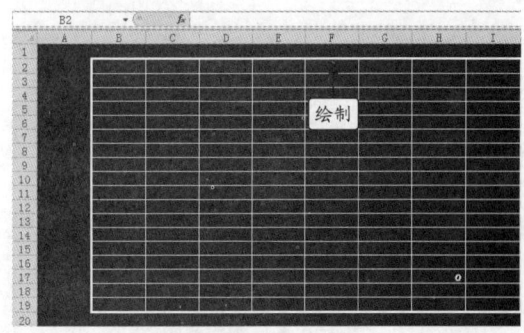
图17-13 绘制外边框

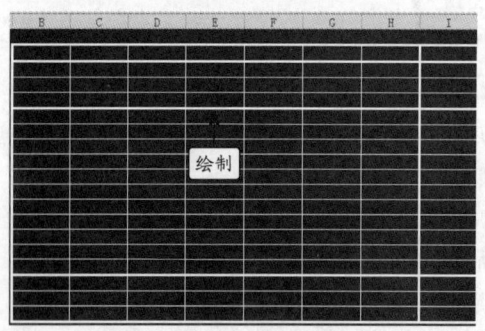
图17-14 绘制内部边框

09 重新将边框线型设置为"双线"线型,如图17-15所示。

10 为B列、D列和F列右侧的边框应用设置的边框线型,效果如图17-16所示,然后按【Esc】键退出绘制边框状态。

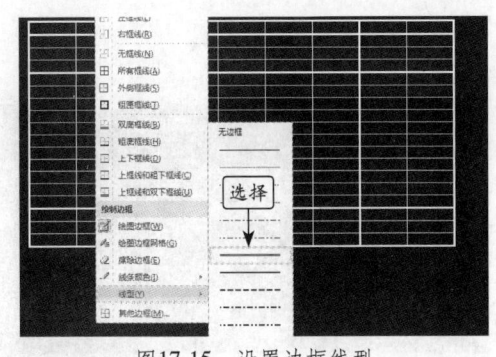

图17-15 设置边框线型

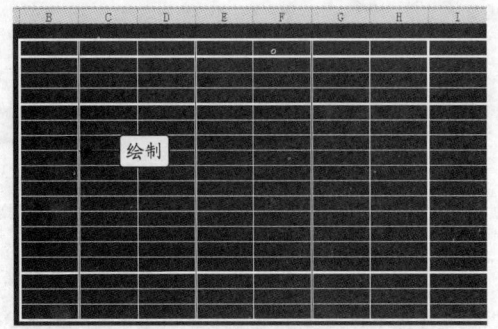

图17-16 绘制内部边框

11 为第4、5、16、17、18和19行所在的单元格区域填充"蓝色",如图17-17所示。

12 适当调整A~J列的列宽以及第1~19行的行高,效果如图17-18所示。

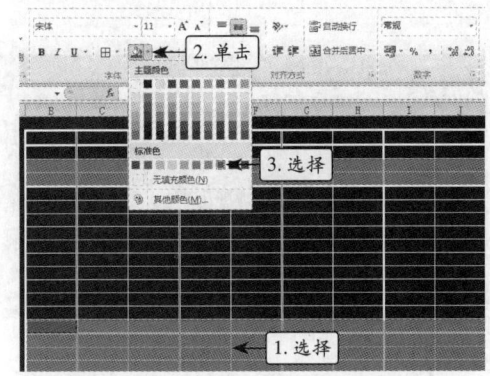

图17-17 填充单元格区域

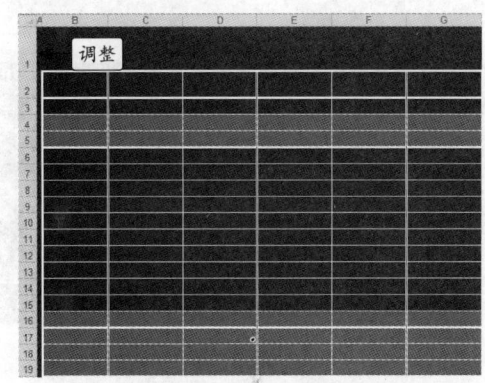

图17-18 调整行高和列宽

2. 输入并设置表格框架数据

依次输入表格标题、表头以及涉及的各个预测项目,并适当设置字体格式,具体操作如下。

动画演示:演示\第17章\输入并设置表格框架数据.swf

01 将A1:J1单元格区域合并,在其中输入表格文本,然后将字体格式设置为"微软雅黑、20、加粗、白色",效果如图17-19所示。

02 选择C2:J2单元格区域,在其中依次输入表头文本,然后将字体格式设置为"微软雅黑、加粗、白色、右对齐",效果如图17-20所示。

03 选择B3:B19单元格区域,在其中依次各个预测项目,然后将字体格式设置为"微软雅黑、10、加粗、白色",效果如图17-21所示。

04 选择C3:J19单元格区域,将字体格式设置为"微软雅黑、10、白色、右对齐",将数据类型设置为"货币、1位小数",如图17-22所示。

05 将费用合计、税前利润、所得税和税后利润涉及的单元格区域合并,效果如图17-23所示。

06 将各年份比例字段下的单元格类型设置为"百分比,2位小数",效果如图17-24所示。

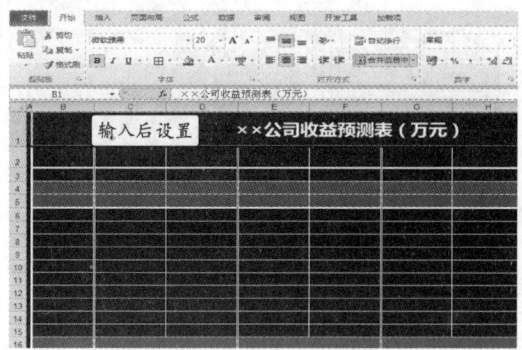

图17-19　输入并设置标题

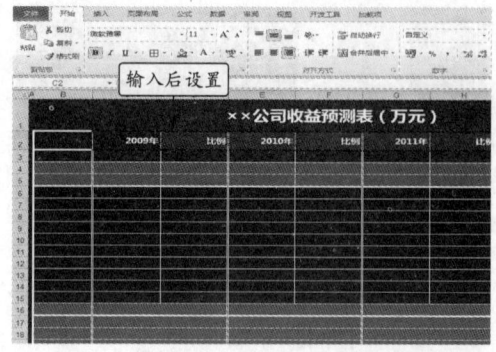

图17-20　输入并设置表头

图17-21　输入并设置项目

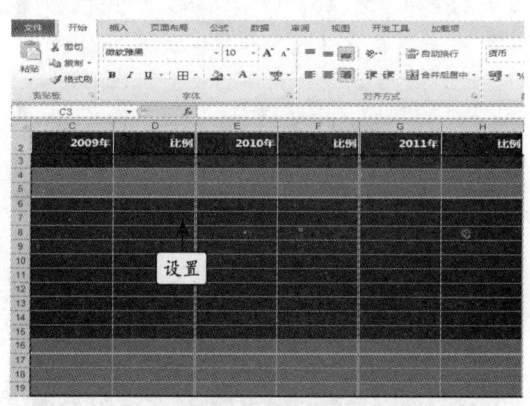

图17-22　设置数据区域格式和类型

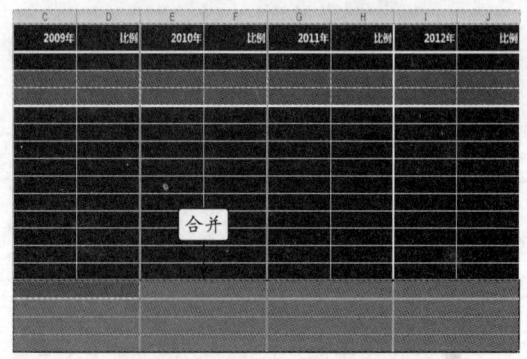

图17-23　合并单元格区域

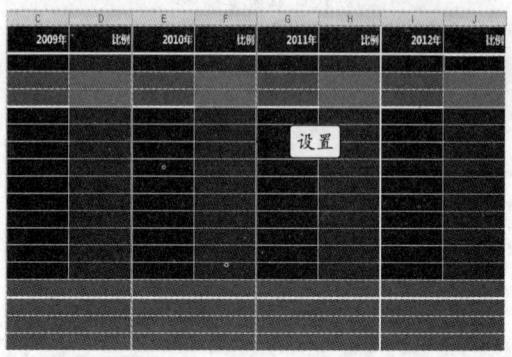

图17-24　更改单元格数据类型

17.4.2　输入并计算往年利润

预测本年数据之前，需要对往年各项目的具体数据进行整理和计算，为后期的预测提供数据参考。

1. 输入并计算各项目数据

依次输入各销售和成本费用数据，然后利用这些数据计算费用合计、毛利、所得税和利润等项目，具体操作如下。

制作收益预测表

动画演示：演示\第17章\输入并计算各项目数据.swf

01 依次输入2009年的销售额、工资、津贴等项目的具体数据，如图17-25所示。

02 选择C16单元格，在编辑栏中输入"=SUM(C6:C15)"，按【Ctrl+Enter】组合键计算所有费用项目合计，如图17-26所示。

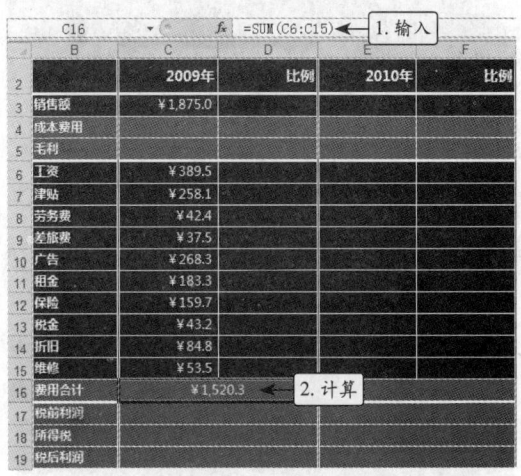

图17-25　输入各项目数据　　　　　　　图17-26　计算费用合计

03 选择C4单元格，在编辑栏中输入"=C16"，按【Ctrl+Enter】组合键引用费用合计的结果，如图17-27所示。

04 选择C5单元格，在编辑栏中输入"=C3-C4"，按【Ctrl+Enter】组合键计算毛利，如图17-28所示。

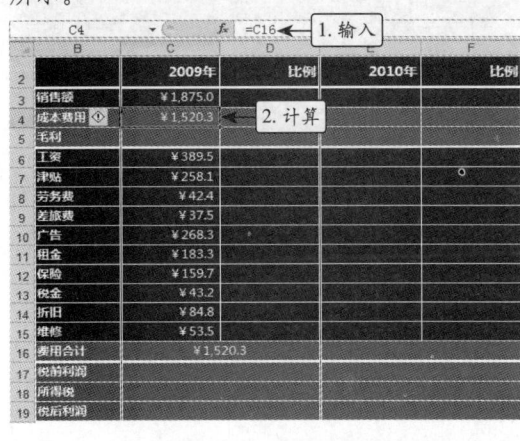 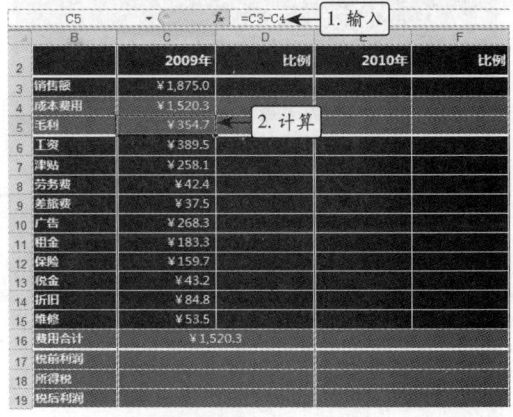

图17-27　计算成本费用　　　　　　　　图17-28　计算毛利

05 选择C17单元格，在编辑栏中输入"=C5"，按【Ctrl+Enter】组合键引用毛利数据，如图17-29所示。

06 选择C18单元格，在编辑栏中输入"=C17*25%"，按【Ctrl+Enter】组合键计算应交所得税，如图17-30所示。

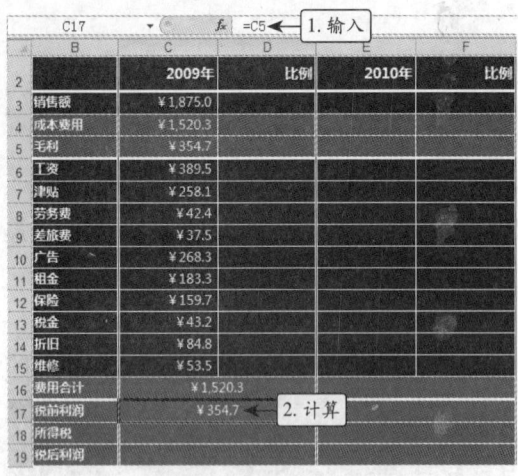
图17-29　计算税前利润

图17-30　计算所得税

07 选择C19单元格，在编辑栏中输入"=C17-C18"，按【Ctrl+Enter】组合键计算税后利润，如图17-31所示。

08 按照相同的方法输入并计算2010年和2011年各项目数据，如图17-32所示。

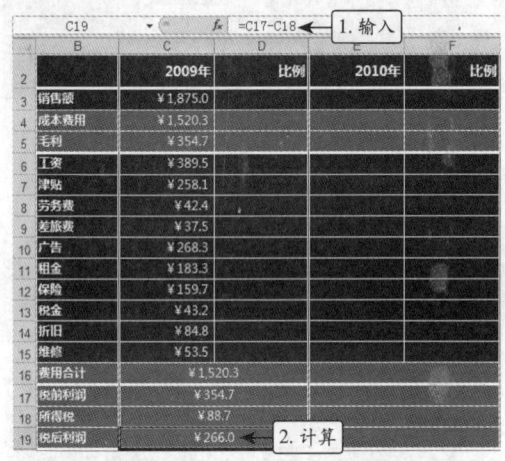
图17-31　计算税后利润

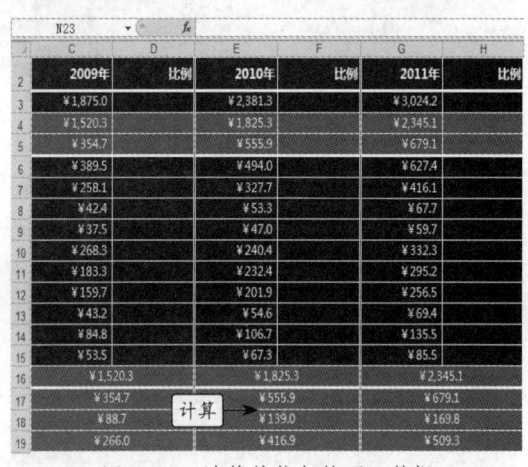
图17-32　计算其他年份项目数据

2. 计算各项目所占比例

根据各项目数据来计算对应占据的比例，具体操作如下。

动画演示：演示\第17章\计算各项目所占比例.swf

01 选择D3单元格，输入"100"，如图17-33所示。

02 选择D4单元格，在编辑栏中输入"=IF(C3=0,"-",C4/C3)"，按【Ctrl+Enter】组合键计算成本费用占销售额的比例，如图17-34所示。

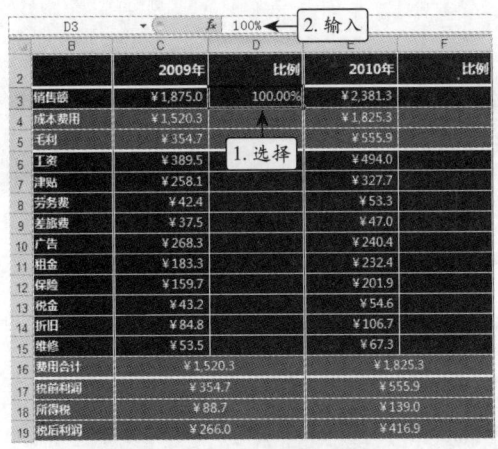

图17-33 输入总百分比数据　　　　图17-34 计算成本费用所占比例

03 选择D5单元格，在编辑栏中输入"=IF(C3=0,"-",C5/C3)"，按【Ctrl+Enter】组合键计算毛利占销售额的比例，如图17-35所示。

04 选择D6单元格，在编辑栏中输入"=IF($C$3=0,"-",C6/$C$4)"，按【Ctrl+Enter】组合键计算工资占成本费用的比例，如图17-36所示。

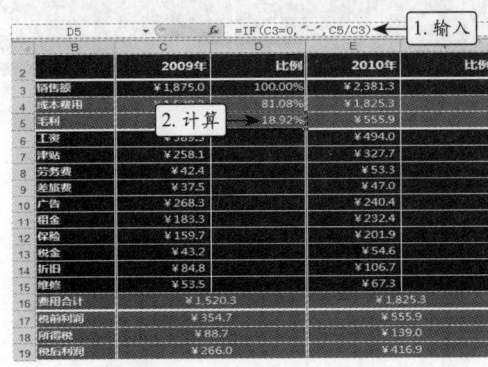

图17-35 计算毛利所占比例　　　　图17-36 计算工资所占比例

05 将D6单元格中的函数向下填充至D15单元格，计算其他项目占成本费用的比例，如图17-37所示。

06 按相同方法计算2010年和2011年各项目所占比例，如图17-38所示。

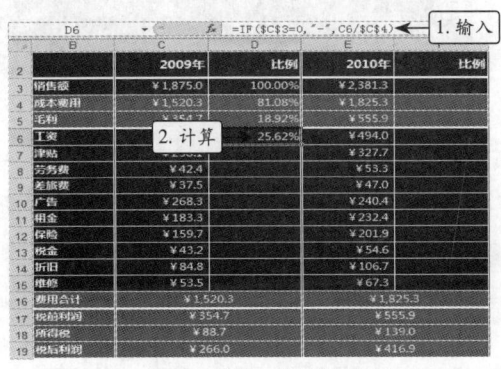

图17-37 计算其他项目所占比例　　　图17-38 计算其他年份各项目所占比例

17.4.3 预测本年利润

完成往年数据的整理和计算后，下面便能对本年各项目数据进行预测了。

1. 创建往年销售额柱形图

根据往年的销售额数据创建柱形图，具体操作如下。

> 动画演示：演示 \ 第 17 章 \ 创建往年销售额柱形图 .swf

01 利用【Ctrl】键同时选择 B3、C3、E3 和 G3 单元格，如图 17-39 所示。

图 17-39 选择单元格

02 利用"插入"选项卡"插图"组中的"柱形图"按钮插入二维柱形图，如图 17-40 所示。
03 适当调整插入柱形图的布局，并美化表格，效果如图 17-41 所示。

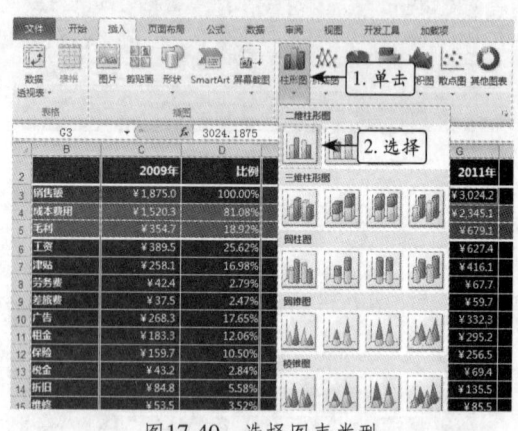
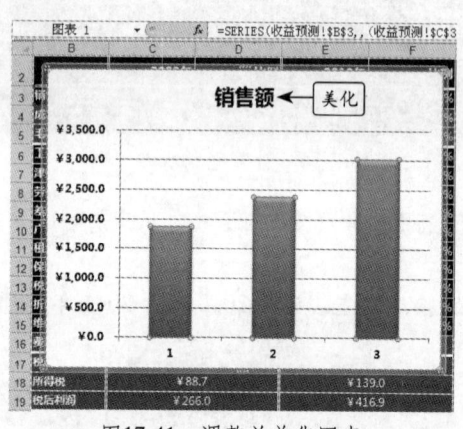

图 17-40 选择图表类型　　　　图 17-41 调整并美化图表

04 在插入的柱形图数据系列上单击鼠标右键，在弹出的快捷菜单中选择"选择数据"命令，如图 17-42 所示。
05 打开"选择数据源"对话框，单击右侧列表框中的 编辑 按钮，如图 17-43 所示。
06 打开"轴标签"对话框，按住【Ctrl】键不放的同时，选择 C2、E2 和 G2 单元格，单击 确定 按钮，如图 17-44 所示。

制作收益预测表

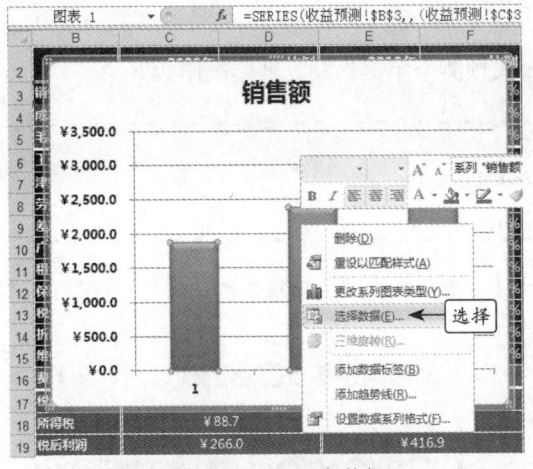

图17-42 设置图表数据

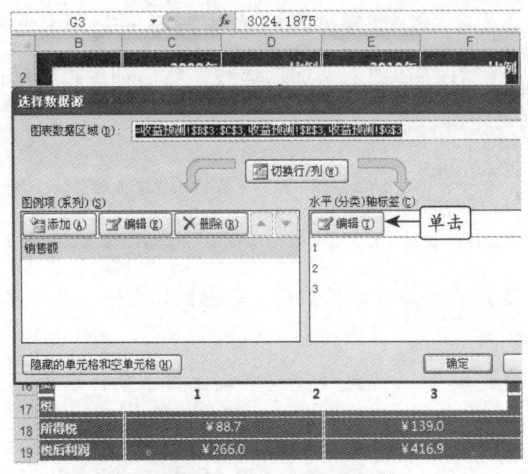

图17-43 设置水平轴标签

07 返回"选择数据源"对话框，单击 确定 按钮，如图17-45所示。

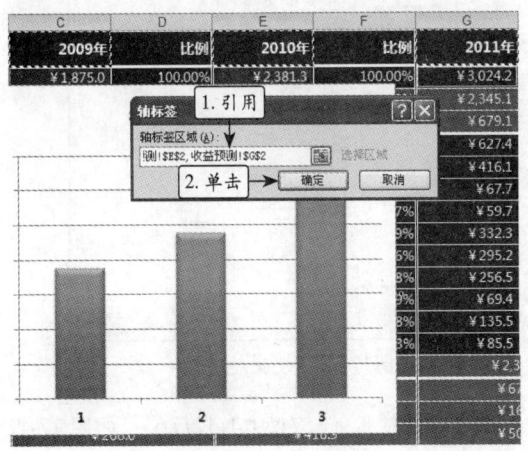

图17-44 选择轴标签

图17-45 确认设置

08 完成前3年销售额柱形图的创建和设置，效果如图17-46所示。

图17-46 设置后的图表效果

> **操作提示** **添加坐标轴标题**
> 为图表中的坐标轴添加标题，可以使图表使用者更容易明白坐标轴上显示的数据。添加坐标轴标题的方法为：选择图表，在"图表工具布局"选项卡"标签"组中单击"坐标轴标题"按钮，在弹出的下拉菜单中选择相应命令即可。

2. 通过趋势线公式预测今年销售额

在柱形图上添加趋势线，然后利用趋势线的公式预测今年销售额，具体操作如下。

> 动画演示：演示\第17章\通过趋势线公式预测今年销售额.swf

01 在创建的数据系列上单击鼠标右键，在弹出的快捷菜单中选择"添加趋势线"命令，如图 17-47 所示。

02 打开"设置趋势线格式"对话框，选中"显示公式"复选框，单击 关闭 按钮，如图 17-48 所示。

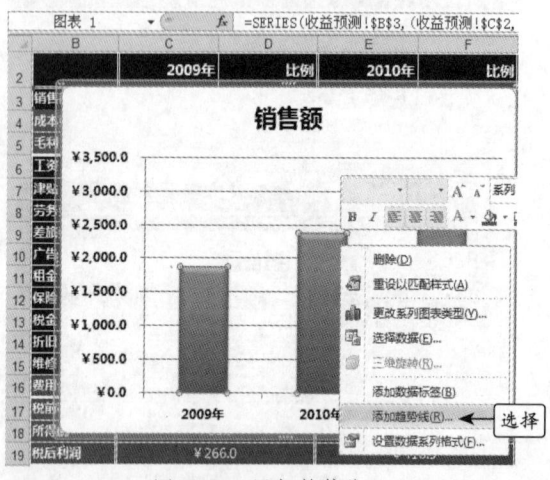

图17-47　添加趋势线

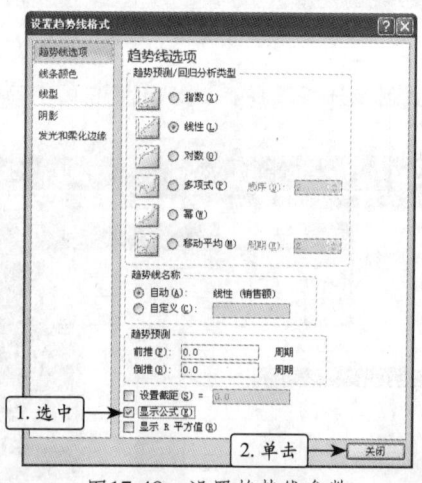

图17-48　设置趋势线参数

03 选择 I3 单元格，在编辑栏中按照趋势线公式显示的内容，输入"=574.59*4+1277.6"，如图 17-49 所示。

04 按【Ctrl+Enter】组合键得到预测的 2012 年销售额数据，如图 17-50 所示。

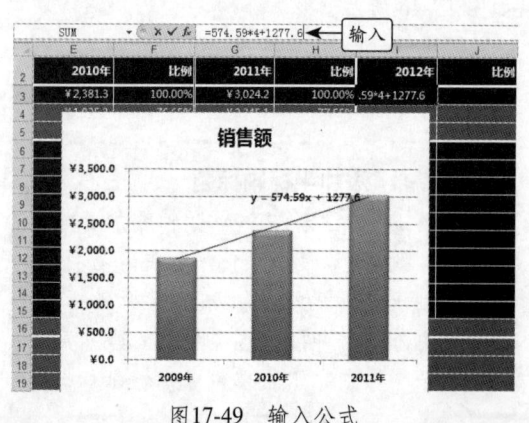

图17-49　输入公式

图17-50　预测销售额

3. 预测其他项目数据

按照相同的方法，依次预测其他项目数据，完成后计算利润以及各项目比例即可，具体操作如下。

动画演示：演示\第17章\预测其他项目数据.swf

01 在柱形图的数据系列上单击鼠标右键，在弹出的快捷菜单中选择"选择数据"命令，如图17-51所示。

02 打开"选择数据源"对话框，单击左侧列表框中的 编辑 按钮，如图17-52所示。

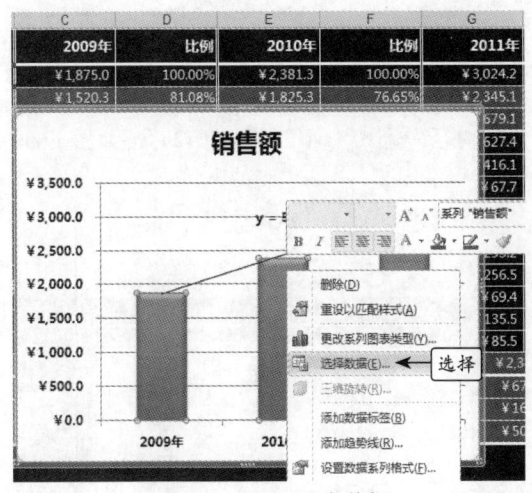

图17-51 设置图表数据

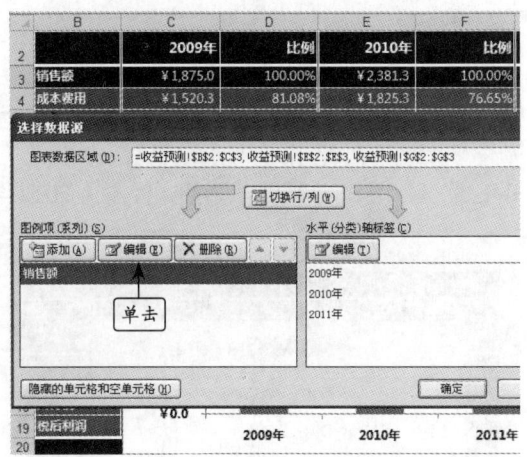

图17-52 编辑图例项

03 打开"编辑数据系列"对话框，在"系列名称"文本框中引用B4单元格，如图17-53所示。

04 为"系列值"文本框引用C4、E4和G4单元格，单击 确定 按钮，如图17-54所示。

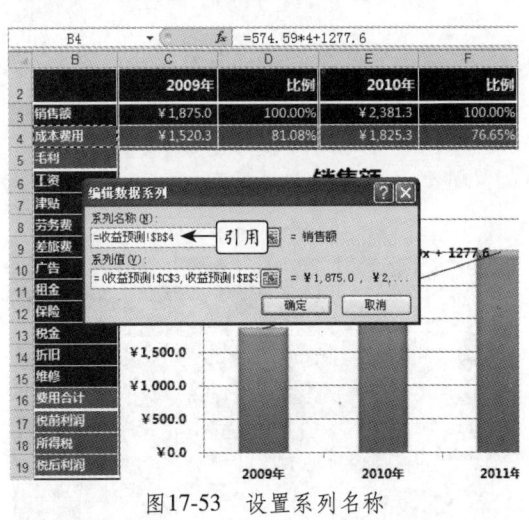

图17-53 设置系列名称

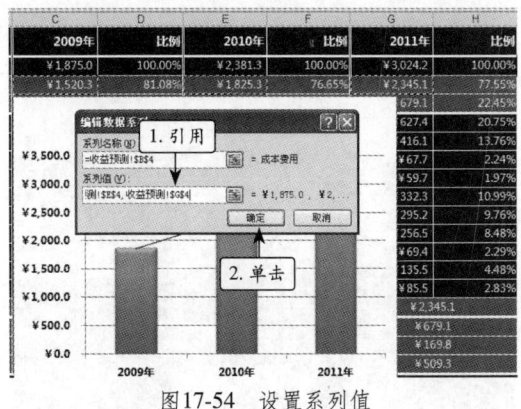

图17-54 设置系列值

05 返回"选择数据源"对话框，单击 确定 按钮，如图17-55所示。

06 此时柱形图上趋势线的公式也将同步变为成本费用的数据预测公式，如图17-56所示。

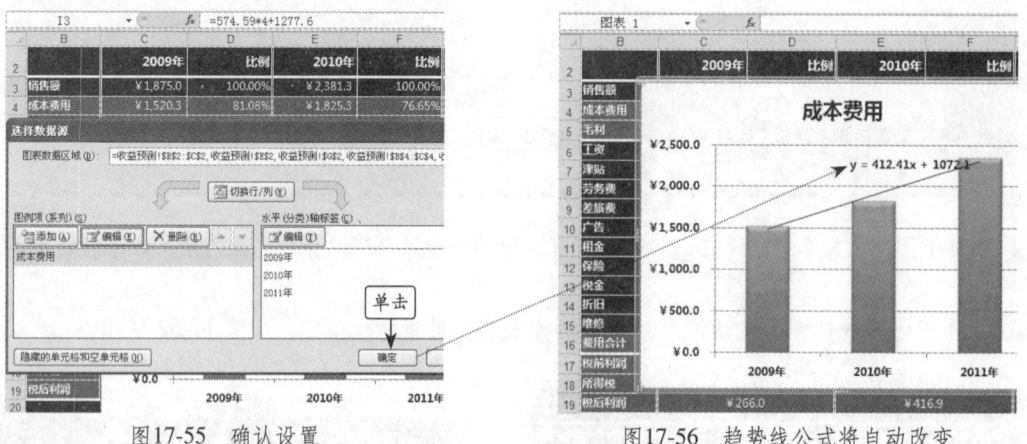

图17-55 确认设置　　　　　　　　　图17-56 趋势线公式将自动改变

07 选择I4单元格,在编辑栏中按照趋势线公式显示的内容,输入"=412.41*4+1072.1",如图17-57所示。

08 按【Ctrl+Enter】组合键得到预测的2012年成本费用数据,如图17-58所示。

图17-57 输入公式　　　　　　　　　图17-58 预测销售额

09 按相同方法更改图表数据系列,然后根据趋势线的公式预测对应项目的数据,如图17-59所示。

10 选择I16单元格,在编辑栏中输入"=SUM(I6:I15)",按【Ctrl+Enter】组合键计算费用合计,该数据应与预测的成本费用数据相等,如图17-60所示。

图17-59 预测其他项目数据　　　　　图17-60 计算费用合计

11 选择 I17 单元格，在编辑栏中输入"=I5"，按【Ctrl+Enter】组合键引用毛利的数据，如图 17-61 所示。

12 选择 I18 单元格，在编辑栏中输入"=I17*25%"，按【Ctrl+Enter】组合键计算应交所得税数据，如图 17-62 所示。

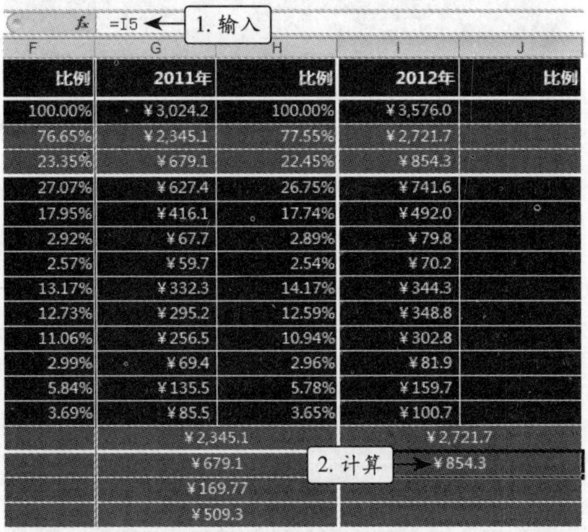

图 17-61　计算税前利润 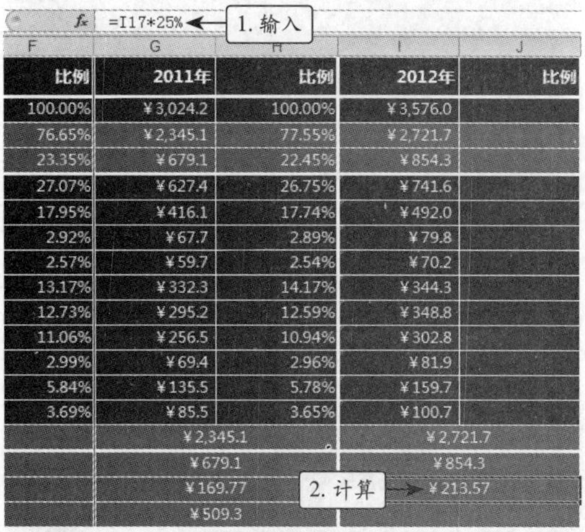　　　　　　图 17-62　计算所得税

13 选择 I19 单元格，在编辑栏中输入"=I17-I18"，按【Ctrl+Enter】组合键计算税后利润，如图 17-63 所示。

14 选择 J3 单元格，在编辑栏中输入"100%"，如图 17-64 所示。

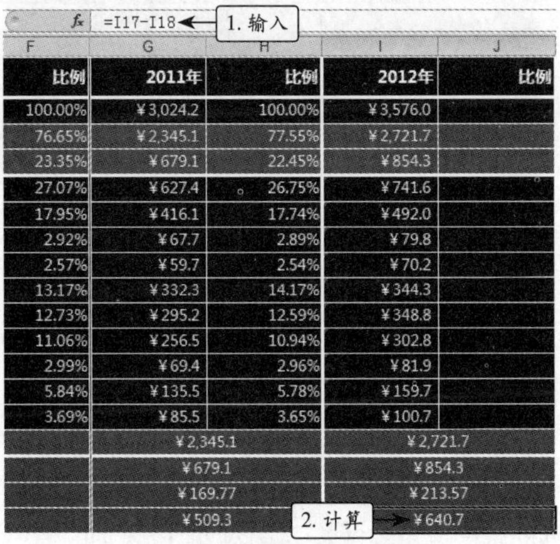

图 17-63　计算税后利润 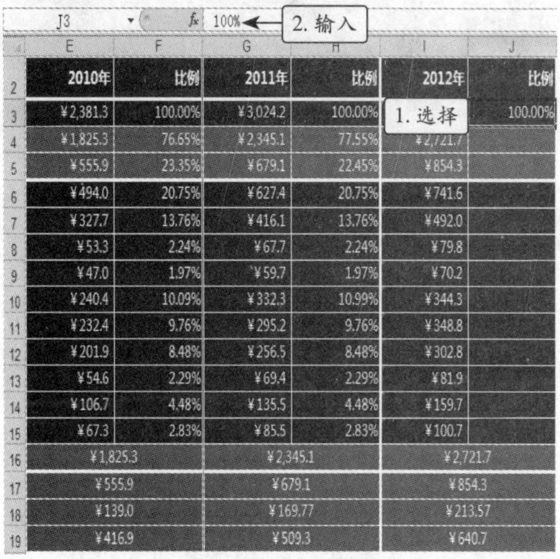　　　　　　图 17-64　输入总百分比

15 选择 J4 单元格，在编辑栏中输入"=IF(I3=0,"-",I4/I3)"，按【Ctrl+Enter】组合键计算成本费用占销售额的比例，如图 17-65 所示。

16 选择 J5 单元格，在编辑栏中输入"=IF(I3=0,"-",I5/I3)"，按【Ctrl+Enter】组合键计算毛利占销售额的比例，如图 17-66 所示。

17 选择 J6 单元格，在编辑栏中输入"=IF($I$4=0,"-",I6/$I$4)"，按【Ctrl+Enter】组合键计算工资占成本费用的比例，如图 17-67 所示。

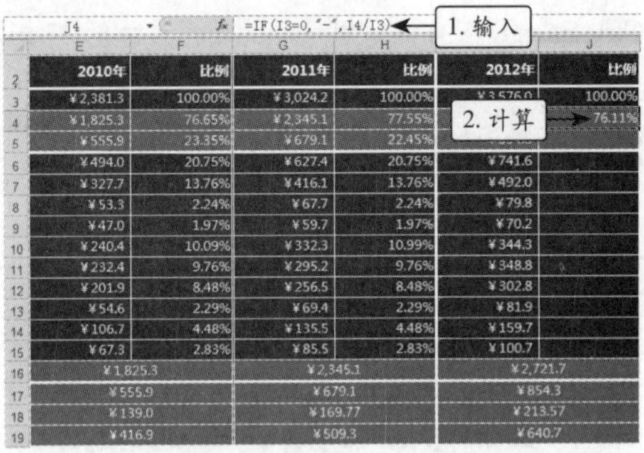

图17-65 计算成本费用所占比例

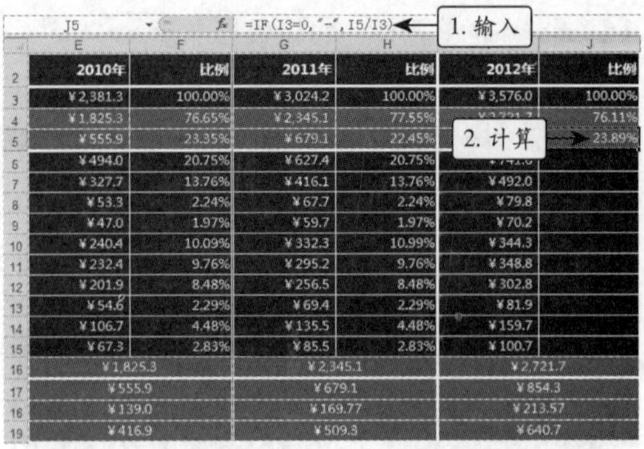

图17-66 计算毛利所占比例

18 将J6单元格中的函数向下填充至J15单元格,计算其他项目占成本费用的比例,如图17-68所示。

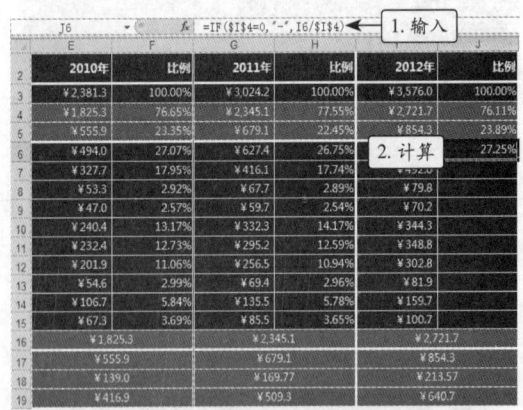

图17-67 计算工资所占比例

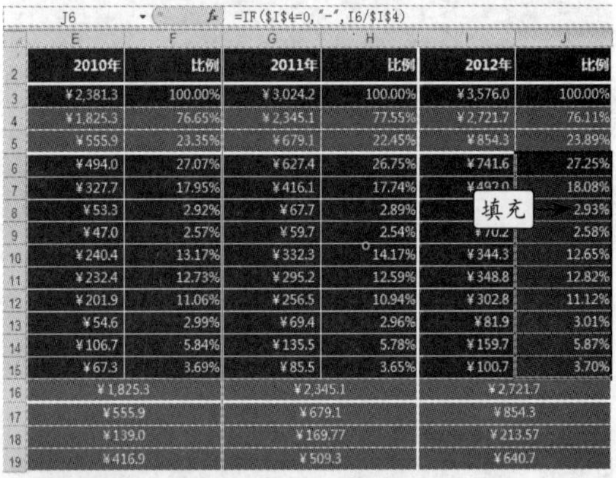

图17-68 计算其他费用所占比例

17.5 知识拓展

老陈觉得有必要给小雯介绍其他项目预测的知识,但在这之前,小雯首先应该掌握利用最常见的高低点法和回归直线法预测数据的操作。

拓展1 高低点法

资金预测的高低点法是指根据企业一定期间资金占用的历史资料,按照资金习性原理和y=a+bx直线方程式,选用最高收入期和最低收入期的资金占用量之差,与这两个收入期的销售额之差对比,先求b的值,然后再代入原直线方程,求出a的值,从而预测资金发展趋势。

拓展2 回归直线法

回归直线法是根据若干期项目数据的历史资料,运用最小平方法原理计算变动资金、单位变动成本等对象的一种分解方法。假设一条直线y=a+bx,这条直线与各实际成本点的误差值之和比其他直线都要小,则这条直线就最能代表各期成本的平均水平,被称之为离散各点的回归直线;这一直线方程也被称为回归方程。

确定回归方程的计算公式：
b=(n ∑ xiyi- ∑ xi· ∑ yi)÷ [n ∑ xi2-(∑ xi)2]
a=(∑ xi2 ∑ yi- ∑ xi· ∑ xiyi)÷ [n ∑ xi2-(∑ xi)2]
其中 xi、yi 代表已知的观测点。

> **专家点拨** Excel 中回归计算的函数
> 在 Excel 中可以使用 SLOPE() 函数计算回归直线变化率，它表示根据 known_y's 和 known_x's 中的数据点拟合的线性回归直线的斜率。斜率为直线上任意两点的重直距离与水平距离的比值，也就是回归直线的变化率。其语法结构为 =SLOPE(known_y's, known_x's)，其中"Known_y's"表示数字型因变量数据点数组或单元格区域；"Known_x's"表示自变量数据点集合。

17.6 实战演练

收益预测仅仅是企业众多预测项目中的一种，为了让小雯掌握更多预测的项目以及方法，老陈特意挑了两个最常见的预测表格让小雯进行练习，分别是销售预测表和成本预测表的制作。

17.6.1 制作销售预测表

为制定公司下月的销售目标，根据本月的销量以及去年同比销量等数据，预测下月销量数据，制作如图 17-69 所示的销售预测表。

效果文件：效果\第 17 章\销售预测表.xlsx

重点提示：（1）本月销量和去年同比销量的偏差＝（实际销量－计划销量）/ 计划销量。
（2）下月预测销量＝下月计划销量 ×（1+两个偏差数据的平均值），然后利用 INT() 函数取整。

××公司下月销售预测表（吨）

产品名称	本月销量						去年同比销量						下月预测销量	
	计划	第1周	第2周	第3周	第4周	偏差	计划	第1周	第2周	第3周	第4周	偏差	计划	预测
A产品	50	18	23	16	13	40%	56	24	14	14	22	32%	60	81
B产品	77	12	24	22	17	-3%	94	22	17	15	19	-22%	58	50
C产品	79	24	16	16	14	-11%	82	18	13	22	17	-15%	69	60
D产品	55	15	24	22	14	36%	86	22	18	14	27	-7%	67	76
E产品	87	14	14	20	16	-26%	84	16	14	18	22	-17%	55	43
F产品	74	20	17	15	16	-8%	85	23	23	21	15	-4%	87	81
G产品	93	16	15	18	18	-30%	99	13	21	15	12	-38%	58	38
H产品	56	13	19	20	24	36%	79	14	24	21	14	-17%	58	62
I产品	63	21	13	14	25	16%	68	20	20	21	12	7%	64	71
J产品	96	12	13	16	22	-34%	65	23	24	18	21	32%	71	70
K产品	64	22	16	17	19	16%	59	15	23	20	21	34%	96	119
L产品	94	16	21	24	24	-10%	90	21	15	12	14	-31%	90	71

图17-69 销售预测表

17.6.2 制作成本预测表

为更好地控制产品生产成本,分别利用高低点法和回归直线法对成本进行预测,并制作如图 17-70 所示的成本预测表。

效果文件:效果\第 17 章\成本预测表.xlsx

重点提示:(1) 最高产量和最低产量分别利用 MAX() 函数和 MIN() 函数返回。

(2) 最高成本和最低成本分别利用 INDEX() 和 MATCH() 函数,结合 MAX() 或 MIN() 函数计算得到。

(3) 单位变动成本 = (最高成本 − 最低成本)/(最高产量 − 最低产量)。

(4) 预测总成本 = 单位变动成本 × 预测产量。

(5) 在回归直线法下利用 SLOPE() 函数计算单位变动成本,然后计算预测总成本。

产量与成本对照表			高低点法		回归直线法	
月份	产量	生产成本	最高产量	5900	单位变动成本	¥3.50
1	5420	¥18,970.0	最高成本	¥20,650.00	明年预测产量	70000
2	5000	¥17,500.0	最低产量	5000	明年预测总成本	¥245,000.00
3	5160	¥18,060.0	最低成本	¥17,500.00		
4	5900	¥20,650.0	单位变动成本	¥3.50		
5	5820	¥20,370.0	明年预测产量	70000		
6	5580	¥19,530.0	明年预测总成本	¥245,000.00		
7	5540	¥19,390.0				
8	5780	¥20,230.0				
9	5220	¥18,270.0				
10	5560	¥19,460.0				
11	5460	¥19,110.0				
12	5740	¥20,090.0				

××公司甲产品成本预测表(单位:件、元)

图 17-70 成本预测表

专家点拨 INDEX() 函数与 MATCH() 函数

INDEX() 函数表示返回指定的行与列交叉处的单元格引用,语法结构为 =INDEX(reference,row_num,column_num,area_num),其中"reference"表示对一个或多个单元格区域的引用,"row_num"表示引用区域中某行的行号,函数从该行返回一个引用,"column_num"表示引用区域中某列的列标,函数从该列返回一个引用,"area_num"表示选择引用中的一个区域,以从中返回 row_num 和 column_num 的交叉区域;MATCH() 函数表示在单元格区域中搜索指定项,然后返回该项在单元格区域中的相对位置,其语法结构为 =MATCH(lookup_value,lookup_array,match_type),其中"lookup_value"表示需要在 lookup_array 中查找的值,"lookup_array"表示要搜索的单元格区域,"match_type"表示数字 -1、0 或 1,可忽略。

第 7 篇 预测投资篇

第 18 章 制作投资评估表

▶ 经领导层商量决定,公司要适当扩大生产规模,需要购买两种设备投入生产,现有多家银行提供了生产设备的贷款方案,领导希望小雯通过专业的知识判断出哪家银行的贷款方案最适合公司情况,并进一步利用该方案规划出应该购买多少设备,才能使生产毛利最大化。小雯希望公司让老陈指导她完成这次工作,这样才能保证在最短时间内完成公司的要求。

知识点

- 建立贷款方案数据
- 创建并选择最优方案
- 利用模拟运算计算月还款额
- 创建还款额变动折线图
- 创建投资规划表
- 加载规划求解工具
- 使用规划求解计算设备数量

18.1 案例目标

小雯将公司的要求向老陈做了简单描述，老陈稍微思考后，便将这次任务的目标和小雯进行了讨论。

效果文件： 效果\第18章\投资评估表.xlsx

如图18-1所示即为投资评估表中涉及的各张表格内容，其中包括从已有多个贷款方案中选择最优方案的表格，自动根据年利率变动来计算对应每月还款额的图表，以及购买合理数量的设备达到毛利最大化的表格等。

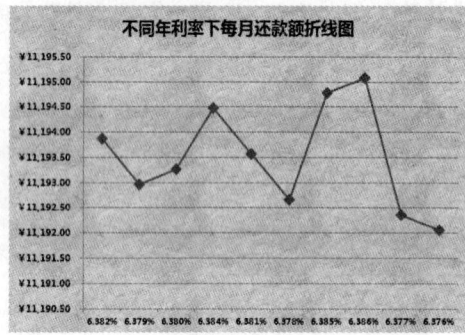

图18-1 贷款方案选择、利率变动和投资规划效果

18.2 职场秘笈

小雯对企业贷款的知识很感兴趣，希望老陈能给她讲讲这方面的知识。老陈想了想，决定给她介绍一些关于企业贷款类别和整个贷款流程的内容。

18.2.1 企业贷款类别

按照贷款方式的不同，企业贷款可以分为企业信用贷款、企业固定资产贷款和企业抵押贷款，其中信用贷款是指银行以借款人的信誉发放的贷款，借款人不需要提供担保。这种类别的贷款按贷款期限可以分为短期贷款、中期贷款和长期贷款；固定资产贷款是指银行向借款人发放的用于固定资产项目投资的中长期贷款。这种类别的贷款按贷款用途可以分为基本建设贷款和技术改造贷款，具体内容如图18-2所示。

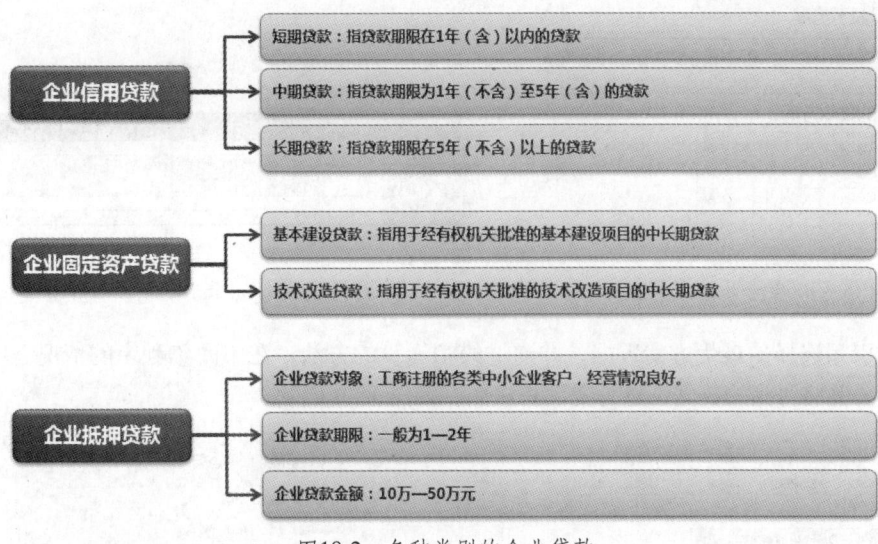

图18-2 各种类别的企业贷款

▶ 18.2.2 企业贷款流程

企业贷款是非常严肃且严谨的事情,它必须严格按照国家有关法律法规来操作和执行,其基本的贷款流程如图18-3所示。

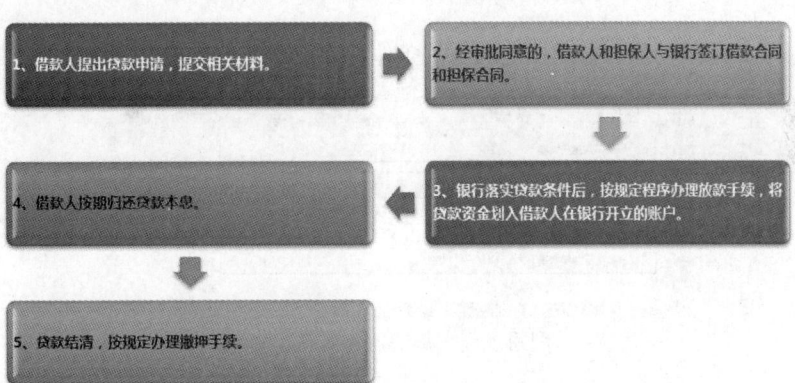

图18-3 企业贷款流程图

▶ 18.3 制作思路

为了最终实现科学购买生产设备,让公司毛利最大化的目标,老陈将投资评估表的整个制作流程给小雯做了简单介绍。

投资评估表的制作思路大致如下:

(1)根据公司预计的贷款方案,计算每年还款额、每月还款额预计偿还利息等数据,然后将所有银行提供的贷款方案数据进行汇总处理,为后面择优选择方案做好准备,如图18-4所示。

(2)通过方案管理器将各银行提供的贷款方案添加到其中,然后计算出需要的最优方案,如图18-5所示。

××公司预计贷款方案

贷款总额	还款期限(年)	年利率	每年还款额	每月还款额	偿还利息
￥550,000.00	5	6.40%	￥131,992.01	10,999.33	￥109,960.03

各银行提供的贷款方案

方案名称	提供贷款总额	还款期限(年)	当前年利率
A银行	￥560,000.00	5	6.38%
B银行	￥550,000.00	5	6.55%
C银行	￥570,000.00	5	6.45%
D银行	￥540,000.00	5	6.65%

图18-4　汇总各种贷款方案并计算还款额

方案摘要	当前值	A银行	B银行	C银行	D银行
可变单元格:					
$B$3	￥550,000.00	550,000.00	￥550,000.00	￥570,000.00	￥540,000.00
$C$3	5	5	5	5	5
$D$3	6.40%	6.38%	6.55%	6.45%	6.65%
结果单元格:					
$G$3	￥109,960.03	111,596.06	￥112,638.20	￥114,883.24	￥112,345.65

注释："当前值"这一列表示的是在
建立方案汇总时，可变单元格的值。
每组方案的可变单元格均以灰色底纹突出显示。

图18-5　创建方案并选择最优方案

（3）引用选择的最优方案数据，并通过模拟运算的方法，在不同年利率的情况下，计算每月还款额，并将得到的数据创建为变动折线图，如图18-6所示。

A银行贷款方案

贷款总额	还款期限(年)	年利率	每年还款额	每月还款额	偿还利息
￥560,000.00	5	6.38%	￥134,319.21	￥11,193.27	￥111,596.06

序号	不同年利率	每月还款额
		￥11,193.27
1	6.382%	￥11,193.87
2	6.379%	￥11,192.96
3	6.380%	￥11,193.27
4	6.384%	￥11,194.48
5	6.381%	￥11,193.57
6	6.378%	￥11,192.66
7	6.385%	￥11,194.78
8	6.386%	￥11,195.08
9	6.377%	￥11,192.36
10	6.376%	￥11,192.06

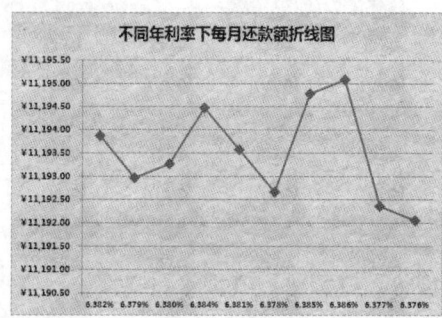

图18-6　计算每月还款额并创建变动折线图

（4）添加规划求解功能，根据预定的各种条件计算应购买的两种设备数量，如图18-7所示。

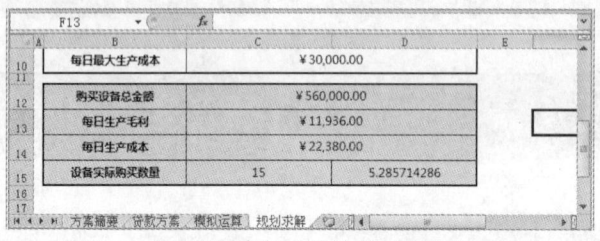

图18-7　利用规划求解功能计算适合的购买数量

18.4　操作步骤

小雯有了老陈的帮助，对即将制作的投资评估表有了更深的认识，下面她就准备按照老陈计划的思路，开始着手表格的编制工作了。

18.4.1　使用方案管理器选择最优贷款方案

为使公司节省必要的开支，下面需要通过方案管理器从多个银行提供的方案中选择出最优的贷款方案，以便用该贷款购买生产设备。

1．建立贷款方案数据

创建工作簿并输入数据，利用PMT()函数计算每年贷款的还款额，然后汇总各个银行提供的贷款方案数据,具体操作如下。

动画演示: 演示\第18章\建立贷款方案数据.swf

01 创建空白工作簿,命名为"投资评估表",将3个工作表的名称重命名为"贷款方案"、"模拟运算"和"规划求解",并隐藏所有网格线,如图18-8所示。

02 切换到"贷款方案"工作表,合并B1:G1单元格区域,输入表格标题,并将字体格式设置为"微软雅黑、20、左对齐",如图18-9所示。

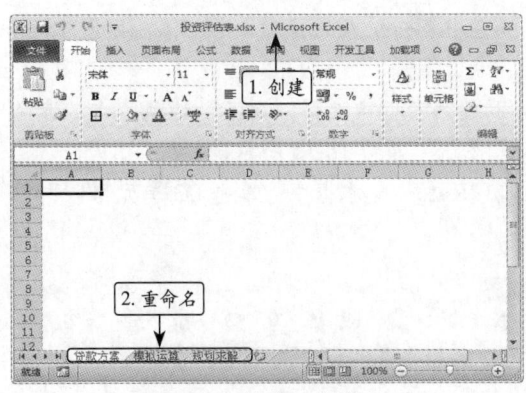

图18-8 创建工作簿

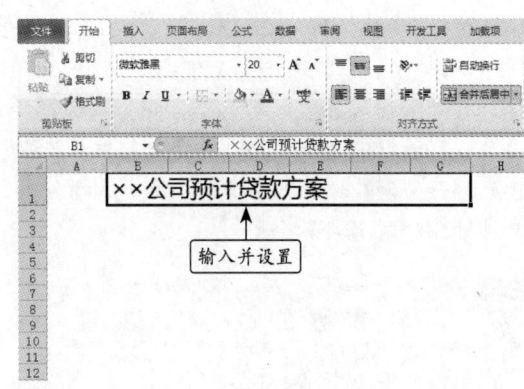

图18-9 输入并设置标题

03 依次在B2:G2单元格区域中输入表头项目,并将字体格式设置为"微软雅黑、加粗、居中对齐",并填充为"灰色",如图18-10所示。

04 适当调整前3行以及A列至G列的行高和列宽,如图18-11所示。

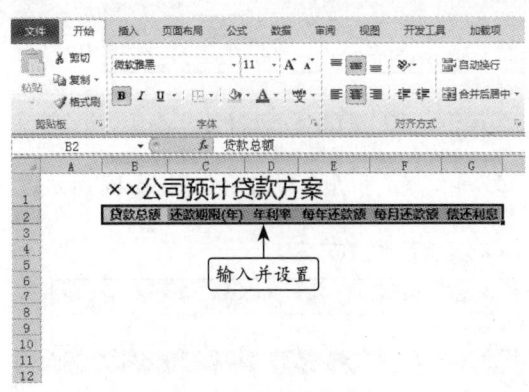

图18-10 输入并设置表头

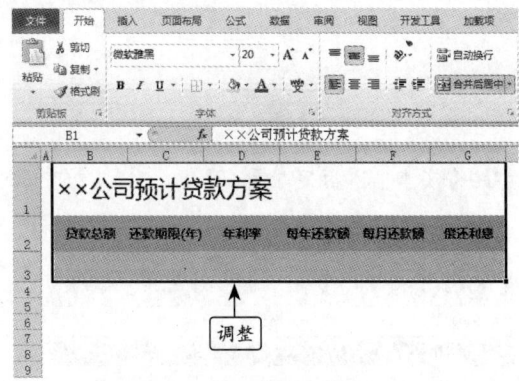

图18-11 调整行高和列宽

05 为B2:G3单元格区域依次添加"所有框线"样式和"粗匣框线"样式的边框,如图18-12所示。

06 依次在B3:D3单元格区域中输入贷款总额、还款期限和年利率,将字体格式设置为"微软雅黑、10、居中对齐",并将各数据类型设置为"货币型"、"常规"和"百分比"数据,如图18-13所示。

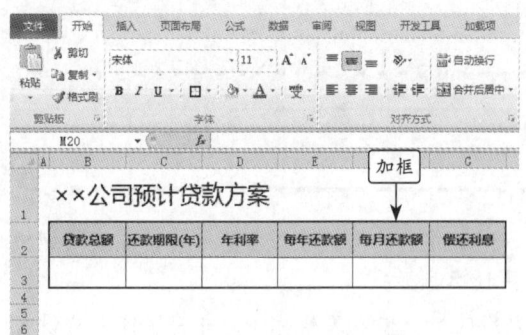
图18-12　添加边框

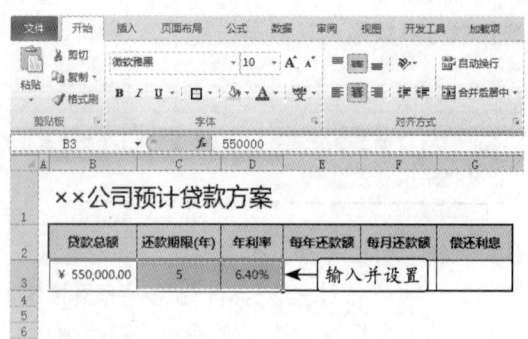
图18-13　输入数据并设置格式

07 选择E3单元格,在"公式"选项卡"函数库"组中单击"插入函数"按钮 f_x,如图18-14所示。

08 打开"插入函数"对话框,在"或选择类别"下拉列表框中选择"财务"选项,在"选择函数"列表框中选择"PMT"选项,然后单击 确定 按钮,如图18-15所示。

09 打开"函数参数"对话框,将文本插入点定位到"Rate"文本框中,单击D3单元格,引用其地址,如图18-16所示。

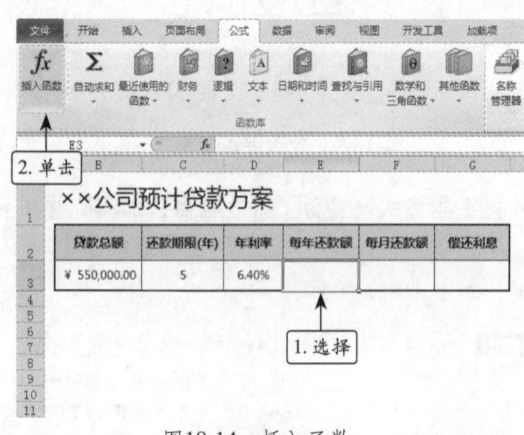
图18-14　插入函数

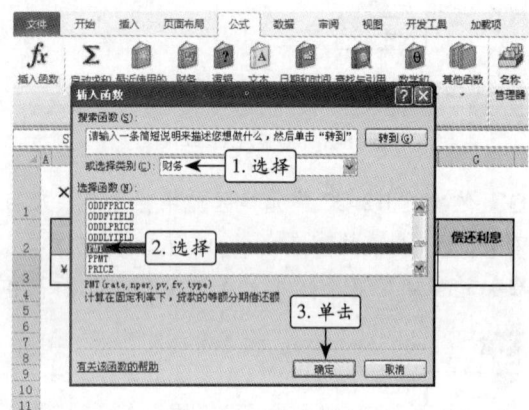
图18-15　选择函数

10 将文本插入点定位到"Nper"文本框中,单击C3单元格,引用其地址,如图18-17所示。

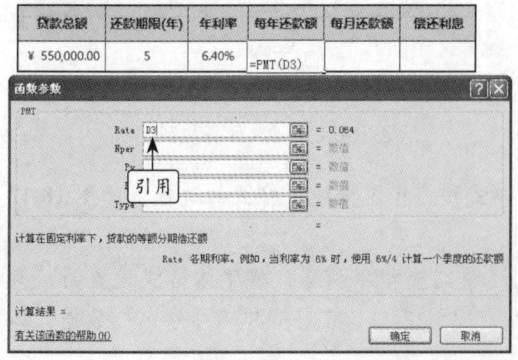
图18-16　设置"Rate"参数

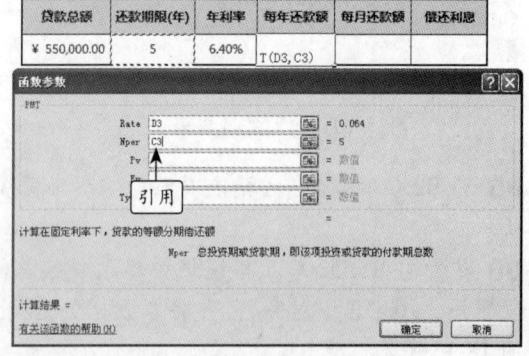
图18-17　设置"Nper"参数

制作投资评估表

11 将文本插入点定位到"Pv"文本框中,单击B3单元格,引用其地址,如图18-18所示。

12 在引用的B3单元格地址前输入"-",将参数调整为负数,然后单击 确定 按钮,如图18-19所示。

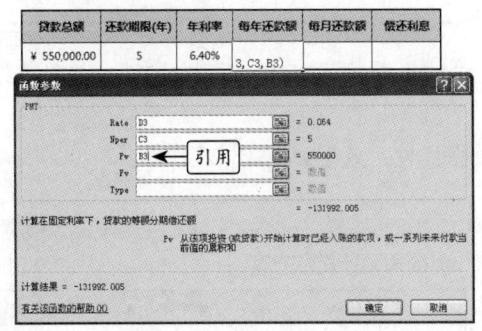
图18-18　设置"Pv"参数

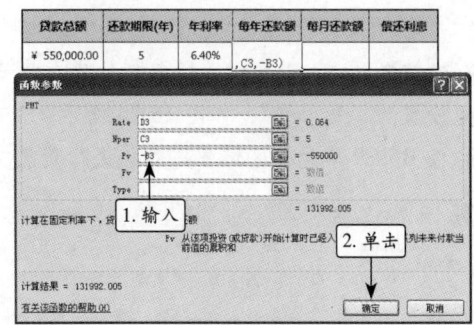
图18-19　调整参数

13 此时将得到每年还款额的具体数据,将格式设置为"微软雅黑、10,居中对齐",并将数据类型设置为"货币型",如图18-20所示。

14 选择F3单元格,在编辑栏中输入"=E3/12",将每年还款额转换为每月还款额,如图18-21所示。

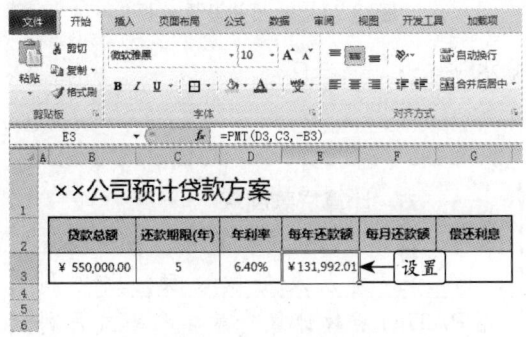
图18-20　计算每年还款额

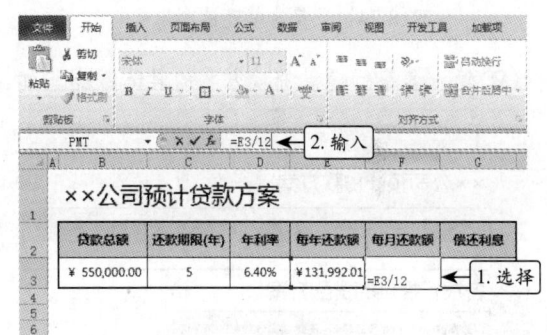
图18-21　输入公式

15 按【Ctrl+Enter】组合键得到结果,将格式设置为"微软雅黑、10,居中对齐",并将数据类型设置为"货币型",如图18-22所示。

16 选择G3单元格,在编辑栏中输入"=E3*5-B3",计算应偿还的利息总额,如图18-23所示。

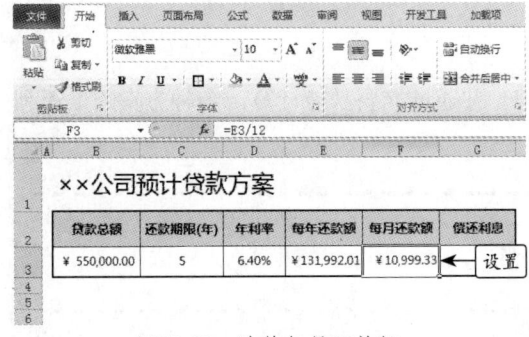
图18-22　计算每月还款额

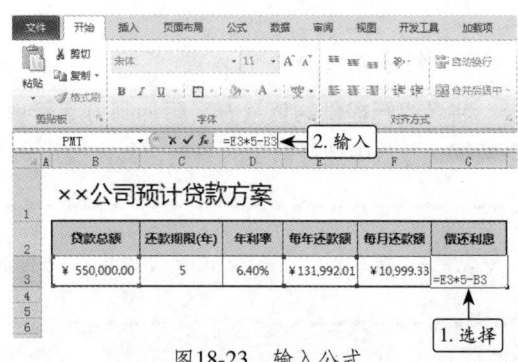
图18-23　输入公式

> **方法技巧 利用PMT()函数计算每月还款额**
> 使用PMT()函数计算每年还款额时，若将年利率转换为月利率，将还款期限从年转换为月，便能得到每月还款额，以上例中的函数为例，计算每月还款额的函数为"=PMT(D3/12,C3*12,-B3)"。

17 按【Ctrl+Enter】组合键得到结果，将格式设置为"微软雅黑、10，居中对齐"，并将数据类型设置为"货币型"，如图18-24所示。

18 在B5:E9单元格区域中建立各银行贷款方案的数据区域，效果如图18-25所示。

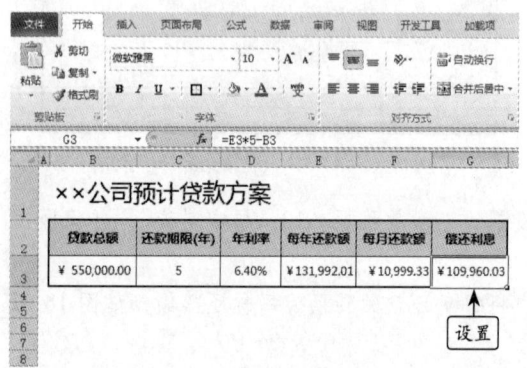

图18-24　计算应偿还的利息

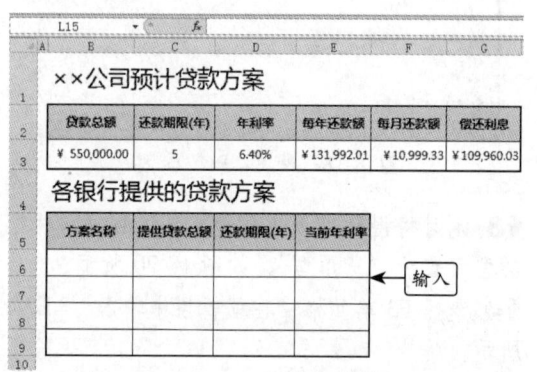

图18-25　输入并设置数据

19 输入各银行提供贷款方案的具体数据，如图18-26所示。

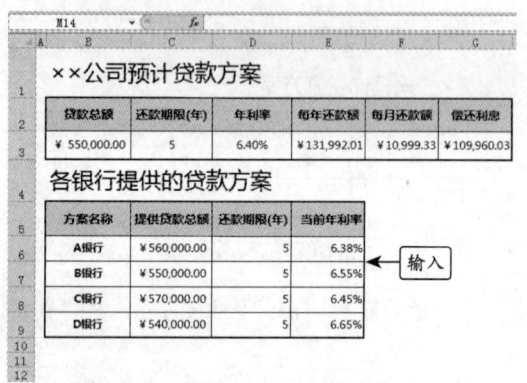

图18-26　输入各银行贷款方案

> **方法技巧 计算贷款利率**
> 若已知贷款期限、每期偿还额以及贷款总额，则可利用RATE()函数计算贷款年利率或月利率。假设贷款期限为5年，每月偿还300元，贷款总额为10000元，则RATE(5*12,-300,10000)便可得到贷款月利率为"2.18%"。

2. 创建并选择最优方案

将各银行提供的贷款方案添加到方案管理器中，并通过摘要功能计算出各种方案的偿还利息数据，并从中选择需要的方案，具体操作如下。

> 动画演示：演示\第18章\创建并选择最优方案.swf

01 在"数据"选项卡"数据工具"组中单击"模拟分析"按钮，在弹出的下拉菜单中选择"方案管理器"命令，如图18-27所示。

02 打开"方案管理器"对话框，单击 添加(A)... 按钮，如图18-28所示。

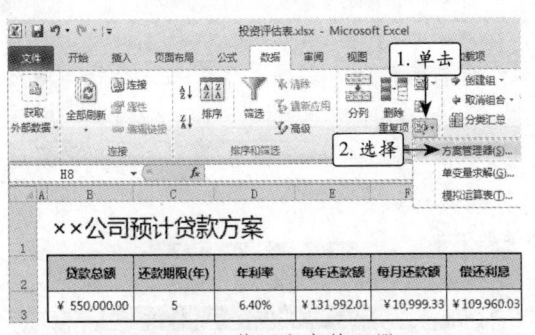

图18-27 使用方案管理器

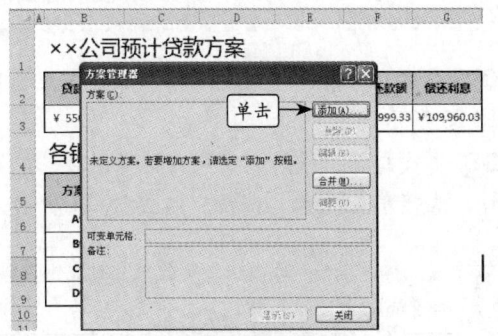

图18-28 添加方案

03 打开"添加方案"对话框，在"方案名"文本框中输入"A银行"，如图18-29所示。

04 删除"可变单元格"文本框中原有的单元格地址，选择B3:D3单元格区域，将其地址引用到文本框中，如图18-30所示。

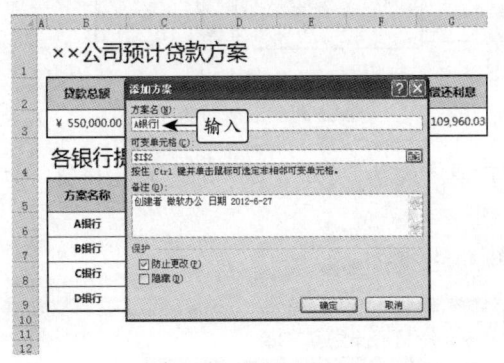

图18-29 设置方案名

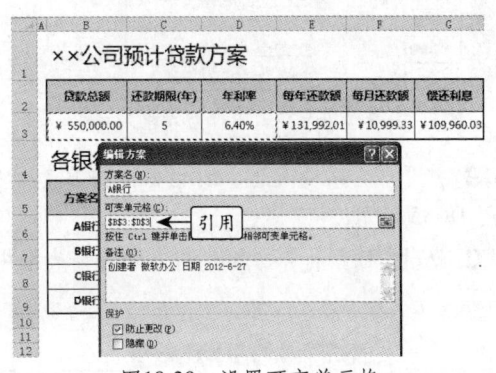

图18-30 设置可变单元格

05 在"备注"文本框中可设置方案的相关信息，这里默认其中的内容，单击 确定 按钮，如图18-31所示。

06 打开"方案变量值"对话框，按照工作表中A银行提供的方案数据，依次修改可变单元格的数据，然后单击 确定 按钮，如图18-32所示。

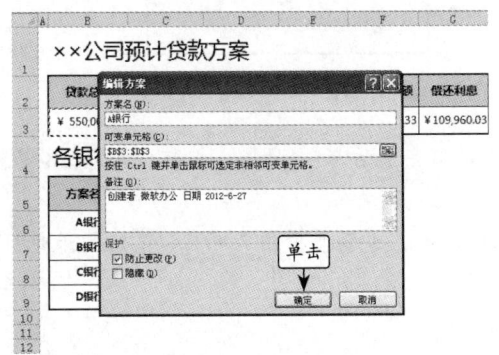

图18-31 确认设置

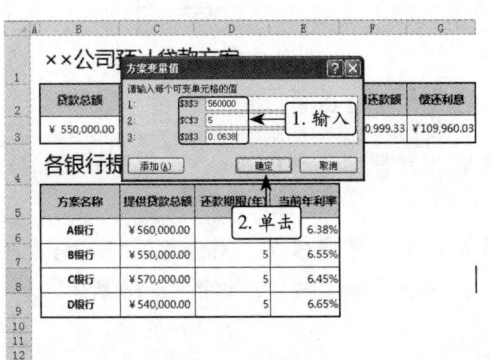

图18-32 设置变量

> **方法技巧　保护方案**
> 在添加方案时，选中"防止更改"复选框和"隐藏"复选框，当对工作表进行保护后，添加的方案将从列表框中隐藏，无法进行更改，从而达到保护方案的目的。

07 完成"A 银行"方案的添加，且方案选项将显示在列表框中，继续单击 添加(A) 按钮，如图 18-33 所示。

08 再次打开"添加方案"对话框，在"方案名"文本框中输入"B 银行"，默认可变单元格地址，直接单击 确定 按钮，如图 18-34 所示。

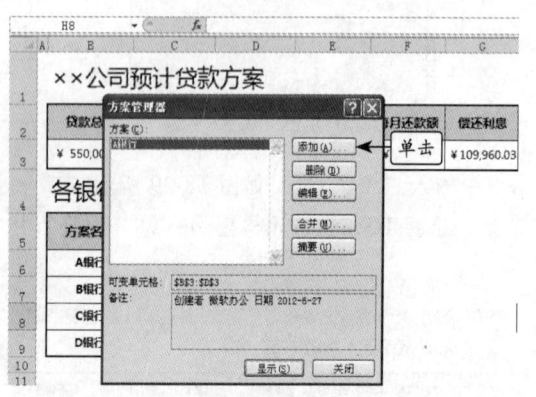

图 18-33　添加的方案

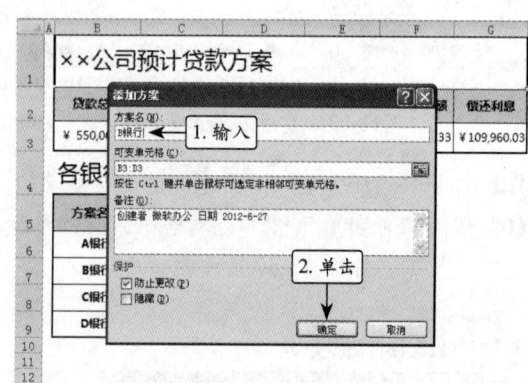

图 18-34　设置方案名

09 打开"方案变量值"对话框，按 B 银行提供的方案修改变量值，然后单击 确定 按钮，如图 18-35 所示。

10 此时"B 银行"方案也将显示在列表框中，如图 18-36 所示。

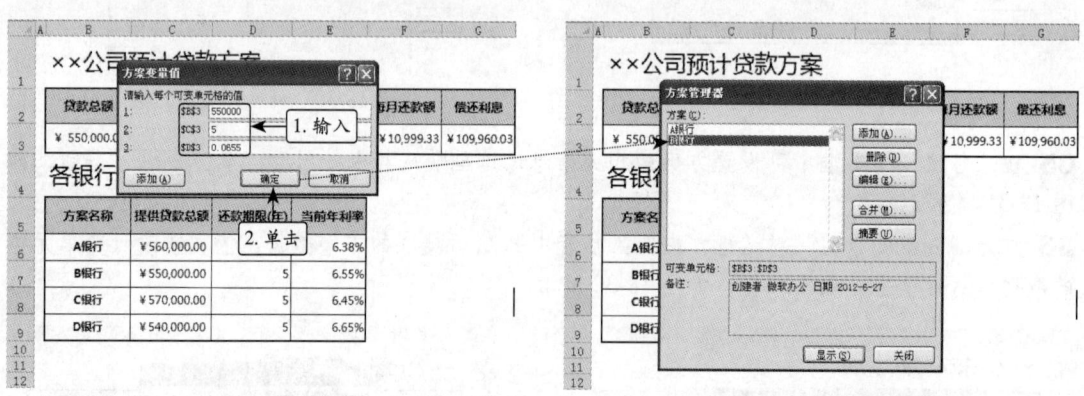

图 18-35　修改变量值　　　　　　　　图 18-36　添加的方案

11 按相同方法继续添加"C 银行"和"D 银行"方案，完成后单击 摘要(U) 按钮，如图 18-37 所示。

12 打开"方案摘要"对话框，将"结果单元格"文本框中的地址引用为 G3 单元格的地址，然后单击 确定 按钮，如图 18-38 所示。

制作投资评估表 18

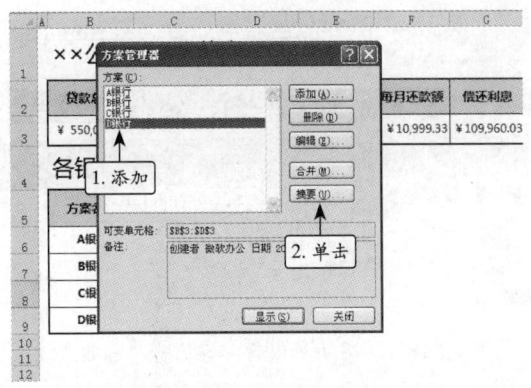

图18-37 添加其他方案

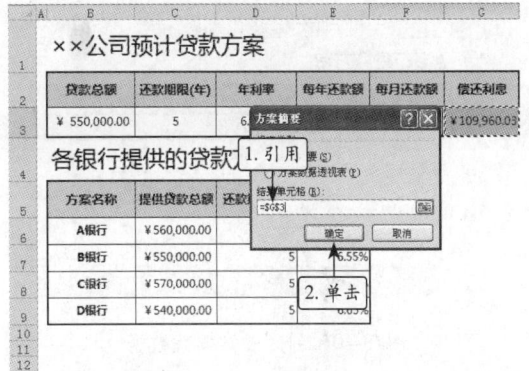

图18-38 设置方案摘要

13 此时将自动生成"方案摘要"工作表，其中将显示所有方案的情况，通过对贷款总额、年利率和偿还利息的对比，可以看出A银行方案是最接近公司预定方案的最优选择，如图18-39所示。

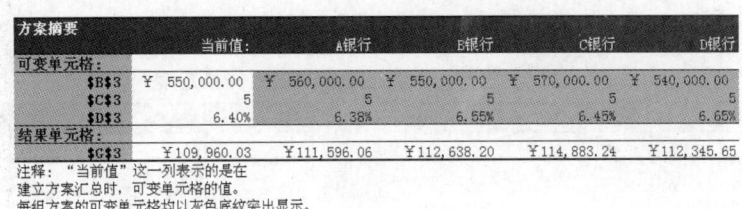

图18-39 生成的方案摘要

 方案的编辑与删除
打开"方案管理器"对话框，在列表框中选择某个已添加的方案选项，单击右侧的 编辑(E)... 按钮可重新编辑方案内容，单击 删除(D) 按钮可删除该方案。

18.4.2 在年利率变动下计算月还款额

为更全面地掌握公司月还款额的数据，避免出现资金短缺的情况出现，下面需要在不同年利率下计算各种月还款额的结果。

1．利用模拟运算计算月还款额

利用模拟运算功能，进行单变量的模拟运算，具体操作如下。

 动画演示：演示\第18章\利用模拟运算计算月还款额.swf

01 切换到"模拟运算"工作表，在其中创建表格的框架数据，如图18-40所示。
02 在B3单元格中输入"="，然后切换到"方案摘要"工作表，选择E6单元格，引用该方案的贷款总额数据，如图18-41所示。

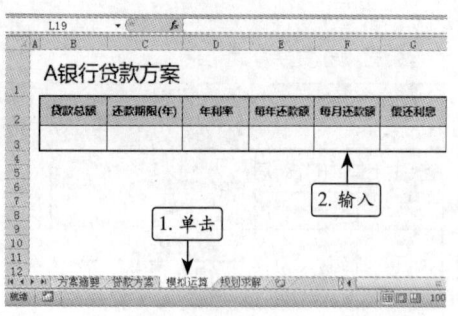

图18-40 创建表格框架数据

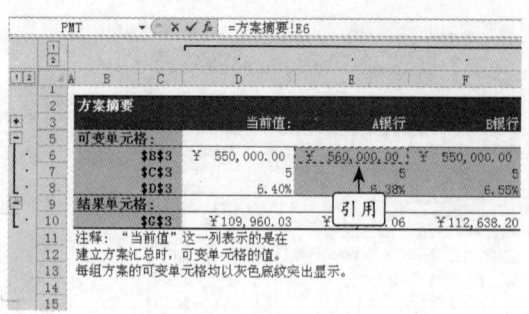

图18-41 引用A银行方案的贷款总额

03 按【Ctrl+Enter】组合键得到需要的贷款总额数据，如图 18-42 所示。

04 利用"方案摘要"工作表的数据引用 A 银行的还款期限和年利率数据，如图 18-43 所示。

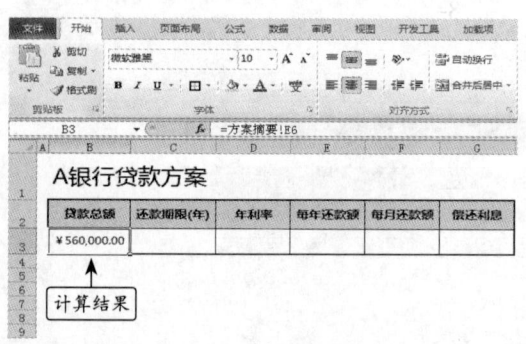

图18-42 引用的贷款总额数据

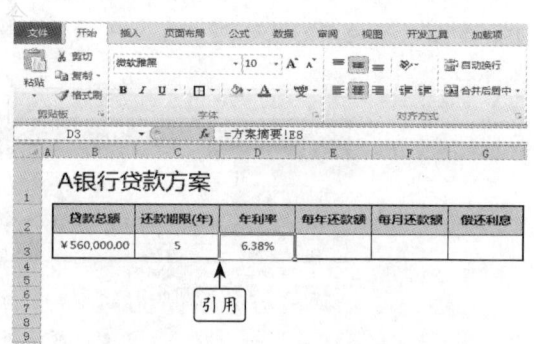

图18-43 引用还款期限和年利率

05 选择 E3 单元格，在编辑栏中输入"=PMT(D3,C3,-B3)"，按【Ctrl+Enter】组合键得到每年还款额数据，如图 18-44 所示。

06 选择 F3 单元格，在编辑栏中输入"=E3/12"，按【Ctrl+Enter】组合键得到每月还款额数据，如图 18-45 所示。

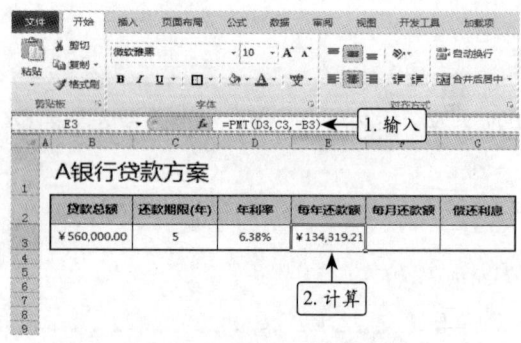

图18-44 计算每年还款额

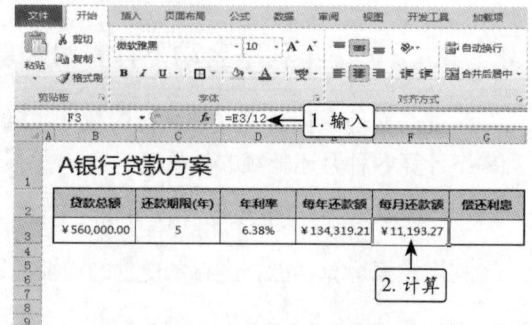

图18-45 计算每月还款额

07 选择 G3 单元格，在编辑栏中输入"=E3*5-B3"，按【Ctrl+Enter】组合键得到应偿还的利息数据，如图 18-46 所示。

08 在 B5:D16 单元格区域中输入不同的年利率数据，并适当美化该单元格区域，如图 18-47 所示。

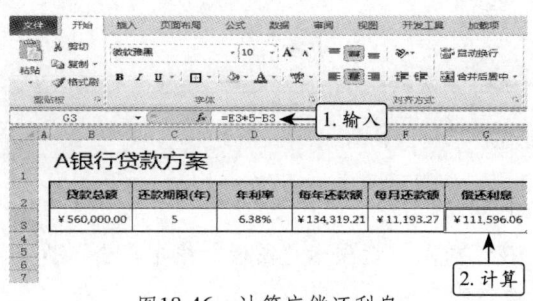

图18-46 计算应偿还利息

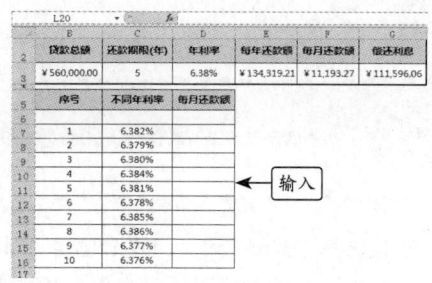

图18-47 输入不同年利率

09 选择D6单元格，在编辑栏中输入"=PMT(D3,C3,-B3)/12"，按【Ctrl+Enter】组合键返回当前年利率下每月的还款额数据，如图18-48所示。

10 选择C6:D16单元格区域，在"数据"选项卡"数据工具"组中单击"模拟分析"按钮，在弹出的下拉菜单中选择"模拟运算表"命令，如图18-49所示。

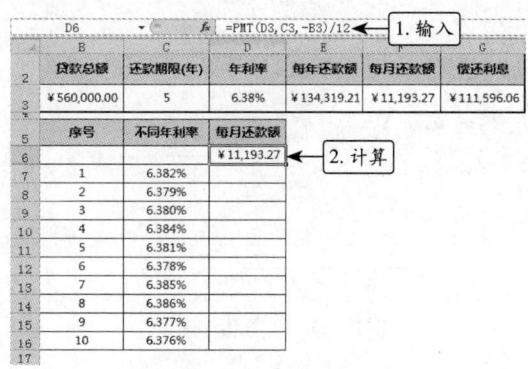

图18-48 计算每月还款额

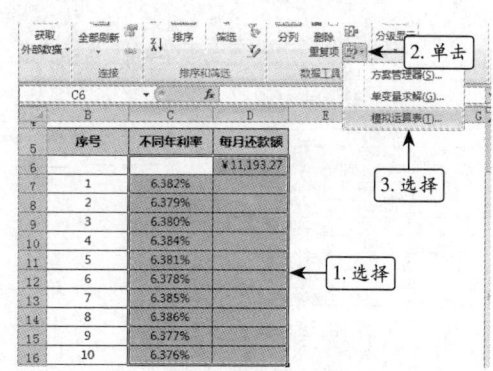

图18-49 使用模拟运算表

11 打开"模拟运算表"对话框，由于此处的变量为年利率，且不同年利率的排列方向是按列排列，因此在"输入引用列的单元格"文本框中引用D3单元格，然后单击 确定 按钮，如图18-50所示。

12 此时将快速计算出不同年利率下对应的每月还款额数据，如图18-51所示。

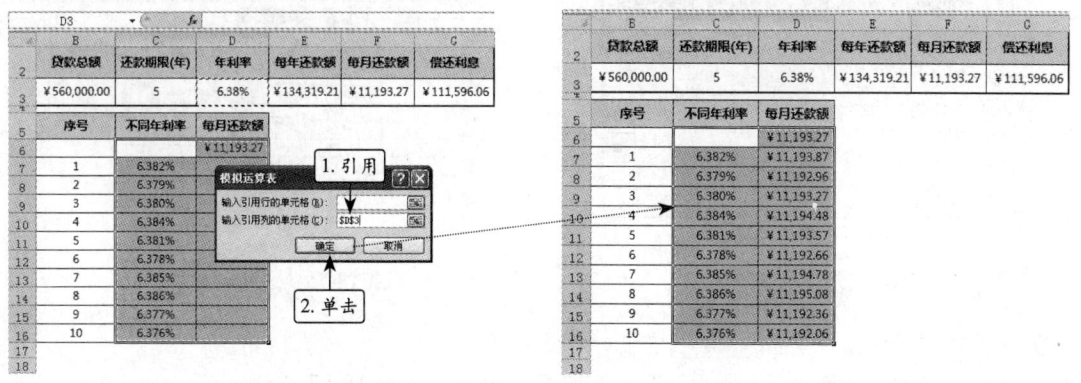

图18-50 设置模拟运算表参数　　　　　图18-51 计算的结果

2. 创建还款额变动折线图

为更好地查看不同年利率对应的月还款额，现需要将计算得到的数据创建为折线图，具体操作如下。

 动画演示：演示\第18章\创建还款额变动折线图.swf

01 同时选择 D5 单元格和 D7:D16 单元格区域，在"插入"选项卡"图表"组中单击"折线图"按钮，在弹出的下拉列表中选择如图 18-52 所示的选项。

02 在创建的折线图上单击鼠标右键，在弹出的快捷菜单中选择"选择数据"命令，如图 18-53 所示。

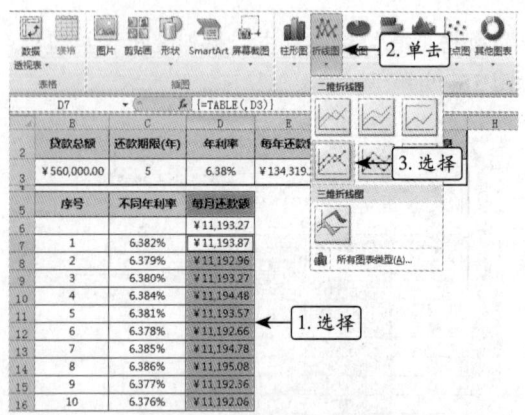

图18-52 选择图表类型

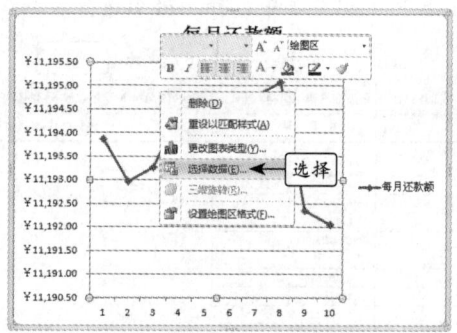

图18-53 设置图表数据

03 打开"选择数据源"对话框，单击对话框右侧的 编辑 按钮，如图 18-54 所示。

04 打开"轴标签"对话框，在其中的文本框中引用 C7:C16 单元格区域的地址，然后单击 确定 按钮，如图 18-55 所示。

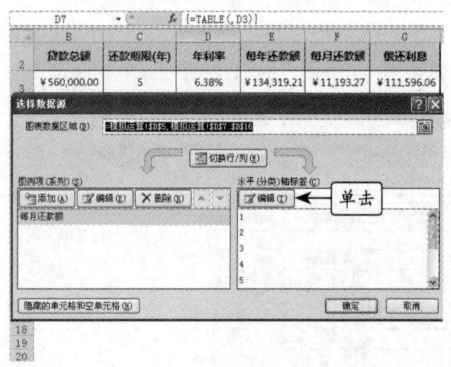

图18-54 设置轴标签

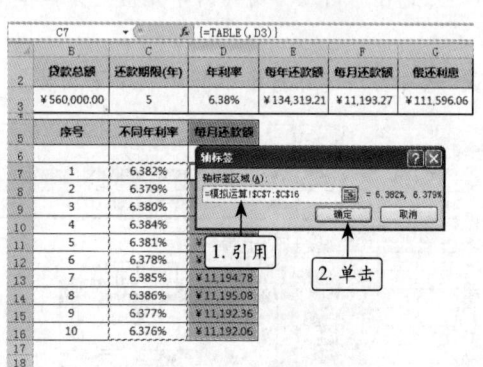

图18-55 选择轴标签区域

05 在返回的对话框中单击 确定 按钮，如图 18-56 所示。

06 删除图表右侧的图例对象，并设置图表标题的内容，如图 18-57 所示。

07 将图表中所有文本的字体格式设置为"微软雅黑、加粗"，并将水平坐标轴的字体大小缩小为"9号"，如图 18-58 所示。

08 双击图表空白区域打开"设置图表区格式"对话框，选择左侧的"填充"选项，然后选中右侧的"图片或纹理填充"单选项,如图 18-59 所示。

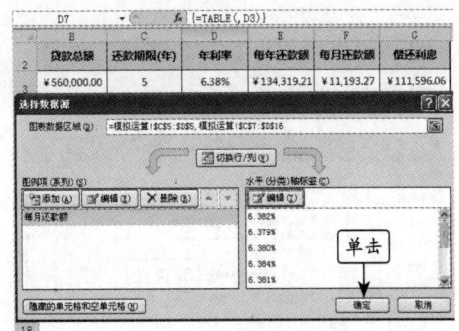

图18-56 确认设置

图18-57 编辑图表标题

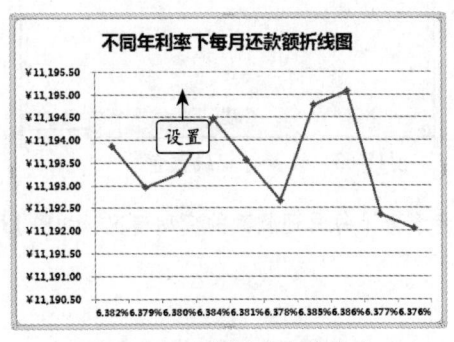

图18-58 设置图表字体格式

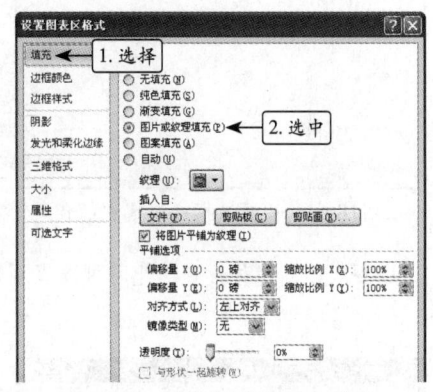

图18-59 设置图表区填充样式

09 单击"纹理"下拉按钮,在弹出的下拉列表中选择如图 18-60 所示的选项。

10 保持对话框的打开状态,选择图表中的绘图区,然后在对话框中选中"无填充"单选项,取消绘图区的填充颜色,如图 18-61 所示。

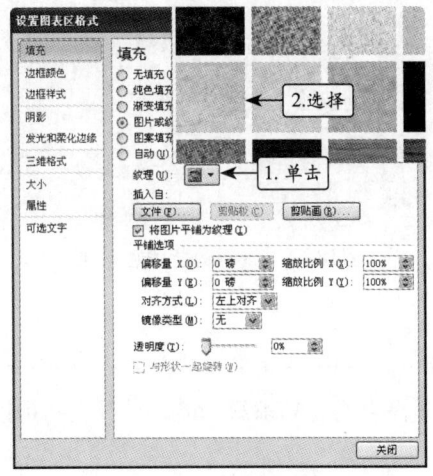

图18-60 选择纹理

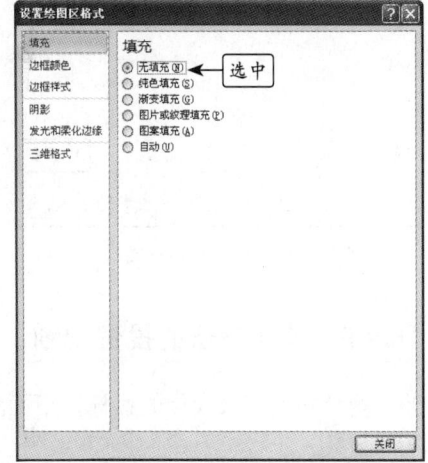

图18-61 设置绘图区填充样式

11 选择图表数据系列上的数据点,然后选择对话框左侧的"数据标记填充"选项,并在右侧选中"纯色填充"单选项,利用"颜色"下拉按钮将颜色设置为"红色",如图 18-62 所示。

12 选择左侧的"标记线颜色"选项，并在右侧选中"实线"单选项，利用"颜色"下拉按钮将颜色设置为"红色"，如图18-63所示。

13 再次选择对话框左侧的"数据标记选项"选项，并在右侧选中"内置"单选项，将"大小"数值框中的数字设置为"10"，最后单击 关闭 按钮，如图18-64所示。

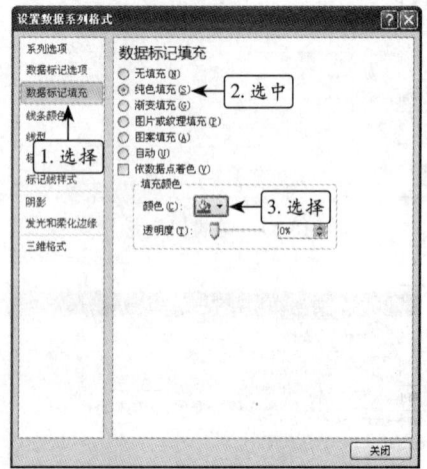

图18-62　设置数据标记填充颜色

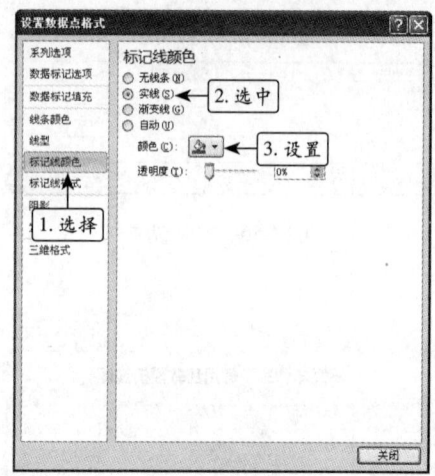

图18-63　设置标记线颜色

14 完成图表的创建和设置，此时可以直观地看到不同年利率下每月还款额的变动情况，如图18-65所示。

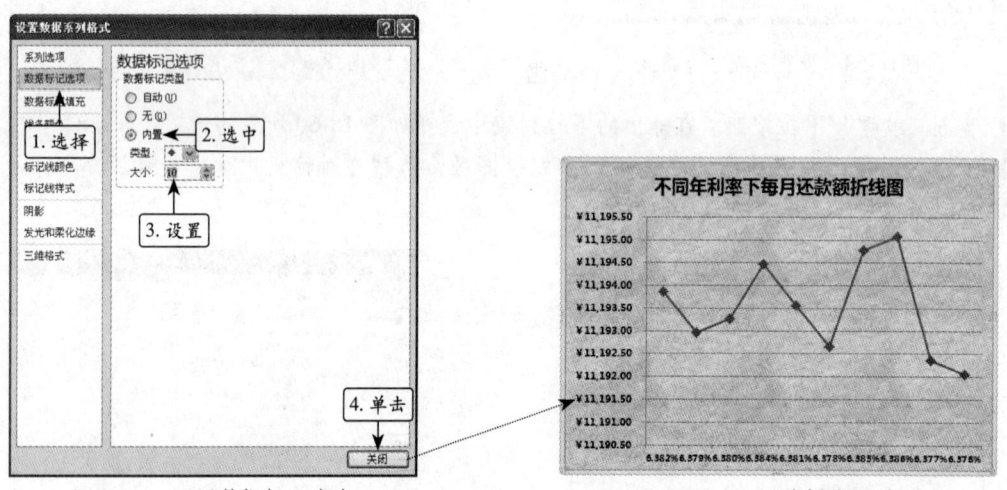

图18-64　设置数据标记大小　　　　　图18-65　设置的折线图效果

18.4.3　购买设备的投资规划

为实现公司毛利最大化的目标，下面将通过Excel提供的规划求解功能，计算出两种设备应购买的数量。

1．创建投资规划表

创建投资规划表，将各种预计的客观条件汇总起来，具体操作如下。

制作投资评估表

 动画演示：演示\第18章\创建投资规划表.swf

01 切换到"规划求解"工作表，在B1:D10单元格区域中建立如图18-66所示的数据框架。

02 在C3单元格中引用"方案摘要"工作表中的E6单元格数据，如图18-67所示。

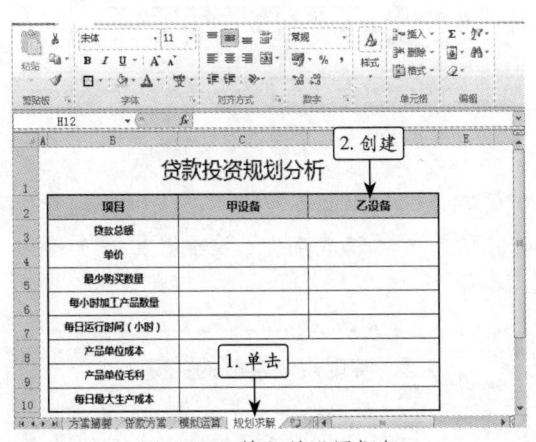

图18-66　输入并设置框架

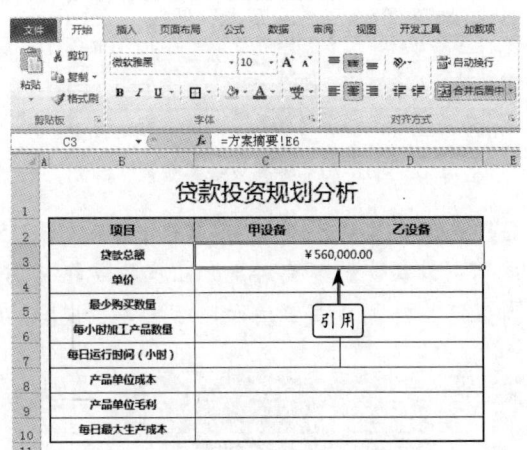

图18-67　引用贷款总额

03 依次在框架区域的其他单元格中输入甲乙两种设备的单价、最少购买量、加工产品数量等各种数据，如图18-68所示。

04 继续在B12:D15单元格区域建立框架数据，并填充为"黄色"，如图18-69所示。

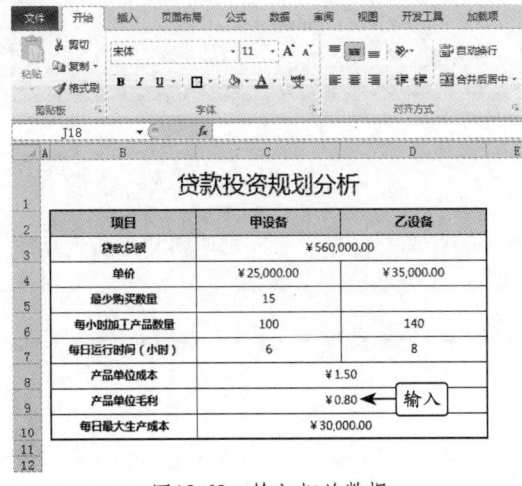

图18-68　输入相关数据

图18-69　建立框架数据

05 选择C12单元格，在编辑栏中输入"=C4*C15+D4*D15"，表示购买设备的总金额＝甲设备单价×购买数量＋乙设备单价×购买数量，如图18-70所示。

06 选择C13单元格，在编辑栏中输入"=C15*C6*C7*C9+D15*D6*D7*C9"，表示每日生产毛利＝甲设备数量×每小时加工产品数量×每日运行时间×单位毛利＋乙设备数量×每小时加工产品数量×每日运行时间×单位毛利，如图18-71所示。

315

图18-70 计算设备总金额　　　　　图18-71 计算每日毛利总额

07 选择 C14 单元格,在编辑栏中输入"=C15*C6*C7*C8+D15*D6*D7*C8",表示每日生产成本＝甲设备数量 × 每小时加工产品数量 × 每日运行时间 × 单位成本＋乙设备数量 × 每小时加工产品数量 × 每日运行时间 × 单位成本,如图 18-72 所示。

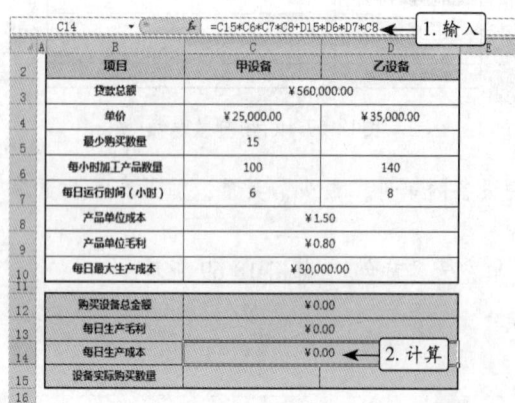

图18-72 计算每日成本总额

> **操作提示　实现规划求解的关键**
> 规划求解实际上就是对多个未知数进行求解,并在附加的约束条件下找到符合最佳的结果。因此这里将 C15 和 D15 单元格作为未知数,C12:C14 单元格为约束单元格,该单元格必须为公式,且公式中必须包含未知数所在单元格的地址,这是实现规划求解的关键。

2. 加载规划求解工具

Excel 默认情况下未在功能区显示规划求解功能,因此要想使用它,还需要将其加载到功能区,具体操作如下。

 动画演示:演示 \ 第 18 章 \ 加载规划求解工具 .swf

01 单击"文件"选项卡,单击左侧的 选项 按钮,如图 18-73 所示。
02 打开"Excel 选项"对话框,选择左侧的"加载项"选项,如图 18-74 所示。
03 在对话框下方的"管理"下拉列表框中选择"Excel 加载项"选项,单击右侧的 转到(G)... 按钮,如图 18-75 所示。
04 打开"加载宏"对话框,在列表框中选中"规划求解加载项"复选框,单击 确定 按钮即可,如图 18-76 所示。

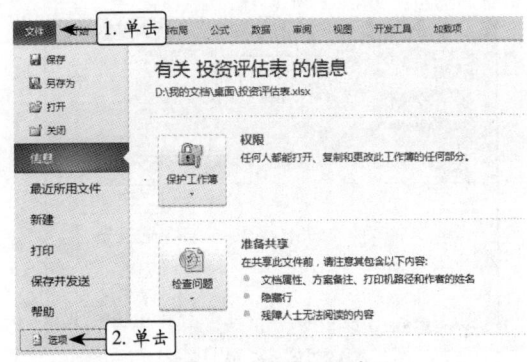

图18-73　设置Excel选项

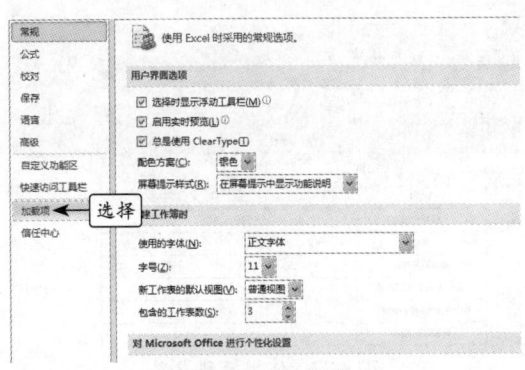

图18-74　设置加载项

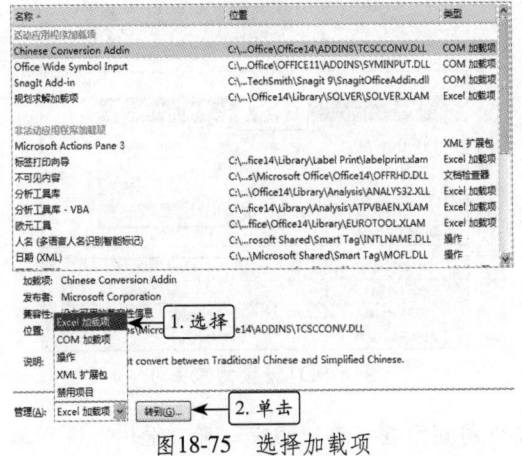

图18-75　选择加载项

图18-76　选择加载宏对象

3．使用规划求解计算设备数量

利用规划求解功能计算两种生产设备的购买数量，以便使毛利最大化，具体操作如下。

动画演示：演示\第18章\使用规划求解计算设备数量.swf

01 加载的规划求解根据将显示在"数据"选项卡"分析"组中，如图18-77所示，单击该按钮。

02 打开"规划求解参数"对话框，将"设置目标"文本框中的数据引用为C13单元格地址，默认下方选中的"最大值"单选项，表示规划求解的目标为毛利最大值，如图18-78所示。

03 将"通过更改可变单元格"文本框中的数据引用为C15:D15单元格区域地址，表示这两个单元格为需要求解的对象，然后单击右侧的 添加(A) 按钮，如图18-79所示。

04 打开"添加约束"对话框，将其中的约束条件设置为"C12<=C3"，表示购买设备的总金额不能超过贷款总额，然后单击 确定 按钮，如图18-80所示。

图18-77 使用规划求解

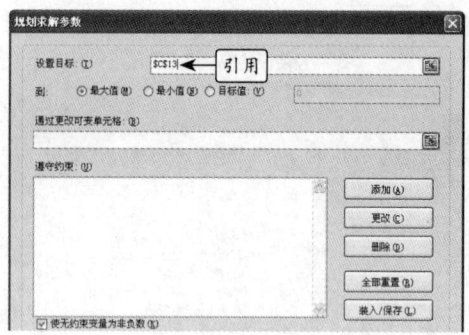

图18-78 设置目标

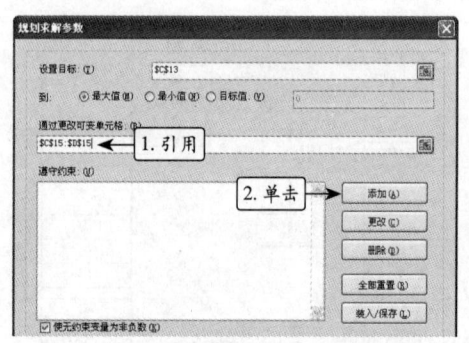

图18-79 设置可变单元格

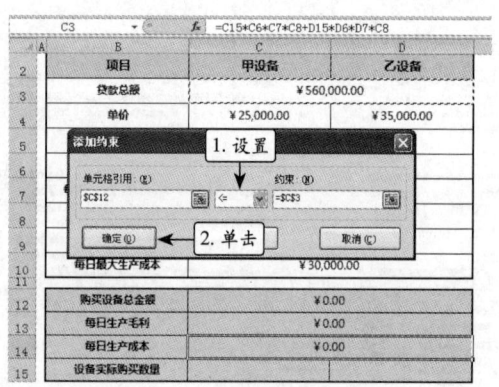

图18-80 设置约束条件

05 返回"规划求解参数"对话框,添加的约束条件将显示在"遵守约束"列表框中,进行单击右侧的 添加(A) 按钮,如图18-81所示。

06 打开"添加约束"对话框,将其中的约束条件设置为"C14<=C10",表示每日生产成本不能超过规定的每日最大生产成本,然后单击 确定(O) 按钮,如图18-82所示。

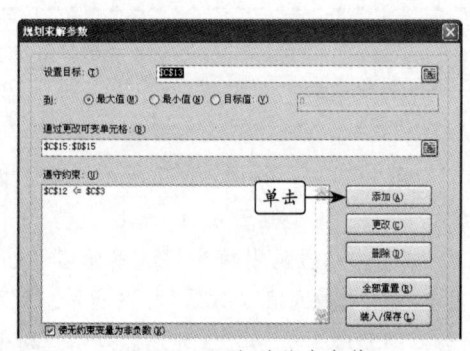

图18-81 添加的约束条件

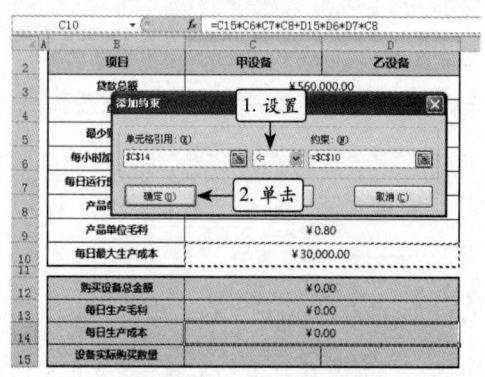

图18-82 设置约束条件

07 返回"规划求解参数"对话框,继续单击 添加(A) 按钮,如图18-83所示。

08 打开"添加约束"对话框,将其中的约束条件设置为"C15>=C5",表示甲设备的购买数量不能低于"15",然后单击 确定(O) 按钮,如图18-84所示。

09 返回"规划求解参数"对话框,单击下方的 求解(S) 按钮,如图18-85所示。

10 打开"规划求解结果"对话框,单击 确定 按钮,如图18-86所示。

制作投资评估表 18

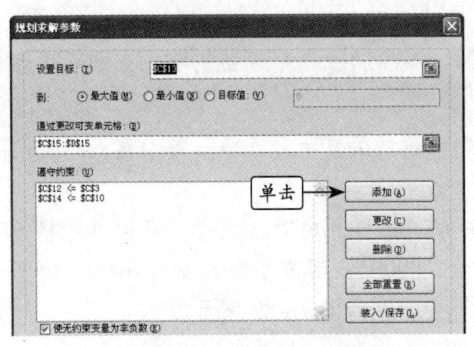

图18-83 添加的约束条件

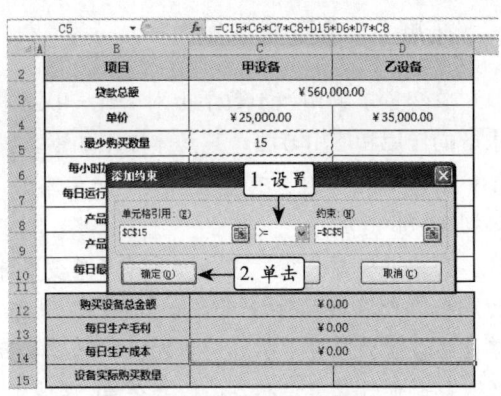

图18-84 设置约束条件

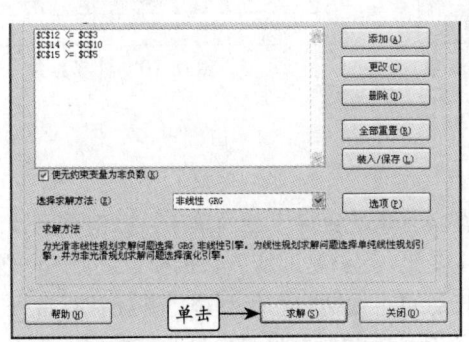

图18-85 求解可变单元格

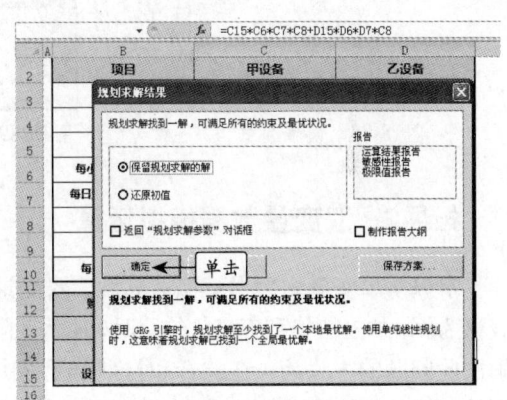

图18-86 找到满足所有条件的结果

11 此时在C15:D15单元格区域中便显示了能够使每日生产毛利最大化的设备购买数据，如图18-87所示。

图18-87 得到的计算结果

> **方法技巧** 创建规划求解报告
> 在"规划求解结果"对话框的"报告"列表框中选择一个或多个报告选项后，Excel会在显示计算结果的同时，新建工作表并显示选择的报告内容，以便使用者可以查看具体的求解情况。

18.5 知识拓展

小雯顺利地完成了这次任务，同时在制作表格的过程中，发现Excel中还有一些她没有掌握的工具，因此小雯希望老陈能给她讲讲有关单变量求解等知识的实现方法。

319

拓展1 单变量求解

单变量求解相当于数学上对一元一次方程的求解，下面通过一个简单的实例来说明单变量求解的作用和使用方法，其具体操作如下。

01 某仓库 A 材料原有存量未知，出库率为 20%，剩余量的公式＝原有量－原有量 × 出库率，如图 18-88 所示。

02 利用"模拟分析"按钮选择"单变量求解"命令，在打开的对话框中将目标单元格设置为剩余量所在的包含公式的单元格，将目标值设置为"8000"，即表示剩余量为 8000，将可变单元格设置为原有量所在的单元格，然后单击 确定 按钮，如图 18-89 所示。

03 此时便计算出该材料的原有存量，如图 18-90 所示。

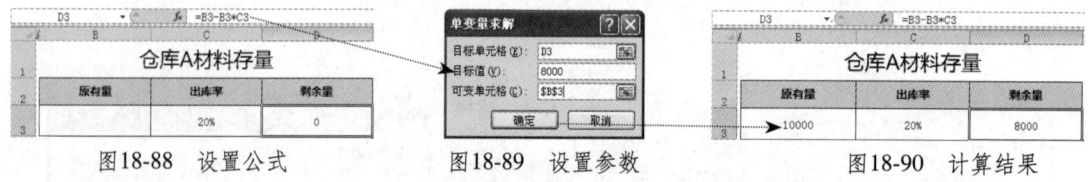

图 18-88 设置公式　　图 18-89 设置参数　　图 18-90 计算结果

拓展2 双变量数据模拟运算

掌握了单变量的数据模拟运算后，双变量数据模拟运算就变得十分简单了，以前面制作的表格为例，加上在年利率变化的同时，还款期限也发生变化，这就是双变量数据模拟运算的问题，解决此问题的方法为：在首行和首列单元格中输入变动的还款期限和年利率，并在首行首列交汇处利用公式计算出每月还款额，如图 18-91 所示。选择所有单元格区域，打开"模拟运算表"，在第 1 个文本框中引用还款期限所在的单元格地址；在第 2 个文本框中引用年利率所在的单元格地址，确认后即可计算出不同年利率和不同还款期限下，每月应偿还的数额，如图 18-92 所示。

¥ 11,193.27	4	4.5	5	5.5
6.382%				
6.379%				
6.380%				
6.384%				
6.381%				
6.378%				
6.385%				
6.386%				
6.377%				
6.376%				

¥11,193.27	4	4.5	5	5.5
¥0.06	¥13,585.60	¥12,256.02	¥11,193.87	¥10,326.23
¥0.06	¥13,584.67	¥12,255.10	¥11,192.96	¥10,325.33
¥0.06	¥13,584.98	¥12,255.41	¥11,193.27	¥10,325.63
¥0.06	¥13,586.22	¥12,256.63	¥11,194.48	¥10,326.83
¥0.06	¥13,585.29	¥12,255.71	¥11,193.57	¥10,325.93
¥0.06	¥13,584.36	¥12,254.79	¥11,192.66	¥10,325.03
¥0.06	¥13,586.53	¥12,256.93	¥11,194.78	¥10,327.13
¥0.06	¥13,586.84	¥12,257.24	¥11,195.08	¥10,327.43
¥0.06	¥13,584.05	¥12,254.49	¥11,192.36	¥10,324.72
¥0.06	¥13,583.74	¥12,254.18	¥11,192.06	¥10,324.42

图 18-91 输入数据　　图 18-92 计算数据

18.6 实战演练

利用 Excel 的数据分析功能，可以实现各种复杂的数据计算操作，老陈为了让小雯更加灵活地掌握相关知识，特意挑选了两个实例，让她独立完成对设备投资分析以及最小成本的规划和计算任务。

18.6.1 设备投资分析

公司要购入生产设备，该设备的工作功率可调，这直接影响单位产量和单位成本，现需要计算在不同功率和工作时长下，该设备的产出情况，并制作如图18-93所示的设备投资分析表。

效果文件：效果\第18章\设备投资分析.xlsx

重点提示：（1）产出值 =（20× 单位产量 × 工作时长 − 单位产量 × 工作时长 × 单位成本）×（功率/2800）。

（2）利用模拟分析对双变量进行计算。

生产设备投资分析

功率	单位产量（件/小时）	工作时长（小时）	单位成本（元/小时）	产出值（元）
2800	60	6	5	5400
5400.00	5	5.5	6.5	7
2500.00	4017.86	4419.64	5223.21	5625.00
2550.00	4098.21	4508.04	5327.68	5737.50
2600.00	4178.57	4596.43	5432.14	5850.00
2650.00	4258.93	4684.82	5536.61	5962.50
2700.00	4339.29	4773.21	5641.07	6075.00
2750.00	4419.64	4861.61	5745.54	6187.50
2850.00	4580.36	5038.39	5954.46	6412.50
2900.00	4660.71	5126.79	6058.93	6525.00
2950.00	4741.07	5215.18	6163.39	6637.50
3000.00	4821.43	5303.57	6267.86	6750.00

图18-93　销售预测表

18.6.2 规划最小成本

已知A产品的成本数据，现需要通过规划求解，在成本最小的情况下，计算甲材料和乙材料的需求量，如图18-94所示。

效果文件：效果\第18章\规划最小成本.xlsx

重点提示：（1）A产品产量 = 甲材料需求量 + 乙材料需求量。

（2）A产品生产成本 = 甲材料需求量 × 甲材料单位成本 + 乙材料需求量 × 乙材料单位成本。

（3）A产品铁含量 = 甲材料总计铁含量 + 乙材料总计铁含量。

（4）A产品镁含量 = 甲材料总计镁含量 + 乙材料总计镁含量。

A产品成本最小化规划分析

产品所需材料	甲材料、乙材料	材料名称	甲材料	乙材料
每日最小产量（吨）	80.00	单位成本（元）	40.00	70.00
产品最低铁含量（吨）	30.00	每吨铁含量（吨）	0.35	0.50
产品最低镁含量（吨）	8.00	每吨镁含量（吨）	0.05	0.20
甲材料需求量（吨）	53.33			
乙材料需求量（吨）	26.67			
A产品产量（吨）	80.00			
A产品生产成本（元）	4000.00			
A产品铁含量（吨）	32.00			
A产品镁含量（吨）	8.00			

图18-94　销售预测表

读者回信卡

亲爱的读者：

感谢您购买清华蓝色畅想出版图书工程的图书！为了今后能为您提供更加实用、更精美、更优秀的计算机图书，请您抽出宝贵的时间填写以下反馈卡，然后剪下此页寄回并邮资作者或我们。我们将赠送给您有以下优惠活动：

- 成为"蓝畅会员"会员，我们将随后寄给您会员卡，享有我们优惠活动。
- 不定期地邀请您免费参加我们在北京及各大城市组织的活动。
- 我们中有你的读者意见及时收到我们出版社出版的新书信息和新发行的图书。

姓名：	性别：□男 □女	年龄：
职业：	爱好：	
联系电话：	电子邮件：	
通讯地址：	邮编：	

1 您所购买的图书书名：_____ 购买地点：_____
2 您认为这本书所介绍的软件的使用程度是：□初学者 □熟悉的/专业
3 本书吸引您的地方是：□封面 □内容简介 □作者 □价格 □印刷精美
  □内容实用 □配有光盘多少 □其他_____
4 您从何处得知本书：□逛书店 □亲友推荐 □网友 □朋友介绍
  □出版书目 □书评 □其他_____
5 您经常阅读哪类图书：
  □平面设计 □网页设计 □工业设计 □Flash动画 □3D动画 □多媒体制作
  □DIY □Linux □Office □Windows □计算机组装 □其他_____
6 您认为什么样的优惠方式最好：_____
7 请推荐一本您觉得有回购价值的计算机图书：_____
8 书名：_____ 出版社：_____
9 您对本书的评价：_____
_____
您还希望看到哪方面的计算机图书，对所需要的图书有哪些要求：
_____

社址：北京市海淀区大慧寺路8号 网址：www.wisbook.com 技术支持：www.wisbook.com/bbs
编辑热线：010-62100088 010-62100023 传真：010-62173569
邮购地址：北京市海淀区大慧寺路8号海洋出版社教材出版中心 邮编：100081

清华大学出版社

Office 职场达人系列丛书

将术支持：hy1ccb@sina.com
编辑部电话：010-62100088 62100055
销售电话：010-62132549 传真：010-62174379

清华大学出版社
WISBOOK 智慧图书

- 中文版Excel 2010办公商务管理必备手册
- 中文版Excel 2010个人财务管理必备手册
- 中文版PowerPoint 2010办公演示必备手册
- 中文版Word 2010行政文秘办公必备手册

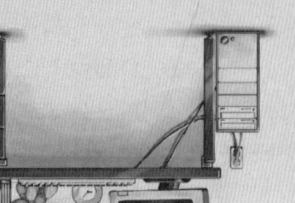